KB103879

한국의
판타지
백과사전

한국의
판타지
백과사전

[완전판]

도현신 지음

생각비행

사람들은 이야기를 좋아한다. 옛사람들이 《일리아스》와 《오디세이아》 같이 입에서 입으로 들려주는 이야기를 즐겨 들었다면, 요즘 사람들은 할리우드에서 만드는 최신 블록버스터 영화들이 보여주는 이야기를 보러 극장에 간다. TV가 놓인 안방에서는 연일 인간의 극단적인 모습을 현실화한 '막장 드라마'나 현실을 진지하게 다룬 〈미생〉 같은 드라마들이 뜨거운 인기를 얻는다. 이렇듯 재미있는 이야기를 좋아하는 사람들의 본성은 예나 지금이나 그대로다.

훌륭한 이야기를 만들려면 풍부한 소재가 있어야 한다. 희귀하고 재미있는 소재를 찾는 가장 좋은 방법은 책을 읽는 것이다. 무수한 이야깃거리의 소재가 바로 책에 담겨 있다. 책을 읽으면 수없이 많은 매력적인 이야깃거리를 쉽고 빠르게 찾아낼 수 있다. 전 세계의 고전이 된 그리스 로마 신화를 비롯하여 북유럽 신화와 켈트 신화 등은 모두 그 이야기의 원천이 책으로 출간되어 있다. 21세기 들어 인기 있는 대중 예술 작품인 소설, 영화, 드라마, 게임, 만화 등은 대부분이 책으로 나온 고전 신화와 전설들에 그 기반을 두고 있다.

다만 오늘날 우리가 즐기는 대중 예술 작품의 대부분은 서구의 신화와

전설, 민담 등을 바탕으로 만들어진 것들이라 우리네 정서가 녹아 있는 이른바 '한국적 판타지'에 대한 수요가 점점 커지고 있다.

한국적 판타지를 만들기 위해서는 그 뿌리인 한국 신화와 전설에 대해 알아야 한다. 하지만 아쉽게도 오랫동안 신화라고 하면 그리스 신화 같은 서구 쪽의 것들만 알려져 있었고, 한국의 신화와 전설에 대해서는 관심이 적어 제대로 알려지지 않았다. 이 때문에 뜻있는 사람들이 얼마 전부터 우리 고유의 문화와 전통이 담긴 한국 신화와 전설을 찾아내어 복원하려는 작업을 활발히 벌이고 있다. 그렇지만 한국의 신화적 세계관은 아직 체계적으로 정리되어 있지 않으며 그 내용들도 여러 문헌과 자료로 흩어져 있어 모으는 작업이 쉽지 않다.

이런 시점에 나는 《어우야담》과 《천예록》 같은 고전 문헌과 20세기 들어 민속학자들이 전국 각지를 돌아다니며 시골 마을의 노인들로부터 수록한 민담 등에서 신기하고 재미있는 내용을 가려 뽑아 한국적 판타지 세계관 정립에 도움이 되는 자료를 만들고자 시도했다. 21세기 한국에서 문화 콘텐츠를 만드는 데 도움이 될 신비한 보물, 나라, 영웅, 인물, 귀신, 도깨비, 짐승 같은 소재를 가급적 풍부하게 담으려고 노력했다.

　그렇게 해서 출간한 책이 바로 《한국의 판타지 백과사전》이다. 3년 전인 2017년 9월 1일에 나온 뒤 어느새 초판 4쇄분을 소진하고 완전판을 추진했다. 그리고 이제 완전판도 5쇄를 출간한다. 처음에 책을 기획할 때는 상상도 못 한 결과라서 나나 출판사 측이나 모두 놀랐다. 이 책을 사랑해주신 독자 여러분께 이 자리를 빌려 진심으로 감사드린다. 많은 분의 성원 덕분에 이 책에 새로운 숨결을 불어넣을 수 있어서 무척이나 기쁘다.

　애초 출간된 《한국의 판타지 백과사전》은 총 120개의 이야기로 이루어졌다. 그런데 막상 책을 내고 보니 뭔가가 빠져 있다는 느낌이 들었다. 곰곰이 검토한 결과, 모든 신화에 들어가기 마련인 세상의 시작과 인간의 탄생과 대홍수 및 종말에 관한 내용이 없어, 아무래도 판타지 백과사전이라고 하기에는 불완전하다는 아쉬움을 지울 수 없었다. 결국 초판에 빠진 부분을 보충해서 완전판을 내고 싶다고 출판사에 의견을 제시했는데, 놀랍게도 흔쾌히 그 제안이 받아들여졌다.

　초판을 읽고 혹시 아쉬움을 느낀 독자가 계셨다면, 이번 완전판은 그런 감정을 해소해줄 작은 보답이 될 수 있을 듯하다. 우리 조상들이 신화와 전설로 간직해온 세상의 시작과 인간의 탄생과 대홍수와 종말에 관한 이야기

가 한국적 판타지 세계관을 풍부하게 보완해줄 테니 말이다.

　한국적 판타지 세계를 창조하려거나 아니면 한국적 판타지 세계를 감상하고 싶은 사람들에게 이 책이 조금이나마 도움이 되기를 바라는 마음이다. 지금부터 책장을 한 장씩 넘기면서 130가지 흥미진진한 이야기 속으로 빠져드시길 바란다.

1. 신비한 보물

2. 신비한 장소

3. 영웅

4. 악당

5. 예언자와 예언

6. 기상이변과 자연재해

7. 신(神)

8. 괴물과 요괴

9. 귀신

10. 도깨비

11. 사후 세계와 환생

12. UFO와 외계인

13. 신선과 도사 그리고 이인(異人)

14. 세상의 시작과 끝

1
신비한 보물

001 죽은 생명을 살려내는 환혼석(還魂石)

　현실 세계에서 한 번 죽은 생명은 그걸로 끝이다. 그러나 죽음을 극복하고자 하는 인류의 열망은 환상 세계에서 죽은 생명이 다시 살아나는 부활의 기적을 만들어낸다. 조선 광해군 시절에 유몽인(柳夢寅, 1559~1623)이 쓴 야담집인 《어우야담(於于野譚)》에도 생명을 살리는 보물에 관한 재미있는 이야기가 실려 있다.

　지금의 충청남도 아산(牙山)의 어느 마을에 큰 나무 한 그루가 있었다. 그 나무에는 암컷 학과 수컷 학 한 쌍이 둥지를 틀고서 알을 낳고 살았다. 그 모습을 본 아이 하나가 나무 위에 올라가서는 둥지에서 알을 꺼내 이리저리 장난을 치다가 그만 알을 깨뜨리고 말았다. 깨진 알에서는 새끼 학 한 마리가 나왔는데, 아이는 그 새끼를 죽여버렸다. 그러자 노인 한 명이 아이한테 다가와서 야단을 쳤다.

　"비록 학이 짐승이지만 엄연한 생명인데, 이게 무슨 나쁜 짓이냐? 얼른 저 알과 새끼를 원래 있던 둥지로 가지고 가라."

　노인의 꾸지람을 들은 아이는 얼른 깨진 알과 죽은 학 새끼를 둥지에 올려놓고 내려왔다. 암컷 학과 수컷 학은 죽은 새끼를 보고 매우 슬퍼하며 한참 동안 울었다. 그중 한 마리가 어디론가 날아가더니 4일 후에 웬 파랗게 빛나는 돌멩이 하나를 물고서 둥지로 돌아왔다.

그러자 놀라운 일이 벌어졌다. 죽었던 새끼 학이 파란 돌멩이가 둥지에 들어가자 날개를 퍼덕이더니 눈을 번쩍 뜨며 힘차게 울부짖고는 살아난 것이다. 나무 아래에서 이 광경을 처음부터 끝까지 지켜보고 있던 노인은 새끼 학의 부활을 신기하게 생각했다.

'저 새끼 학은 분명히 죽었는데, 대체 어떻게 다시 살아났단 말인가? 학이 비록 영물이지만, 한 번 죽은 생명은 다시는 살아날 수 없는 것이 자연의 법칙이거늘⋯ 혹시 학의 어미가 물고 온 파랗게 빛나는 돌멩이 때문일까? 저 돌멩이에 죽은 생명을 되살려내는 신비한 힘이 숨겨져 있는 것일까?'

궁금증이 든 노인은 나무 위로 올라가서 둥지에 손을 넣어 파란 돌멩이를 꺼내 품속에 넣고는 집으로 돌아왔다. 노인은 종6품 무관직인 종사관(從事官) 벼슬에 있는 아들에게 자신이 본 새끼 학의 부활과 파란 돌멩이에 대해 이야기를 들려주고는, "이 파란 돌멩이에 신비한 힘이 있을지도 모르니, 너는 이것을 잘 간직해라. 혹시 너한테 무슨 좋은 일이라도 있을지 누가 알겠느냐?" 하고 말했다.

종사관은 아버지의 말을 곧이 믿지 않았지만, 손해볼 일은 없었기에 아버지가 시키는 대로 파란 돌멩이를 받아서 품속에 넣고 다녔다. 그리고 얼마 후 종사관은 중국으로 가는 사신 일행에 합류하여 중국의 수도인 연경(燕京, 지금의 북경)으로 떠났다. 연경에 도착해서 숙소에 머문 종사관은 여러 사람 앞에서 파란 돌멩이를 보여주었다. 한 외국인 장사꾼(胡商)이 그 돌을 보더니 "그 돌멩이를 나한테 팔지 않겠소? 내가 천금을 주겠소." 하고 제안했다. 종사관이 좋다고 하자, 장사꾼은 "내가 돈 천금을 가져올 테니, 여기서 잠시만 있으시오." 하고 말하고는 떠났다.

졸지에 횡재하게 된 종사관은 신이 났지만, 파란 돌멩이를 자세히 보자 약간 지저분한 것 같아서 행여 장사꾼이 보고 값어치가 떨어진다고 돈을 덜 주겠다고 할까 봐, 모래와 돌을 가져다가 파란 돌멩이를 박박 문질러 표면을 말끔하게 했다.

그런데 돈을 가져온 장사꾼이 파란 돌멩이를 보더니 실망하면서 "이래서는 돈을 줄 수 없소. 도대체 돌에 무슨 짓을 한 거요?" 하고 따졌다. 종사관이 의아해하며 "뭐가 잘못되었소?" 하고 묻자, 장사꾼이 대답했다.

"당신이 내게 보인 파란 돌멩이는 저 먼 서쪽 사막인 유사(流沙)에 있는 아주 희귀한 보물로, 죽은 생명의 영혼을 돌아오게 하는 환혼석(還魂石)이오. 이 돌을 시체 곁에 놔두면 사람이건 동물이건 죽었다가도 다시 살아나오. 그런데 당신이 이 환혼석의 표면을 죄다 닳아버리게 해서 신비한 힘이 전부 없어져 버렸소. 이 상태로는 아무런 쓸모없는 단순한 돌멩이일 뿐이오."

그 말을 듣고 종사관은 자신이 한 섣부른 행동 때문에 아까운 보물을 망치고 천금을 얻을 기회를 날려버렸다며 슬퍼했다. 죽은 생명을 다시 살려낸다는 환혼석에 얽힌 이야기는 이렇게 끝난다.

이야기에서 언급된 유사는 유명한 소설 《서유기》에서 사오정이 사는 곳으로, 보통은 중국 서부의 타클라마칸 사막을 가리킨다. 고대 중국인들은 타클라마칸 사막 주변을 서역이라 불렀고, 그곳에 신비한 여신인 서왕모(西王母)가 산다고 여겼는데, 아마도 그러한 인식을 바탕으로 환혼석 전설이 나온 것 같다.

002 모든 병을 치료하는 구리화로

　박지원이 지은 단편 소설 〈허생전〉은 국어 교과서에 실릴 만큼 유명한 작품이다. 조선 시대 당시에도 꽤 인기가 있었던지 이 〈허생전〉의 내용을 변형시킨 판본들이 야담에 돌아다닌다. 그중에는 조선 말의 전설과 민담을 모은 책인 《청구야담(靑邱野談)》에 실린 이야기도 있다.

　조선 말, 허생(許生)이라는 선비가 있었다. 그는 집 안에 틀어박혀 글만 읽고 돈벌이를 전혀 하지 않아 살림이 매우 가난했다. 그는 1년 내내 표주박에다 밥 한 그릇과 물 한 그릇만 담아서 먹을 뿐이었지만, 그러면서도 전혀 불평이 없었다. 이런 남편과 함께 사니 아내는 그저 하루하루 먹을 음식을 구하느라 허리가 휠 지경이었다. 급기야 아내는 자신의 머리카락을 잘라서 그것을 팔아 음식을 사 오는 일까지 하게 되었다. 그 모습을 본 허생은 탄식하여 "내가 10년 동안 주역을 보고 미래를 알려고 했는데, 이제 아내가 머리카락까지 자르니 차마 더는 보지 못하겠구나"라고 말하며 책을 덮고는 아내를 보며 "1년 후에 돌아올 테니 그때까지 조금만 기다리시오"라는 말을 남기고 집을 떠났다.

　허생은 초라한 옷차림으로 개성의 갑부인 백생(百生)을 찾아갔다. 백생은 허생을 보자 그를 비상한 사람이라고 생각하여 큰 잔치를 열어 후히 대접했다. 허생은 백생에게 큰 장사를 해보고자 하니 9000금을 빌려달라고 부탁했고, 백생은 그 말을 흔쾌히 들어주었다.

허생은 백생이 준 돈을 가지고 평양의 기생 운낭(雲娘)을 찾아가 즐겁게 놀면서 큰 누각이 달린 집을 지어주며 환심을 샀다. 운낭은 허생이 베풀어 준 환대에 대한 보답으로 자신이 갖고 있는 물건 중 하나를 뭐든지 마음대로 가져가라고 말했다. 이때 허생은 운낭의 방에 있던 검은빛을 띤 구리(烏銅) 화로 하나를 갖고 싶다고 해서 허락을 받았다. 그리고 허생은 구리 화로를 망치로 잘게 부숴서 보따리에 넣고는 말에 싣고서 멀리 회령 땅에서 열린 시장으로 가져가서, 여진족 상인에게 10만 금을 받고 팔았다.

허생은 백생을 찾아가서 일의 자초지종을 말했다.

"그 화로는 사실 구리가 아니라 검은빛을 띤 쇠(烏金) 화로였습니다. 옛날 중국의 진시황이 불로초를 넣고 달여 먹을 작정으로 만들었는데, 거기에 약을 넣고 달여서 먹으면 모든 병이 낫는다고 합니다. 그것을 도사 서복이 배에 싣고 불로초를 찾아 멀리 동쪽 바다로 가던 도중에 잃어버렸는데, 일본인들이 가져가서 국보로 삼았습니다. 그러다가 임진왜란 시절, 왜장 고니시 유키나가가 평양으로 가져왔다가 명나라 군대의 공격에 놀라서 버리고 달아났는데, 그것이 흘러가서 평양의 기생 운낭의 집에 있었던 것이지요."

"그 화로가 그렇게 좋은 것이라면, 왜 팔아버렸소?"

백생이 아까운 듯 말하자 허생이 대답했다.

"비록 병을 고친다고 해도 지금 당장 돈이 없으니, 어쩌겠습니까? 여하튼 덕분에 큰 장사를 해서 고맙습니다."

그 이후 허생은 자신을 찾아온 이완 장군과 말싸움을 벌이다 결국은 그를 쫓아내고 자신도 사라졌다. 이는 허생전에 실린 결말과 똑같다.

한편 조선의 학자인 임방(任埅, 1640~1724)이 지은 소설인 《천예록(天倪

錄)》을 보면, 구리 화로와 비슷한 만병통치약 역할을 하는 보물이 언급된다. 파란색으로 빛나는 구슬인 정통주(定痛珠)인데, 환자가 아픈 부위에 정통주를 비추고 눌러주면 고통이 멈추고 두 번 다시 병이 나지 않는다. 이 정통주는 1000년을 살다가 죽은 용의 뼈에서 발견되는데, 그 값어치가 6000냥이나 된다고 한다.

형태나 기능으로 본다면 정통주는 동양의 전통 설화에서 용이 가지고 있는 신비한 구슬인 여의주(如意珠)가 변형된 모습인 듯하다. 여의주가 가지고 있는 사람의 소원을 들어준다는 말처럼, 정통주도 환자가 가지고 있으면 병을 고치고자 하는 바람을 이뤄주는 보물이라고 볼 수 있다.

003　미래를 예언한 책

　앞으로 닥칠 일, 즉 미래는 정해져 있는 것일까? 운명론적인 믿음이 강한 사람들은 미래가 이미 정해져 있는 것이라 주장하는 반면 자유의지를 믿는 사람들은 정해진 미래 따위는 없고 사람이 행동하기에 따라서 달라진다고 반박한다.

　대부분의 신화나 전설을 살펴보면, 미래가 이미 정해져 있다는 인식이 강했던 듯하다. 1873년 조선의 고종 임금 무렵, 서유영(徐有英, 1801~1874)이 쓴 야담집인《금계필담(金溪筆談)》에도 이러한 인식이 담긴 이야기 한 편이 실려 있다.

　조선 숙종(肅宗, 1674~1720) 임금 무렵, 한 선비는 아내가 죽어서 혼자 살아가고 있었다. 얼마 후 그는 젊고 아름다운 여인을 첩으로 맞아들였다. 그녀는 바느질을 해서 번 돈으로 선비와의 살림을 그런대로 잘 꾸려나갔다. 그런데 이보다 더 좋은 점이 있었으니, 그녀는 언제나 좋고 나쁜 일들을 예측해서 선비한테 정확하게 알려주었던 것이다.

　미래를 예견하는 일이 계속되자 선비는 그녀가 무슨 신비한 도술이나 초능력을 갖고 있어서 앞일을 내다보는 것이 아닌지 궁금해져서 "당신은 도대체 어떻게 미래를 미리 아는 거요?" 하고 여러 번 물어보았다. 그때마다 첩은 웃으면서 "그저 우연의 일치일 뿐입니다." 하고 둘러대며 대충 넘어 갔다.

그 무렵 조선은 영의정인 허적(許積, 1610~1680)이 권세를 잡고 있던 때 였는데, 마침 그의 집이 선비가 사는 집과 가까이에 있었다. 허적은 선비를 자기편으로 만들려고 여러 차례 불렀으나, 선비의 첩이 "허적과 가까이 하면 나쁜 일을 당할 테니, 그를 멀리하십시오." 하며 간곡히 말렸다.

선비는 첩의 말이 그다지 믿기지 않았으나 허적의 아들인 허견(許堅, ?~1680)이 역모 행위로 처형을 당하자 주변 사람들이 연관되어 처벌받는 모습을 보고는 첩의 말을 믿고 따르게 되었다.

그러던 어느 날, 선비의 집으로 손님 한 명이 찾아왔다. 선비는 그와 바둑을 두면서 즐겁게 놀고 있었다. 그때 선비가 거느린 종이 와서는 첩이 급히 할 말이 있다고 알려왔다. 선비는 무슨 일인가 걱정이 들어 손님에게 양해를 구한 다음 첩을 보러 갔다. 첩은 화려하게 단장한 옷을 입은 채로 선비한테 "제가 오늘이 죽을 날이라서 당신한테 이별을 알리고 싶었습니다." 하고 말했다.

그 말을 들은 선비가 놀라서 "대체 그게 무슨 소리인가?"라고 묻자, 첩은 "죽고 사는 것은 다 운명이니, 앞으로 몸을 아끼십시오"라고 말하고는 곧바로 자리에 누워서 조용히 숨을 거두었다. 지금까지 사랑해오던 첩이 갑자기 죽자 선비는 그 후로 한참 동안 식사와 잠을 거르며 그녀의 죽음을 슬퍼했다.

첩이 죽고 시간이 흐른 뒤, 선비는 첩의 방에 들어가서 그녀가 지니고 있던 상자 속에서 책 한 권을 발견했다. 책을 펼쳐보자 몇 년 무슨 달 무슨 날에 어떤 일이 일어난다는 식으로 상세한 내용의 예언들이 적혀 있었다. 그제야 선비는 죽은 첩이 앞일을 알려주는 예언서를 갖고 있어서 미래를 정확히 알 수 있었음을 깨달았다.

예언서를 이리저리 들춰보던 선비는 예언서의 뒷부분도 읽었는데, 거기에는 자신의 운명도 적혀 있었다. 그 부분은 선비 자신이 "다음 해 6월 며칠에 위유사(慰諭使)가 되어 충청도의 금영(錦營, 오늘날 충청남도 공주시)에 도착한다"라는 이야기로 끝났다. 선비는 그 이상 자신에 대한 언급이 없는 것으로 보아 금영에 도착하고 나서 죽는 게 아닌가, 하는 우려도 들었으나 확신할 수 없는 관계로 거기서 책을 덮어두고 방을 나갔다.

시간이 흐르고 나서 선비는 예언서에 적힌 대로 충청도 금영으로 발령을 받아 가게 되었다. 처음에 선비는 금영으로 가게 되면 혹시나 자신의 운명이 끝날까 싶어 상관에게 "저를 평안도로 보내주십시오"라고 말해 허락까지 받았으나, 공교롭게도 그 무렵 충청도에 전염병이 크게 번져, 상부에서 선비를 병들고 굶주린 백성을 위로하는 벼슬인 '위유사(慰諭使)'에 임명하여 충청도로 보내기로 결정하고 이를 알렸다. 선비는 충청도 행을 피하고 싶었으나 상부에서 결정된 사항이라 어쩔 수 없이 충청도로 가게 되고 말았다.

금영으로 가는 도중 큰 비가 와서 금강이 불어나 며칠 동안 강물이 줄기를 기다렸다가 떠났는데, 금영에 도착하고 나니 예언서에 적힌 날짜에 딱 맞았다. 그제야 선비는 예언서에 나온 날이 바로 자신이 죽을 날이라는 사실을 깨닫고는 충청감사와 주위 사람들한테 자신이 겪은 일을 모두 말하고는 "오늘이 바로 제가 죽을 날이니, 놀라지 마시고 장례를 치러주십시오." 하고 부탁한 뒤 그날 밤 조용히 숨을 거두었다고 한다.

우리 조상들은 이미 결정된 운명은 무슨 수를 쓰더라도 피할 수 없다는 숙명을 믿었던 듯하다. 그러한 믿음은 고대 그리스나 북유럽에서도 널리 퍼져 있었으니, 어쩌면 인류 공통의 생각이었는지도 모르겠다.

004　소원을 이루어주는 신비한 그림

　지금의 충청북도 제천시에는 그리는 것이 모두 현실로 나타나는 신비한 그림에 관한 전설이 전해진다. 옛날 친구 사이인 가난한 청년과 부자 청년이 있었다. 가난한 청년은 집안 형편이 어려워 혼자서는 도저히 가족을 먹여 살리기 어려워지자 부자 친구가 있는 한양으로 찾아가서 도와달라고 부탁했다. 그러자 부자 청년은 종이에다가 학 한 마리를 그려주면서 이렇게 말했다.

　"이 그림의 학 다리를 하루에 한 번만 회초리로 때리게. 그러면 자네가 쓰기에 필요한 만큼 돈이 나올 걸세. 명심하게. 하루에 한 번만 때려야 하네."

　부자 청년은 가난한 친구에게 그림과 회초리를 주고는 집 밖으로 배웅해주었다. 학 그림을 받은 가난한 청년은 친구의 말이 믿기지 않았으나 그림을 펼쳐놓고 시험 삼아 회초리로 학의 다리를 한 번 때려보았다.

　그러자 놀랍게도 돈이 가득 찬 꾸러미 하나가 그림으로부터 나왔다. 졸지에 돈을 얻은 가난한 청년은 돈이 생긴 김에 써보자는 생각이 들었다. 그는 한양의 유명한 기방으로 가서는 아름다운 기생과 즐거운 음악을 감상하며 신나게 놀았다.

　돈을 쓰는 재미에 빠진 가난한 청년은 하루에 고작 돈 꾸러미 하나만 나오게 해서는 부족하다고 여겨서, '학 다리를 20번쯤 때리면 그만큼 돈 꾸러미가 나오겠지?' 하고 생각하고는 회초리를 들고 그림 속의 학 다리를 20번 때렸다. 그러자 학 다리가 그만 부러져버렸다. 그림에서 더는 돈이 나오지 않아 이전에 나온 돈을 다 써버린 가난한 청년은 기방에서 쫓겨났다.

차마 빈손으로 집에 돌아갈 수 없었던 가난한 청년은 다시 부자 친구를 찾아갔다. 부자 청년은 이번에는 크고 화려한 기와집과 아름다운 처녀 한 명을 그림에 그려주고는 "100일 동안 웃지 말게. 그럼 모든 게 자네 것이 될 걸세. 하지만 웃으면 모든 게 사라질 걸세." 하고 말하고는 그림을 넘겨주었다. 부자 친구로부터 그림을 받은 가난한 청년은 고향으로 돌아가는 도중에 큰 소나무 밑에서 그림을 펼쳐보다가 깜빡 잠이 들었다. 잠에서 깨어나자 가난한 청년은 큰 기와집 안의 방에서 비단 이불 위에 누워 있었고, 눈앞에는 그림 속에 있던 아름다운 처녀가 웃으며 서 있었다.

가난한 청년은 큰 기와집 안에서 아름다운 처녀를 데리고 즐겁게 사느라 고향의 가족 생각을 잊어버렸다. 딱 100일이 되던 날, 가난했던 청년이 하늘에서 내리는 비를 보다가 그만 자기도 모르게 웃어버렸다. 그러자 기와집과 처녀는 순식간에 사라져버렸다.

모든 걸 잃어버린 가난한 청년은 또다시 부자 친구를 찾아갔다. 부자 친구는 돈이 잔뜩 든 큰 상자를 그림에 그려주면서 "이 돈 상자에 하루에 한 번씩만 손을 넣으면 자네가 필요한 만큼 돈이 나올 걸세. 하지만 내가 도와주는 건 이번이 마지막일세." 하고 신신당부했다. 그림을 가지고 가던 가난한 청년이 돈이 든 상자에 손을 넣자 수많은 동전이 잡혔다. 뜻하지 않은 돈이 생긴 청년은 처음의 기방 생각이 나서 곧바로 달려가 돈을 보여주며 거기서 또 기생과 음악을 즐기며 놀았다.

하지만 기방 생활에는 많은 돈이 필요해서 가난한 청년은 친구의 당부를 무시하고 하루에 2~3번씩 계속 돈을 꺼냈다. 이번에는 손을 넣는 대로 돈이 나와서 안심했으나, 며칠 후에 갑자기 들이닥친 포졸들이 청년을 체포해 관아로 끌고 갔다. 관아로 끌려간 청년은 심문관한테 추궁을 받았다.

"요 며칠 사이 계속 나라 창고의 돈이 없어지기에 포졸들을 숨겨놓고 유심히 살펴보았다. 창고 지붕에 구멍이 뚫리고 거기로 돈이 날아가기에 쫓아가보았더니 바로 네가 머무는 기생집이 나오더구나. 너는 대체 무슨 요망한 도술로 나랏돈을 훔쳤느냐?"

겁에 질린 청년은 자신이 겪은 일을 다 실토했다. 이에 포졸들이 부자 청년의 집으로 달려가 그도 체포해서 관아로 끌고 왔다. 두 청년은 요망한 재주를 가진 자를 살려둘 수 없다는 이유로 사형 선고를 받았다. 이윽고 사형을 집행할 날이 되어 두 청년은 거리로 끌려 나왔다. 죽기 전에 마지막으로 하고 싶은 말이 있느냐는 질문을 받자 부자 청년은 "죽기 전에 딱 한 번만 그림이나 그리게 해주십시오"라고 말했다.

붓과 종이를 받아든 부자 청년은 거기에 하얀 말 한 마리를 그렸다. 그러고는 부자 청년이 가난한 친구를 바싹 끌어당기더니 하얀 말 그림 위에 올라타 앉고서는 "백마야, 가자!" 하고 외치자 그림 속의 말이 두 사람을 태운 채로 살아서 움직이더니 그림 바깥으로 뛰쳐나왔다. 두 청년은 백마를 탄 채로 하늘 높이 날아서 사라졌다. 사형 집행인과 구경하러 나온 사람들은 넋이 빠져서 멍하니 하늘만 쳐다볼 뿐이었다. 백마를 타고 간 두 청년이 어떻게 되었는지는 알려져 있지 않다.

사람에게 부를
가져다주는 구슬

　동양의 고전 판타지 세계에서 여의주(如意珠) 혹은 야명주(夜明珠) 같은
구슬은 가진 사람에게 풍요를 안겨주는 신비한 능력이 있다고 묘사된다.
그런 구슬과 관련한 야사가 두 편 전해진다.

　우선 조선 초기의 학자인 서거정이 남긴 야담집인 《필원잡기(筆苑雜記)》
에 담긴 이야기다. 경상북도 경주(慶州)의 한 마을에 노파가 홀로 살고 있었
는데, 밤에 그 노파가 사는 집에 돌연 큰 벼락이 치는 일이 벌어졌다. 얼마
후 번개가 그쳤고 두려움이 사라진 노파가 무슨 일이 있나 싶어 방문을 열
고 마당에 나와서 보니 눈부시게 빛나는 달걀만 한 둥그런 구슬 하나가 마
당 한가운데 놓여 있었다. 노파는 그 구슬을 신기하게 여겨 방 안으로 옮겨
놓았는데, 밤마다 구슬에서 나오는 빛이 매우 밝아서 가느다란 털끝도 훤
히 보일 지경이었다.

　노파의 옆집에 사는 한 못된 소년이 노파가 빛나는 구슬을 얻게 되었다
는 사실을 알아내고는 몰래 훔쳐가서는 노파한테 "내가 그 구슬을 관아에
바쳤소." 하고 거짓말로 둘러댔다. 노파는 관아에 고소하여 그 구슬을 돌
려달라고 부탁했지만, 정작 관아에서는 구슬을 받은 일이 없으니 돌려줄
수가 없었다. 못된 소년은 그 구슬을 얻고 나서 시간이 흐르자 날로 부유해

져 부자가 되었다고 한다.

벼락이 치면서 마당에 떨어진 구슬은 그것을 가진 사람에게 부를 안겨
주는 행운을 지닌 신비한 물체였을까? 전통 설화에서 용이 가지고 있는 것
으로, 모든 소원을 이루어준다는 신비한 구슬인 여의주와 비슷한 내용이라
더욱 호기심이 간다. 혹시 벼락과 함께 떨어졌다는 구슬이 여의주는 아니
었을까? 동양 설화에서 용은 하늘에 살면서 비와 벼락을 지상에 내리는 존
재로 설정되어 있으니까 말이다.

조선 말의 야담집인 《청구야담》에도 부를 주는 신비한 능력이 깃든 구슬
에 대한 이야기가 실려 있다. 강원도 횡성에 한 여인이 살았는데 자기 눈에
만 보이는 남자 한 명이 매일 밤마다 찾아와서 함께 잠자리에 들자고 요구
했다. 이런 일이 계속되자 여인은 더 이상 가만히 있을 수가 없어 숙부에게
사실을 털어놓고 도움을 요청했다. 숙부는 그녀에게 바늘 끝에 실을 매달
아서 남자의 옷깃에 몰래 꽂아 그가 돌아가면 실을 따라가서 사는 곳을 알
아내라고 가르쳐주었다. 다음 날 여인은 밤에 남자가 찾아오자 숙부가 알
려준 대로 했다. 그 후 건장한 숙부가 나서서 풀려진 실을 따라 남자가 떠
난 길을 몰래 밟았는데, 숲에 있는 땅속의 어느 썩은 나무 한 그루에 실이
매여 있었다. 그 나무의 윗부분에는 작고 둥근 붉은색의 구슬이 있었는데,
사람의 눈을 쏘이는 빛을 뿜었다. 숙부는 구슬을 빼내서 주머니에 넣고 나
무는 불에 태워버렸다. 그 이후부터 밤마다 정체를 알 수 없는 남자가 여인
을 찾아와 동침을 요구하는 일이 깨끗하게 사라져버렸다.

그로부터 시간이 지난 어느 날, 숙부가 사는 집 방문 앞에 어떤 남자 한
명이 5일 동안이나 밤중에 찾아와서 "제가 가진 검은 구슬을 드릴 테니 당
신이 가진 붉은 구슬을 돌려준다면, 부귀영화를 누릴 수 있게 해드리겠습
니다"라면서 간절히 부탁했다.

그 말을 듣자 숙부는 욕심이 생겨 붉은 구슬을 돌려주는 척하다가 재빨

리 검은 구슬을 가로채고는 방문을 잠갔다. 그러자 남자는 슬피 울면서 멀리 떠났다. 두 개의 신비한 구슬을 모두 갖게 된 숙부는 구슬의 사용법을 전혀 몰랐지만, 보물로 여기며 소중히 간직했다.

그러던 어느 날, 숙부가 다른 지역에 갔다가 술에 잔뜩 취해 길에서 잠이 들고 말았다. 깨어나 보니 품속에 넣어두었던 구슬 2개가 감쪽같이 사라지고 없었다. 숙부는 밤마다 찾아와서 구슬을 돌려달라고 애걸했던 자가 자신이 취한 틈을 타서 가져간 것이라고 결론을 내리고는 허탈하게 웃으며 집으로 돌아갔다.

밤마다 여인을 찾아왔던 남자나 숙부에게 구슬을 돌려달라고 애걸한 남자의 정체는 나무에 깃든 기이한 힘인 정(精)이 변해서 생겨난 도깨비일 것이다. 붉은 구슬과 검은 구슬은 그런 도깨비들이 가지고 놀던 보물이었으리라.

본래 도깨비는 사람에게 풍요를 안겨주는 정령이다. 도깨비가 휘두르는 방망이를 가지면 부자가 된다는 이야기는 이 때문에 나왔다. 이런 특성을 감안한다면 두 남자의 정체는 도깨비라고 봐야 타당하다. 아마도 숙부가 그 남자의 말대로 해주었다면 구슬을 돌려주는 대가로 큰 부를 누리는 부자가 되었을 것이다.

006 하늘을 날아다니는 비차(飛車)

1903년에 하늘을 날아다니는 기계인 비행기를 만든 최초의 사람은 미국의 라이트 형제라고 알려져 있다. 하지만 고대의 문헌을 뒤져보면 라이트 형제 이전에도 하늘을 나는 도구나 기계를 만들었다는 내용을 종종 발견할 수 있다.

중국 서진(西晉, 265~317) 시대, 장화(張華, 232~300)라는 사람이 지은 책인 《박물지(博物志)》를 보면 아주 먼 옛날에 하늘에 뜨는 수레인 비차(飛車)를 타고 세상을 마음대로 날아다니는 사람들이 있었다고 한다. 그들은 중국 감숙성(甘肅省) 옥문관(玉門關)의 서쪽 4만 리에 있다는 결흉국(結胸國)에 사는 기굉(奇肱) 사람들이라고 하는데, 비차를 타고서 탕(湯, 기원전 ?~?) 임금이 다스리던 중국 은나라(殷, 기원전 1600~1046)를 방문했다는 것이다.

한데 탕 임금은 기굉 사람들이 비차를 타고 오자, 그 비차를 백성들이 못 보게 부숴버렸다. 탕 임금이 어째서 그랬는지 정확한 이유는 알려져 있지 않으나, 아무래도 하늘을 날아다니는 비차를 보고 백성들이 놀라서 난리를 일으킬까 봐 우려해서 그랬던 듯하다.

그 일이 있은 지 10년 후에 기굉 사람들은 비차를 고쳐서 고향으로 돌아갔다고 전해진다. 탕 임금이 붙잡아두고 있던 기굉 사람들이 탈출하여 달아난 것은 아닐까 싶다. 그동안에 탕 임금이 기꾕 사람들한테 "너희가 타고 다니는 저 비차를 어떻게 만들고 조종하는지 그 방법을 말해라!" 하고 심문했는데, 그들이 끝끝내 입을 열지 않자 비밀을 말할 때까지 가둬두고 있었던 것은 아니었을까?

하늘을 날아다니는 수레는 중국에만 있었던 것이 아니라 조선에도 있었다. 조선 후기의 학자인 신경준(申景濬, 1712~1781)이 쓴 책인《여암전서(旅庵全書)》와 이규경(李圭景, 1788~1856)이 쓴 책인《오주연문장전산고(伍州衍文長箋散稿)》 등에 의하면, 임진왜란 무렵 전라북도 김제의 정평구(鄭平九)라는 사람이 비차를 만들어서 제2차 진주성 전투(1593년 7월 20~27일) 당시 사용했다는 내용이 보인다.

기록에 의하면 정평구는 무관 출신으로 제2차 진주성 전투에서 일본군의 수가 많고 조선군의 수가 적어 불리하자, 위태로운 상황에서 벗어나기 위해 고심 끝에 비차를 만들었다고 한다. 정확한 구조나 형태는 알 수 없지만, 뜨거운 불을 때면서 하늘을 날아다녔으며, 심한 바람이 불면 제대로 날지 못하고 땅에 떨어질 위험성이 있었다고 한다.

정평구는 이 비차를 이용해서 일본군에게 포위된 경상도의 어느 성에서 사람을 구출하고, 바깥에서 식량을 가지고 와서 진주성 사람들에게 나눠주었으며, 때로는 돌이나 화약을 싣고 다니며 일본군을 향해 공격하는 용도로 쓰기도 했다. 그러다가 그만 일본군이 쏘아대는 조총에 맞아 비차가 추락하여 정평구는 죽고 말았다. 전투가 시작된 지 7일 후에 진주성은 일본군의 맹공격을 받아 함락되고, 그 안에 들어가 싸웠던 조선 군사와 백성 약 6만 명도 모조리 죽임을 당했다.

하지만 정평구가 죽고 난 이후에도 비차가 완전히 사라지지는 않았던 모양이다.《오주연문장전산고》를 보면 충청도 출신의 윤달규(尹達圭)라는 사람이 백조와 비슷하게 생긴 비차를 만들었다고 하며, 최대 4명까지 탈 수 있고, 바람을 타고 하늘을 날면 무려 100장(약 300미터)의 거리까지 갈 수 있지만, 바람이 너무 거세지면 땅에 떨어질 우려가 있다고 했다.

이런 비차들이 도대체 어떤 형태였는지는 구체적인 내용이 없어서 지금도 비차의 복원을 두고 의견이 엇갈린다. 대체로 원시적인 열기구나 글라이더 같은 모습이었을 것이라고 추정하고 있다. 불을 때며 하늘을 난다는 점에서는 열기구와 유사성이 있고, 바람을 타고 난다는 점에서는 글라이더와 비슷하다.

기록으로만 본다면 정평구가 만든 비차는 열기구와 비슷했던 듯하고, 윤달규가 만든 비차는 글라이더와 비슷했던 것으로 보인다. 예전에 한국 육군사관학교에서 비차를 복원했을 때 글라이더와 비슷하게 만들었는데, 열기구와 비슷했을 가능성은 염두에 두지 않은 것 같아서 아쉽다.

007 환상을 만드는
하얀 천

영국의 소설가 J. R. R. 톨킨이 1954년에 발표한 판타지 소설 《반지의 제왕》을 원작으로 제작되어 2002년에 개봉한 영화 〈반지의 제왕: 두 개의 탑〉 편에서 주인공 프로도가 악의 본거지인 모르도르에 갔을 때, 적에게 들킬 위기에 처하자 엘프(요정)가 준 마법의 천을 덮어 주변 바위와 똑같이 보이게 하는 환상을 만들어 위기를 모면하는 장면이 나온다.

그런데 놀랍게도 이와 비슷한 내용을 담은 설화가 《반지의 제왕》보다 근 300년이나 앞서서 우리네 고전에 실려 있었다. 조선의 학자인 임방이 지은 소설인 《천예록》에 다음과 같은 환상적인 이야기가 나온다.

조선이 청나라의 침공을 받았던 병자호란(1636년 12월~1637년 1월) 시절, 수많은 사람이 한양을 빠져나와 피난을 갔다. 그중 한 사람이 있었는데, 그만 갑자기 쳐들어온 청나라 군대의 습격을 받게 되었다. 산과 들판에 온통 청나라 군대가 가득차서 이제 끝장이구나 하고 생각하며 절망에 빠졌다.

그 와중에 어느 선비와 하인이 소나무 아래에 말을 묶어 두고, 길이가 몇 폭이나 되는 넓고 큰 하얀 천으로 장막을 쳐놓고는 그 안에서 유유자적 지내면서 청나라 군대를 편안하게 지켜보는 모습이 그의 눈에 들어왔다. 피난하는 이는 다급한 와중에도 궁금함을 참을 수 없어 선비에게 다가가서 물었다.

"당신은 저기 가득 찬 오랑캐 군대가 안 보이오? 살고 싶으면 빨리 도망쳐야지, 왜 여기서 가만히 있는 거요?"

그러자 선비는 웃으면서 태연하게 대답했다.

"어차피 두 발로 달려 도망을 가봐야 말을 타고 잽싸게 달리는 오랑캐 군대에 죽거나 붙잡히는 건 다 같지 않소? 당신도 살고 싶다면, 여기 장막 안으로 들어오시오."

피난민은 선비를 미쳤다고 여겼다. 그러나 가만히 생각해보니 달아나도 청나라 군대에 잡혀 죽는 건 마찬가지였다. 결국 희미하게나마 기대를 걸고 선비가 쳐놓은 장막 안으로 들어갔다.

청나라 군대는 보이는 대로 사람들을 죽이거나 붙잡아갔다. 그런데 어찌된 일인지 선비 일행이 앉아 있는 장막만은 전혀 건드리지 않았다. 마치 장막이 눈에 보이지 않는 듯 행동했던 것이다. 그날 밤이 다 가도록 장막 안에 있던 사람들은 모두 무사했다. 피난민은 왜 청나라 군사들이 자신과 선비 일행을 내버려 두는 것인지 영문을 알 수가 없어 황당해하면서도 안도의 한숨을 내쉬었다.

어느덧 해가 저물어 청나라 군대는 다른 곳으로 떠나버렸다. 청나라 군대의 습격을 온종일 받았으면서도 선비 일행과 피난민은 살아남았다. 자리에서 털고 일어난 선비는 하인에게 장막을 거두고 말을 묶어둔 끈을 풀라고 명했다. 피난민은 그 선비가 무슨 신통한 능력이 있어서 난리를 피했다고 여겨서 이름을 물었다. 그러나 선비는 대답하지 않고 그대로 말을 타고 하인과 함께 달려가 버렸다.

위기를 모면한 피난민은 이리저리 떠돌다가 병자호란이 끝나자 한양의 집으로 돌아갔다. 그리고 자신과 함께 피난길에 올랐으나 청나라 군대에 붙잡혀 포로가 되었다가 풀려나서 돌아온 사람을 만나 지난날 피난을 가다

청나라 군대와 맞닥뜨린 일에 대해 이야기를 나누었다. 그때 피난민은 선비가 쳐놓은 장막 안에 들어갔던 일을 떠올리고는 그에게 왜 청나라 군대가 자신을 보지 못했을까 하고 물었다. 그러자 그는 놀라면서 이렇게 대답하는 것이었다.

"소나무 아래에 펴놓은 하얀 장막이라뇨? 나는 그런 것을 그때 못 보았소. 높고 튼튼한 성벽과 깊은 해자(성 둘레에 파놓은 물길)가 있기에 청나라 군대가 건드리지 못하고 지나가 버렸을 뿐이오."

그러니까 선비가 펼쳐놓은 하얀 천은 사람들로 하여금, 실제 사물이 아니라 성벽과 해자라는 환상을 보게 하는 신비한 능력을 가진 보물이었던 것이다. 이런 설정은 《반지의 제왕》에 나오는 마법의 천과 놀랍도록 똑같다. 시대에 관계없이 사람의 생각은 비슷하다지만, 임방이 톨킨보다 근 300년 앞서 이런 발상을 했다는 것이 놀라울 따름이다.

008 음식과 금은보화를 쏟아내는 박

착한 동생 흥부와 탐욕스러운 형 놀부로 유명한 한국의 고전 소설 《흥부전》은 구태여 줄거리를 설명하지 않아도 누구나 알고 있을 만큼 널리 알려졌다. 하지만 한국의 판타지적 고전 문학의 대표작인 《흥부전》을 무시해버릴 수도 없으니 간략히 소개하기로 한다.

놀부는 아버지와 어머니가 죽으면서 남긴 재산을 몽땅 가로채고는 동생 흥부를 집 밖으로 내쫓았다. 흥부는 남 대신 곤장을 맞거나 막노동을 하면서 힘들게 돈을 벌어 가족을 먹여 살리려 했다. 하지만 받는 돈이 너무나 적어서 아무리 열심히 일해도 가난에서 벗어나지 못했다. 요즘 세상에서 사회적 문제로 떠오른 이른바 '워킹 푸어'의 원조가 바로 흥부였던 셈이다.

가난에 찌든 비참한 삶을 살던 흥부의 집으로 어느 날 제비 한 마리가 날아들다가 다리가 부러졌다. 이를 불쌍히 여긴 흥부는 제비의 다리를 잘 고쳐주고 날려 보낸다. 얼마 후 제비는 흥부네 집으로 박씨를 물어다 주었다. 흥부는 그 박씨를 초가집 지붕에 올려두었는데, 거기서 여러 개의 박이 자라나서 익어가자 박이라도 잘라서 국을 끓여 먹으려고 톱으로 박을 잘랐다.

사람들이 잘 알다시피 박이 갈라질 때마다 풍성한 보물이 나왔다. 가장 처음 나온 것은 밥을 지을 쌀과 각종 음식을 살 돈이 가득 담긴 상자였다.

다음에는 금실과 은실 등 온갖 화려하고 아름다운 무늬가 들어간 비단이 수천 필이나 쏟아져 나왔다. 비단을 모두 받아낸 흥부는 아내와 함께 다음 박을 잘랐는데, 이번에는 바다거북의 등껍질로 만든 그릇인 대모반(玳瑁盤)과 한국의 전통 과자인 유밀과(油蜜果)가 나왔다.

대모반은 동양에서 매우 귀한 물건으로 여겨졌는데, 과거 중국이 기원전 111년부터 베트남을 정복해 서기 938년까지 1049년 동안이나 지배했던 이유도 바로 베트남에서 나는 대모반 같은 귀중한 물건들을 차지하기 위해서였다.

유밀과는 약과와 같이 쌀과 꿀을 이용해 만드는 과자다. 약과가 대량생산되어 시장이나 마트에서 쉽게 볼 수 있는 요즘 사람들로서는 "약과 따위가 무슨 귀한 보물이야?" 하고 하찮게 여길 수도 있으나 조선 시대까지 약과 같은 유밀과는 만들 때 쌀과 꿀이 많이 들어가서 보통 사람들은 잔칫날에나 겨우 먹을 수 있는 사치스러운 음식이었다.

그다음 박을 타니 이번에는 황금과 은 같은 귀금속에다 구리와 쇠 및 진귀한 보석인 호박(琥珀)이 나왔다. 또 다른 박을 타니, 이번에는 귀중한 약재인 우황청심환(牛黃淸心元)이 나왔다. 우황청심환은 정신을 잃거나 심장이 약할 때 먹으면 좋은 약이다. 박지원이 쓴 《열하일기》를 보면 청나라 사람들이 조선의 우황청심환을 매우 좋아해서, 조선 사신들이 어디를 가든지 우황청심환을 내밀면 청나라 관리들이 기뻐하면서 마음껏 구경할 수 있게 배려했다는 내용이 자주 나온다.

흥부가 또 다른 박을 타자 이번에는 황금 비녀와 유리로 만든 병과 도자기 그릇에 붓과 종이 및 사슴과 다람쥐 가죽들이 나왔다. 종이가 무슨 보물이라고 박에 들어 있었는지 모르겠다고 의아해할 사람도 있겠지만, 조선 시대까지 한지는 수많은 작업을 일일이 사람의 손을 거쳐 만들어야 하는 귀중한 물품이었다. 이 때문에 한지는 공물(貢物) 목록에서 빠지지 않았으며 관공서에서 작성한 공문서의 기한이 지나면 한지를 물로 씻어 말린 다음 그 위에 다시 글씨를 쓸 정도로 종이를 무척 아꼈다.

마지막 박을 타자 중국 당나라의 절세 미녀였던 양귀비가 나오더니 흥부의 첩이 되겠다고 했다. 이로써 흥부는 엄청난 보물과 함께 아름다운 미인까지 얻게 되어 지긋지긋한 가난에서 벗어나 부자가 되어 행복한 삶을 살았다는 것이 흥부전의 대략적인 줄거리다.

오늘날 사람들은 흥부처럼 박을 타지 않는다. 대신 매주 편의점과 복권방에서 로또 번호를 찍거나 복권을 사서 열심히 긁는다. 운이 좋으면 1등에 당첨되어 벼락 횡재를 할 수 있다는 기대 때문이다. 물론 수십억의 상금 타기가 쉬운 일은 아니다. 하지만 일말의 희망이라도 품고 살아가는 것이 우리네 인생이 아닐까 싶다. 《흥부전》을 읽는 조선의 막노동꾼들이 언젠가 자기들에게도 행운이 찾아와 흥부처럼 잘 먹고 잘 살기를 희망하는 것처럼 말이다.

009 술을 만들어내는 용궁의 돌

조선 말의 야담집인 《청구야담》에 실린 이야기다. 한양 자하동에 사는 정진사(鄭進士)는 글과 그림 및 의학 같은 취미를 좋아하고 벼슬에 나가지 않는 유유자적한 삶을 즐기던 인물이었다. 그러던 어느 날, 새벽에 잠이 오지 않아 깨어 있는데 잘생긴 소년 한 명이 집의 문을 열고 들어와서 자신을 보고 말했다.

"저는 백화(白華)라고 하는데, 선생의 높으신 이름을 듣고 만나 뵙고 싶어서 찾아왔습니다."

그러고는 소년이 소매에서 술과 잔을 꺼내고, 잔에다 술을 부어 바치니, 정진사는 그것을 받아 마셨다. 그 맛이 매우 맑고 시원하여 평생 처음 마셔보는 술이었다. 술을 다 마시자 백화는 정진사에게 이런 부탁을 했다.

"제가 요즘 병이 있는데 별의별 약을 써도 나을 기미가 보이지 않았습니다. 그래서 이렇게 선생을 찾아온 것입니다. 부디 저의 집에 같이 가주셔서 제 증세를 살펴 약을 지어주시기 바랍니다."

갑작스러운 요구에 정진사는 당혹스러웠지만, 그가 준 술을 받아 마신 뒤라 거절하는 것도 예의가 아니고 은혜도 갚을 겸 해서 허락했다. 그러자 백화는 자신이 타고 온 나귀에 정진사를 태워서 양화도까지 데려가서, 배에 다시 태우고는 바다로 나아갔다.

항해하던 배가 문득 멈추었는데, 더 큰 배가 마주보고 와 있었다. 백화는 정진사에게 큰 배에 타라고 권유하며 자신도 옮겨 탔다. 그렇게 약 이틀을 더 항해하자 구름과 바다가 하늘과 맞닿은 신비스러운 땅이 나타났다. 백화는 배를 땅에 대고 정진사를 내리게 했다. 바닷가에는 비단 장막이 처져 있었고, 말과 수레가 가득했는데 그 또한 처음 보는 광경이었다.

백화의 안내를 받아 궁궐로 들어간 정진사는 그곳의 화려한 궁실을 보고 놀랐다. 백화에게 "여기가 어디요?" 하고 묻자 백화는 이렇게 답했다.

"여기는 백화주(白華州)라는 땅이고, 저는 백화주의 태자입니다. 제 아버지이신 왕께서 오랜 병을 앓아서 천하의 온갖 명의들을 불렀으나 도저히 병이 낫지 않아서 선생을 제가 직접 가서 모셔온 것입니다. 부디 제 아버지의 병을 고쳐주십시오."

여기까지 왔으니 거부할 수도 없어서 정진사는 허락했다. 곧바로 그는 왕이 있는 태화전으로 안내되었고, 수많은 궁녀를 거느린 왕을 만났다. 왕은 특이하게도 등에 소나무 한 그루를 지고 앉아 있었다. 놀란 정진사가 어떻게 된 것이냐고 묻자 이렇게 대답했다.

"과인이 어릴 적부터 소나무 잎과 뿌리와 싹을 삶거나 지져 먹기 좋아했더니, 어느 날부터 등이 가려웠고 이렇게 소나무가 자라났소. 소나무 잎 때문에 등이 찔려 따갑고 무거워서 매일 고통스럽소. 대체 이게 무슨 병인지 선생은 아시겠소?"

정진사는 수많은 의학 관련 책을 보았으나 등에 소나무가 자란 병은 듣지도 보지도 못했다. 무슨 병인지 알아낼 시간이 필요하여 왕에게 "일단은 물러가서 생각해보고 필요한 약을 가져오겠습니다." 하고 말하고는 백화 태자가 마련해준 숙소로 갔다. 정진사는 사흘 동안 고민하다가 문득 생각이 떠올랐는지 백화 태자를 만나서 "도끼 100개와 가마솥 하나, 장작 100개와 냉수 한 항아리를 오늘 내로 가져다주십시오." 하고 부탁했다.

　백화 태자가 그 말대로 하자, 정진사는 가마솥에 냉수 한 항아리 용량을 붓고는 장작에 불을 붙이고 가마솥 안에 도끼 100개를 넣었다. 뜨거운 장작불로 인해 가마솥 안에 넣은 물이 끓어오르자 정진사는 불을 약하게 했다 강하게 했다 하며 사흘 동안 조절하다가, 가마솥 안의 물을 쇠그릇에 담아서 왕에게 가져갔다. 그러고는 왕의 등에 난 소나무를 향해 물을 뿌렸더니 소나무가 점점 말라가고 솔잎이 떨어져 나갔다. 그 물을 왕에게 마시게 하자 소나무는 흔적도 없이 녹아버렸다.

　왕과 태자는 매우 기뻐하며 병의 처방을 어떻게 알았느냐고 묻자 정진사는 이렇게 대답했다.

　"무릇 음양오행설의 이치에 나무(木)를 이기는 것은 쇠(金)라고 했습니다. 그래서 쇠로 만든 도끼를 삶은 물로 소나무를 죽인 것입니다."

　정진사의 처방으로 완쾌된 왕은 그를 위해 사흘 동안 작은 잔치를 열고 닷새 동안 큰 잔치를 열면서 성대하게 대접했다. 그리고 선물로 작은 돌을 하나 주었는데, 그것은 주석(酒石)이라고 했다. 백화 태자는 정진사에게 "그 돌은 바닷속에서 나는 것인데, 그릇에 두면 좋은 술이 저절로 우러나와서 천년이 가도 마르지 않습니다. 제가 선생께 드린 술도 그 돌에서 나온 것입니다." 하고 말했다. 정진사는 본래 술을 좋아하는 성미라서 사양하지 않고 받았다. 백화 태자의 배웅을 받으며 무사히 집으로 돌아온 정진사는 행복한 삶을 보냈다고 한다.

010 귀신을 쫓아내는 살귀환과 경귀석

흔히 귀신은 무당이나 영웅같이 특별한 능력을 가진 사람이 아니면, 보통 사람들이 도저히 이길 수 없는 초월적인 존재로 여겨진다. 그러나 한국의 판타지 세계를 살펴보면, 귀신을 쫓아내는 특이한 도구의 힘을 빌려 물리치는 사례가 소개된다.

조선 초기의 학자인 이륙(李陸, 1438~1498)이 쓴 책인《청파극담(靑坡劇談)》을 보면, 살귀환(殺鬼丸)에 관한 흥미로운 이야기 한 편이 실려 있다. 봉원부원군(蓬原府院君)의 작위를 받은 학자인 정창손(鄭昌孫, 1402~1487)의 집에 어느 날 귀신이 나타나서, 사람이 오기만 하면 대낮에도 덤벼들어 모자를 벗기고 돌을 던지는 식의 장난을 일삼았다. 이에 정창손과 집안사람들은 다른 집으로 피신을 떠났고, 이 소문이 조정에까지 알려져 모두가 괴이하게 여겼다고 한다.

하지만 집을 언제까지 비워두고 있을 수 없었던 정창손은 살귀환이라는 약을 구해 이것을 불에 태워 연기를 집 안으로 들여보냈다고 한다. 살귀환의 연기가 귀신을 쫓아내는 힘이 있었는지 정창손의 집에 나타나 못된 장난을 저지르던 귀신들은 어디론가 사라져 두 번 다시 나타나지 않았다고 전해진다.

《청파극담》에 언급된 살귀환이 어떤 재료로 만들어진 약인지는 알 수 없다. 다만 '귀신을 죽이는 둥근 환약'이라는 글자의 뜻에서 한의학에서 귀신을 쫓아낸다고 알려진 주사(朱沙, 수은의 일종)나 유황 성분을 넣은 둥근 알약 정도로 추정할 수 있을 듯하다.

조선 후기의 학자인 이긍익(李肯翊, 1736~1806)이 편찬한 책인 《연려실기술(燃藜室記述)》에도 살귀환과 비슷한 효과를 가진 약이 등장한다. 여기에 언급된 귀신을 쫓는 약은 조선 세조 시대의 명장인 남이(南怡, 1441~1468)와 홍시에 얽힌 재미있는 이야기 편에 나온다.

남이가 젊었을 때 하루는 거리에서 놀다가 어린 종이 보자기에 작은 상자를 싸가지고 가는 것을 보았다. 그 보자기 위에는 하얀 분(얼굴에 바르는 화장품의 일종)을 바른 여자 귀신이 앉아 있었으나, 어찌된 일인지 다른 사람들은 보지 못하고 오직 남이의 눈에만 보였다. 남이가 마음속으로 괴이하게 여겨 따라갔더니 그 종이 어떤 재상의 집으로 들어갔다. 그런데 조금 뒤 집에서 우는 소리가 나기에 물어보니 주인 집 작은 낭자가 별안간 죽었다고 했다.

이때 남이가 "내가 들어가서 보면 살릴 수 있다"라고 하자 그 집은 처음에는 허락하지 않다가 한참 뒤에 허락했다. 남이가 문에 들어가 보니 분 바른 귀신이 낭자의 가슴을 타고 앉았다가 남이를 보고는 즉시 달아났는데, 그러자 낭자는 일어나 앉았다.

남이가 나오자 낭자는 다시 쓰러졌다가 남이가 들어가자 되살아났다. 이에 남이가 "어린 종이 가져온 상자 속에 무슨 물건이 있었더냐?" 하고 물으니 "홍시가 있었는데 낭자가 이 감을 먹다가 숨이 막혀서 쓰러졌던 것입니다"라는 답이 돌아왔다. 남이가 '귀신을 다스리는 약'으로 치료했더니 낭자가 살아났다. 이 낭자는 곧 좌의정 권람의 넷째 딸인데 이 일이 계기가 되어 좋은 날을 가려 남이와 혼인했다고 한다.

요약하면, 권람의 넷째 딸이 홍시를 먹다가 그만 목에 걸려 숨이 막혀 잠시 의식을 잃었는데, 그때 귀신이 들려 죽게 될 뻔했다는 것이다. 부드러운 홍시를 먹다 숨이 막힌다는 말이 약간 이상하지만, 떡을 먹다 목에 걸려 죽는 경우도 있으니 있을 수 없는 거짓이라고 보기는 어렵다.

본문에서 언급된 '귀신을 다스리는 약'이 정확히 무엇인지는 알 수 없으나 아마도 살귀환과 비슷한 재료로 만들어지고 비슷한 효능을 지닌 환약 정도로 추정된다.

한편 조선 광해군 시절에 유몽인이 쓴 야담집인 《어우야담》에 의하면, 귀신을 쫓아내는 돌인 경귀석(警鬼石)에 대한 기록이 등장한다. 경귀석은 본래 바다를 다스리는 용왕(龍王)이 가진 보물인데, 암수 한 쌍으로 구성되어 있으며, 사람이 경귀석을 허리띠에 차고 다니면 귀신들이 보기만 해도 달아난다고 한다. 다만 술에 빠지면 귀신을 쫓는 효험이 없어진다는 내용도 덧붙여 있다.

011 생각을 현실로
바꿔주는 거울

충청남도 서산군에는 무엇이든지 생각만 하면 곧바로 현실이 되어 나타나는 신비한 거울에 관한 전설이 전해지고 있다.

옛날 서산군에 젊어서 남편이 죽고 혼자 사는 여성 두 명이 있었다. 아랫집에 살던 여인은 순박한 반면 윗집에 사는 여인은 못된 마음을 가져서 완전히 대비되는 인물들이었다.

그러던 어느 날 그들이 사는 동네에 승려 한 명이 찾아왔다. 그는 먼저 아랫집에 들러 하룻밤을 묵어가게 해달라고 부탁했다. 아랫집 여인은 허락해주었다. 비록 가난한 살림이었지만 모처럼 찾아온 손님을 위해 정성껏 저녁을 차려 승려를 대접했고, 승려는 그녀의 정성이 담긴 음식을 맛있게 먹었다.

저녁을 다 비우고 밤이 깊어지자 승려와 여인은 잠자리에 들었다. 원래 조선 시대는 남녀칠세부동석이라는 말이 있을 만큼, 남녀 간의 법도가 엄격했지만 여인의 집이 워낙 작아 방이 하나밖에 없는 관계로 승려와 여인은 같은 방에서 잠을 자야 했다.

그런데 자다 보니 승려의 행동이 이상했다. 슬슬 여인이 자고 있는 자리로 옮겨오더니, 자기 다리를 여인의 다리 위로 태연하게 올려놓는 것이었다. 이는 여자를 멀리하고 색에 빠지지 말라는 부처의 가르침을 어기는 파계였으며, 동시에 홀로 사는 여인을 모욕하는 파렴치한 처사이기도 했다. 비록 마음씨 고운 여인이었으나 승려가 자신을 희롱한다고 생각하니 화가 나서 벌떡 일어나서는 승려의 뺨을 힘차게 갈기며 소리쳤다.

"부처님을 섬기는 스님이 이게 무슨 짓이오? 당장 내 집에서 나가시오!"

그러자 승려는 어떤 변명도 하지 않고 "참으로 미안하외다." 하고 순순히 사과하고는 자기가 가져온 짐 꾸러미 속에서 거울 하나를 꺼내서는 과부에게 건네주면서 이렇게 말했다.

"방금 소승이 한 행동은 그대를 모욕하기 위해서가 아니라 그대의 마음을 시험하기 위해서였소. 그대는 밝고 올바른 마음을 가졌으니, 마땅히 축복을 받을 자격이 있소. 이 거울에 비친 자신의 얼굴을 보면서 간절히 원하는 것을 떠올린다면, 그 즉시 현실에서 이루어질 것이오."

과부에게 거울을 준 승려는 그녀의 집을 떠났다. 승려에게 받은 거울을 들여다보던 아랫집 여인은 당장 필요한 쌀과 장작을 마음속에서 떠올렸다. 그러자 믿을 수 없는 일이 벌어졌다. 거울 속에서 쌀알과 장작이 쏟아져 나와 방을 가득 채운 것이다. 여인은 더 이상 쌀과 땔감 걱정을 하지 않아도 되었다. 일단 쌀과 장작을 쓸 만큼 저장해둔 다음 남은 것들을 이웃에 나눠주거나 시장에 팔아 살림이 넉넉해졌다.

가난하던 아랫집 여인이 졸지에 부자가 되었다는 소문이 퍼지자 윗집 여인은 질투가 나기도 하고 궁금하기도 해서 아랫집을 찾아가 어떻게 된 영문인지 물어보았다. 순박한 아랫집 여인은 자신이 겪은 일을 사실대로 다 말해주었다. 그러자 윗집 여인은 자기 집에도 승려가 찾아오기를 바라며 온갖 몸단장을 하고서 기다렸다.

그렇게 100일이 지난 후 마침내 승려가 윗집 여인의 집을 방문했다. 윗집 여인은 원래 집안 형편이 풍족해서 아랫집보다 잘살았기 때문에 승려에게 푸짐한 저녁을 대접했다. 집에 방이 많은데도 기어이 승려와 같이 안방에서 자겠다고 고집을 부렸다. 그렇게 승려와 여인이 한방에서 자는데, 밤중에 남자와 같은 방에 있다는 생각에 흥분을 했는지, 여인이 먼저 승려에게 다가가서는 그의 배에 다리를 올려놓으며 수작을 걸었다.

그러자 승려가 벌떡 일어나더니 "부처님을 섬기는 사람한테 이게 뭐 하는 짓이오? 소승은 이만 나가겠소. 다만 식사와 잠자리를 준 보답은 하고 가리다. 그대한테 거울 하나를 주겠소. 이 거울에 비친 자신의 얼굴을 보면서 간절히 원하는 것을 떠올리면 현실로 나타날 것이오." 하고 말하며, 거울을 윗집 과부한테 주고는 재빨리 집을 나가 사라져버렸다.

승려한테 받은 거울을 쳐다보던 윗집 여인은 간절히 원하는 것을 떠올렸다. 자신의 성욕을 만족시켜주는 건장한 남자였다. 그러자 거울에서 연기가 자욱하게 피어오르더니, 이윽고 그 연기 속에서 크고 힘센 남자가 나타나서는 곧장 과부를 바닥에 눕히고는 강제로 성관계를 벌였다.

처음에 윗집 여인은 힘과 정욕이 넘치는 건장한 남자와의 성관계를 즐겼다. 하지만 남자는 시도 때도 없이 계속 덤벼들었고, 그의 끝없는 욕정에 지친 윗집 여인은 견딜 수가 없어서 산으로 달아났지만, 남자가 끝까지 쫓아와서 계속 성관계를 가진 탓에 결국 여인은 힘이 빠져 죽고 말았다고 한다. 아랫집 여인은 욕망을 잘 다스려서 복을 받은 반면 윗집 여인은 욕망을 절제하지 못하다가 결국 자신을 파멸시키고 만 것이다.

012 죽을병을 치료한 상륙 뿌리와 신수단

조선 초기의 학자인 이륙이 쓴 책인 《청파극담》을 보면, 상륙(商陸)과 신수단(神授丹)이라는 약재로 죽을병에 걸린 사람을 치료했다는 이야기가 실려 있다.

이륙의 집에는 그가 거느린 종이 한 명 있었다. 그 종은 사람들과 친구가 되어 평안도를 자주 방문했다. 종이 집 바깥으로 자주 들락거렸다는 점이 잘 이해가 되지 않는다는 사람도 많을 것이다. 흔히 조선 시대는 하층민이 제대로 인권을 보장받지 못하고 살아야 했던 지옥 같은 사회라고 여기지만, 조선도 어디까지나 사람이 사는 세상이었다.

그런데 이륙의 종이 친구 10여 명과 어느 절에서 식사를 한 이후로 갑자기 그들 사이에서 이상한 병이 돌았다. 《청파극담》에서는 그 병의 이름을 가리켜 '저주(詛呪)'라고 하는데, 흔히 무슨 주술로 남을 해친다는 저주와 같은 말이라서 정확히 어떤 병이었는지는 알 수 없다.

아무튼 10여 명이 저주에 걸려 곧바로 2명이 죽었다. 남은 8여 명도 각자 집으로 돌아가서는 병에 걸려 고생하다가 죽었다는 소식이 들려왔다. 이륙의 종 역시 집으로 돌아온 이후부터 병의 증세가 나타나며 죽어가고 있었다.

이에 이륙은 종이 죽을까 봐 걱정이 되어서 상륙(商陸)을 가져왔다. 상륙은 식물인 자리공의 뿌리를 말린 것을 말하는데, 오줌이 나오지 않아 신장이 부어오르고 아픈 경우 약으로 먹는다. 이륙의 종과 일행이 걸렸다는 저주 병이 어쩌면 오줌이 몸 밖으로 나오지 않아 고통을 동반한 증상은 아니었을까?

아무튼 이륙은 상륙의 뿌리 한 줄기를 찧어서 소주(燒酒)에 담가두었다가 꺼냈다. 여기서 언급된 소주는 오늘날 우리가 마시는 희석식 소주가 아니라 경상북도 안동의 특산물인 안동소주처럼 알코올 도수가 40도를 넘나드는 독한 증류식 소주다. 이렇게 독한 술이다 보니 조선 시대에는 소주를 많이 마시다 죽는 사람이 종종 있었을 정도였다.

이륙은 소주에 담근 상륙 뿌리를 꺼내어 두 숟가락 정도의 분량을 종에게 먹였다. 그랬더니 종은 기절했다가 한참 후 다시 깨어났는데, 항문에서 붉은빛의 점액이 흘러나왔다. 이륙이 그것을 지팡이로 헤쳐 보니 조그마한 벌레가 나와 곧 날아가고 종은 병이 나았다. 이런 기록으로 추측한다면, 이륙의 종과 친구들이 걸린 저주 병의 정체가 어쩌면 기생충에 감염된 것인지도 모르겠다.

열흘 후 이륙의 종은 또다시 저주 병에 걸려 고통을 받았다. 그 모습을 본 이륙은 "아마 몸속의 독성분이 모두 배출되지 않고 남은 것이 있어서 저런가 보다." 하고 여기고는 다시 소주에 담근 상륙 뿌리를 먹이려 했다. 하지만 종은 이렇게 말하며 거부했다.

"죄송합니다, 나리. 소인이 상륙 뿌리를 처음 먹었을 때는 독이 없고 맛이 좋아서 목구멍 안으로 잘 넘어갔는데, 한참 후에는 세상이 빙빙 도는 것 같이 어지러워 기절하고 말았습니다. 그 약을 안 먹고 죽을지언정 어지럽고 기절하는 고통을 당하기는 싫습니다."

여기서 종이 한 말에 대해 이해가 안 가는 사람들을 위해 설명을 덧붙인다. 상륙은 한약재로 쓰이지만, 본래 독성분이 있어 날로 먹으면 배가 아프고 토할 것 같다가 나중에는 정신을 잃고 혼수상태에 빠지다가 심장마비가 와서 죽을 수도 있다. 요즘도 상륙을 잘못 먹었다가 죽는 사람이 종종 발생하기도 한다.

우리 조상들은 이런 상륙의 위험성을 잘 알았기 때문에 상륙을 먹기 전 먼저 술에 담가 독성분을 없앤 다음에 먹었다. 이륙이 상륙을 독한 소주에 담근 이유도 바로 상륙의 독을 없애기 위해서였다. 그런데도 종이 기절하고 의식을 잃었다는 것은 아마 소주에 담근 시간이 짧아 독을 완벽히 없애지 못한 탓으로 보인다.

하지만 그렇다고 종이 병에 걸려 죽기를 내버려둘 수 없는 노릇이라 이륙은 신수단(神授丹)이라는 약을 구해왔다. 신수단은 사향(麝香)과 대극(大戟) 및 산자고(山茨菰)와 문합(蚊蛤)과 천금자(千金子) 등의 한약재에 찹쌀을 섞은 다음, 박하와 생강즙을 묻히고 버드나무 가지를 끓인 물에 담갔다 뺀 다음에 둥글게 뭉쳐서 만드는 환약으로 짐승이나 벌레한테 당한 해를 치료할 때 쓰인다.

이륙이 신수단을 소주에 타서 종에게 먹였더니, 먼젓번처럼 종의 항문에서 붉은 점액이 나오고 그 속에서 작은 벌레가 나오더니, 그 후로 완전히 나았다고 한다.

013 100년의 수명을 늘리는 약물

중국 청나라의 작가인 포송령(蒲松齡, 1640~1715)이 쓴 소설 《요재지이(聊齋志異)》에는 조선과 관련된 재미있는 내용이 있다. 조선 남쪽에 신선들이 사는 섬이 있는데, 그 섬에 가면 한 잔만 마셔도 100년의 수명을 늘리는 옥액(玉液)이라는 신비한 약물이 있다는 것이다.

명나라 사신 유홍훈(劉鴻訓)은 조선에 안기도(安期島)라는 신선들이 사는 섬이 있다는 이야기를 듣고 가보고 싶어서 조선에 파견되는 사신단에 참가했다. 조선에 도착한 유홍훈은 조선 국왕과 대신들한테 안기도 이야기를 꺼냈는데, 그들은 안기도에 가려면 그곳 신선의 제자인 소장(小張)이 궁정에 도착할 때 기다려서 함께 가라고 말했다. 안기도에 가려면 반드시 소장에게 말하고 허락을 받아야 하며, 그가 허락하면 순풍이 불어 배가 무사히 안기도에 도착할 수 있지만, 허락을 받지 않고서 무턱대고 찾아가면 거센 바람이 불어 배가 바다에 빠진다는 경고도 덧붙였다.

기대에 부푼 유홍훈은 이틀을 기다렸다. 사흘째 되는 날 삿갓을 쓰고 칼을 찬 아름다운 얼굴의 30대 남성 한 명이 궁정에 들어왔다. 그는 사람들 앞에서 자신의 이름을 소장이라고 밝혔다. 유홍훈은 그를 따라 안기도를 방문하기 원한다고 했다. 그 말에 소장은 흔쾌히 허락하면서 두 명의 하인과 함께 자신을 따라오라고 했다.

유홍훈이 소장과 함께 배를 타고 바다로 나서자 부드러운 바람이 계속 불어와 항해가 순조로웠다. 마침내 일행이 안기도에 다다랐다. 놀랍게도 안기도는 추운 겨울인 바깥세상과는 달리 전혀 춥지 않고 꽃들이 바위틈과 계곡 사방에 즐비한 따사로운 기후였다.

소장은 유홍훈을 동굴로 안내했다. 동굴 안에는 세 명의 노인이 양반다리를 한 채로 앉아 있었다. 첫 번째 노인과 세 번째 노인은 아는 척을 하지 않았으나 두 번째 노인은 유홍훈을 보자 어서 동굴 바닥에 앉으라고 말을 꺼내는 한편 어린 하인에게 유홍훈을 위해 마실 것을 가져오라고 지시했다. 어린 하인은 동굴 밖 돌벽에 박힌 쇠못을 뽑아서 나온 물을 찻잔에 담고는 양이 차자 다시 쇠못을 박아서 물을 막았다. 그러고는 찻잔을 가지고 동굴 안으로 돌아와 유홍훈에게 건넸다.

유홍훈이 찻잔을 받아 보니, 그 안에 담긴 물은 파랬는데 한 모금 입에 넣자 차디차서 입안이 몽땅 얼어붙는 것처럼 고통스러웠다. 이가 시려 오는 아픔 때문에 유홍훈은 찻잔에 담긴 물을 마시지 않고 그냥 바닥에 내려놓았다.

그러자 두 번째 노인이 어린 하인에게 뜨거운 차를 가져오게 해서 대접했다. 유홍훈은 노인과 이런저런 이야기를 하다가 앞으로 자신의 미래가 어떻게 될지 가르쳐달라고 했다. 그 말에 노인은 세상을 떠난 몸이라 시간과 날짜도 알 수 없으며 사람의 미래 역시 알 수 없다고 대답했다. 이에 유홍훈은 신선이라면 으레 늙지 않고 오래 사는 신비한 도술을 알겠거니 싶어서 그런 기술을 알려줄 수 있느냐고 물었다. 노인은 속세에 사는 사람은 그런 일이 불가능하다고 잘라 말했다.

자신이 원했던 것만큼의 대답을 얻어내지 못하자 실망한 유홍훈은 안기도를 떠나겠다고 했다. 그는 소장의 안내를 받아 조선 궁정으로 돌아왔다.

유홍훈이 안기도에서 겪은 일을 털어놓았더니, 조선 왕은 안타까워하며 말했다.

"노인이 그대한테 대접한 차가운 물은 아득히 먼 옛날, 이 세상과 함께 나타난 옥액(玉液)이오. 한 잔을 마시면 100년의 생명을 더 얻을 수 있었을 것이오."

안타깝게도 유홍훈은 생명을 늘릴 기회를 스스로 걷어찬 셈이었다. 신선들이 마시는 물은 매우 차갑지만 생명을 늘린다는 설정은《서유기》같은 중국의 다른 환상 소설에서도 자주 등장한다. 또한《청구야담》에도 비슷한 내용이 나오는 것으로 볼 때 고대 동양 사회에 널리 퍼진 인식인 듯하다.

중국의 바다 동쪽, 즉 조선에 신선이 산다는 전설은 진시황 시절부터 중국인들에게 널리 퍼진 생각이었다. 진시황이 늙지 않기 위하여 신비한 약초인 불로초를 구하러 보낸 도사인 서복이 제주도를 방문했다는 전설도 남아 있다. 서귀포라는 지명도 서복이 왔다 갔다고 해서 붙여진 이름이다. 조선에 있다는 신선들의 섬인 안기도 이야기도 이런 중국인들의 인식이 반영된 흔적이 아닌가 싶다.

014 불임 여인을 임신시키는 뱀의 뿔(蛇角)

불과 19세기까지만 해도 전 세계의 결혼한 여자들은 아이를 낳는 것이 가장 중요한 일이었다. 이 때문에 선천적으로 아이를 가질 수 없는 불임 환자들은 큰 곤경에 처했다. 그런 여성들을 위해서 온갖 불임 치료제가 나왔다. 조선 광해군 시절 유몽인이 쓴 야담집인 《어우야담》에도 불임을 완전히 낫게 해준다는 신비한 보물인 뱀의 뿔이 나온다.

정확한 시대를 알 수 없던 때, 조선의 수도인 한양에 신석산(申石山)이라는 사람이 살고 있었다. 그는 천민, 즉 노비의 신분이었다. 그러나 살다 보면 쥐구멍에도 볕 들 날이 있으니, 신석산이 바로 그런 운명을 타고 난 몸이었다. 조선은 1년에 3번이나 중국에 사신을 보낼 만큼, 중국과의 접촉이 잦았는데, 그때 사신 일행을 따라가는 천민들은 중국에 가서 얻은 여러 가지 물건을 조선에서 되팔아 한몫을 챙겼다. 신석산도 그런 기회를 얻게 되어 무척 기뻐했다. 중국을 방문하는 조선 사신 일행에 운 좋게 합류하게 된 것이다.

사신 일행을 따라 간 신석산은 요동 지방에 도착한 날, 숙소 밖으로 잠시 나갔다가 모래 속에서 빛을 내는 작은 뿔을 발견했다. 신석산은 그게 정확히 어떤 물건인지 몰랐지만, 다른 나라인 중국에 와서 보게 된 희한한 물건이니 조선으로 가져가면 꽤나 비싸게 팔 수 있는 물건일 것이라고 생각하고는 자신의 품속에 넣어두었다.

마침내 중국의 수도인 북경에 도착한 조선 사신 일행은 그들의 전용 숙소인 옥하관(玉河館)에 짐을 풀고 머물렀다. 신석산은 챙겨온 뿔을 옥하관의 대들보 위에 달아두고는 주변 사람들에게 "내가 찾은 신기한 물건이오." 하고 자랑했다.

중국인 장사꾼들이 그 뿔을 보고는 크게 놀라워하면서, 관부(館夫, 숙소를 관리하면서 조선과 중국인 장사꾼들의 통역과 중개 역할을 한 사람들)를 앞세우고 신석산을 찾아와서 "우리가 저 뿔을 사겠소. 얼마에 팔 거요? 원하는 액수를 말하시오." 하고 제안했다.

그 말을 듣고 신석산은 비록 뿔이 무슨 물건인지는 몰랐으나, 장사꾼들이 몰려와서 원하는 액수를 말하면 그대로 사겠다고 하는 걸로 보아서, 아주 값이 나가는 귀한 물건임을 본능적으로 깨달았다. 그래서 이왕 부를 거면 세게 불러야겠다는 속셈으로 "100만 금을 주시오. 그러면 내가 저 뿔을 팔겠소." 하고 먼저 엄포를 놓았다.

신석산의 말을 들은 중국인 장사꾼들은 난감한 표정을 지었는데, 그들 중 한 명이 나서서 흥정을 했다.

"100만 금은 너무 많으니, 10만 금에 파시오. 내가 돈을 드리리다."

신석산이 가만히 생각해보니, 천민인 자기 처지에 10만 금만 있어도 큰 횡재라 여겨서 그가 말한 금액에 팔았다. 그러고 나서 '대체 무슨 물건이기에 이렇게 비싼 값을 주고 사갔을까?' 하는 의구심이 생겨 관부한테 물어보니, 이런 답이 돌아왔다.

"당신이 얻은 저 뿔은 뱀의 뿔이오. 지금 중국의 황후가 아들을 낳지 못하고 있는데, 저 뱀의 뿔을 가지면 곧바로 아들을 임신하여 낳을 수 있소. 원래 저 뿔은 2개가 모두 있어야 효력을 발휘할 수 있는데, 황후가 1개의 뿔은 구했으나 2번째 뿔을 찾지 못해 곤란해하고 있었는데 마침내 이곳에서 얻었으니 무척 기쁜 일이오."

자신이 찾은 물건이 뱀의 뿔이라는 사실을 안 신석산은 값을 좀 더 받을걸 그랬나 하는 생각도 들었지만, 한편으로는 10만 금이나마 건진 것을 다행으로 여겼다. 그는 얻은 돈으로 시장에 가서 갖가지 색깔이 들어간 비단을 샀다. 그 양이 너무나 많아 5년 동안 차례대로 조선 땅으로 가져올 수 있게 계약서를 작성해야 했을 정도였다.

신석산은 조선으로 돌아와 비단을 장사꾼들에게 되팔아 많은 돈을 챙겼고, 그 돈으로 천민 신분에서 벗어났으며, 한양에서 으뜸가는 거부가 되었다. 후손 중에 절도사 벼슬을 한 이가 나올 만큼, 신석산과 그 집안은 부귀영화를 누리고 행복하게 살았다는 것이 《어우야담》에 언급된 뱀의 뿔 이야기의 결말이다.

고대로부터 뱀은 풍요를 상징하는 신비한 힘을 가진 동물로 여겨졌다. 이 때문에 풍요를 주관하는 여신들은 뱀의 모습을 하거나 아니면 뱀을 곁에 두고 다녔다. 임신할 수 없는 여인에게 임신할 능력을 준다는 뱀의 뿔에 관한 이야기도 결국 뱀이 가진 풍요의 힘을 상징하는 것이라고 보면 될 듯하다.

2

신비한 장소

015 여인들만 사는 동해의 섬나라

　서양의 고대 역사를 다룬 기록들을 보면, 여자들만 사는 나라인 여인국에 관한 이야기가 꼭 등장한다. 기원전 2세기의 그리스 철학자인 아폴로도로스가 편찬한《신들에 대하여》라는 문헌에 의하면, 아마조네스 왕국에는 아마존이라고 불리는 여인들만 사는데, 매우 용감하고 강인해서 전쟁에 직접 참가하여 싸우고, 이웃 나라의 남자들을 납치해 강제로 성관계를 가진 다음 태어난 아이가 아들이면 죽이고 딸만 골라서 키운다는 것이다.

　여자들만 사는 여인국에 관한 이야기는 동양에도 존재한다. 중국의 고전 소설인《서유기》에 등장하는 서량여국(西梁女國)이 대표적이다. 서량여국에는 남자가 없고 오직 여자들만 살며, 자모하(子母河)라는 강물을 마셔서 임신을 한다고 전한다.

　이처럼 여인국에 대한 환상은 동서양에 걸쳐 두루 나타난다. 그중에는 놀랍게도 고대 한반도와 관련된 내용도 있다. 중국의 역사서인《삼국지 위지 동이전》에는 이와 관련하여 다른 기사도 실려 있다.

　"옥저 동쪽의 바다에 여자들만 사는 나라가 있는데, 그곳 사람들이 입는 옷소매는 길이가 3길(약 9m)에 이르며, 목에 사람의 얼굴이 그려져 있었다. 그들 중 어떤 사람이 배를 타고 해안가에 표류해왔는데, 음식을 먹으려 했으나 말이 전혀 통하지 않아 굶어죽었다."

또 다른 중국 역사서인 《후한서》를 보면, 여인국에 관해서 "신비한 우물이 있어서, 그것을 쳐다보면 아이를 낳는다고 한다"라는 구절이 나온다. 사실이라고 보기 어려운 다분히 신화적인 공상이다.

먼 동해 바다의 가운데에 여자들로만 이루어진 나라가 있다는 이야기가 무척 흥미로운 주제였던지, 《삼국지 위지 동이전》과 《후한서》가 나온 지 세월이 꽤 지난 조선 시대에도 여인국에 관한 내용이 문헌에서 종종 발견된다.

먼저 소개할 이야기는 조선 중기의 학자인 황중윤(黃中允, 1577~1648)이라는 사람이 1633년에 지은 소설인 〈천군기(天君紀)〉에 나오는 내용 중 일부다.

〈천군기〉에 의하면 천군(天君)이라는 가상의 군주가 있어 나라를 다스렸는데, 처음에는 좋은 정치를 하다가 점차 게을러지고 노는 일에만 탐닉하여 나라를 망치게 되었다. 그러자 동해 바다 가운데에 있는 여국(女國)의 여왕인 월백(越白)이 천군을 몰아내고 그 나라를 차지하려는 야심을 품고서, 여자들로만 이루어진 군대인 낭자군(娘子軍)을 이끌고 쳐들어갔다. 낭자군은 붉은 비단으로 장식하고 띠를 두른 아름다운 옷을 입었는데 그 모습이 마치 중국 원나라 말기에 일어난 반란군인 홍건적(紅巾賊)과 같았다고 한다. 낭자군은 가위와 자를 칼과 창 대신 사용하고, 구슬과 비취를 갑옷으로 삼았으며, 머리에 붙이는 매미 같은 장신구인 금선(金蟬)을 투구 대신 썼다.

이런 낭자군을 지휘하는 장군도 모두 아름다운 여자였는데, 이름이 초왜(楚娃), 위염(衛艶), 알옥상(戛玉床), 비취금(翡翠衾), 유선침(遊仙枕), 부용욕(芙蓉褥), 오화전(伍花氈), 사자장(獅子帳), 요백교(姚百嬌), 요백미(姚百媚), 요백언(姚百嫣), 요백묘(姚百妙), 송왜(宋娃) 등이라고 했다.

낭자군은 가는 곳마다 대승을 거두었는데, 그 이유는 바로 여왕인 월백의 황홀한 미모 때문이었다. 〈천군기〉에 의하면 월백은 16세쯤 되어 보이는 나이에 하얀 얼굴과 붉은 입술에 빛나는 별 같은 눈과 비단처럼 가는 허리에, 동작이 제비같이 날쌔고 민첩했다고 한다. 그런 월백의 아름다운 얼굴을 보게 되면, 누구라도 칼날을 맞대기도 전에 정신을 놓고 넋을 잃어버리며 앞다투어 항복했다고 묘사된다. 아울러 월백은《삼국지연의》의 제갈공명처럼 음산한 구름을 부르고 안개비를 내리게 하여 날씨를 마음대로 조종하는 신기한 술법마저 부리는가 하면, 미리 구덩이를 파놓고 적군을 유인하여 빠뜨리는 교활함까지 겸비했다고 하니 월백이 거느린 낭자군은 연전연승을 거둘 수밖에 없었을 것이다.

그 후 천군은 나라를 잃고 낭자군에게 쫓겨 다니다가 충신들의 희생으로 겨우 정신을 차리고 군대를 모아 다시 낭자군과 싸워 이겨 나라를 되찾는다는 것이 〈천군기〉의 줄거리다.

또 다른 기록에도 여인국 이야기가 나온다. 조선에 일본군이 쳐들어온 임진왜란 때, 의병을 이끌고 싸운 의병장인 정경운(鄭慶雲, 1556~1610)이 지은 일기인《고대일록(孤臺日錄)》의 1593년 10월 22일자 기록을 보면 뜻밖에도 이런 내용이 언급된다.

"여국(女國) 사람들이 조선을 구해주기 위해 군량 1000섬을 명나라에 바쳤는데, 우리나라(조선)로 실어 와서 도착했다고 한다. 참으로 이상하구나."

〈천군기〉야 일부러 지어낸 소설이니 그렇다 쳐도, 굳이 일기에까지 허구의 이야기를 실었을지는 의문이다. 만약 그렇다면 정말로 조선 시대에 여인국이 있었던 것일까? 사실인지 아닌지 알 수 없지만, 무척이나 흥미로운 주제가 아닐 수 없다.

016 동해에 있는 신선의 섬

다음 이야기는 조선 말의 야담집인 《청구야담》에 실린 내용이다.

강원도 고성에 유동지(劉同知)라는 어부가 살았는데, 어느 날 같은 마을의 친구 24명과 함께 미역을 따러 배를 타고 바다로 나갔다가 거센 서북풍에 휩싸여 그만 표류하고 말았다. 바람이 워낙 거세어 배가 파도에 휩쓸렸고, 가지고 온 음식마저 떨어져 유동지를 포함한 3명을 제외한 사람들은 모두 죽고 말았다.

한참 바다 위를 떠돌던 배가 어느 섬에 닿았다. 유동지가 정신을 차리자 하얀 옷을 입은 두 명의 사내아이가 백사장을 지나 자신에게 다가와 말을 건넸다.

"우리 스승께서 바깥 사람이 표류하여 이곳 백사장에 있을 거라고 말씀하셔서, 여러분을 데려가려고 왔습니다."

그렇게 말하고 두 사내아이는 허리에 찬 호리병을 꺼내어 유동지와 일행에게 술을 마시게 했다. 그러자 오랜 파도에 시달려 지쳐 있던 일행은 기운을 되찾고 정신이 맑아져 걸을 수 있게 되었다.

두 사내아이의 안내를 받아 일행은 어느 초막에 도착했다. 그곳에는 헌 솜을 걸치고 피부가 검은 노인 한 명이 있었다. 유동지 일행은 그를 신선으로 여기고는 땅에 엎드려 절을 올렸다. 노인이 "그대들은 어디에서 무슨 일로 왔는가?" 하고 묻자, 유동지 일행은 자기네가 고성 출신의 어부들로 미역을 따러 왔다가 서북풍에 밀려 표류하다 우연히 이곳까지 오게 되었다고 답했다. 그 말을 듣고서 노인은 자기도 고성 사람인데 60년 전에 표류하여 여기에 오게 되었다면서 같은 고향 사람으로서 반가움을 드러냈다.

노인이 사는 섬은 사방이 깨끗한 모래와 푸른 소나무로 가득했다. 가운데에는 금빛 풀이 돋아났고, 드문드문 사람들이 사는 집이 있었는데 아무도 농사를 짓지 않고 물을 마시며 살 뿐이었다. 노인은 유동지 일행에게 그 물이 경액수(瓊液水)라고 가르쳐주었다. 색깔은 젓국같이 흐렸지만 마시면 이내 정신이 맑아졌다.

유동지 일행은 노인에게 이 섬의 이름이 무엇이냐고 물었다. 노인은 "이곳은 동해(東海)의 단구(丹邱)이며, 신선의 땅이라네." 하고 답했다. 그러고는 유동지 일행에게 해가 뜨는 장면을 보여주었는데, 어마어마한 높이의 파도가 하늘에 닿고 은같이 생긴 산이 병풍처럼 솟아나며 그 위로 태양이 떠올라 장관을 이루었다. 노인은 저 산 위가 태양이 떠오르는 근본이라고 설명해주었다. 유동지 일행은 자신들이 있는 단구를 신성한 땅으로 여겼다.

그렇게 섬에서 여러 날을 지내다 보니 일행은 떠나온 고향이 그리웠다. 섬에서 계속 지내는 것이 지겨워진 일행은 노인에게 고향으로 돌아가고 싶다고 했다. 그 말을 들은 노인은 "이곳의 하루는 인간 세상의 일 년일세. 그대들이 여기에 온 지 거의 50일이 지났으니 아마 바깥세상에서는 50년이 지났을 걸세. 지금 고향으로 돌아가 보았자 가족들은 다 죽고 없을 텐데?" 하고 말했다. 유동지 일행은 노인의 말을 듣고 당황했지만, 설마 하고 믿지 않으며 계속 돌아가고 싶다고 애원했다.

일행의 간절함을 본 노인은 어쩔 수 없다고 여기고는 하얀 옷을 입은 사내 아이 두 명에게 명하여 그들을 배에 태워 고향으로 데려다주라고 말하며, 가는 도중에 마시라고 경액수가 든 병들을 배에 실어주었다. 유동지는 그것들 중 세 병을 몰래 품에 숨겼다. 두 명의 사내아이와 함께 유동지 일행은 배를 타고 며칠 동안의 항해 끝에 무사히 고향인 고성에 도착했다.

한데 고향에 돌아와 보니 마을의 모습이 완전히 달라져 있었고 아는 사람이 아무도 없었다. 지나가는 사람들을 붙잡고 수소문한 끝에 간신히 자신들이 살던 집을 찾아낼 수 있었다. 하지만 부모는 40년 전에 모두 늙어서 죽고 아내와 아들마저 죽었으며, 지금은 손자 세대가 미역을 따러 바다에 갔다가 죽은 조상들을 기리며 제사를 지내고 있다는 기막힌 사실을 들었다.

고향으로 돌아온 유동지 일행은 고향 집에 들어가 살았는데, 다른 두 사람은 예전처럼 불에 익힌 음식을 먹다가 몇 년 후에 죽었다. 반면 유동지는 숨겨온 병에 담긴 경액수만 마시고 다른 음식은 입에 대지 않아 아무런 병 없이 무려 200년 동안이나 건강하게 살았다고 한다.

경액수와 비슷한 효능을 지닌 신비한 물에 얽힌 이야기는 중국 청나라의 작가인 포송령이 쓴 소설 《요재지이》에도 언급된다. 조선의 남쪽에 신선들이 사는 안기도(安期島)라는 섬이 있으며, 그곳에는 한 잔만 마셔도 100년의 수명을 늘리는 옥액(玉液)이라는 신비한 약물이 있다는 것이다. 단 옥액은 입에 넣으면 이가 얼어붙는 것같이 차가워서 삼키기가 거의 불가능하다고 한다.

017 호랑이와 봉황이 살고
무궁화가 피는 군자국

　서기 3세기, 중국 서진(西晉) 시대에 살던 장화라는 사람이 지은 책인《박물지》를 보면 군자국(君子國)이라는 나라에 대해서 이렇게 묘사하고 있다.

　"군자국에서는 사람이 옷과 관(일종의 모자)을 쓰고 칼을 차면서, 두 마리 호랑이를 데리고 다닌다. 군자국 사람들은 예의와 사양(양보)하기를 좋아해서 서로 싸우지 않는다. 군자국의 땅 넓이는 사방이 천리이며, 훈화(薰華)가 많다."

　군자국은 고대 한반도를 중국에서 부르는 말이었다. 군자국 사람들이 두 마리 호랑이를 데리고 다닌다는 문장은 아마 한반도에 호랑이가 많아서 그렇게 된 듯하다. 실제로 19세기 말까지 한반도는 전 세계를 통틀어 호랑이가 가장 많이 살던 땅이었으니까.

　군자국 사람들이 예의와 사양하기를 좋아해서 서로 싸우지 않는다는 말은 곧 그들이 도덕을 지키고 평화스럽게 살아간다는 뜻이다. 중국인들이 고대 한국을 가리켜 "예의를 아는 동쪽의 나라"라는 뜻의 '동방예의지국(東方禮義之國)'이라 부른 것도 여기서 유래한 듯하다.

　한편 중국 송나라(劉宋, 420~479)의 학자인 범엽(范曄, 398~446)이 쓴《후한서(後漢書)》를 보면, 고대 한반도에 대해 이런 긍정적인 묘사가 나온다.

"무릇 동방을 이(夷)라고 하였으니, 이(夷)는 성품이 어질어서 살리는 것을 좋아한다. 그리하여 타고난 성품이 부드럽고 순박하여 옛 중국의 성현인 공자도 구이(九夷)에 살고자 하였던 것이다. … 그 나라(고조선)에는 밤에도 문을 닫지 않고 살 만큼 도둑이 없었으며, 그리하여 공자가 구이(九夷)에 가서 살고 싶다고 하였다. 이른바 중국이 예(禮)를 잃어버리면 사이(四夷)한테서 구한다는 말이 바로 이것을 가리킨다."

서기 3세기에 나온 중국의 사서인 《삼국지》에도 동예(지금의 강원도)나 옥저(지금의 함경남도) 같은 고대 한반도의 부족국가들을 가리켜 "그 사람들은 성품이 순박하다"라고 한 것을 보면, 확실히 중국인들은 한반도의 주민들을 순박하다고 생각했던 모양이다.

《박물지》에 나온 '훈화'는 무궁화를 가리킨다. 무궁화를 다른 말로 근화(槿花)라고도 부르는데, 신라 시대의 학자인 최치원(崔致遠, 857~908)은 당나라에 보내는 글에서 신라를 가리켜 '무궁화의 나라(槿花之鄉)'라고 불렀다. 서기 3세기 《박물지》에 군자국과 무궁화의 관계가 언급될 만큼, 무궁화가 한국을 상징하는 꽃이라는 인식의 유래가 꽤 오래되었음을 알 수 있다.

그런가 하면 중국 후한(後漢, 25~220)의 학자인 허신(許愼, 30~124)은 그가 쓴 문헌인 《설문해자(說文解字)》에 군자국과 관련하여 재미있는 기록을 하나 남겼다.

"신성한 새인 봉(鳳)은 동쪽의 군자국에서 사는데, 봉이 나타나면 세상이 평화로워진다."

여기 언급된 봉은 곧 봉황(鳳凰)이다. 고대 중국에서 봉황은 공작처럼 생긴 새를 지칭하는데, 깨끗한 물만 마시고 대나무 열매만 먹으며, 수명의 제한이 없어 영원히 산다고 할 만큼 신비한 짐승으로 알려졌다(《장자(莊子)》). 봉황이 중국 동쪽의 군자국인 고대 한반도에서 산다고 하는 내용은 곧 봉황이 옛날부터 한국에서 높이 숭상했던 신비한 동물이라는 점을 알려주는 자료다. 조선의 왕실이나 오늘날 청와대가 봉황 문장을 사용하는 것도 이런 이유에서다.

이처럼 중국인들은 고대 한반도를 가리켜 "호랑이와 봉황이 살고, 무궁화가 피며, 사람들의 성품이 순박하고 예의와 사양하기를 좋아해서 다투지 않았던 군자국"이라고 생각했다. 사실 한국에 대한 중국인의 이미지는 긍정적인 내용이 많았다. 진시황이 불로초를 찾기 위해 도사 서복을 보낸 곳이 제주도라는 전설이 제주도 현지에 전해 내려오고, 북송 시절에 편찬된 문헌인 《태평광기(太平廣記)》에는 도를 닦아 신선이 된 신라인 김가기(金可記)가 당나라를 방문하자, 조정의 수많은 대신과 백성이 맞이하러 나와서 절을 했다는 내용이 실려 있다.

018 〈숙향전(淑香傳)〉의 신기한 나라들

　대략 17세기 말엽에 나온 한국의 고전 소설인 〈숙향전(淑香傳)〉은 저자를 알 수 없으나 당시 사람들로부터 큰 인기를 구가한 작품이었다. 조선말을 배우던 일본인 학자와 통역관들조차 〈숙향전〉을 읽으며 조선말을 익혔을 정도였다고 하니, 이 정도면 오늘날 엄청난 인기를 끈 〈별에서 온 그대〉나 〈태양의 후예〉 같은 한류 드라마의 원조격이라고 할 만하다.

　〈숙향전〉은 남자 주인공과 여자 주인공의 사랑 이야기로, 그 줄거리는 오늘날 연애 드라마와 그다지 다를 것이 없다. 다만 〈숙향전〉 이야기 곳곳에 판타지적인 요소가 들어 있다는 점에서 주목할 만하다.

　〈숙향전〉의 무대는 중국 송나라다. 어느 날 송나라의 황태후가 원인과 치료법을 알 수 없는 병에 걸려 눈이 보이지 않고, 귀가 들리지 않고, 말도 할 수 없는 상태가 되고 말았다. 어머니를 걱정한 황제는 의원들을 데려와서 치료를 해보려고 했으나 어떤 약도 듣지 않았다.

　그러던 와중에 도사 한 명이 황제한테 "황태후의 병을 치료하려면, 세 가지 보물인 봉래산의 개언초(開言草)와 서해 용왕의 개안주(開眼珠)와 천태산의 벽이용(闢耳茸)을 가져와야 합니다." 하고 가르쳐주었다. 도사가 말한 개언초는 말을 할 수 있게 해주는 풀이고, 개안주는 앞을 보게 해주는 구슬이며, 벽이용은 귀를 다시 들리게 해주는 버섯이다.

하지만 봉래산과 천태산은 송나라에서 멀리 떨어진 신비한 장소이고, 서해 용왕을 만나는 것도 무척 어려운 일이었다. 황제는 보낼 사람을 놓고 고심에 빠졌는데, 〈숙향전〉의 주인공인 이선(李仙)이 나서서 가져오겠다고 했다. 이에 황제는 크게 기뻐하며 만약 세 가지 보물을 가져온다면, 그에게 나라의 반을 주겠다고 제안했다.

이선은 먼저 남쪽 바다로 가서 서해 용왕의 친척인 남해 용왕을 만나 자신이 여행하는 목적을 밝혔다. 그러자 남해 용왕은 자신이 관리하는 지역 내에서 이선을 보호해주겠다고 약속하며, 자신의 셋째 아들을 하인으로 데려가라고 했다. 남해 용왕의 도움을 받은 이선은 다시 여행에 나섰는데, 용왕의 셋째 아들이 하인이라서 그를 아는 신들이 대부분 쉽게 통과를 허락해주었다.

이선은 용왕의 아들과 더불어 천태산과 봉래산으로 가는 도중에 여러 나라를 방문했다. 처음 들른 나라는 회회국(回回國)이었는데, 그곳의 사람들은 곧바로 걷지 않고 빙글빙글 돌면서 다녔다. 회회국은 정성(井星)이라는 왕이 다스렸는데 온화한 성격을 지녀서 이선 일행의 통과를 순순히 허락해주었다.

회회국 다음으로 이선 일행이 방문한 나라는 호밀국(好密國)이었다. 그곳의 사람들은 다른 음식은 일절 먹지 않고, 오직 꿀만 먹고 사는 독특한 식습관을 가졌다. 호밀국은 필성(畢星)이라는 왕이 다스렸는데, 그는 이선과 먼 친척뻘이라 이선 일행을 환영해주고 그들이 통과하도록 허락했다.

호밀국 다음으로 이선 일행은 유리국(琉璃國)이라는 나라를 방문했다. 그곳 사람들은 옥으로 장식한 옷을 입고 고기나 생선을 먹지 않았다. 유리국은 기성(箕星)이라는 왕이 다스렸는데, 그는 이선 일행을 보고 "사람은 이곳에 함부로 올 수 없다"라며 화를 냈으나 용왕의 아들이 간곡히 부탁하여 겨우 통과할 수 있었다.

유리국 다음으로 이선 일행은 교지국(交趾國)을 방문했다. 그곳 사람들은 곡물을 먹지 않고 차만 마시고 살아서 외모가 마치 짐승처럼 생겼으며, 규성(奎星)이라는 왕이 다스렸다. 규성 왕은 거칠고 사나워서 외부의 방문객들한테 무척 불친절했다. 이선 일행이 자초지종을 설명해도 "봉래산은 너희가 함부로 갈 수 있는 곳이 아니다"라고 하며 화를 내면서 그들을 구리로 만든 성에 가두었다. 이에 용왕의 아들이 용궁에서 일광로(日光老)라는 도사를 불러와서 규성 왕에게 간곡히 부탁한 끝에 겨우 이선을 데리고 교지국을 빠져 나올 수 있었다.

그러고 나서 이선 일행은 부희국(富喜國)이라는 나라를 방문했다. 이 나라의 주민들은 키가 10자(약 3미터)나 되었으며, 사람과 짐승을 마구 잡아먹는 포악한 식인종이었다. 왕자가 부희국의 진성(軫星) 왕을 만나러 간 사이에 부희국 주민들이 이선을 잡아먹으려 하자, 이선은 왕자가 준 부적을 품속에서 꺼내어 허공에 던졌다. 그러자 거센 바람이 불어 이선을 잡아먹으려 했던 부희국 주민들은 모두 바다에 빠져 죽었고, 이선은 가까스로 목숨을 건질 수 있었다.

숱한 어려움을 헤치며 긴 여정을 마친 끝에 이선은 약초와 보물들을 가져와 황태후를 살려냈다. 이로써 이선은 황제로부터 초국공이라는 작위를 받아 부귀영화를 누리며 살았다. 그러다 본래 자신이 하늘에서 지상으로 유배를 온 신선이었음을 깨닫고는 하늘로 올라가 영원한 행복을 누렸다는 것이 〈숙향전〉의 결말이다.

019 우리와 다른 차원의 세계

　2014년 개봉된 할리우드 영화 〈인터스텔라〉에 재미있는 장면이 나온다. 주인공인 아버지가 5차원의 세계에서 딸이 속한 차원의 세계를 보는데, 딸은 아버지와 다른 차원에 있기 때문에 아버지의 존재를 알지 못한다. 아버지가 안간힘을 써서 서재의 책을 건드려 떨어뜨리지만 딸은 그저 유령이 한 일 정도로만 여긴다.

　서로 다른 차원에 속해 있어 한쪽은 다른 차원에 속한 존재를 볼 수 있지만, 다른 쪽은 전혀 인식하지 못하고 그저 귀신(유령) 정도로 치부한다는 이야기는 놀랍게도 〈인터스텔라〉가 개봉하기 235년 전인 1779년 조선 시대의 학자인 신돈복(辛敦復, 1692~1779)이 지은 야담집인 《학산한언(鶴山閑言)》에 나오는 설정이다.

　오늘날 충청북도 단양군 영춘면의 남쪽으로 3리 되는 곳에 성산이 있는데, 그 아래 석굴(남굴)이 있어 높이는 10자(약 3미터)가 넘고 너비도 10자가량 되었다. 그 석굴로 깊숙이 들어가면 끝이 보이지 않아서 고을 사람들이 횃불 10자루를 가지고 들어갔는데, 끝에 도착하기 전에 횃불이 다 타버리는 바람에 그만 돌아와야 했다. 그 정도로 남굴은 깊이가 매우 깊어 끝에 무엇이 있는지 알 수 없는 곳이었다.

어느 날, 남굴 주변에 사는 선비 두어 명이 동굴의 끝까지 가볼 결심을 하고서 굴 안으로 들어갔다. 어두운 굴의 주변을 밝히고자 많은 횃불을 챙겨가는 것도 잊지 않았다. 속으로 들어가면 갈수록 더욱 굴이 깊어졌고, 어떤 곳은 좁고 어떤 곳은 넓으며, 어떤 곳은 높고 어떤 곳은 낮고, 넓이와 높이도 제각기 달랐다. 수십 리를 갔을 무렵 횃불이 다 타서 그만 꺼져버리고 말았다. 사방이 어두워서 아무것도 안 보여 당황하고 있을 무렵, 별 하나가 공중에서 희미하게 빛나고 있었다. 선비들은 그 별빛 덕분에 어둠 속에서 방황하지 않고 길을 걸어갈 수 있었다.

한참을 가니 문득 길이 환하게 열리며 해와 달이 밝게 빛나는 세상이 눈앞에 펼쳐졌다. 밭과 동네가 멀리 펼쳐져 보이고, 소와 말, 닭과 개들도 보이며 풀과 나무의 향기에 시냇물과 물레방아 찧는 소리까지 들렸다. 선비들이 떠나온 바깥세상과 다를 바가 없는 풍경이었다.

먼 길을 걸어서 배가 고팠던 선비들은 가까운 집의 문을 열고 안으로 들어가서 사람들한테 "먼 길을 오느라 배가 너무 고파서 쓰러질 지경이니, 밥 한 그릇만 주십시오." 하고 말했다. 그런데 어찌 된 영문인지 아무리 큰 목소리로 여러 번을 외쳐도 사람들은 선비들이 보이지도 들리지도 않는 것처럼 대응을 하지 않았다. 그들은 선비들이 뭐라고 외치건 반응을 보이지 않고는 그저 자기들끼리 이야기를 나눌 뿐이었다.

너무나 배가 고팠던 나머지 선비들은 집 주인으로 보이는 사람한테 다가가서 그의 몸을 흔들면서 큰 소리로 "밥을 주시오!"라고 외쳤다. 그제야 주인은 깜짝 놀라면서 "대체 이게 무슨 일이지? 귀신이라도 와서 내 몸에 붙었나?" 하고 말했다. 그러고는 주인은 황급히 자리를 떠서 도망치듯 부엌으로 들어가서는 물에 만 밥을 가져와서는 "귀신아, 썩 물러가라!" 하고 외치며 허공을 향해 뿌렸다.

그 모습을 지켜보며 선비들은 집 주인과 대화를 나누기가 불가능하다고 여겨 얼른 다른 집으로 가서 그 집 사람들을 향해 "밥을 주시오!" 하고 외쳤다. 그러나 거기서도 사람들의 반응은 똑같았다. 동굴 속 동네 사람들은 그 누구도 선비들을 향해 아는 척을 하지 않았다.

선비들은 도저히 이곳 사람들과 함께 있을 수 없다고 생각해서 되돌아가기로 결심했다. 그들은 지나왔던 동굴의 길을 따라 계속 걸어갔다. 그렇게 한참 시간이 지나자 높은 봉우리 위로 빠져나가는 길이 보였다. 먼 곳을 바라보니 강물 위로 배 한 척이 오기에 그 배를 소리쳐 불러 타고는 집으로 돌아왔다. 그들이 왔던 봉우리는 단양의 옥순봉이었다.

동굴 속을 계속 걸어가다가 현세와 똑같은 공간을 발견하여 들어갔지만, 정작 그곳의 사람들은 아무도 선비들의 존재를 알아차리지 못했다는 이 이야기는 놀라운 사실을 전해준다. 이야기 속에 나오는 남굴의 끝은 우리가 사는 3차원의 세계와 전혀 다른 차원과 연결된 공간인 듯하다. 그 공간으로 들어가면, 그곳에서는 현재의 세계에 사는 사람을 전혀 알아볼 수 없고, 그들의 세계에 간섭하려는 현세의 사람들이 귀신 혹은 초자연적인 존재로 여겨진다는 점도 알 수 있다. 이런 이야기 구조를 잘 다듬으면 재미있는 한국형 판타지를 창작할 수 있지 않을까?

020 꿈속에서 찾아간
또 다른 세상

　일반적으로 신화나 전설에서 꿈은 다가오지 않은 미래를 알려주는 신호이거나 아니면 평소 가지 못하는 다른 세상으로 떠나는 여행이기도 하다. 호주의 원주민인 애버리지니들은 사람이 꿈을 꿀 때에 잠시나마 '꿈의 시대'라는 신비한 세상으로 영혼이 여행을 떠날 수 있다고 믿었다.

　조선 시대의 우리 조상들도 애버리지니들처럼 꿈을 통해 또 다른 세상을 방문할 수 있다고 믿었는데, 저자를 알 수 없는 조선 후기의 야담집인《파수록(罷睡錄)》에 다음과 같은 이야기가 수록되어 있다.

　나무꾼 한 명이 다른 나무꾼 3명을 데리고 산속에서 나무를 베고 있었다. 숲속에 동굴 하나가 보이고 그 앞에 무지개처럼 생긴 바위 문이 달린 것을 보고는 '저 안에 무엇이 있을까?'라는 호기심이 생겨 동료들을 데리고 동굴 앞으로 가서는 이렇게 말했다.

　"동굴 안에 무엇이 있을지 궁금하지 않나? 나는 저 안으로 들어가고 싶네. 나를 따라오려거든 먹을 음식과 어둠을 밝힐 횃불을 가져오게."

　다른 나무꾼들도 동굴 안에 있을 미지의 세계를 알고 싶어서 그의 말을 따랐다. 그렇게 해서 나무꾼은 동료 3명과 함께 횃불을 들고서 동굴 안으로 들어갔다. 동굴 속에는 뱀이나 호랑이와 똑같이 생긴 온갖 기이한 바위가 줄을 지어 늘어서 있었다. 그 모습이 어찌나 진짜 같았던지, 둘러보던 나무꾼들이 '혹시 저 바위들은 원래 짐승이었는데, 무슨 도술에 걸려 저렇게 변한 것은 아닐까?' 하고 의구심을 품을 정도였다. 한편 동굴 안은 투명한 종유석이 우거져 있었고, 종유석의 구멍에서는 물이 솟아났다. 나무꾼과 동료들은 그 물을 맛보았는데, 마치 술과 같은 맛이 나며 머리가 맑아지면서 즐거운 기분이 들었다.

한참 동안 동굴 안을 이리저리 헤매던 일행에게 위기가 찾아왔다. 횃불이 모두 타버렸고, 횃불에 붙일 기름도 바닥이 난 것이다. 사방이 깜깜해져 어디가 앞이고 뒤인지를 구분할 수가 없었고, 더 이상 동굴을 둘러보는 것도 불가능해졌다. 그대로 있다가는 꼼짝없이 동굴 속에서 길을 잃고 굶어 죽을 판국이었다.

다른 3명의 나무꾼은 자신들을 데려온 나무꾼을 원망했지만, 나무꾼은 절망하지 않고 살아날 방도를 찾았다. 우선 동굴의 벽을 조심스럽게 만지면서 동료들을 데리고 계속 한 방향으로 나아갔다. 앞으로 갔다 뒤로 갔다 하며 길을 헤맬 바에야 차라리 그편이 더 나았다. 그렇게 며칠을 계속 똑같은 방향으로 나아가다가 다행스럽게도 일행은 동굴 밖으로 나올 수 있었다.

그런데 그들이 나온 곳은 까마득히 먼 아래쪽에 바다가 펼쳐지고 해와 달이 사방을 비추며 아름다운 산과 강이 놓인 절벽이었다. 일행은 어두운 동굴을 빠져나와 기쁘면서도 더는 나아갈 수 없는 데다 가져온 음식마저 다 떨어져 어떻게 해야 할지 막막했다. 돌아가자니 음식과 횃불이 없어서 어둠 속을 헤매다 굶어 죽을 염려가 컸다.

그때 문득 하늘에서 맑은 피리 소리가 울려 퍼졌다. 절망에 빠진 일행이 그쪽으로 고개를 돌려보니, 믿을 수 없게도 그들이 서 있는 절벽 아래 허공으로 배가 떠서 날아오고 있었다. 배에는 4명의 노인이 바둑을 두고 있었고, 2명의 어린 하인은 옥으로 만든 피리를 불어대고 있었다. 그들을 본 나무꾼 일행은 제발 살려달라며 큰 소리로 외쳤다. 그 말을 들은 노인 중 한 명이 "너희가 신선의 세계에 함부로 들어왔구나!" 하며 꾸짖었다.

나무꾼 일행은 "저희는 동굴 안을 구경하려다 그만 모르고 들어왔습니다. 부디 용서하시고, 저희를 바깥으로 보내주십시오!" 하고 외쳤다. 그 말에 노인들의 태도가 누그러졌다. 나무꾼 일행은 "돛을 펴서 저희가 뛰어내릴 때 받아주십시오." 하고 말했다.

노인들은 나무꾼 일행의 말을 따라서 돛을 펴주었고, 나무꾼 일행은 한꺼번에 그 아래로 뛰어내렸다. 바로 그 순간, 나무꾼은 초가집 안에서 온몸이 땀에 젖은 채로 잠에서 깨어났다. 주위에는 동료 3명이 함께 잠을 자고 있었고, 그중 한 명의 다리가 자신의 배 위에 올라와 있었다.

나무꾼은 동료들과 더불어 초가집 안에서 잠에 빠져 꿈을 꾸었는데, 꿈속 동굴을 통해 신선들의 세계를 탐험하다가 허공을 나는 배를 탄 신선들의 도움을 얻어 간신히 꿈속 세계에서 현실 세계로 돌아온 듯하다.

021 백두산 천지 속의 용궁

　백두산의 천지는 산꼭대기에 있는 호수라는 점에서 신비로운 인상을 지닌 곳이다. 이런 풍경 때문에 천지는 옛날부터 수많은 전설과 민담에서 신비한 장소로 인식되어 왔다. 북한 백두산 지역에서 전해지는 민담에 의하면, 천지 속에는 용왕이 사는 궁궐인 용궁이 있다고 한다.

　천지 아래쪽의 언덕에 '장우'와 '바우'라는 두 형제가 초가집 한 채를 짓고서 살고 있었다. 그들은 일찍이 부모를 잃고 사는 가난한 가족이었는데, 어느 날 바우가 병에 걸려 앓아누웠다. 장우가 산에서 약초를 캐서 먹이거나 의원을 힘들게 불러와서 치료해주려고 했지만, 바우의 병은 도무지 낫지 않았다. 동생의 병을 고칠 방도가 없어서 고민하던 장우는 꿈을 꾸었다. 죽은 어머니가 나타나서 이렇게 알려주었다.

　"바우의 병은 천지 속에 있는 용궁으로 가서 약을 얻어 와야 나을 수 있다. 아픈 바우는 힘들 테니, 네가 용궁에 다녀오거라."

　꿈에서 깨어난 장우는 죽은 어머니의 영혼이 계시를 내려준 것이라 믿고 급히 옷을 차려입고는 천지를 향해 백두산을 올라갔다. 천지까지는 무척 험한 바위와 벼랑이 이어졌다. 장우는 여기저기 바위에 긁혀 피가 나는 고통을 무릅쓰고 아픈 동생을 살리겠다는 일념으로 천지까지 힘든 발걸음을 옮겼다.

한참을 힘들게 올라가다가 그만 길이 막혔는데, 앞에 가파른 경사의 벼랑이 나타났다. 폭이 좁으면 뛰어넘을 수 있겠지만, 날개라도 달려서 하늘을 날지 않는 한 도저히 넘어갈 수 없는 벼랑길이었다.

눈앞이 캄캄해진 장우는 하늘을 보면서 "내 동생 바우를 살게 하시려거든 저 벼랑을 건너가게 해주십시오"라고 빌었다. 그러자 하늘에서 두 마리의 학이 날아와서는 나뭇가지와 돌을 벼랑 사이에 이리저리 가져다놓더니 순식간에 다리를 만들어주고는 도로 날아갔다. 장우는 이것이 바우를 살리게 하려는 하늘의 뜻인 줄로 알고 감사의 기도를 올린 다음 재빨리 다리를 건너 벼랑을 지나갔다.

곧이어 장우는 천지에 도착했다. 그 무렵 천지에는 눈이 내려 사방이 새하얗게 보였다. 아무리 주위를 둘러봐도 용궁 속으로 들어가는 입구나 문이 보이지 않았다. 어떻게 용궁까지 들어가야 하고 고민하던 장우의 눈에 눈밭에서 펄떡이고 있는 붉은 잉어 한 마리가 보였다. 죽어가던 잉어가 불쌍했는지 장우는 잉어를 들어서 천지 속에 조심스럽게 넣어주었다.

물속으로 들어간 잉어는 천지 위로 뛰어올랐다가 사라졌다. 그러자 장우의 눈앞에 돌로 만들어진 계단이 나타났다. 그 계단을 밟고 한참 동안을 아래로 내려가자, 하늘이 안 보이더니 장우 주변으로 물고기들이 이리저리 왔다 갔다 하는 것이었다. 그제야 장우는 자신이 천지 속의 용궁으로 통하는 계단을 밟고 내려왔음을 깨달았다.

계단을 다 내려오자 수정으로 된 커다란 궁궐이 모습을 드러냈다. 궁궐의 앞쪽에는 대문이 있었고, 그 옆에는 머리에 뿔이 달리고 허리에 은빛 날개가 돋아난 병사들이 창을 들고서 지키고 있었다. 장우는 눈앞의 궁궐이 바로 용궁이라고 생각했으나 어떻게 들어갈 수 있을지 고민이었다. 그때 붉은 옷을 입은 아름다운 처녀가 장우한테 다가와 "저는 방금 전 당신이 천지에 넣어준 잉어입니다. 아버지가 당신을 기다리고 있으니 같이 갑시다." 하고 말하고는 그를 용궁 안으로 데려갔다.

음악이 들려오는 가운데 코와 턱에 온통 수염이 가득한 왕이 용상에 앉아서 장우를 맞이했다. 처녀는 "저분이 바로 제 아버지인 용왕이십니다"라고 알려주었다. 용왕은 "딸을 구해준 은혜에 감사드리오"라고 말하면서 잔치를 벌여주었으나 장우는 병에 걸려 죽어가는 동생을 생각하며 음식을 먹을 수 없다고 했다. 그러자 처녀가 노란 버섯 3개를 주면서 "이 버섯을 하루에 한 송이씩 달여서 먹이면 동생분의 병이 나을 겁니다." 하고 말했다. 용왕은 자신의 수염 두 가닥을 뽑아서 장우한테 선물로 주며 집으로 돌아가라고 했다.

용왕과 처녀의 배웅을 받으며 용궁을 빠져나온 장우는 집으로 향했다. 올 때와는 달리 강과 벼랑마다 다리가 놓여 있어서 쉽게 건널 수 있었다. 집으로 돌아와 장우는 처녀한테 선물로 받은 버섯을 달여서 바우한테 먹였다. 이내 바우는 병이 나아 건강해졌다. 게다가 용왕이 선물로 준 수염 두 가닥은 집으로 돌아오니 황금과 은으로 변해 있었다. 장우는 그것을 팔아 가난에서 벗어나 동생과 함께 풍족하게 잘 살았다고 한다.

022 도적과 괴물 지네가
보물을 지키는 동굴

전라남도 곡성군의 동악산(動樂山)에는 '정갑산'이라는 이름이 붙은 동굴이 있다. 이 동굴에는 도적과 괴물 지네, 그리고 보물에 얽힌 재미있는 전설이 전해 내려온다.

정확한 시대를 알 수 없는 옛날, 정갑산 동굴에 정갑산이라는 도적이 살았다. 동굴의 이름은 도적인 정갑산에서 유래한 것이라고 한다. 정갑산은 10여 명의 부하를 거느리고 산을 넘는 사람들을 상대로 도적질을 벌여 인근에 악명이 자자했다. 정갑산은 힘이 매우 세고 성격마저 무척 난폭해서 사람들이 크게 두려워했는데, 본업(?)인 도적질에도 열성적이어서 전라북도 남원까지 약탈을 하러 나타났다고 전해진다.

아울러 정갑산은 단순히 물건을 빼앗는 도적질만 했던 것이 아니라, 결혼식을 올리기 위해 산을 넘는 신부 일행이 있으면 재빨리 몰려와서 신부를 빼앗아 겁탈한 다음 연못에 빠뜨려 죽이는 잔인한 짓까지 저질렀다. 정갑산 동굴 주변에 있는 '각시소'라는 연못의 이름도 정갑산이 겁탈한 신부, 즉 각시를 빠뜨려 죽였다고 해서 붙은 것이라 한다.

이런 식으로 정갑산은 무수히 많은 도적질을 벌여 빼앗은 희귀한 보물과 각종 재물을 정갑산 동굴 속에 보관했다. 간혹 정갑산이 숨겨놓았다는 보물에 관한 소문을 듣고 용감하게 되찾으려는 사람들도 있었으나 뜻을 이루지 못하고 모두 실패했다. 정갑산 동굴에는 도적 정갑산 이외에 흉악한 존재가 하나 더 있었으니, 바로 무시무시한 괴물 지네였다.

지네는 굴 입구에 웅크리고 살았는데, 누군가가 동굴로 들어오거나 보물을 빼앗으려고 하면 곧바로 덤벼들어서 죽여버렸다. 일설에는 정갑산 동굴 속의 맑은 샘물 위에 은으로 만든 그릇이 있었는데, 이 그릇을 가지고 동굴 밖으로 나오려고 해도 괴물 지네가 달려들었다고 한다.

그런데 한 가지 이상한 점은 동굴 속에 살면서 수시로 드나드는 정갑산 도적 패거리는 지네로 인해 피해를 보지 않는다는 것이다. 어찌된 일이었을까? 애초에 괴물 지네가 정갑산이 데려와 키운 일종의 애완동물이나 사냥개 같은 역할을 하기 때문이어서 그랬던 걸까? 아니면 원래 동굴의 주인은 괴물 지네였는데, 정갑산이 먹이를 주면서 지네를 길들인 덕분에 도적 패거리를 같은 편으로 인식해 그들만은 해치지 않은 것일까? 이에 대한 전승이나 자료가 없어서 정확한 답은 알아내기 어렵다.

다만 전해지는 내용으로 미루어 추정한다면, 정갑산 도적 패거리와 괴물 지네는 악어와 악어새 같은 일종의 공생 관계가 아니었을까 싶다. 실제로 전승에 의하면 괴물 지네는 동굴 속에 살면서 정갑산 패거리가 숨겨놓은 보물을 지키는 경비견 역할도 했다고 한다. 정확히 알 수는 없으나 정갑산 패거리와 괴물 지네는 서로 돕고 지내는 사이였다고 추측할 수 있다. 둘 사이를 어떤 매개체가 묶어주는지는 알 수 없지만.

하지만 "재미나는 골에 범 난다"는 속담처럼, 정갑산 패거리의 횡포도 계속 이어지지는 못했다. 정갑산 도적떼의 노략질과 살인 행각에 분노한 백성들이 도를 닦은 도사를 찾아가서, "우리 마을 사람들을 괴롭히는 못된 정갑산 도적들을 벌해주십시오." 하고 부탁하면서 정갑산 도적 떼의 운명은 끝을 향해 내닫기 시작했다.

평소 속세의 일에 관여하지 않고 조용히 도를 닦는 일에 몰두하던 도사였지만, 백성들이 하도 간절하게 부탁하는 바람에 동정심이 들어서 정갑산 도적 떼를 응징하는 일에 나서기로 한 것이다. 도사는 동악산 주변을 둘러보다가 각시소 서쪽 괴치재라는 고개에 정갑산의 어머니가 묻힌 무덤이 있다는 사실을 발견하고는 사람들에게 이렇게 말했다.

"정갑산의 조상 무덤이 고양이의 혈(穴)에 있기 때문에 정갑산은 날쌘 고양이의 기운을 타고 나서 이제까지 좀처럼 잡히지 않고 마음껏 사방을 돌아다니며 도적질을 해왔던 것이오. 그러나 이 무덤을 파헤치고 거기서 나온 뼈를 불태워버리면 정갑산은 기운을 잃고 죽게 될 것이오."

도사의 말을 듣고 사람들은 정갑산 어머니의 무덤을 파헤치고는 거기서 나온 유골을 불태워버렸다. 그러자 놀랍게도 남원에 가서 신나게 도적질하던 정갑산이 갑자기 힘을 잃더니 이내 죽어버렸다. 두목이 죽자 남은 도적들이 겁을 먹고 달아나서 정갑산 굴과 그 주변에 평화가 찾아왔다고 한다. 동굴 속 괴물 지네가 어떻게 되었는지에 관해서는 그 뒤로 알려진 바가 없다.

정갑산 설화는 조상의 무덤이 자리한 땅의 지형에 따라 사람의 운명이 결정된다는 풍수지리설에 입각하여 사람들이 만들어낸 흥미로운 민담이라고 할 수 있다.

3

영웅

023 우산국의 우해왕

지금의 울릉도는 옛날 삼국 시대에 우산국(于山國)이라 불린 작은 나라가 있던 섬이었다. 우산국에 관한 자료는 현재 남아 있는 것이 거의 없는데, 《삼국사기》에 서기 512년 신라 장군 이사부가 해군을 이끌고 우산국을 정복했다는 내용 하나가 고작이다.

하지만 울릉도 현지에는 우산국에 관련된 전설이 많이 남아서 지금도 전해지고 있다. 비록 문자 기록으로 남지는 않았지만, 사람들의 입을 통해서라도 그렇게 남아 있는 우산국의 모습에서 한국형 판타지 창작에 도움이 될 자료를 찾아낼 수 있다고 본다.

울릉도의 전설에 의하면 옛날 우산국은 '우해(于海)'라는 왕이 다스렸다고 한다. 이 왕은 매우 용맹하고 힘이 셌으며, 그가 지휘하는 우산국의 주민도 사납고 거친 전사들이었다.

어느 날 우산국에 대마도의 왜구(倭寇, 일본인 해적)들이 쳐들어와 노략질을 일삼고 달아나는 사건이 벌어졌다. 이에 우해왕은 크게 화가 나서 군사를 가득 태운 배를 이끌고 직접 대마도로 쳐들어가서 수많은 사람을 죽이고 집을 불태우는 보복전에 나섰다.

그러자 겁을 먹은 대마도의 영주는 우해왕에게 자신의 딸인 '풍미녀'를 아내로 내주며 우산국과 대마도가 더 이상 서로 해치지 않기로 하자는 평화 협정을 제안했다. 풍미녀는 매우 아름다운 여인이었다. 그녀를 본 우해왕은 사랑에 빠져 대마도 영주의 제안에 응하고는 군사를 태운 배를 타고 풍미녀와 함께 우산국으로 돌아왔다.

우해왕은 풍미녀를 무척 총애하여 그녀를 기쁘게 해주기 위해서 백성을 동원해 호화로운 궁궐을 짓게 했다. 하지만 풍미녀는 궁궐 정도로는 만족하지 못해서 우해왕한테 "아름다운 황금과 빛나는 보물이 갖고 싶어요"라고 독촉했다. 그 말을 들은 우해왕은 무척 난감했다. 우산국은 작고 가난한 섬나라라서 황금이나 보물 같은 것들이 전혀 없었기 때문이다. 그러나 곧바로 우해왕은 다른 생각을 떠올렸다.

'우산국에 없다면, 밖에 나가서 황금과 보물을 가져오면 된다. 어디를 노릴까? 그렇지, 신라가 좋겠다. 신라에는 황금이 무척 많으니까.'

결심한 우해왕은 군사들을 배에 태워서 바다를 건너 신라에 상륙했고, 신라 곳곳을 노략질하며 황금과 보물을 실컷 약탈하여 우산국으로 돌아왔다. 그는 가져온 전리품을 풍미녀에게 보여주며 환심을 샀다.

한편 우산국의 침략에 분노한 신라 왕은 장군인 이사부에게 우산국을 토벌하도록 명령했다. 이사부는 해군을 이끌고 우산국을 공격했으나 오랫동안 바다에서 살아서 뛰어난 해전 실력을 가진 우산국 함대가 신라 해군을 손쉽게 물리쳤다. 참패한 이사부는 간신히 목숨을 건져 신라로 도망친 이후 신라 왕에게 "이번에는 준비가 부족해서 졌습니다. 다음에는 더 많은 병사와 배를 거느리고 가서 반드시 성공하겠습니다"라고 애원하여 허락을 받아냈다. 이사부는 배를 만들고 병사들을 훈련하면서 우산국에 대한 복수를 다짐했다.

신라와 싸워 이긴 우해왕은 기고만장하여 연일 잔치를 벌이며 즐거워했으나 풍미녀가 딸인 '별님이'를 낳고 죽는 비극이 벌어졌다. 우해왕은 크게 슬퍼하며 아내의 영혼을 달래기 위해 비파를 타게 하고 제사를 지내며 나랏일을 돌보지 않았다.

이윽고 이사부가 지난번보다 더 많은 군대를 이끌고 우산국으로 쳐들어왔다. 우해왕은 직접 나서서 병사들과 함께 죽을힘을 다해 신라군에 맞서 싸웠으나, 신라군의 병력이 워낙 많아 도저히 이길 수가 없었다. 게다가 신라군은 불을 뿜어대는 나무 사자를 가지고 있어서 이를 본 우산국 병사들은 겁에 질려 사기를 잃어버렸다. 이사부는 우산국 사람들에게 "항복하지 않으면 이 나무 사자들로 하여금 너희를 모두 죽여버리겠다"라고 협박했다. 지쳐 있던 우산국 사람들은 이사부의 말대로 신라군에게 무릎을 꿇었다.

우해왕은 바다에 몸을 던져 자결했고, 그와 풍미녀 사이에서 태어난 딸인 별님이는 이사부의 첩이 되었다. 한때 동해를 누비던 해상국가인 우산국은 이렇게 해서 신라에 의해 영영 사라지고 말았다.

한편 조선 인조(仁祖, 재위 1623~1649) 임금 시절에 조여적(趙汝籍, ?~?)이란 사람이 쓴 책인 《청학집(靑鶴集)》에 의하면, 우산국이 신라에 복속되고 나서 우산국 왕자인 하발(賀拔)은 7명의 동생과 함께 고구려로 달아나서 계루부(桂婁部) 대형(大兄)의 벼슬을 받았다가, 나중에 하발의 형제 중 7명은 중국의 북위로 도망쳤고 그들 중 1명인 현우(玄于)는 지금의 함경남도 비백산(鼻白山)에 들어갔다고 한다. 그리하여 현우의 자손들이 각각 현씨(玄氏)와 우씨(于氏)의 시조가 되었다고 전해진다.

동해 한가운데에 떠 있는 섬인 울릉도에 있었던 나라인 우산국과 그 군주인 우해왕에 얽힌 이야기는 서양의 바이킹 같은 해적 세력을 연상시킨다. 신비한 바다의 섬나라와 해적은 무척 매력적인 소재이니, 잘 가공한다면 〈별에서 온 그대〉 같은 한국형 판타지가 또 나올 수 있지 않을까?

024 지나가던스님VS 지나가던선비

한국의 신화나 전설에서 지나가던 스님이나 선비가 주인공으로 등장하는 경우가 많다. 그런데 이 둘이 만나서 싸우는 일을 기록한 이야기가 과연 있을까? 1873년 조선의 고종 임금 무렵, 서유영이 쓴 야담집인 《금계필담》에는 스님과 선비가 싸운 결과가 흥미롭게 실려 있다. 다음은 그 내용을 발췌해서 정리한 것이다.

조선의 영조 임금 때, 이병식(李秉軾)이라는 사람이 있었다. 그는 힘센 장사로 유명했는데, 한번은 판서 구윤명이 기르던 사나운 말이 마부를 짓밟아 죽이자 구윤명의 부름을 받고 달려온 이병식이 말의 꼬리를 잡고서 땅에 내던져 죽여버렸다. 이 일이 조정에 알려져 이병식은 칭송을 받았고, 무과에 급제하여 임금과 궁궐을 지키는 금군(禁軍)의 자리에 올랐다.

그러던 어느 날 큰 나무가 뽑혀 길을 막아버렸는데, 마침 거센 추위가 몰아닥쳐서 나무가 길에 달라붙은 채 얼어버렸다. 수백 명이 나무를 치우기 위해서 힘을 썼으나 도무지 움직이지 않았다. 이때 이병식이 나타나 술을 마시고는 혼자 힘으로 나무를 끌어내어 치워버렸다. 그 광경을 지켜보던 주위의 사람들은 이병식을 진정한 천하장사라고 감탄하면서 그의 용기와 힘을 칭송했다.

그 일이 있은 후 이병식이 근무를 끝내고 집으로 돌아가기 위해 양화진에서 배를 타고 강을 건너던 중이었는데, 인상이 무척 사납게 생긴 승려 한 명이 가마 속에 앉아 있던 여인을 희롱하며 괴롭히고 있었다. 승려가 워낙 거칠고 난폭해서 아무도 그를 말리지 못했다. 이에 분노한 이병식은 못된 승려에게 주먹을 날려 쓰러뜨린 다음, 곧바로 강물에 내던져 죽여버렸다. 같이 배에 타고 있던 사람들은 모두 박수를 치며 기뻐했다.

하지만 그로부터 한 달 후, 집에서 소일거리로 텃밭 일을 하던 이병식에게 승려 한 명이 찾아왔다. 그는 이병식보다 체격이 크고 양화진에서 죽은 승려보다 인상이 험악했는데, 무거운 쇠지팡이까지 들고 있어서 이병식조차 마음속에서 두려움이 솟아날 지경이었다.

쇠지팡이를 들고 온 승려는 이병식에게 "여기 이병식이라는 자가 산다고 해서 왔는데, 그 자가 어디에 있소?"라고 물었다. 이병식은 자신도 모르게 그를 두려워하여 일부러 "지금은 떠나고 없습니다. 무슨 일로 오셨습니까?"라고 대답했다.

그 말을 듣고 승려는 "이병식이라는 놈이 내 제자를 양화진에서 죽였기에, 복수를 하러 온 것이오. 듣자하니 그 놈이 힘이 장사라지만, 나보다는 약할 것이오. 나도 힘으로 따지자면 누구에게 뒤지지 않기 때문이오." 하고 말했다.

이병식은 승려를 제거할 생각이 떠올랐다. "스님께서 그렇게 힘에 자신이 있으시다면, 저기 낭떠러지로 저와 함께 가서 서로의 힘을 대결해 봐도 괜찮겠습니까?" 하니 승려가 좋다고 응답했다.

그런데 어찌된 일인지, 이병식이 낭떠러지 끝에 선 승려를 온 힘을 다해 걸어찼으나 끄떡도 하지 않았다. 한참을 걸어차도 태연하던 승려는 지루했는지, "나중에 다시 오겠소"라고 말하며 떠나버렸다.

이병식은 저런 괴력을 가진 승려가 어디에 사는지 궁금하여 몰래 미행

했다. 길을 가던 도중 어느 젊은 선비가 당나귀를 타고 오면서 승려와 마주쳤다. 그때 승려가 쇠지팡이를 휘둘러 당나귀를 쓰러뜨리자 선비는 그대로 길가의 개울에 빠져버렸다.

한참 후, 개울에서 올라온 선비는 죽은 당나귀를 두고 태연히 떠나는 승려의 뒷모습을 보며 생각에 잠겨 있다가 중얼거렸다.

"사람을 죽이면 나쁜 일이지만, 저렇게 흉악무도한 자가 멋대로 세상을 누비고 다니게 놓아두면 더 많은 사람이 죽거나 다칠 것이다."

선비는 잽싸게 승려를 뒤쫓아 가더니 공중으로 뛰어올라서 양 손바닥으로 승려의 두 어깨를 살짝 내리치고는 곧바로 달려 사라져버렸다. 이상하게도 그 뒤로 승려는 가던 자리에서 꼼짝도 하지 않고 서 있었다.

영문을 알 수 없어 이상하게 여긴 이병식이 조심스럽게 다가가 승려를 살펴보고는 깜짝 놀랐다. 승려의 눈이 밖으로 빠져나오고 혀도 입 밖으로 튀어나왔을 뿐 아니라 허벅지까지 하반신이 땅속에 단단히 박힌 채로 죽어 있었던 것이다.

이 일을 겪고 나서 이병식은 '내가 그동안 세상에서 가장 힘이 센 줄로 알고 자만했는데, 나보다 훨씬 뛰어난 사람들이 있었구나. 앞으로 함부로 날뛰어서는 안 되겠다.' 하고 깨닫고, 몸가짐을 신중히 했다고 한다.

지나가던 승려와 선비의 대결에서는 나약해 보이는 선비가 이겼다. 아무래도 조선이 불교를 억누르고 유교를 숭상하던 나라였기 때문에 승려에 대한 부정적인 인식이 반영된 듯하다.

025 율도국(栗島國)의
왕이 된 홍길동

　한글 소설 《홍길동전》의 주인공인 홍길동은 한국의 전설에서 가장 널리 알려진 인물이다. 홍길동은 조선 세종대왕 시절에 이조판서 홍씨의 서자로 태어났다. 서자는 정실부인이 아닌 첩의 자식인데, 엄격한 신분제도 사회였던 조선에서 서자로 태어난 이상 아무리 지체 높은 재상의 아들이라고 할지라도 그 능력을 제대로 펼칠 수가 없었다. 홍길동은 그런 자신의 처지에 불만을 품고, 글을 공부하는 대신 도술을 배워 세상을 뒤흔들어 보려는 뜻을 세웠다. 도술을 다 배우고 나자 집을 나가서는 산적들의 소굴로 들어가 자신이 가진 도술을 보여주어 그들을 부하로 삼았다.

　산적들의 우두머리가 된 홍길동은 활빈당(活貧黨)을 만들어 부패한 관리들의 재산을 빼앗아 가난한 사람들에게 나눠주어 백성들로부터 큰 인기를 얻었다. 관아에서 힘세고 용감한 관군을 보내 토벌하려고 해도 홍길동의 신묘한 도술을 당해내지 못하고 백전백패하니, 자연히 홍길동과 활빈당은 조선 전역에서 위세를 떨쳤다.

　한편 왕과 조정 대신들은 홍길동의 활약에 불안해하며 고심 끝에 홍길동을 잡아들이기 위해 그의 아버지인 홍 판서를 감옥에 가두고 전국에 "만약 자수하지 않는다면, 홍 판서는 역적의 아비인 죄로 죽음을 면치 못할 것이다"라는 내용의 방을 붙였다.

아무리 세상에 불만이 많다고 하나 차마 아버지를 죽게 내버려 둘 수는 없었던 모양인지, 홍길동은 결국 자수하여 관군에게 붙잡혀 한양으로 끌려왔다. 그런데 홍길동은 그냥 붙잡힌 것이 아니었다. 놀랍게도 조선 팔도에서 8명의 홍길동이 한꺼번에 붙잡혀 들어왔는데, 그들의 모습이 하나같이 똑같아서 홍 판서조차 누가 진짜 자신의 아들인지 구분할 수 없을 정도였다. 혼란스러워하는 왕과 대신들을 향해 8명의 홍길동은 "내가 비록 도적이 되었으나 나쁜 관리들만 벌하였고 죄 없는 백성들은 해치지 않았소. 10년 후에 이 나라를 떠날 것이니, 나를 잡으려 하지 마시오"라고 말하자 모두 풀로 만든 허수아비로 변해버렸다. 홍길동은 자수하는 척하면서 끝까지 왕과 대신들을 조롱한 것이었다.

조정의 수사를 무력화시킨 홍길동이 화살촉에 바를 독약을 구하러 지금의 경기도 양주시에 있는 망당산을 방문했을 때, 만석꾼 부자인 백룡의 딸이 거센 바람에 휩쓸려 사라지는 사건이 발생했다. 그녀는 망당산에 사는 요괴인 '울동'의 왕에게 납치당하는데, 마침 그곳을 방문한 홍길동이 울동들을 발견하고는 도술을 부려 모두 죽이고 백룡의 딸을 구해낸 다음 그녀를 자신의 아내로 삼았다.

울동들을 퇴치한 홍길동은 조선을 떠나 살 만한 땅을 알아보려 이리저리 돌아다니다가 중국 남경 부근의 '제도'라는 섬을 알게 되었다. 홍길동은 여기에 군사와 식량과 무기를 모아서 근거지로 삼는 한편 제도 남쪽의 율도국이라는 나라를 발견했다. 비옥한 땅이 수천 리나 되어 살기 좋다는 사실을 알게 되자 홍길동은 곧바로 공격할 준비를 마쳤다.

부하 장군인 마숙과 최철에게 후방을 맡기고, 자신은 5만의 군사를 이끌고 선봉에 서서 율도국으로 쳐들어갔다. 율도국의 으뜸가는 장수인 김현충은 허수아비를 만들어 분신술을 부리고 하늘을 날아다니며 요괴들을 죽이는 홍길동의 신출귀몰한 능력을 당해내지 못하고 죽었다. 율도국의 왕은 겁에 질려 어쩔 줄을 모르다가 결국 홍길동에게 항복했다.

홍길동은 항복한 율도국 왕을 의령군이라는 귀족에 봉하여 살려주었고, 자신은 율도국의 새로운 왕이 되었으며, 마숙과 최철은 각각 좌의정과 우의정으로 삼았다. 또한 자신을 따라온 활빈당 사람들한테도 골고루 벼슬을 나눠주었다. 홍길동은 조선에서 자신을 낳아준 어머니인 춘섬을 데려와 함께 살았고, 아내와 더불어 여러 아들을 낳고 왕으로서 율도국을 평화롭게 다스리다가 72세의 나이로 죽었다. 이것이 《홍길동전》의 대략적인 줄거리다.

홍길동의 모델은 성종과 연산군 시절에 활동했던 도적인 홍길동이었는데, 일개 도적이 소설에서는 뛰어난 능력을 가진 영웅으로 바뀌었으니 창작의 자유가 한껏 발휘된 사례라고 할 수 있다. 홍길동이 갔다던 율도국의 모델이 어디인지를 두고 오랫동안 논란이 많았는데, 일설에 의하면 율도국은 지금 일본 서남부 오키나와 제도의 한 섬일 가능성이 높다고 한다.

026 하늘을 나는 아이와 '아기장수'

　오늘날 전 세계적으로 가장 유명한 슈퍼 히어로로는 단연 슈퍼맨이다. 1934년 미국에서 만화로 나온 슈퍼맨은 초인적인 능력을 갖추고 악을 물리치는 영웅의 원형이 되었다.

　슈퍼맨은 글자 그대로 인간을 뛰어넘은 초인간이기 때문에, 눈으로 빔을 쏘거나 총탄이나 포탄을 맞아도 다치지 않으며 커다란 산을 들어 던지는 일도 가능하다. 하지만 슈퍼맨의 가장 큰 특징은 비행 도구나 기계 장치의 도움 없이 자유자재로 마음껏 날아다닌다는 점이다. 하늘은 물론 심지어 지구를 넘어 우주까지 날아갈 수 있는 초인간이 바로 슈퍼맨이다.

　그런데 놀랍게도 슈퍼맨이 세상에 나오기 400년 전, 조선에서 하늘을 날아다니는 사람의 이야기가 보고된 바 있다. 출처는 국가에서 공식적으로 만든 기록인 《조선왕조실록》의 《연산군일기》인데, 1503년 6월 15일자 기사에 이런 내용이 실려 있다.

　오늘날 평안남도인 용강(龍岡) 지역에 사는 임동(林同)이라는 백성이 같은 평안남도 안주(安州)에 사는 사람인 김덕광(金德光)의 아내인 방금(方今)이라는 여자가 이상한 아이를 낳았다고 고발했다.

　고발한 내용에 의하면, 방금이 사내아이 한 명을 낳았는데, 모습이 마치 부처와 같았다. 아이가 나온 곳은 배꼽이었으며 태어난 아이는 어머니 품을 떠나 공중으로 날아갔다고 한다. 더욱 놀랍게도 방금이 낳은 아이는 태어난 직후 공중을 날아다니면서, "나는 앞으로 18살에서 19살이 될 때, 나라를 차지하기 위해서 전쟁을 벌이겠다!"라는 말을 했다고 한다.

조선 시대에 왕족이 아닌 일개 개인이 나라를 가지려 전쟁을 벌이겠다는 말을 하는 것은 곧 반역에 해당하기 때문에, 이 보고를 듣고 놀란 조정에서는 서둘러 안침(安琛)이라는 관리를 안주 지역에 보내서 아이를 낳은 당사자인 김덕광과 방금을 심문했다고 한다. 하지만 공중으로 날아갔다는 아이는 어디에서도 찾을 수 없었다. 하늘로 날아가서 부모의 곁으로 돌아오지 않고 그대로 사라진 모양이다.

오늘날의 사람들에게는 부처와 같은 모습으로 태어난 아이가 나라를 빼앗기 위해 전쟁을 벌인다는 말이 다소 이상하게 들릴지도 모른다. 그러나 불교에서는 전륜성왕(轉輪聖王)이라고 하여, 쇠와 구리와 은과 금으로 만들어진 네 개의 수레바퀴를 굴려 세계를 정복하고 평화를 가져다주는 부처를 믿고 있다. 실제로 불교를 독실하게 믿으면서 영토를 확장한 업적을 세운 신라의 진흥왕(眞興王, 526~576)은 자신을 인간의 모습으로 나타난 전륜성왕이라고 주장하기도 했다.

역사적인 맥락에서 살펴본다면, 저 기사가 기록된 1503년은 연산군이 중종반정으로 쫓겨나기 3년 전이라 폭정이 극에 달한 때였다. 그러니 폭군 밑에서 고통을 받던 백성들 사이에서 부처와 같이 생긴 영웅이 나타나 나라에 평화를 가져다주기를 바라는 소망이 확산되어 하늘을 자유롭게 날아다니는 아이의 민담이 전해지게 된 것일 수도 있다.

그리고 이런 식으로 신비한 능력을 가진 아이가 악과 싸워 승리하고 세상을 구원한다는 이른바 '아기장수' 전설은 국가 공식 기록인《조선왕조실록》이외에도 야사나 민담에서 흔하게 발견된다. 대부분은 어린 아기의 겨드랑이에 날개가 달려 공중을 날아다니자, 아이가 신기한 힘을 믿고 나라에 반역했다가 역적이 되어 온 가족이 함께 죽을 것을 두려워한 부모가 날개를 자르거나 떼어내자 아이가 피를 흘리며 죽고, 부모는 슬퍼하며 아이를 몰래 묻었다는 내용들이다.

이러한 아기장수 설화들 중에는 '삼별초(三別抄)'라는 특수부대를 이끌고 제주도에서 원나라와 고려 정부군에 맞서 최후까지 싸웠던 장군인 김통정(金通精, ?~1273)에 관한 이야기도 있다.

제주도에서 전해지는 설화에 따르면 김통정은 태어날 때부터 용처럼 비늘이 돋아난 몸을 하고서 겨드랑이에 날개가 달려 하늘을 날아다녔다. 자라서는 화살을 쏘거나 안개를 피우는 도술을 부려서 토벌하러 온 원나라와 고려 정부군도 좀처럼 그를 이기지 못했다.

그런데 김통정의 부하인 '아기업개'가 고려 정부군 장수인 김방경(金方慶, 1212~1300)에게 "김통정의 목에 난 비늘이 벌어진 틈새를 노려 공격하면 그를 죽일 수 있다"라고 약점을 가르쳐주었다. 김통정이 자고 있는 사이에 아기업개의 안내를 받고 몰래 다가간 김방경이 목에 난 비늘이 벌어진 틈새를 노려 칼로 내리치자 김통정은 목이 잘려 죽었다고 한다.

하늘을 날아다니면서 초인적인 힘으로 악을 제거하고 세상에 평화를 가져다주는 영웅의 이야기가 16세기의 조선에서 오늘날인 21세기까지 시대를 넘어 이어지고 있으니 참으로 놀랍다. 사람들이 꿈꾸는 영웅의 이미지는 예나 지금이나 별반 다르지 않다는 점을 보여주는 것이리라.

027 백두산의 마귀를 죽인 소년

    백두산 정상의 수많은 산봉우리 중에는 솔개의 부리처럼 생겼다고 하여 '부리봉'이라는 봉우리가 있다. 이 부리봉에 얽힌 흥미로운 영웅 전설이 백두산 현지에 전해지고 있다.

    옛날 백두산 기슭에 마을이 하나 있었다. 그 마을에는 어릴 때부터 지혜롭고 무예가 뛰어나면서 그림을 잘 그리는 재주까지 지녀, 주위 사람들로부터 신동이라 불리던 한 소년이 살았다. 그런데 신동이 15세가 되던 해에 충격적인 사건이 발생했다.

    정체가 무엇인지 전혀 알려지지 않은 사악한 요괴, 즉 마귀가 백두산에 갑자기 나타나더니 마을 사람들을 차례대로 붙잡아서 끌고 갔던 것이다. 소년도 자기 집 마당에서 그림을 그리던 와중에 거센 바람이 불어와서 허공으로 날려가다가 마귀의 커다란 손에 붙잡혀서 끌려갔다.

    정신을 차려보니 소년은 다른 마을 사람들과 함께 마귀의 소굴에 잡혀와 있었다. 그곳은 커다란 바위로 둘러싸인 어두운 곳이었는데, 마귀는 마을 사람들한테 자기가 살 크고 화려한 궁전을 지으라고 강제로 노동을 시키던 중이었다. 소년 역시 마귀의 협박을 받고 일을 해야 했다. 그가 맡은 일은 바로 그림 그리기였다. 마귀는 소년한테 "장차 이곳에 내가 살 18층

짜리 누각이 달린 궁전이 들어설 테니, 너는 그 궁전에다가 날개 길이와 몸의 크기가 12발(19.2미터) 정도 되는 솔개의 그림을 살아 있는 것처럼 세밀하게 그려라." 하는 지시를 내렸다. 마귀의 힘에 눌린 소년은 어쩔 수 없이 시키는 대로 궁전에 조금씩 솔개의 그림을 그려 나갔다.

이윽고 3년이 지나 마귀가 말한 18층의 누각이 달린 궁전이 완성되었다. 궁전에는 소년이 정성을 들여 그린 솔개의 그림도 완성되었는데, 솔개는 부리의 크기만 3발(4.8미터)에 날개와 몸뚱이는 12발이나 되어 매우 크고 용맹스러워 보였다. 솔개의 그림을 보고 감탄한 마귀는 소년한테 "네가 정성껏 그린 그림이 참으로 보기 좋으니, 상으로 너에게 자유를 주겠다." 하고 말하면서 집으로 돌아가도 좋다고 허락했다.

일단 소년은 고향으로 돌아갈 수 있었다. 하지만 불행이 끝난 것은 아니었다. 마을 사람들을 납치해서 죽도록 부려먹어 궁전을 짓고 나서도 마귀는 만족할 줄 몰랐기 때문이다. 궁전을 완성한 마귀는 아름다운 궁전에는 아름다운 시녀들이 있어야 어울리지 하는 생각에 또다시 바람을 타고 마을로 와서 돌풍을 일으켜 처녀들을 모조리 붙잡아 궁궐로 끌고 갔다. 졸지에 딸과 누이들을 잃어버린 마을 사람들은 슬퍼하고 분노했으나 마귀의 힘이 워낙 강해서 차마 맞서 싸울 엄두가 나지 않아 걱정만 하고 있었다.

그러자 소년은 마귀를 응징하러 칼을 들고서 마귀가 사는 궁전으로 달려갔다. 소년을 본 마귀는 "네가 왜 다시 왔느냐?" 하고 물었다. 이에 소년은 "네가 붙잡아 간 마을의 처녀들을 모두 풀어줘라. 만약 거부한다면, 너를 죽이겠다." 하고 소리쳤다.

소년의 말을 듣고 마귀는 "목숨 아까운 줄 모르는 멍청한 녀석 같으니!" 하고 비웃으며 칼을 뽑아 들고 소년을 덮쳤다. 소년과 마귀는 서로 칼을 부딪치며 치열하게 대결을 벌였다.

소년의 기세에 밀려 불리해진 마귀는 도술을 부려서 거센 바람을 불러오고 바위를 던지면서 소년을 공격했다. 하지만 소년은 기세를 굽히지 않고 마귀한테 달려들어, 커다란 세숫대야 같은 마귀의 귀 한쪽을 칼로 잘라내 버렸다. 분노한 마귀는 백두산의 높은 꼭대기로 올라가서는 집채만 한 크기의 바위를 번쩍 들어서 소년을 향해 내던졌다. 바위에 깔려 죽을 뻔한 위기의 순간 갑자기 날아온 커다란 솔개가 두 발로 소년을 낚아채서는 하늘로 날아올라 바위를 피했다. 3년 동안 소년이 정성껏 궁전에 그린 솔개 그림이 살아나서 창조자인 소년을 도우려고 온 것이었다.

솔개 덕분에 살아난 소년은 솔개의 등에 올라탄 뒤 마귀를 상대로 다시 힘과 용기를 내어 싸웠다. 마귀 역시 지치지 않고 소년과 솔개를 향해 맞서 싸웠다. 그러던 중 소년이 칼로 마귀의 목을 잘라버렸는데, 놀랍게도 잘린 목이 날아와 붙자 마귀가 되살아났다. 이런 과정이 두 번 정도 되풀이되었다. 세 번째로 소년이 마귀의 목을 자르자 솔개는 한쪽 발로 마귀의 몸뚱이를 집어서 낭떠러지 밑으로 내던지고, 다른 쪽 발로는 마귀의 잘린 머리를 백두산 천지의 물속으로 던져버렸다. 이렇게 하여 마귀의 머리는 몸에 달라붙지 못하고 비로소 마귀가 완전히 죽어버렸다.

솔개는 혹여 천지 속에 빠진 마귀의 머리가 다시 살아나서 몸과 붙을까 봐 동쪽의 바위에 앉아서 천지를 감시했다. 그 솔개가 오늘날의 부리봉이 되었다고 전해진다.

028 이무기를 죽인 박만호와 이복영

용은 동양의 판타지 세계에서 신으로 여겨지는 최강의 영물이다. 미처 용이 되지 못한 이무기도 사람이 함부로 죽이거나 다치게 할 수 없는 막강한 괴물로 여겨진다. 그런데 간혹 위대한 영웅은 혼자서 이무기를 죽일 수 있는 능력을 타고나기도 하는데, 조선 말의 야담집인 《청구야담》과 《금계필담》에 이무기와 싸워 이긴 영웅들의 이야기가 전해진다.

《청구야담》에 의하면 조선 말엽, 바닷가와 마주한 충청도 결성 삼산에 가문 대대로 살아오던 이복영(李復永)이란 사람이 있었다. 그는 삼산 위에 산정을 짓고 사방에 높은 난간을 올린 곳에 살았는데, 산정 앞에는 둘레가 수십 아름이나 되고 높이가 무려 천 길이나 되는 오래된 나무 한 그루가 있었다. 그런데 언제부터인가 아침마다 안개가 나무와 산정의 뜰을 덮어서 앞을 분간하기 어려울 지경이었다.

어느 날 이복영이 나무 앞을 지나가다 문득 위를 올려다보니, 나무에 난 큰 구멍으로 이상한 물체가 보이는데 그 흔적이 너무나 크고 분명해서 짙은 안개 속에서도 뚜렷이 드러날 정도였다. 이를 이상하게 여긴 이복영은 마침 가지고 있던 마상총(馬上銃, 기마병이 달리는 말 위에서 쉽게 쏠 수 있도록 길이를 짧게 줄인 총)을 겨누어 그것을 향해 쏘았다. 그러자 괴물체가 움츠리고 나무 구멍 속으로 들어가더니 이윽고 천둥같이 크고 우렁찬 소리가 일어났다.

놀란 이복영이 자세히 보니 구렁이 한 마리가 피를 뚝뚝 흘리면서 모습을 드러냈다. 몸집이 너무나 커서 크기가 얼마인지 짐작할 수 없었고, 머리에는 뿔과 털이 달려 있었으며, 수많은 뱀이 나무 구멍으로부터 나왔다. 그제야 이복영은 조금 전 자신이 총으로 쏜 대상이 큰 구렁이였으며, 그것이 나무 구멍 속에 살면서 다른 뱀들을 불러들였다는 사실을 깨달았다.

나무 구멍에서 완전히 나온 구렁이와 다른 뱀들은 꼬리를 이어 산정으로 향하려 했다. 그러자 이복영은 마상총을 들어 이무기에게 총탄을 계속 쏘았다. 총탄이 다 떨어지진 뒤에는 총을 들어 구렁이와 다른 뱀들의 머리를 내리쳤다. 구렁이는 이복영이 내리친 마상총에 머리가 깨지고 짓이겨져 죽었고, 다른 뱀들도 마찬가지 신세가 되었다. 이복영이 총으로 뱀들의 머리를 부수는 속도는 그 빠르기가 마치 바람과 같았다.

이복영은 잠시도 쉬지 못하고 저녁까지 뱀들을 때려죽였는데, 일을 모두 끝내고 나자 피가 뜰에 가득하고 비린내가 코를 찔러 냄새를 못 맡을 지경이었다. 뱀들을 죽이느라 피곤해진 이복영은 거친 숨을 몰아쉬며 땅바닥에 드러누웠다. 주인이 오래도록 모습을 보이지 않아 궁금했던 하인이 와서 보니 죽은 뱀이 뜰에 산더미처럼 쌓여 있어서 매우 놀랐다. 이복영은 그에게 다른 건장한 노비들을 데려와서 뱀들의 사체를 바다에 모조리 내다 버리게 했다.

《청구야담》에 실린 이야기는 충청도의 깊은 산속에 사는 이무기를 다룬 설화인데, 으레 영웅이 칼로 뱀을 퇴치하는 이야기들과 달리 주인공이 근대식 무기인 총을 사용한다는 점이 특이하다. 이 설화가 조선 후기에 만들어진 것임을 알 수 있는 대목이다.

이야기 중에 이복영이 죽인 구렁이 머리에 뿔과 털이 있었다고 하는 것으로 보아 아직 용이 되지 못한 이무기였던 것으로 여겨진다. 용은 뿔과 수염이 있다. 구렁이가 달고 있던 뿔과 털이 장차 용이 되면 돋아날 뿔과 수염인 것이다. 매일같이 산정에 짙은 안개가 끼어 앞을 분간하기 어려웠던 상황은 분명히 이무기의 농간이었을 것이다. 이무기는 용은 아니나 그에 가까운 능력을 발휘할 수 있다. 용은 물을 부리는 영물이기 때문에 안개를 일으키는 것쯤이야 문제도 아니었으리라.

《금계필담》에도 이와 비슷한 이야기가 실려 있다. 조선 정조 임금 때 여주목사를 지낸 민창혁(閔昌爀)의 집 뜰 안에 족히 수백 년은 되어 보이는 큰 느티나무 한 그루가 있었다. 그 나무 속에는 큰 구렁이 한 마리가 살고 있었다. 구렁이는 하늘이 흐리고 비가 내리는 날이면 시끄럽게 소리를 내어 울거나 나뭇가지에 걸터 누워 주위 사람들을 불안하게 했다.

민창혁은 이 구렁이를 좋지 않게 보았는데, 저대로 계속 두었다가 자칫 사람을 해치거나 잡아먹을 수도 있겠다고 여겼기 때문이었다. 그래서 그는 느티나무 구멍에 숯을 모아 놓고 불을 피워서 구멍 안으로 연기를 들여보냈다. 매캐한 연기를 견디지 못한 구렁이는 걸터 누운 나뭇가지 아래로 떨어지더니 민창혁을 집어삼키려 입을 크게 벌린 채 달려들었다. 구렁이 뒤로 100마리의 작은 뱀도 민창혁에게 덤벼들었다. 민창혁은 쇠뭉치를 휘둘러 구렁이와 뱀을 모두 때려죽였다. 사람들은 그의 힘과 용기에 감탄했다고 한다.

029 바늘을 던져 왜군 병사를 죽인 조선의 어느 병사

조선 후기의 학자인 성대중(成大中, 1732~1812)이 지은 책인《청성잡기(靑城雜記)》에 다음과 같은 기이한 이야기가 전해져온다.

조선에 왜군이 쳐들어온 임진왜란 무렵, 조선을 돕기 위해 파견된 중국 명나라 장수인 마귀(麻貴)가 소사에서 왜적과 싸울 때의 일이다. 조선군과 명군, 그리고 왜군이 서로 진을 친 상태로 대치하고 있었는데, 한 왜군 병사가 검을 휘두르며 기세등등하게 도발해왔다. 그러자 긴 창을 쥔 중국 남쪽 절강 출신의 병사가 나가 싸웠다. 여기서 말하는 긴 창이란 아마 낭선(狼筅)을 가리키는 듯하다.

낭선은 대나무 가지에 쇠로 만든 가시를 붙인 무기인데, 중국에 침입한 왜구들이 휘두르는 일본도를 막기 위해 명나라 장수 척계광이 만들었다. 그리고 척계광이 거느린 명나라 군사들이 왜구들과 싸우는데 무척 유용하게 사용된 무기가 낭선이었다. 실제로 조선에 파병된 명나라 군사들 중에서 척계광이 거느렸던 절강 출신의 남병(南兵)도 있었으니, 그때 왜군과 대치한 명나라 병사도 낭선을 잡고 나섰으리라.

하지만 왜군 병사의 칼솜씨가 명나라 병사의 낭선 다루는 기술보다 더 뛰어났던지, 명나라 병사는 얼마 못 가 왜군의 검에 찔려 쓰러졌다. 이 모습을 지켜본 그의 아들 네 명이 연이어 나가 싸웠으나 모두 죽고 말았다. 검을 잡은 왜병이 앞으로 다가오자 조선군과 명군은 모두 두려움에 떨었다. 이를 보다 못한 마귀가 군중에 후한 상금을 내걸고 왜병에 대적할 자를 모집했으나 아무도 나서는 이가 없었다.

이때 무명옷을 입은 조선 병사가 소매를 걷어붙이고 나와서 마귀에게 인사를 하고는 맨손으로 그 왜병을 잡겠다고 자원했다. 모두가 미친 짓이라고 비웃었으나, 마귀는 달리 어찌할 방법이 없었으므로 우선 나가서 대적하게 했다.

무명옷을 입은 병사는 나가서 양손에 아무런 병기도 없이 검에 맞서 맨손으로 춤을 추기 시작했다. 왜병은 대수롭지 않게 여기고는 휘두르던 검을 멈추고 비웃었다. 그런데 얼마 후에 조선 병사를 비웃던 왜병이 갑자기 두 눈을 움켜쥐고 쓰러졌다. 이때 무명옷을 입은 조선 병사가 왜병의 검을 주워들어 목을 베고는 마귀에게 달려가 바쳤다. 이 광경을 본 왜군은 사기가 크게 떨어졌고, 마침내 조선군과 명군이 왜군을 무찌르고 승리했다.

한편 승리한 마귀는 무명옷을 입은 조선 병사의 공로를 치하하고 물어보았다.

"그대는 검술을 아느냐?"

"모릅니다."

"그렇다면 어떻게 왜병의 목을 벨 수 있었느냐?"

그는 이렇게 대답했다.

"저는 어려서 앉은뱅이가 되어 혼자 방에만 있었습니다. 마음을 붙일 곳이 없어 바늘 한 쌍을 창문에 던지는 연습을 하면서 날마다 동이 틀 무렵에 시작하여 날이 어두워져서야 그만두었습니다. 처음에는 던지는 족족 바늘이 빗나가 떨어지더니, 오랫동안 연습하자 8~9자(약 2.4~2.7미터) 안의 거리는 던지는 대로 명중했습니다.

3년이 지나자 먼 데 있는 것이 가깝게 보이고 가는 구멍이 크게 보여, 바늘을 던졌다 하면 손가락이 마음과 일치되어 백발백중하게 되었습니다. 이리하여 기술이 완성되었으나 써먹을 데가 없었는데, 전쟁이 일어나면서 마침 저의 앉은뱅이 다리도 펴져 오늘에야 적에게 쓸 수 있었던 것입니다.

  맨손으로 미친 듯이 춤을 추니 왜병은 저를 비웃고 무시하여 검으로 베지 않았습니다. 그때 저의 바늘이 자신의 눈알을 노릴 줄을 어찌 알았겠습니까?"

  마귀가 이 말을 듣고 왜병의 머리를 살펴보니, 과연 그의 눈알에는 각각 바늘이 한 치(약 3센티미터)쯤 박혀 있었다. 바늘은 평소에는 작은 일에 사용되는 도구라서 별로 중요하게 여겨지지 않지만, 위급한 상황에서는 이토록 중요한 일에 쓰이는 도구가 될 수 있다는 점이 《청성잡기》의 일화에서 들려주고 싶은 교훈인 듯하다.

030 백마산의 소장군

경상남도 사천시(泗川市)의 백마산(白馬山)에는 소씨(蘇氏) 성을 가진 장군과 그가 탄 하얀 말(白馬)에 관한 재미있는 전설이 전해 내려온다.

때는 신라 말엽으로 거슬러 올라간다. 당시 신라는 지배층의 사치와 부패, 연이은 흉년, 그리고 각 지방에서 군대를 거느린 궁예와 견훤 같은 군벌이 잇따라 나타나서 중앙 정부에 맞서는 등 극심한 혼란이 계속되던 상황이었다. 힘과 지혜를 갖추고 야심을 품은 사람들은 누구나 "평범하게 살 게 아니라 나를 따르는 사람을 모아서 반란을 일으켜 왕이 되어 볼까? 잘하면 천하를 통일할 수 있고, 못해도 족히 한 고을 정도는 다스릴 수 있을 것이다"라는 생각을 해보던 때였다.

그러던 시대의 어느 무렵, 현재 경상남도 하동군(河東郡)인 삼정리(三亭里)라 불리던 곳에 승랑당(僧郎堂)이라는 사찰이 있었다. 이 사찰은 그저 부처를 섬기고 불도를 닦는 평범한 절이 아니라 수많은 스님이 칼과 창과 활 같은 무기를 들고서 무술을 연마하고 훈련을 하는 일종의 군사 시설이었다. 쉽게 비유하자면, 무술로 유명한 중국의 소림사(少林寺)와 비슷한 절이라고나 할까?

승랑당에 머물며 승려들에게 무기를 쥐여주고 훈련을 시키는 사람은 바로 소씨 성을 쓰는 장군, 즉 소장군(蘇將軍)이었다. 그는 키가 10척(약 3미터)이나 되고 발의 크기도 3척(90센티미터)에 이를 만큼 체격이 컸다. 힘과 무술이 워낙 뛰어나서 아무도 그를 당할 자가 없다는 소문이 돌기도 했다.

비록 난세라지만 사찰의 승려들에게 군사 훈련을 시킨 것을 보면, 소장군은 야심이 큰 인물이었다. 그는 항상 마음속으로 이런 생각을 품고 살았다.

'이제 세상은 큰 뜻과 힘을 가진 자가 지배한다. 천 년 동안 존속했던 신라는 망할 때가 되었고, 북쪽의 궁예와 서쪽의 견훤은 아직 기반을 잡지 못했고, 나머지 각 지역의 군벌도 세력이 크지 않다. 이런 때 여기서 힘을 잘 기르고 있다가 기회를 틈타 밖으로 나가면 한 번에 세상을 휘어잡을 수 있다.'

이렇듯 소장군은 어지러운 세상을 평정하고 세상을 지배하려는 꿈을 품고 있었다. 그러던 무렵, 하루는 승랑당 바깥에 웬 하얀 말 한 마리가 나타나서는 우렁찬 울음을 터뜨렸다. 그 소리를 듣고 절 밖으로 나간 소장군은 크게 기뻐했다. 하얀 말이 한눈에 보기에도 무척이나 강건하고 아름다웠기 때문이다. 소장군은 백마의 등에 시험 삼아 올라타서는 말채찍으로 내리쳤는데, 백마는 바람보다 더 빠르게 내달리면서도 전혀 지치지 않았다. 뿐만 아니라 백마는 소장군의 말을 알아듣기라고 하는 듯, 그가 지시하면 뭐든지 그대로 따랐다. 그 모습에 소장군은 "하늘이 내게 백마를 보내서, 세상을 맡기려고 하는가 보다!" 하고 믿으며 점점 용기가 커졌다.

마침내 스님들의 훈련이 다 끝난 날, 소장군은 그들을 한자리에 모아놓고 하늘에 제사를 드리는 단을 쌓은 후, 백마한테 "지금 나는 화살을 쏠 테다. 만일 네가 화살보다 먼저 달리면 나는 너를 타고 바깥세상으로 나가서 온 나라를 손에 넣겠다. 하지만 네가 화살보다 늦으면 나보다 느린 것으로 여기고 죽이겠다"라고 말했다.

그러고는 소 장군은 화살을 쏘고 나서는 재빨리 백마에 채찍질을 가하면서 달렸다. 백마는 소장군을 태우고 바람처럼 달려갔는데, 한참을 달려간 끝에 고개에 멈췄는데 화살이 보이지 않았다. 소장군은 "아무래도 너를 믿고는 큰일을 할 수 없겠다"라고 탄식하고는 허리에 찬 칼을 빼어들고 백마의 목을 잘라 죽여버렸다.

그런데 바로 그때 화살이 날아와서 백마의 시체가 놓인 땅에 박혔다. 소장군은 자신을 위해 헌신한 백마를 죽여버렸다는 사실에 자책하면서 "내가 성급한 마음을 다스릴 수 없어 이렇게 큰 잘못을 저질렀으니, 어떻게 천하를 다스리겠는가?" 하고 슬피 울고는 백마를 잘 묻어주고는 스님들과 함께 절을 떠나버렸다.

시간이 흘러 궁예와 견훤이 몰락하고, 왕건이 고려를 세워 한반도를 통일하자 소장군은 "이제 나는 더 이상 할 일이 없다"라고 말하면서 백마가 묻힌 곳 옆에 죽어서 묻혔다고 전해진다.

소장군의 용맹을 안타까워 한 사람들은 백마가 묻힌 곳을 가리켜 백마산이라고 불렀는데, 그 이름이 오늘날까지 전해지고 있다고 한다.

031 소년 씨름꾼

조선 후기의 소설가인 변종운(卞鍾運, 1790~1866)은 단편 소설 〈각저소년 전(角抵少年傳)〉에서 소년 씨름꾼과 포악한 승려가 벌이는 대결을 실감 나게 묘사했다.

황해도의 마을인 연안(延安)에는 사나운 승려 한 명이 살고 있었다. 그는 마을 사람들에게 돈을 빌려주고 그 대가로 공짜 술을 대접받는 등 온갖 횡포를 일삼았다. 하지만 마을 사람 중 누구도 그 승려한테 항의하거나 맞서 싸울 엄두를 내지 못했다. 승려가 주먹 한 방에 소를 때려죽일 정도로 힘이 무척 셌기 때문이다.

그러던 어느 날 연안에 젊은 부부가 나타났다. 남편은 어린 소년이었고 아내는 무척이나 아름다운 여인이었다. 그녀의 미모를 본 승려는 탐욕스러운 표정을 지으며, 소년에게 다가가 말을 걸었다.

"저 여자는 너와 무슨 관계인가?"

그러자 소년은 "얼마 전에 결혼한 제 아내인데, 왜 물어보십니까?" 하고 대답했다. 이에 승려는 웃음을 지으며 "그러면 내가 돈 300냥과 저 시냇물 남쪽의 밭을 모두 너한테 줄 테니, 저 여자를 나한테 넘겨라." 하고 제안했다. 부처를 믿고 도를 닦는 승려가 남의 아내를 빼앗으려 했으니 무척이나 사악하고 파렴치한 일이었다. 아무래도 승려는 불교의 계율을 어기며 못된 짓을 일삼는 파계승인 듯했다.

그런데 더욱 이상한 일은 자기 아내를 빼앗으려 하는 승려를 상대로 소년이 크게 화를 내거나 반발하지 않고 태연한 자세를 보이는 것이었다. 소년은 승려한테 이런 내기를 하자고 했다.

"그렇다면 저와 씨름을 하는 건 어떻습니까?"

"그게 무슨 말이냐?"

"저는 평소 씨름을 좋아하고 자주 했습니다. 그러니 스님이 씨름해서 저를 이긴다면 돈이나 땅은 필요 없고 그냥 제 아내를 데려가십시오. 반대로 제가 이긴다고 해도 저는 돈이나 땅을 받지 않고, 그냥 아내와 함께 이곳을 떠나겠습니다. 동의하십니까?"

소년의 말을 듣자 승려는 환한 얼굴을 하면서 비웃었다.

"나야 좋다만, 비실비실해 보이는 네가 무슨 수로 나를 이기겠느냐?"

승려를 향해 소년은 여전히 태연한 표정으로 대꾸했다.

"그야 겨뤄보지 않고는 모르는 일이죠."

그리하여 내기에 동의한 소년과 승려는 언덕 위로 올라가서 씨름을 하기로 했다. 언덕 아래에는 농사를 짓는 데 거름으로 쓰기 위해 똥을 모으는 구덩이가 있었다. 둘이 씨름을 한다는 소식이 퍼지자 마을 사람들이 언덕 주변으로 몰려와서 구경하느라 시끌벅적했다.

소년과 승려는 씨름하기 위해 상의를 벗고서 어깨를 맞대고 샅바를 잡았다. 순식간에 승부가 났다. 소년이 승려를 붙잡아 번쩍 들어 올리더니, 그를 구덩이 속으로 내던져버린 것이다. 마침 구덩이에는 똥이 어마어마하게 모여 있었는데, 그 속에 빠진 승려는 허우적거리다가 그만 똥 속에 빠져 죽고 말았다. 마을 사람들한테 돈을 빌려준 것을 빌미로 갖은 행패를 부리던 못된 파계승한테 어울리는 비참한 최후였다. 체격이 작고 나약해 보이는 소년이 거칠고 포악한 승려를 단번에 죽이다니, 도저히 믿어지지 않는 광경이라 구경하던 마을 사람들은 영문을 몰라서 수군거렸다.

한편 승려를 죽인 소년은 승려를 따르던 사미승(沙彌僧, 어린 소년 승려)을 불러서 "저 중이 마을 사람들한테 빌려준 돈을 기록한 장부를 가져오시오." 하고 말했다. 이에 사미승이 장부를 가져오자 소년은 수백 명의 마을 사람이 보는 앞에서 그 장부를 불태워버리며 말했다.

"못된 중이 여러분한테 돈을 빌려준 것을 핑계로 그동안 온갖 나쁜 짓을 저질러왔습니다. 하지만 이제 죽었으니 더는 고통을 받지 않아도 됩니다. 빚을 기록한 장부도 불에 타 없어졌으니 이제 빚 걱정은 마시고 편히 지내십시오."

마을 사람들을 파계승의 행패로부터 해방시켜준 용감한 소년은 아내를 데리고 연안 고을을 떠났다. 앞으로 패악질을 겪을 필요가 없어진 마을 사람들은 환호성을 터뜨리며 소년의 힘과 용기와 정의감을 찬양했다.

사납고 포악한 승려를 정의로운 영웅이 나서서 물리친다는 〈각저소년전〉의 줄거리는 《청구야담》에 실린 이병식 이야기와 비슷하다. 아무래도 조선 시대에는 숭유억불 사상 때문에 승려가 민담의 악역으로 자주 등장하는 모양이다.

032 흑룡을 물리친 백장군

　보통 동양에서 용은 세상에 평화를 가져다주는 신성한 동물로 여겨진다. 그러나 때로는 무서운 재앙을 일으키는 사악한 괴물로 묘사되기도 한다. 현재 북한 백두산 지역에는 그곳에 나타난 포악한 흑룡(黑龍)과 싸워 이기고 백성을 구한 '백장군'이라는 영웅에 관련된 재미있는 민담이 전해지고 있다.

　어느 날 백두산의 하늘에 온몸이 검은색인 용, 즉 흑룡이 나타났다. 흑룡은 불이 타오르는 불칼을 휘둘러 백두산 주변을 모조리 불태워버렸다. 뿐만 아니라 먹구름과 거센 바람을 일으켜 무거운 바윗돌들을 마구 날려 샘물마저 메워버려 사람들이 가뭄과 갈증 때문에 큰 고생을 겪어야 했다.

　이때 사악한 흑룡을 벌하기 위해 두 명의 사람이 나타났으니, 백장군과 젊고 아름다운 공주였다. 백장군은 9척(약 2.7미터)이나 되는 큰 체격과 강한 힘을 가졌는데, 공주가 백장군한테 이런 가르침을 주었다.

　"제가 어젯밤 꿈을 꾸었는데, 하늘나라에서 온 신선 한 명이 나타나서 이런 말을 하더군요. 불을 지르고 가뭄을 일으키는 사악한 흑룡을 물리치려면, 백장군께서 백두산의 옥장천이라는 샘물을 100일 동안 마시고 힘을 길러야 한다고 말입니다."

백장군은 그 말을 듣고 기뻐하면서 공주와 함께 옥장천을 찾아 나섰다. 백두산의 깊은 벼랑 밑에서 옥장천을 발견하고는 거기서 100일 동안 작은 움막을 치고 살면서 물을 계속 마셨다. 하루가 지나고 물을 마실 때마다 백장군은 힘이 예전보다 강해짐을 느낄 수 있었다. 옥장천의 물을 마실수록 백장군은 높은 소나무를 가볍게 뛰어넘었고, 무거운 바윗돌을 아이들이 가지고 노는 장난감인 공깃돌처럼 손쉽게 들어서 던지고, 삽을 쥐고 땅을 파서 던지면 산이 생길 정도로 힘이 불어났다.

그러는 와중에 백장군은 흑룡을 상대하기 위해서 특별한 무기도 만들었다. 무려 1만 근이나 나가는 무거운 칼이었는데, 이름을 만근도(萬斤刀)라고 붙였다. 흑룡이 뿜어대는 불칼의 뜨거운 기운을 견뎌내려면, 무겁고 튼튼한 칼이 필요했기에 1만 근이나 되는 무게의 칼을 특별히 만든 것이다.

어느덧 100일이 지나 백장군은 모든 준비를 마쳤다. 그는 힘이 넘쳐 하늘에 닿을 지경이었다. 만근도의 무게도 솜털처럼 가볍게 느껴졌다. 공주는 "멀리 떠나 있는 흑룡을 불러 들여야 합니다"라면서 백장군에게 백두산의 물줄기를 끌어올리라고 말했다. 백장군이 그녀의 말을 따라 백두산의 기슭을 삽으로 파헤쳐 물을 터뜨리자 마침 동해로 가서 용왕의 딸을 희롱하던 흑룡이 그 소리를 듣고는 백두산으로 날아왔다.

마음씨가 비뚤어진 흑룡은 사람들이 가뭄과 물 부족에 시달리는 모습을 보면서 즐거워했는데, 백장군 때문에 사람들이 행복해한다면 화가 나고 괘씸해서 견딜 수가 없기 때문이었다.

하지만 흑룡은 더는 재앙을 내리지 못했다. 옥장천의 물을 100일 동안 마신 백장군은 평범한 인간이 아니라 거의 신에 가까운 능력을 지녔기 때문이었다. 흑룡이 날아오는 모습을 본 백장군은 도술을 부려 하얀 구름을 만들어내더니 거기에 올라타고는 하늘로 날아가서 만근도를 휘두르며 흑룡에 맞서 싸웠다. 흑룡은 불칼을 만들어내서 백장군을 향해 휘둘렀다. 백장군의 만근도와 흑룡의 불칼이 번개처럼 충돌했지만, 둘의 힘이 워낙 팽팽하여 대결이 계속되었다.

그때 둘의 대결을 지켜보던 공주가 나섰다. 그녀는 흑룡을 향해 작은 단검을 계속 던졌다. 단검 때문에 주의가 분산된 흑룡의 빈틈을 노려 백장군은 만근도를 내리쳐 흑룡의 불칼을 잘라버리고 말았다. 무기가 부서지자 싸울 엄두가 나지 않은 흑룡은 동해로 달아났다.

그 이후로는 백두산에 가뭄이 없었다. 흑룡을 몰아낸 백장군과 공주는 백두산 천지 속에 수정으로 궁궐을 짓고서 행복하게 살았다고 전해진다.

033 천하장사 송장군

조선 말의 학자인 성대중(成大中, 1732~1812)이 지은 야사인 《청성잡기(靑城雜記)》에 의하면, 효종 임금 시절 송씨(宋氏) 성을 가진 천하장사 한 명이 있었다고 한다. 송씨란 인물은 전라남도 광주에서 집이 없이 떠돌아다니면서 임시로 고용되어 일을 해주는 품팔이꾼, 그러니까 지금으로 치면 일용직 노동자와 비슷한 사람이었다. 무척 가난한 사람이어서 그의 부모는 물론 원래 이름조차 다른 사람들은 알 수 없었다. 다만 그가 송씨라는 것만 알려져 있을 뿐이었다.

병자호란 무렵 효종이 청나라에 당한 치욕을 씻기 위해 북벌을 추진하던 때인지라 온 나라에 "천 근의 무게를 들 수 있는 힘이 센 장사들을 찾으라"는 명이 내려졌다. 이에 각 지방의 관찰사들이 장사들을 찾고 있었는데, 아무리 뒤져도 좀처럼 그런 사람이 없어서 고민하고 있었다.

그러던 와중에 관아에서 임시로 고용되어 일을 하던 송씨가 나라에 퍼진 명을 듣고서 관아에서 일하는 상급 서리인 녹사(錄事)를 찾아가서는, 관아의 뜰 모퉁이에 세워진 큰 돌을 가리키며 "저것도 천 근이 나갑니까?" 하고 물었다. 이에 녹사가 그렇다고 하자, 송씨는 그 큰 돌을 아무것도 아닌 것처럼 가뿐히 들었다. 그의 힘을 본 녹사가 무척 놀라 관아에 들어가 이 사실을 알리자, 관아에서는 송씨를 불러다 다시 시험해보았는데 역시 천 근의 무게를 쉽게 들어 올렸다.

관아에서 송씨를 도호부(都護府)로 올려보내니 부에서 그를 목욕시키고 좋은 옷을 입힌 다음 관청에서 타고 갈 말을 빌려주었다. 송씨는 마치 명나라에서 온 사신처럼 좋은 대우를 받으며 한양으로 올라갔다.

후원에서 활쏘기를 하던 효종은 자신이 찾던 천 근 무게를 들어 올리는 장사가 나타났다는 소식을 듣고는 황급히 송씨를 불러들였다. 송씨는 머리카락이 헝클어져 있고 얼굴이 거무튀튀한 데다 학식도 없는 무지몽매한 사람일 뿐이었다. 하지만 효종이 시키는 대로 송씨는 자신의 강한 힘을 보여주었다. 관찰사가 효종에게 장계(狀啓)로 보고한 대로 그는 천하장사였다.

자신이 찾던 장사가 진짜로 나타나자 효종은 크게 기뻐하며 음식을 푸짐하게 내려주었다. 내관과 시녀들이 수레로 음식을 날랐는데 송씨가 선 채로 다 먹어치우니 효종은 더욱 기뻐했다. 효종은 송씨에게 전립(戰笠, 조선시대에 군인들이 썼던 모자)을 씌워주고 금호문(金虎門) 밖에 집을 선물로 주어 살게 하는 한편 궁녀 한 명을 그에게 아내로 보내주었다. 아울러 송씨에게 하나의 고을을 다스리는 현령의 벼슬까지 내려주었다.

평생 품팔이꾼으로 살아온 송씨는 배운 지식이 없어서 현령의 일에 도저히 적응하지 못했다. 이 때문에 효종은 송씨가 가진 힘에 걸맞게 군대의 자리를 내주도록 하여 우선 한양에서 3000리 떨어진 북쪽 변방의 요새로 보내 거기서 국경을 지키는 군인이 되도록 했다.

비록 멀리 북쪽으로 내보내기는 했지만 효종은 송씨를 항상 생각하여 기회가 있을 때마다 선물을 보내주었고, 얼마 후에 그를 도로 한양으로 불러들이려 했다. 아마도 청나라를 공격할 북벌군에 그를 선봉으로 내세우려는 속셈에서 한 일인 듯했다.

그런데 갑자기 효종은 등에 종기가 나 죽었다. 이 소식을 전해 들은 송씨는 큰 충격을 받아 군대에 알리지도 않고서 밤낮없이 혼자서 말을 달려 궁궐에 도착한 뒤 효종의 시신이 담긴 관을 향해 엎드려서 슬프게 울었다. 눈물이 다 말라서 피가 나올 지경이었다. 송씨의 아내가 된 궁녀도 효종의 죽음에 크게 슬퍼하여 효종이 죽은 날 집에서 목을 매어 죽었다.

한편 군대를 담당한 관리인 병마절도사는 송씨가 상관에게 알리지도 않은 채 마음대로 군대를 떠난 점을 문제 삼아 그의 목을 베는 처벌을 해야 한다고 주장했다. 조정에서도 송씨의 무단이탈을 죄라고 주장하여 군법에 따라 처벌할 것을 주장했으나, 효종의 뒤를 이어 왕위에 오른 현종 임금은 "송 장사의 충성심이 순수하여 한 일이니, 처벌할 수 없다"면서 송씨의 목숨을 살려주는 대신, 그가 맡은 군인의 직위는 거두었다.

군대에서 쫓겨난 송씨는 여기저기 떠돌아다니다 경기도 용인(龍仁)에 정착했다. 그는 찢어진 갓에 해진 옷을 입고 사람들을 상대로 구걸하면서 겨우 목숨을 이어나갔다. 그러다가도 효종이 죽은 날만 되면 홀로 산골짜기로 들어가 온종일 통곡했고, 효종에 대한 이야기만 나오면 눈물을 흘렸다.

마을 사람들은 송씨의 체격이 몹시 크고 우람한 것을 보고 그를 '송장군'이라 부르며 만나면 하나둘씩 밥을 모아 주었는데, 그가 마치 호랑이나 늑대처럼 밥을 먹는 모습을 신기해하며 구경했다. 송씨가 나중에 어찌 되었는지는 알려지지 않는다. 지나치게 순박한 사람이라 큰 힘을 갖고서도 재능을 살리지 못했던 듯하다. 독특한 송씨의 캐릭터에 상상력을 조금만 가미한다면 재미있는 팩션을 만들 수 있지 않을까 싶다.

034 백룡을 쏘아 죽인 사냥꾼

백두산에는 용과 관련된 민담이 많다. 그중에서는 사냥꾼이 화살로 무려 두 마리의 용을 잡았다는 영웅담도 전해진다.

옛날 백두산에 25세가 된 젊은이 한 명이 작은 집을 지어놓고 혼자서 살았다. 그는 활을 잘 쏘는 재주가 있었는데, 하늘을 나는 새나 산속의 무서운 맹수인 호랑이도 그가 쏘는 화살을 피하지 못했다. 이 때문에 그는 이름난 사냥꾼이 되었고, 짐승을 잡아서 얻은 가죽을 팔고 고기를 먹으며 살아갔다.

가을 어느 날 사냥꾼은 집에서 잠을 자다가 밖에서 "살려주세요!" 하고 외치는 여자의 비명을 듣고 무슨 나쁜 일이 벌어졌나 싶어 활과 화살을 들고서 집 밖으로 나갔다. 그러자 잔뜩 겁을 먹은 표정의 젊은 여자 한 명이 도망을 치면서 살려달라고 사방을 향해 간절히 호소하고 있었다. 그녀의 뒤에는 험악한 얼굴과 건장한 체구를 가진 젊은 남자가 두 손에 날카로운 단검을 쥐고서 달려오고 있었다.

한눈에 남자가 여자를 위협하려 드는 상황을 깨달은 사냥꾼은 젊은 여자를 얼른 자기 뒤로 숨긴 다음 남자를 막아서며 "이게 무슨 짓이오? 당장 이 처녀한테서 떨어지시오!" 하고 외쳤다. 그 말에 남자는 "저 여자는 내 아내다. 생판 남인 네가 끼어들 일이 아니니, 여자를 넘기고 꺼져라." 하고 으름장을 놓았다.

혹시 남자의 말이 맞나 싶어서 사냥꾼이 잠시 머뭇거리자, 여자는 "저자는 거짓말을 하고 있습니다. 저자는 사람으로 둔갑한 사악한 흑룡으로, 이곳에서 온갖 못된 짓을 저지르며 사람들을 괴롭히는 요괴입니다." 하고 말했다.

그녀의 말을 듣고 사냥꾼은 곧바로 화살을 당겨 남자의 머리를 향해 쐈다. 머리에 화살을 맞은 남자는 비명을 지르며 쓰러져 죽었다. 처녀는 사냥꾼을 향해 감사하다는 인사를 한 다음 서둘러 자리를 떠났다.

그로부터 며칠 동안 백두산 일대에 큰 눈이 내렸다. 산 전체가 온통 하얀 눈으로 뒤덮여 산을 오가기가 힘들어 사냥꾼은 집 안에 틀어박힌 채 추위에 떨며 지내야 했다. 그러던 어느 날, 사냥꾼이 구해주었던 여자가 쌀과 채소를 가지고 사냥꾼의 집을 찾아왔다. 여자는 사냥꾼한테 음식을 전해주면서 이렇게 말했다.

"저의 이름은 '영지'라고 합니다. 당신이 죽인 남자는 사람으로 둔갑한 흑룡이라고 했죠? 그 흑룡한테는 친구인 사악한 백룡이 있었는데, 그 백룡이 친구의 원수를 갚기 위해 지금 당신이 사는 이곳 백두산 인근에 눈을 퍼붓고 있습니다. 백룡은 모습을 잘 드러내지 않으니 당분간 기다려야 나타날 겁니다."

영지 덕분에 식량을 마련하고 정보도 듣게 된 사냥꾼은 그녀에게 애정이 생겼다. 가을이 지나고 겨울을 거쳐 봄이 오자 사냥꾼은 영지와 결혼했다. 그런데 5월 와중에 사냥꾼은 원인을 알 수 없는 병에 걸려 드러누웠고, 영지는 남편의 병을 고칠 약초를 찾기 위해 백두산의 깊은 골짜기로 떠났지만 소식이 없었다. 사흘이 되던 날, 사냥꾼의 꿈에 영지가 피를 잔뜩 흘려 붉게 물든 모습으로 나타나서는 울면서 이렇게 말했다.

"모든 병을 치료한다는 약초인 불로초를 찾아서 백두산의 깊은 골짜기로 갔는데, 도중에 백룡이 나타나서 저를 덮치려 했습니다. 백룡한테 능욕을 당하기 싫어서 벼랑에 몸을 던져 자결했습니다. 제 시체는 이 집에서 동쪽으로 쭉 가면 찾을 수 있습니다."

놀란 사냥꾼은 꿈에서 깨어나 서둘러 아내가 가르쳐준 대로 동쪽에 있다는 백두산의 깊은 골짜기로 달려가서 샅샅이 뒤져본 끝에 그녀의 시신을 찾아냈다. 죽은 아내를 끌어안고 사냥꾼이 슬프게 우는데 "꼴좋구나!" 하고 누군가가 비웃는 소리가 들렸다. 사냥꾼이 그쪽으로 고개를 돌려보니, 1000년이나 된 소나무 위에 하얀 비늘을 가진 백룡 한 마리가 앉아서는 사냥꾼과 죽은 영지를 노려보며 비웃고 있었다.

분노한 사냥꾼은 집에서 가져온 활에 화살을 메겨 백룡을 향해 쏘았다. 화살은 백룡의 머리와 심장에 명중했다. 성난 백룡이 사냥꾼을 향해 달려들었으나 사냥꾼이 쏘아대는 화살을 맞고 죽어버렸다. 백룡을 죽인 사냥꾼은 영지의 시신을 나무 밑에 묻어주고는 집으로 돌아왔다. 해마다 오월이면 사냥꾼은 아내의 무덤을 찾아가서 슬프게 울었다.

그러던 어느 해, 아내의 영혼이 사냥꾼 앞에 모습을 드러내더니 손바닥 크기의 붉은 버섯을 주면서 "이 버섯은 저의 이름을 따서 영지라고 했습니다. 이 영지버섯이 사람들의 병을 낫게 해줄 만병통치 약입니다." 하고 알려주었다.

사냥꾼은 죽은 아내가 주는 선물인 영지를 가져와 세상에 널리 퍼뜨렸다. 그때부터 사람들이 영지버섯을 알게 되었다고 한다.

035 날개 달린 궁수,
묵신우

정확히 언제인지는 알 수 없으나 최소한 고려 때부터 한국에는 "날개를 달고 하늘을 날아다니면서 사악한 힘과 싸워 이기고 백성을 구해내는 장사"에 관한 영웅 이야기가 전해진다. 대부분의 '날개 달린 장사' 전설은 날개를 단 아기가 태어났을 때, 아이가 자라 나중에 반란을 일으켜 나라를 뒤엎는 역적이 될까 봐 두려워한 부모가 아이를 죽이는 불행한 이야기로 끝이 난다.

반면 날개를 단 아기가 자라 하늘을 날아다니면서 사악한 적들과 싸워 이기고 백성을 구하는 결말을 가진 '날개 달린 장사'의 전설도 전해진다. 지금의 경상남도 진주와 함안에 걸쳐 있는 방어산(防禦山) 지역에서 전해지고 있는 '묵신우(墨神佑)' 전설이 바로 그런 경우다.

방어산 일대의 전설에 의하면, 묵신우는 두 겨드랑이에 날개가 달린 몸을 지닌 덕분에 하늘을 마음껏 날아다닐 수 있었다. 그뿐 아니라 묵신우는 300근(斤)이나 되는 활의 시위를 당겨서 화살을 쏘아댈 만큼 엄청난 힘을 지닌 장사이기도 했다. 여기서 300근이란 활의 무게가 아니라 활의 시위를 잡아당기는 데 드는 힘을 가리킨다고 봐야 옳다. 그리고 근을 현대의 무게 단위로 환산하면 600그램이 되는데, 300근이라면 180킬로그램이니 이

정도면 현대의 양궁 선수들이 쏘는 어떤 활보다 당기는 데 힘이 많이 들어
간다. 이렇게 무거운 시위를 하늘을 날아다니면서 당겼다는 것은 묵신우가
그만큼 무시무시한 힘을 가진 영웅이었음을 보여준다.

전설에는 이런 내용도 있다. 묵신우는 혼자서 싸우는 단순한 활잡이가
아니라 수많은 병사를 거느리고 방어산에 산성을 쌓고서 나라를 침략하는
외적에 맞서 싸운 장군이었다고 한다. 방어산이라는 이름 자체도 외적을
막는 산이라는 뜻에서 붙여진 이름이라고 한다. 이 때문에 방어산 일대의
전설에서는 그를 가리켜 '묵신우 장군'이라고 높여 부른다.

묵신우를 따르던 무리 중 하늘을 마음껏 날아다니며 공중에서 화살을 쏘
는 신기한 능력이 있는 이는 묵신우뿐이었고 나머지는 평범한 사람들이었
다. 어느 날 수를 알 수 없을 정도로 많은 외적이 방어산으로 쳐들어왔다.
적의 정체가 정확히 무엇인지는 전승마다 다르다. 어떤 전설에서는 고려
말의 왜구라고 하고, 다른 전설에서는 임진왜란 때의 일본군이나 혹은 병
자호란 때의 청나라 군대라고도 한다.

개인적인 추측이지만, 묵신우가 싸운 적은 최소한 병자호란의 청나라 군
대는 아닐 것이다. 병자호란 당시 청나라 군대는 경상남도까지 쳐들어오지
않았기 때문이다. 묵신우가 싸운 적의 정체는 고려 말의 왜구가 아니면 임
진왜란 무렵의 일본군이었을 것 같다. 만약 묵신우가 임진왜란 때 활동한
사람이고 공훈을 쌓은 장수라면 그 이름이 《조선왕조실록》이나 《징비록》
같은 조선 시대 문헌에 등장할 법하지만 그런 흔적을 찾을 수 없다. 따라서
묵신우라는 전설적인 영웅의 기원은 아무래도 나라가 매우 혼란스러웠던
고려 말 왜구에 맞선 현지의 인물이 아닐까 추측한다.

여하튼 묵신우는 3000명의 병사를 거느리고 수많은 왜구와 맞서 싸웠
다. 당시 묵신우한테는 혜성(慧聖)이라는 승려가 있었는데, 그는 뛰어난 지
략을 지닌 참모로 묵신우와 군사들을 크게 도와주었다고 한다. 혜성의 도

움을 받아 묵신우는 먼저 성을 튼튼히 쌓고, 왜구들의 공격을 끝까지 막아 내도록 병사들에게 지시한 다음, 자신은 대량의 불화살을 준비했다. 묵신 우는 한 달 동안 왜구의 공격을 막아내며 그들을 지치게 한 다음 불화살을 가지고 하늘로 올라가 왜구를 향해 쏘아댔다.

사납고 난폭하기로 악명이 높은 왜구였지만, 오랜 전투로 지친 상태에 하늘에서 퍼붓는 불화살 공격까지 막아낼 도리가 없어 신의 도움을 받는 군대라는 말을 남기고 달아났다.

그 이후 묵신우와 혜성이 어떻게 되었는지는 전설에 언급되어 있지 않아 서 알 수 없다. 적어도 묵신우가 임진왜란의 의병자들처럼 모함을 받아 비 참하게 죽었다는 전승은 없으니, 아마도 편안한 삶을 살면서 민중의 기억 속에서 조용히 사라졌던 모양이다.

036 새로운 세상을 연다는 정도령의 정체는?

　조선 시대에 나돈 저자와 연대를 알 수 없는 예언서인 《정감록(鄭鑑錄)》을 보면 장차 '정도령(鄭道令)'이라는 구세주가 등장하여 부패한 조선왕조를 무너뜨리고 살기 좋은 새로운 세상을 연다고 적혀 있다.

　정도령은 글자 그대로 '정씨 성을 가진 도령'을 뜻한다. 도령을 어린 소년으로 해석하는 주장도 있으나, 본래 도령이라는 말은 젊은 청년을 높여 부르는 호칭이니, 정도령이란 '정씨 성을 가진 젊은이'라고 해석해야 옳다.

　구세주를 왜 젊은이라고 설정했을까? 아무래도 새로운 세상을 열 사람은 그만큼 새롭고 활기찬 힘이 넘치는 젊은이여야 어울린다고 생각해서 도령이라고 설정한 것 같다.

　한편 구세주인 정도령은 왜 하필 정씨였을까? 여기에는 조선의 역사와 관련된 어두운 비밀이 숨겨져 있다. 조선 왕조에 맞서 고려를 지키려다가 죽은 충신 정몽주나 조선을 세운 천재였으나 태종 이방원과 사이가 나빠서 죽임을 당한 정도전, 그 밖에도 조선 시대 최고의 역모 사건이었던 정여립의 난을 기획한 정여립같이, 대체로 조선 시대 내내 왕조와 싸웠던 충신과 혁명가와 반란자들 가운데 정씨 성을 쓰는 사람이 많았다. 그러니 조선을 무너뜨리고 새로운 나라를 세울 사람은 정씨 성을 가진 사람이어야 적합하다는 인식이 조선 시대 사람들한테 자연스레 퍼지지 않았을까?

최근 일부 주장에 의하면 정도령은 명나라가 망한 후에 대만으로 달아나 청나라에 맞서 명나라를 다시 일으키려 한 정성공(鄭成功, 1624~1662)이라고 한다. 하지만 이 주장에 찬성하기 어렵다. 정성공이 반청복명 활동으로 유명해진 때는 아무리 이르게 잡아야 명나라가 망하고 나서 그가 무장 투쟁을 벌인 1647년 이후부터인데, 정씨 성을 가진 사람이 조선을 뒤엎고 새로운 왕이 된다는 식의 소문은 그보다 16년 앞선 1631년부터 《조선왕조실록》에 기록되었다.

1631년 2월 3일자 《인조실록》 기사에 의하면 옥천에 사는 권대진이라는 자가 예언을 믿고 모반을 일으켰는데, 그와 한패인 권락과 권계 등은 '영남의 정(鄭)씨 성을 가진 사람은 생김새가 기이하고 두 어깨에 해와 달의 모양이 있는데, 이 사람을 추대하여 왕으로 삼을 것이다. 이 사람은 가야산 아래에 사는데, 이름은 한(澣)이고, 나이는 임오생(壬吾生)이다'라는 말을 남겼다고 한다.

역시 권대진과 한패인 양천식은 '기미년 사이에 지리산에 가서 글을 읽던 중 어느 날 기이한 사람을 보게 되었다. 성은 정(鄭)이고 이름은 한(澣)이라고 하는데, 이 사람은 과연 새로운 도읍의 주인이 될 만하였다'라면서 장차 충청도의 계룡산을 새 도읍으로 정하려 했다는 것이다.

아울러 정씨 성을 가진 인물이 군사를 기르고 반란을 일으켜 조선 왕조를 뒤엎으려 한다는 이야기 자체는 1589년 정여립의 난 때, 정여립을 두고 나온 말이었다. 1589년이면 정성공은 세상에 태어나기도 전의 일이다. 즉 정성공이 반청복명을 내걸고 전쟁을 벌이기 이전부터 조선인들은 정씨 성을 가진 구세주의 존재를 만들어냈던 것이다.

한편 먼 바다의 섬에 살면서 군사를 길러 장차 조선을 공격해 새로운 세상을 일으킨다는 해도진인(海嶋眞人), 해상진인(海上眞人)이 사실은 정성공을 가리킨다는 주장에도 동의하기 어렵다. 해상진인 소문을 보면 울릉도 건너편의 섬에 많은 군사들을 거느린다는 내용도 있는데, 정성공의 근거지인 대만과 울릉도는 거리가 멀리 떨어져 있을뿐더러, 위치도 전혀 다르다. 설마하니 조선인들이 울릉도가 대만과 가깝다고 생각했을까? 해상진인, 해도진인은 현실에 없는 이상향이나 혹은 사람의 손길이 닿지 않은 낙원을 비유적으로 표현한 대목이라고 봐야 할 것이다.

물론 정성공의 존재가 해상진인이나 해도진인 전설에 영향을 주었을 수는 있다. 그러나 그렇다고 정도령 자체가 정성공의 또 다른 이름에 불과하다고 주장하는 것은 지나친 확대 해석이자 논리 비약이라고 할 수 있다.

아무튼 《정감록》에 의하면 조선은 500년을 존속한 이후 망하고, 그 뒤에 정도령이 지금의 충청남도 계룡산에 도읍을 정하고 새로운 나라를 세워 800년 동안 평화롭게 다스린다고 한다.

이런 정도령의 이야기는 조선 백성에게 무척 매혹적이었던지, 정여립의 난 이후로 반란자나 혁명가들은 자신이야말로 조선을 무너뜨리고 새로운 나라를 세울 정도령이라고 주장했다. 물론 그들 중 누구도 정도령이 되지는 못했지만, 정도령이라는 구세주의 존재 자체는 조선이 망한 이후에도 계속 기억에 남았다.

심지어 1992년 대통령 선거 때 정몽준 현대 그룹 회장조차 성이 정씨라서 정도령이라고 내세웠을 정도였다. 왕정이 끝나고 민주정이 시작되어도 구세주를 원하는 사람이 여전히 있었던 모양이다.

037 금강산의 승려가 된 일본군 병사

　조선 말의 야담집인 《청구야담》에 이런 이야기가 실려 있다. 현종 임금 때 안동 부사와 가선대부를 지낸 맹주서(孟胄瑞)가 금강산에 올라간 적이 있었다. 산 깊은 곳에 암자가 하나 있었는데 그곳에 늙은 승려가 살았다. 나이가 족히 100세는 된 듯하나 건강하고 정신도 맑아 사람을 대하는데 아무런 문제가 없었다.

　맹주서는 암자에 며칠 머물렀는데, 어느 날 그 승려가 상좌승을 불러서 "내일은 내 스승의 제삿날이니 준비를 하라"라고 지시를 내렸다. 그러고는 새벽에 제사를 지내는데 늙은 승려가 슬퍼하며 울기에, 맹주서가 이상하게 여겨 "스님을 가르친 스승님이 누구이며 무슨 이유로 이리 슬퍼하십니까?" 하고 묻자, 승려가 놀라운 대답을 했다.

　"소승은 본래 임진년 이전, 일본이 조선을 침범하기 위해 보낸 8명의 첩자 중 한 명이었소. 다른 동료들과 함께 일본에서 미리 조선말을 배웠고, 조선 승려의 복장을 하고서 조선으로 침투했소이다.

　약 열흘간 일행과 함께 조선을 염탐하던 도중 조선 선비 한 명이 황소를 탄 채로 우리 앞에 가까이 오는 모습이 보였소. 그때 함께 간 첩자 중 한 명이 연일 굶주려 배가 고프니 저 선비를 죽이고 그가 탄 소를 잡아먹어 배를 채우자고 하며 선비에게 달려들더이다.

그러자 그 선비는 분노하여 '너희는 왜국의 간첩이니 모조리 죽어 마땅하다'라고 외치면서 귀신같이 다리를 날리고 주먹을 휘두르며 우리 중 다섯의 머리를 부수고 사지를 부러뜨려 죽였소이다. 소승을 포함한 세 명은 살아남아 땅에 엎드려 살려달라고 빌었고, 그 선비는 우리를 자기 집으로 데려갔소. 그러고는 '너희는 항복했으니 해치지 않겠다. 나중에 왜군이 쳐들어오면 너희와 함께 군사를 일으켜 적을 막을 것이다. 그러면 너희도 이 나라에서 좋은 대우를 받으며 살 수 있다'라고 하면서 우리와 같이 먹고 자고 하였소.

그러던 어느 날 아침에 일어나 보니 선비가 온통 피투성이가 된 채 죽임을 당했더이다. 너무나 놀라서 어찌 된 일인지 두 명의 동료에게 영문을 물었소. 그들은 '저자가 우리의 동료를 죽였으니, 원수를 갚을 기회를 엿보다 이제야 원수를 갚았다'고 말했소.

소승은 그 소리를 듣고 화가 치밀어 올라 '우리가 저 선비 덕분에 목숨을 건져서 이렇게 살아남았는데, 어찌하여 이런 나쁜 짓을 하였느냐?' 하고 꾸짖으며 그 둘을 죽이고는 금강산에 들어와 이렇게 중이 된 거라오. 암자를 얻고 나이가 100여 세가 되었지만 아직도 스승의 재주와 뜻을 안타깝게 여겨서 슬픔이 크고, 그분이 돌아가신 날을 기려 지금까지 계속 제사를 지내고 있는 것이라오."

이 말을 듣고 난 맹주서는 늙은 승려에게 "혹시 검술을 잠깐 보여줄 수 있겠습니까?" 하고 물었다. 승려는 "늙고 몸이 쇠약해져 검술을 그만둔 지 오래되었으나, 보기 원한다면 며칠만 기다리시오. 그동안 몸에 어느 정도 힘이 되돌아올 것이오." 하고 대답했다.

며칠이 지났을 때 승려가 맹주서를 불렀다. 그는 열 그루의 잣나무 앞에 서서, 소매 속에 감춰둔 길이 두자 남짓한 칼 한 자루를 꺼내고는 그것을 들고서 하늘 높이 솟구쳐 올라 칼을 휘둘렀다. 마치 공중에서 번갯불이 일어나는 듯하더니 잣나무 잎이 비처럼 떨어졌다. 아래에서 그 모습을 보고 있던 맹주서는 너무도 놀라서 숨을 쉴 수 없을 지경이었다. 검술 시범을 마친 늙은 승려는 나무 아래로 내려와 가쁜 숨을 쉬며 "힘이 쇠약해져 젊었을 때만 못하군. 내가 젊었을 적에 이 나무 아래서 칼춤을 추면 잎이 가는 실처럼 베였는데, 이제는 온전한 잎이 많구나." 하고 중얼거렸다.

맹주서가 승려에게 "선사께서는 참으로 신기한 재주를 가지셨습니다!" 하고 감탄하자, 늙은 승려는 "소승은 얼마 후에 죽을 것인데 차마 재주를 썩힐 수가 없어서 그대에게 보여준 것이오"라고 겸손한 자세를 보였다.

'금강산 왜인 승려'에 대한 이야기는 주인공이 우리나라 사람이 아니라 외국인이라는 점에서 다소 특이한 경우에 속한다. 뛰어난 칼솜씨를 지닌 일본군 병사가 속세를 떠나 금강산으로 숨어든 이야기는 임진왜란 무렵 조선에 귀순한 일본군 병사들인 항왜(降倭)들의 사례에서 동기를 얻어 탄생한 듯하다.

금강산 암자에 살던 승려가 일본군 출신이었다는 설정이 약간 비현실적이라고 볼 수도 있으나, 임진왜란 와중에 항복하여 전쟁이 끝난 후에도 일본으로 돌아가지 않고 이 땅의 백성으로 남은 왜인은 꽤 많았다. 그러니 맹주서와 승려 이야기도 얼마든지 가능한 이야기라고 할 수 있을 것 같다.

4

악당

038 백정 출신의 대도적,
   임꺽정

임꺽정은 조선뿐 아니라 한국 역사를 통틀어 가장 유명한 도적이다. 그런데 임꺽정에 대한 인식은 '백정이었다가 신분 차별에 분노하여 도탄에 빠진 백성을 구해내기 위해 싸우는 의적' 정도에 머물러 있는 판국이다.

본래 임꺽정은 황해도에 살던 백정(白丁) 출신이었다. 백정이라고 하면 그저 소를 죽여 가죽을 벗기고 고기를 썰어 파는 사람들이라고만 알려져 있다. 하지만 조선 시대의 백정들은 평화롭게 살던 도축업자가 아니었다. 그들은 화척(禾尺)이나 재인(才人), 달달(韃靼)이라고도 불렸는데, 본래 조선인이 아니며(本非我類), 조선 땅에 살게 된 지가 500년 가까이 되었다고 하며, 조선인과 섞여 살지 않고 자기들끼리만 따로 모여서 산다고 했다(1456년 3월 28일자《세조실록》직제학 양성지의 상소).

양성지가 언급한 '달달'은 거란족과 여진족과 몽골족 같은 북방 유목민족을 뜻하는 단어인 '타타르(Tatar)'의 한자 음역이다. 따라서 대략 10세기 중엽 고려로 넘어와 살던 거란족과 여진족 같은 유목민족이 바로 백정의 기원이라고 볼 수 있다.

재인과 화척, 즉 백정들은 한 곳에 정착하여 농사를 짓지 않고 이곳저곳으로 떠돌아다니면서 함께 모여 도적질을 하고 소와 말을 도살했다(1392년

9월 24일자《태조실록》도평의사사의 상언). 이들의 행태는 정착 생활을 거부하고 유랑 생활을 즐기면서 가축을 쳐서 먹고사는 영락없는 유목민의 삶이다.

그 밖에 백정들은 말을 잘 타고 활을 잘 쏘면서 사납고 용맹스러우며 (1491년 4월 23일자《성종실록》김영유의 상소), 조선 각 지역에서 강도와 살인 같은 흉악 범죄를 저지른 자들의 절반이 백정들(1451년 10월 17일《문종실록》안숭선의 상소)이었으며, 무리를 지은 도적이 되어 살인과 약탈을 일삼았다고도 전해진다(1514년 12월 16일자《중종실록》).

이러한 자료들을 모아서 추측건대, 조선 시대의 백정들이 백성들로부터 미움과 천대를 받은 이유는 그들이 본래 조선인이 아닌 이민족인 데다가 살인과 강도 같은 흉악 범죄를 저지르는 도적 떼에 가까웠기 때문이 아니었을까? 임꺽정 역시 본래부터 잔인한 도적이었을 가능성이 더 크다.

임꺽정의 활약상은 국가 공식 기록인《조선왕조실록》보다 야사인《기재잡기》에 더 자세하게 실려 있다.《기재잡기》에 의하면 임꺽정은 황해도 양주 출신의 백정으로 교활한 데다가 날쌔고 용맹스러웠으며, 자신을 따르는 자들과 함께 도적단을 만들어 백성의 집을 불사르고 말과 소를 닥치는 대로 빼앗으며, 저항하는 사람이 있으면 살점을 도려내고 팔과 다리를 찢어 죽이기까지 할 정도로 잔인하기가 그지없었다고 한다. 도저히 백성을 위하는 의적이라고는 생각할 수 없는 모습이다.

그런데 경기도와 황해도 일대의 아전(관아에서 일하는 하급 관리)과 백성들이 몰래 임꺽정과 내통하여 그에게 정보를 알려주는 바람에 관청에서 임꺽정을 잡으러 군사를 보내도 미리 도망을 가거나 역습을 하는 식으로 모면했다고 한다. 아마 임꺽정의 보복을 두려워한 사람들이나 약탈한 재물의 일부를 받아먹는 사람들이 대가로 한 일 덕분일 것이다.

임꺽정을 따르는 무리는 그 수가 대략 60여 명쯤 되었다. 이들은 특이하게도 말타기와 활쏘기에 능숙했다. 조정에서 장연(長淵)과 옹진(甕津)과 풍천(豊川) 등 네다섯 고을의 무관 및 수령으로 하여금 군사를 거느리고 가서 임꺽정을 토벌하라는 지시가 내려져 그들이 서흥(瑞興)에 모였는데, 임꺽정 일당이 말을 타고서 화살을 비처럼 쏘아대니 군사들이 놀라 도망치는 바람에 실패했다고 한다. 이를 미루어볼 때 임꺽정은 말을 타고 도적질을 하는 마적(馬賊)에 가까웠던 것 같다.

한번은 다른 도적 수십 명을 잡은 이력이 있는 이억근(李億根)이란 사람이 군사들을 거느리고 새벽에 임꺽정 일당이 머무르는 본거지를 포위했다가 오히려 그들이 쏘아대는 화살 7대를 맞고 죽어 실패한 사건도 있었다 (1559년 3월 27일자 《명종실록》). 이렇게 관군의 포위망을 역습해 무너뜨릴 만큼 임꺽정 일당은 강했다.

더구나 임꺽정 일당은 교활한 면모도 보였다. 금부도사처럼 변장하고 관아에 가서 군수를 불러내 죽이려고 했는가 하면, 미투리(짚신)를 거꾸로 신고 다녀 보는 군사들로 하여금 그들이 지나간 곳을 헷갈리게 하고서는 뒤에서 화살로 쏴 죽이는 속임수도 즐겨 사용했다.

이 밖에도 임꺽정의 아내가 관군에게 잡혀 감옥에 갇히자, 임꺽정 일당이 활과 도끼를 가지고 감옥을 습격해 부수고 그녀를 구출하려고 했다가 관군이 몰려오자 달아나는 사건도 있었다.

임꺽정 일당의 횡포가 절정에 달했을 때는 사람들이 그들을 두려워하여 황해도 일대 수백 리의 길이 끊어질 지경이었다고 전한다. 같은 패거리인 서림이 관군에게 붙잡히고 변절하여 정보를 누설하는 바람에 관군의 토벌로 임꺽정과 그 무리가 죽임을 당했지만, 500여 년이 지난 지금까지 이름이 전해질 만큼 임꺽정은 조선의 도적 중에서 가장 성공한(?) 인물이라고 할 수 있다.

039　2대에 걸쳐 활동한 도적, 장영기

　흔히 조선 시대의 도적이라고 하면 홍길동, 임꺽정, 장길산 같은 인물을 떠올리기 마련이다. 그러나 활약상으로 따지자면 그들보다 훨씬 강렬했던 도적이 있었으니, 예종과 성종의 치세인 2대에 걸쳐서 온 나라를 공포에 떨게 했던 장영기(張永己. ?~1470)가 그 경우다.

　전라남도 무안 출신인 장영기는 지리산를 본거지로 삼아 초가집 20채를 짓고 무뢰배 100여 명을 모아서 밤이면 패거리를 경상도와 전라도 각지로 보내 불을 지르고 약탈을 일삼았다. 도적들이 그렇듯이 장영기 또한 매우 잔인했다. 길 가는 사람을 만나면 곧바로 죽이고 물건을 빼앗기 일쑤였다. 처음에는 밤에만 도적질을 하다가 세력이 커지자 낮에도 거리낌 없이 도적질을 일삼았으며, 저항하는 자가 있으면 즉각 죽여버렸다. 이러자 사람들은 장영기 무리가 오는 것을 보면, 집에 있는 재물을 모조리 갖다 바쳐서라도 목숨을 보전하려고 했다. 이로 인해 장영기의 옷차림은 재상과 비슷할 정도로 사치스러웠다.

　장영기의 무리에는 남자만이 아니라 여자들도 포함되어 있었다. 1469년 11월 10일자 《예종실록》에 의하면 장영기 패거리는 67명인데, 그중 42명은 도적의 아내와 자녀라고 한다. 그들이 도적질하기 전부터 아내와 자녀가 있었는지 아니면 도적질한 이후에 여기저기서 납치한 여자들과의 사이에서 자녀를 낳았는지는 알 수 없다. 다만 예종이 장영기 무리 가운데 여자와 아이들을 해치지 못하도록 지시한 것으로 보아서, 그들은 장영기 무리에게 강제로 끌려다닌 피해자 정도로 간주한 듯하다.

도적 집단을 이끈 장영기는 보통 사람보다 힘과 용기가 뛰어났고, 꾀가 많았다. 또한 행동이 하도 재빨라 어디서 와서 어디로 가는지를 알 수가 없었다. 장영기 일당은 보통 육지에서 노략질을 하다가 관군이 많이 몰려오면 재빨리 바다를 건너서 섬으로 도망쳐 숨어버렸다. 이 때문에 관군들은 장영기 일당을 좀처럼 제압하지 못했다.

전라도 절도사(節度使) 허종(許琮) 또한 관군을 거느리고 여러 차례 그들과 싸웠으나, 제대로 이기지 못해서 장영기를 마치 호랑이처럼 두려워했다. 장흥 부사(長興府使) 김순신(金舜臣)이 군사를 동원해 장영기 일당을 포위하고 섬멸하려 했다가, 장영기 패거리가 쏜 화살을 가슴에 맞고 크게 다치는 바람에 군사들이 당황했고, 그 틈을 이용해 장영기 일당이 관군의 포위망을 뚫고 달아나버린 일도 있었다.

내금위(內禁衛)의 선상근(宣尙謹)이란 사람은 장영기를 체포하러 쫓아다니다가 휘장을 치고 뚜껑을 덮은 가마를 멘 사람들을 만났다. 가마를 멘 사람들은 자신들이 진주 목사(晉州牧使)의 부인을 데리고 있다고 말했지만, 선상근은 그들을 도적으로 여겨 체포하려고 했다. 그러자 가마꾼들은 곧바로 태도를 바꿔 선상근을 죽이고 그의 머리를 잘라서 가져갔다. 선상근의 추측대로 그들은 도적이 맞았던 것이다. 도적 무리가 진주 목사의 부인이라고 우겼던 여자는 그들이 거느린 아내 중 한 명인 듯하다.

그런가 하면 전라남도 함평에 사는 좌랑(佐郞) 벼슬을 지낸 송씨(宋氏)라는 사람이 딸의 결혼식을 치르려고 했는데, 결혼식을 올리기 며칠 전에 장영기 일당이 쳐들어와서 딸을 납치해가는 사건도 있었다.

이렇듯 장영기 일당이 미친 듯이 날뛰자, 경상도와 전라도 일대에서는 장영기에게 납치당하거나 약탈을 당할까 봐 두려워서 길을 다니는 사람들의 흔적이 끊어질 지경이었다.

장영기 패거리의 악명은 조정에까지 알려졌고, 1469년 10월 23일자《예종실록》을 보면 이들 도적단의 처리에 대해 예종과 대신들이 심각하게 논의하여 대책을 내놓았음을 알 수 있다. 장영기를 사로잡은 군인과 백성에겐 상으로 벼슬을 3단계씩 올려주거나 상으로 면포(綿布) 100필을 주고, 노비가 잡으면 노비 신분에서 해방시켜주며, 장영기 무리 가운데 관군에게 협조하는 자는 그의 죄를 사면하고 보통 사람과 똑같이 포상한다는 실로 파격적인 내용이었다.

예종이 죽고 난 뒤에 즉위한 성종도 장영기 토벌에 큰 관심을 기울였다. 1469년 12월 21일자《성종실록》에 의하면 성종은 "장영기 일당과 싸울 때 목숨을 잃은 군사에게는 장례식과 제사를 지내주고, 그 가족에게는 세금을 면제해주라." 하고 명령을 내렸다.

이렇듯 국가 공권력에 맞서 싸우던 장영기는 해가 바뀐 1470년, 마침내 김순신이 이끈 관군의 토벌을 받아 죽임을 당했다. 그의 시체는 목이 잘린 채로 조선 8도를 돌며 구경거리가 되었다(1470년 2월 9일《성종실록》). 한때나마 나라를 공포에 떨게 했던 범죄 집단의 두목에게 어울리는 비참한 최후라 하겠다.

040 갑옷을 입고
활을 당긴 도적

성종 임금이 다스린 시절의 조선은 가장 태평스러운 때라고 알려져 있다. 하지만 사실을 알고 보면 그렇지만도 않다. 성종 임금의 치세에 살인과 강도로 악명을 떨친 도적 김일동(金一同)이 버젓이 활동했기 때문이다.

김일동의 이름은 1489년 11월 13일자《성종일기》기사에서 처음으로 언급된다. 황해도 관찰사(觀察使)인 김극검(金克儉)이 성종 임금에게 "황해도의 강도인 김일동과 그를 따르는 도적이 떼를 지어 약탈하여 신계현(新溪縣)의 감옥에 가두었는데, 김일동이 그의 무리 10여 명과 감옥의 문을 열고서 모두 도망쳤습니다"라고 보고해온 것이다.

8일 후인 1489년 11월 21일자《성종일기》기사에서 체찰사 이철견(李鐵堅)은 성종 임금에게 "김일동의 어머니와 아내를 잡아다가 황해도 해주(海州)의 감옥에 가두고 그들이 훔친 물건은 재령(載寧)에 두었습니다. 한데 김일동 무리가 밤중에 재령으로 몰려와서는 갑옷을 입은 채로 관아를 향해 활을 쏘면서 '우리의 장물을 돌려주지 않으면 모두 죽인다'라고 협박하자, 겁을 먹은 김극검은 부엌 밑에 숨었고, 고을 관리들이 장물을 돌려주며 제발 물러가라고 애걸하자 그제야 김일동 무리가 떠났습니다"라는 내용의 보고서를 올렸다. 그 뒤에 이철견의 부하인 종사관 홍자아(洪自阿)는 "김일동이 도둑질을 해온 지가 7년이나 지났지만, 사람들이 겁을 먹고 고발을 하지 못합니다"라고 말했다.

보통 도적은 물건을 훔치는 도둑질이 주된 목적이므로 빨리 달아날 수 있도록 몸을 가볍게 하기 마련이다. 그런데 김일동 무리는 갑옷을 입고 활을 쏘며 나타났다고 하니 무척 흥미롭다. 그 갑옷은 아마도 조선 시대 병사들이 가슴과 배를 보호하기 위해 입던 엄심갑이 아닐까 싶다. 갑옷을 입은 도적은 조선 시대에 매우 보기 드문 경우에 속한다. 여러 정황을 볼 때 김일동은 군사였다가 불만을 품고 탈영하여 도적이 된 것은 아닐지?

한편 김일동이 붙잡힌 어머니와 아내를 돌려달라는 말은 하지 않고, 자기들이 훔친 장물을 돌려주지 않으면 모두 죽이겠다고 한 점도 눈길을 끈다. 이기적이고 포악한 도적이라 가족보다 재물을 더 중시했던 모양이다.

1489년 12월 4일자 《성종일기》 기사를 보면, "김일동이 관군에 맞서 싸워서, 수안 군수(遂安郡守) 김귀정(金貴汀)은 몸에 몇 군데 상처를 입고 관군도 죽은 자가 있으니, 아마도 쉽게 잡지 못할 듯합니다"라는 내용이 있다.

4일 후인 1489년 12월 8일자 《성종일기》 기사에는 금제사(擒制使) 이계동(李季소)이 봉산 군수와 함께 봉산(鳳山) 동쪽 구질보지산(仇叱甫只山)으로 가서 김일동을 잡으려 했는데, 험한 산꼭대기에 올라가 진을 치고 있어서 관군이 그들을 잡으러 올라가자 김일동 무리가 돌을 던지고 화살을 쏘면서 나타났고 숨기를 반복하다가 언덕을 뛰어서 재빨리 도망쳐버리는 바람에 놓쳤다는 내용이 실려 있다. 아울러 김일동 무리는 이계동이 미리 산기슭에 엎드려서 매복을 시켰던 군사 주효문(朱孝文)의 말을 빼앗아가는 대담함도 보였다.

관군이 김일동의 패거리인 윤산(閏山)을 붙잡은 것이 유일한 성과였다. 관군에게 붙잡힌 윤산은 "김일동 무리에서 진짜 우두머리는 김경의(金京儀)이고, 김일동은 그다음의 2인자에 불과하며, 서열 3위는 박중금(朴仲金)이

며, 서열 4위가 바로 나다"라고 털어놓았다. 또한 윤산은 "김일동 무리는
나까지 포함해 고작 4명에 불과하다"라고 했으나, 당시 체포되어 한양에
갇힌 김일동의 무리가 이미 47명이나 되었으니, 윤산의 말은 김일동에 대
한 추격을 중단시키려는 얄팍한 수작에 불과했다.

6일 후인 1489년 12월 14일에는 수안군(遂安郡)에서 자랐다는 내금위(內
禁衛) 이현손(李賢孫)이 김일동의 얼굴을 안다며 그를 체포하겠다고 제안했
지만, 그 역시 김일동을 잡지는 못했다.

그 후의 《성종실록》 기사들을 보면, 김일동 무리가 대부분 사로잡히고
남은 잔당이 굶주림과 추위에 떨고 있다거나(1489년 12월 21일), 김일동 무리
한테 하룻밤 잠을 재워주거나 한 끼 밥을 준 사람들은 협박에 못 이겨 그랬
으니 처벌하지 말라(1489년 12월 27일)는 내용이 언급된다.

김일동이 언제 어디서 관군에게 체포당했다는 말은 끝내 실록에 나오지
않는다. 이로 추측하건대, 관군의 수색과 포위를 뚫고 달아나 숨는 데 성공
한 모양이다. 임꺽정을 비롯하여 조선 시대에 악명을 떨친 도적 대부분이
관군에 체포되어 죽은 것을 생각한다면, 그는 운이 좋았다고 해야 할까, 능
력이 좋았다고 해야 할까?

041 임진왜란 시기의 도적들

　우리 역사에서 임진왜란이라고 하면 으레 1592년부터 1598년까지 7년 동안 조선이 일본과 전 국력을 기울여 하루도 쉬지 않고 총력전을 벌인 때라고만 알고 있다. 그러나 조선과 일본이 치열하게 전쟁을 벌인 때는 1592년 4월 13일에서 1593년 8월까지와 1597년 8월 27일부터 1598년 12월 16일까지의 정유재란이었다. 그 사이의 빈 기간인 1593년 8월 이후부터 1597년 8월 27일까지 조선은 일본과 휴전 상태에 있었다.

　이 기간에 조정은 일본군 못지않게 위협적인 적들과 싸워야 했는데, 그들은 바로 전국 각지에서 일어난 도적 떼였다. 임진왜란 와중에 조선을 혼란에 빠뜨린 도적 떼에 관해서는 국가 공식 기록인 《선조수정실록》과 이긍익이 개인적으로 편찬한 책인 《연려실기술》에서 다루고 있다. 먼저 《선조수정실록》의 1594년 12월 1일자 기사를 보면 전라도와 경상도와 경기도에서 도적들이 일어났는데, 광주와 이천 및 지리산으로부터 남원의 회문산과 장성 노령 등 수십 개 군(郡)의 산골이 모두 그들의 소굴이 되었다고 한다. 도적들의 기세가 한때 굉장히 거셌다는 사실을 알 수 있다.

　도적들을 이끈 두목들의 이름은 김희(金希), 강대수(姜大水), 고파(高波), 현몽(玄夢), 이능(李能)이라고 했다. 그들은 제각기 활동한 것이 아니라 협력

하여 도적질을 벌였다. 이로 인해 관군이 토벌에 실패하자 도적 괴수들을 죽이면 현상금을 준다는 식으로 내부 분열을 유도했다. 그리하여 이능은 자기 패거리한테 죽임을 당하고, 가장 사나운 도적이었던 현몽의 패거리는 관군에게 항복하거나 도망쳤고, 현몽 자신도 도망쳐 사라졌다.

《선조수정실록》의 기록은 이 정도이나 《연려실기술》의 기록은 보다 자세하다. 《연려실기술》에 의하면 양주에는 이능수(李能水, 이능?)가 있었고, 이천에는 현몽(玄夢)이 있었으며, 대략 1594년 여름부터 이 도적 떼가 조선 각지를 휩쓸었는데, 그 규모가 적게는 1000명에서 많게는 1만 명이나 되었다고 한다. 이들은 낮과 밤을 가리지 않고 도적질을 일삼았는데, 그 기세가 워낙 강해서 관아에서도 막지 못했다.

이 도적 중에서 남원의 김희(金希)와 영남의 임걸년(林傑年)의 세력이 강했다. 이들을 진압하기 위해 조선 조정은 임진왜란에서 활약한 장수인 전라 병사 김응서(金應瑞)와 상주 목사 정기룡(鄭起龍) 등을 동원했다. 1594년 8월에 정기룡이 이복(李福)이라는 도적의 목을 베자 그 무리가 김희에게로 몰려갔다.

김희와는 다르게 남원에서 활동하던 도적인 고파(高波)는 무리를 거느리고 몰래 이교점(梨橋店)으로 왔다. 이때 주민의 고발로 출동한 판관 김류(金瑠)가 400명의 군사를 동원하여 이교점을 덮쳤다. 그런데 고파 일당은 놀라지 않고 태연하게 밥을 지어 먹고 활을 힘껏 당기어 관군에게 쏘아대니 관군이 무너져 달아났고 김류도 물러났다. 관군의 공격을 받고도 동요하지 않고 반격했다는 기록을 볼 때 이들은 규율이 잘 갖춰져 있을 뿐 아니라 전투력이 무척 뛰어났던 모양이다. 고파 일당은 김류가 돌아가는 길에 먼저 가서 매복했다가 그가 오기를 기다려 일시에 활을 쏘아 김류의 말안장을 맞혔다. 김류는 말을 달려 간신히 도망쳤다.

한편 김희와 강대수와 고파는 협력해서 도적질을 일삼았다. 운봉 현감

남간(南侃)이 정기룡에게 이 사실을 알려주자, 정기룡이 군사 300여 명을 거느리고 운봉으로 달려왔다. 도적들은 술자리를 벌이며 대대적으로 모여 있었는데, 그 틈을 타서 정기룡이 토벌하려 했으나 실패하고 말았다. 놀랍게도 정기룡이 거느린 관리와 병사의 절반이 도적이었기 때문이었다. 관원으로 위장해 섞여 들어간 도적들 때문에 정기룡의 계획은 사전에 죄다 알려졌다. 덕분에 도적들은 밤새도록 즐겁게 풍악을 울리면서 놀다가 해가 뜰 무렵 갑자기 고함을 지르면서 포위망을 뚫으니 관군은 혼비백산하여 달아났고, 그러는 사이에 도적들은 천천히 달아나는 여유까지 부렸다.

게다가 임걸년은 지리산에 있는 절을 모조리 약탈했다. 임실(任實)에서 노략질하며 활개 치던 도적들에게 관군은 번번이 패배했다. 고전하던 관군은 산에 불을 지르고 나무를 베어내면서 산을 동서남북에서 포위하는 방식으로 도적들을 굶주리게 한 다음, 몰아붙이는 방식으로 겨우 제압할 수 있었다. 해가 바뀐 1595년 봄에 경상도의 관군이 김희와 강대수를 토벌하여 죽였다. 고파 또한 장성의 주민에게 죽임을 당하면서 마침내 도적들 때문에 막혀 있던 길이 열리게 되었다.

임진왜란 시기에 생겨난 도적들이 관군의 공세에 꽤 치열하게 저항하거나 반격했다는 사실은 무척 흥미롭다. 관군에서 도적 떼로 흘러 들어간 사람들이 있었기에 규율과 전투력이 강해져서 관군과 대결하려 한 것은 아니었을까?

광해군 때의
마적들

　　광해군(光海君)이 왕위에 있던 1608년부터 1623년까지 조선은 나라 안으로 빈번한 역모 사건과 나라 밖으로 북방에서 새로 일어난 후금의 위협에 시달리느라 사회가 무척 혼란스러웠다. 이러한 틈을 노려 조선 각지에 도적이 들끓었다.

　　1609년 8월 25일자 《광해군일기》의 기사를 보면 다음과 같은 내용이 나온다. 경기도 용인(龍仁)에 사는 향화인(向化人, 조선에 귀화한 외국인)들이 소란을 피운다는 것인데, 기사를 보면 박길상(朴吉祥)이 이끄는 80여 명의 남자와 여자가 포함된 향화인이 용인 고을 5리 안에 있는 장터의 큰길가에 7~8년 동안 살았다. 박길상은 부하 16~18명을 거느리고 말을 타거나 걸으면서 활과 화살 및 긴 칼과 몽둥이를 무기로 삼아 집단으로 지나가는 사람들을 쫓아가 물건을 빼앗는 도적질을 일삼았다고 한다.

　　또한 향화인들은 읍내의 땅을 원래 주인들한테서 빼앗아 농사를 짓거나 곡식을 마구 베어 가는가 하면, 자신들이 키우는 소와 말들을 멋대로 풀어서 그 가축들이 남의 땅에 들어가 곡식을 먹어치우도록 내버려 두는 식의 행패도 저질렀다. 이를 견디지 못한 백성이 관청에 알려 고발하면, 관청에서 향화인들에게 사람을 보내 관아로 나오라고 하는데, 문제는 관청의 명을 알리려고 온 사람한테까지 향화인들이 마구 때리며 행패를 부린다는 것이었다. 이토록 향화인들이 깽판을 치다 보니, 마을 주민이 그들을 두려워하여 집 밖으로 나가는 것도 꺼릴 정도였다.

향화인들의 포악함을 보고받은 광해군은 그들을 향화호인(向化胡人)이라고 불렀는데, 여기서 언급된 호(胡)는 오랑캐(이민족)를 가리키는 말로 조선 시대에는 주로 여진족을 뜻했다. 즉 박길상을 포함한 향화인들은 이름을 조선식으로 받았어도 본래 거칠고 사납게 살아가던 여진족의 풍습을 버리지 못하고 조선 땅에서 그들이 원래 하던 대로 살려고 했던 것이다.

광해군은 이들 향화인들의 세력이 커지면 더 행패를 부릴까 봐 걱정이 된다면서 그들을 육지에서 멀리 떨어진 바다 가운데 섬으로 보내서 더는 백성에게 피해를 주지 못하도록 하는 조치를 취했다.

그런가 하면 국가 공식 기록인 《조선왕조실록》에는 없지만, 조선 후기의 학자인 이긍익이 편찬한 책인 《연려실기술》에는 백마적(白馬賊)이라는 흥미로운 모습을 한 도적 집단이 등장한다.

《연려실기술》이 인용한 책인 《일월록(日月錄)》에 의하면 1617년 겨울 경상도 서쪽에 도적 떼가 나타났는데, 그들은 삼베로 말이 입는 옷을 만들어서 밤에 다닐 때 그것을 말에게 씌웠기 때문에, 마치 하얀 말을 타고 다니는 것처럼 보여서 '백마적'이라는 이름이 붙었다고 한다.

조선 시대에 말을 타고 도적질을 하는 임꺽정이나 장길산 등이 있기에 그리 놀라울 것은 없다. 그러나 마적 중에서 말에다가 삼베옷을 입혀서 다닌 집단은 이 백마적이 유일할 것이다. 무엇 때문이었을까? 중세 유럽의 기사들처럼 말을 화살 같은 공격으로부터 보호하기 위해서는 아니었을까? 그렇다면 왜 하필 밤중에 다닐 때 하얀 삼베옷을 말한테 입혔는지 이해하기 어렵다. 어두운 밤에 도적질하러 다닐 때, 다른 동료와 자신을 쉽게 드러내어 길을 잃어버리지 않게 하기 위함은 아니었을까? 그렇다면 관군이

나 포졸들 눈에 쉽게 띌 텐데, 이런 점은 염두에 두지 않았던 것일까? 추측건대 말을 탄 도적들이니 들킨다고 해도 재빨리 달아나면 된다고 생각했을지 모른다.

백마적을 이끄는 두목은 이경기(李慶基)였다. 경상북도 영주(榮州)의 군수인 조찬한(趙纘韓)이 이경기를 붙잡아서 감옥에 가두었는데, 남은 백마적의 무리가 감옥을 습격해서 옥문을 부수고 이경기를 구출해서 함께 달아났다. 평범한 도적 같으면 두목이 잡혔을 경우 자기들만 살겠다고 도망가기 십상인데, 붙잡힌 두목을 구하러 감옥을 습격해 부수는 대담한 일을 벌인 것을 보면 백마적은 상당한 결속력과 규율을 갖춘 집단이었던 듯하다.

조찬한은 이경기를 놓친 죄로 1617년 10월 파직되어 한양으로 끌려왔으나, 광해군에 의해 충청도와 경상도와 전라도의 모든 도적을 체포하는 벼슬인 삼도토포사(三道討捕使)에 임명된다. 이후 충청남도 직산(稷山)에서 이경기는 다시 조찬한에게 붙잡혔다. 그 뒤로 기록이 더 없는 것으로 보아 이경기는 아마도 조찬한에 의해 처형당한 것으로 보인다.

한국의 판타지 세계를 만드는 작가라면, 하얀 삼베를 말에 걸치고 밤중에 도적질하러 다니는 백마적이란 집단에 대해 다뤄보는 것도 무척 흥미로울 듯하다.

043 남원의 비밀 조직, 살인계

전라북도 남원(南原)은 양반 귀공자 이몽룡과 절개를 지킨 기생 춘향(春香)과의 아름다운 사랑 이야기를 담은 판소리 〈춘향가〉의 무대로 널리 알려져 있다. 그러나 남원에는 이런 아름다운 이야기와 정반대되는 어둡고 잔혹한 이야기도 있다. 조선 인조 무렵 남원에서 활동했던 비밀 조직인 살인계(殺人契)가 그것이다.

살인계에 관한 내용은 1628년 12월 18일 《인조실록》에 처음 언급된다. 윤운구(尹雲衢)라는 사람이 조직한 반란 사건을 다루면서, 그와 한패인 이유(李游)라는 자가 남원에서 당룡(倘龍)과 부용남(夫龍男) 등이 이끄는 살인계 수백 명과 손을 잡고 반란을 일으키려 한다는 보고서가 임금한테 올라왔던 것이다.

보고서를 받은 인조는 살인계 등 반란에 가담한 세력을 가리켜 '무뢰배'라고 불렀다. 그로 말미암아 보건대, 살인계는 오늘날 조직폭력배처럼 살인과 강도 행위를 저지르는 범죄 집단이었던 듯하다. 당룡과 부용남은 살인계의 두목이나 부두목 정도의 위치에 있었던 사람으로 보이며, 수백 명이 된다는 말에서 알 수 있듯이 살인계에 가담한 조직원이 최소한 100명이상은 되는 것 같다.

윤운구 반란 사건으로부터 1년 후인 1629년 9월 6일자 《인조실록》에 살인계가 다시 언급된다. 이 기사에 의하면 남원의 부사(府使, 지방 관리)인 송상인(宋象仁)이 살인계를 처벌하려 하다가 조상의 무덤이 모욕당하는 사건을 겪었다고 한다.

송상인은 남원에 부임한 후 주민들을 상대로 "살인계에 관한 제보를 받는다"라고 알려서 살인계에 대한 정보와 명단을 입수했다. 그 후 살인계 조직원 10명을 체포하여 처형하자 살인계가 송상인의 단속을 피해 도망치면서 보복으로 그의 조상 무덤을 파헤쳐버렸다는 것이다. 조상을 섬기는 효를 으뜸가는 미덕으로 여기던 조선 사회에서 무덤을 파헤치는 도굴은 매우 중대한 범죄였다. 그런데 그런 범죄를 서슴없이 저지를 만큼 살인계는 굉장히 잔혹한 조직이었다.

1630년 3월 23일자 《인조실록》에서 살인계가 또다시 언급된다. 전라도 병마절도사인 정응성(鄭應聖)이 인조에게 올린 보고서에 "남원은 풍속이 모질고 사나운데, 평소 살인계가 있다고 알려졌습니다. 그런데 이달에 구례현(求禮縣)의 민가에 도적 떼가 갑자기 들이닥쳐 사람을 죽였는데, 본부가 길목에서 기다렸다가 20여 명을 체포하였습니다"라는 내용을 적었다.

약 한 달 후인 1630년 4월 10일자 《인조실록》에 살인계가 네 번째로 언급된다. 1년 전 남원 부사였던 송상인(宋象仁)이 전라도 감사의 벼슬을 맡은 상태에서 인조에게 보고서를 올려 살인계에 대해 상세히 알렸다. 보고서에서 송상인은 "남원의 살인계가 예전보다 더욱 힘이 강해져서 사람을 죽이고 물건을 빼앗는 짓을 마구 저지르는데, 남원 인근의 고을 가운데 그 살인계가 없는 곳이 없습니다"라고 적었다.

그렇다고 송상인이 살인계를 가만히 보고만 있었던 무능한 관리는 아니었다. 그는 부사 박정(朴炡)과 중군(中軍) 김급(金級) 및 천총(千摠) 김상견(金尙堅) 같은 관리에게 용감하고 날랜 군사 70여 명을 주어서 살인계를 단속

하도록 했고, 25명의 살인계 조직원 체포에 성공했다.

지방에서 죄수를 처형할 때 원래는 임금에게 알리고 허락을 받은 다음에 하는 것이 법에 맞으나 그러는 사이에 다른 살인계 조직원들이 들이닥쳐 감옥을 부수고 두목들을 구출해 가면 애써서 한 체포가 아무런 쓸모가 없어질까 봐 할 수 없이 자기 뜻대로 두목들을 처형했다고 알렸다. 그 기사로 보건데 송상인이 체포한 살인계 조직원 중에서는 두목급도 있었던 모양이다. 송상인의 보고서가 전해지자 형조에서는 살인계를 체포하는 데 공을 세운 관리들에게 상을 줄 것을 제안했고 인조는 그 건의에 따랐다.

네 번째 기사를 끝으로 살인계는《조선왕조실록》에서 더는 언급되지 않는다. 그렇다고 살인계가 완전히 소멸했다고 생각하기는 어렵다. 대부분의 범죄 조직이 그러하듯이, 이름을 바꾸고 구성원들이 새로운 조직을 만들어 예전처럼 무뢰배 짓을 저지르며 살지 않았을까? 혹시 조선 후기의 유명한 범죄 조직인 검계가 이름을 바꾼 것이 살인계이거나 아니면 전직 살인계 조직원이 대거 포함된 새로운 살인계는 아니었을까?

〈춘향전〉처럼 아름다운 사랑 이야기로 널리 알려진 남원에 이렇게 무섭고 음험한 폭력 조직이 도사리고 있었다는 내용이 놀랍기만 하다.

044 조폭의 원조, 무뢰배와 검계

 불과 1990년대까지 한국 사회에서 조폭들은 납치와 폭행 같은 범죄를 저지르며 극성을 부렸다. 오죽했으면 1990년대 초, 어느 TV 방송국의 어린이 프로에서 어린이 참가자 한 명이 마이크를 잡고 조폭들을 향해 납치를 마구 저지를 만큼, 돈이 그렇게 중요하냐? 제발 범죄를 저지르지 말라고 부탁하는 말을 했을까?

 지금보다 훨씬 이전인 고려나 조선 시대에는 조폭 비슷한 범죄 집단이 없었을까? 물론 아니다. 사람 사는 곳은 어디나 비슷하다. 다른 점이 있다면 조폭이라는 말 대신, 무뢰배(無賴輩)나 악소(惡少) 및 검계(劍契)라는 이름으로 불렸을 뿐, 옛날에도 이 땅에 엄연히 범죄 조직은 활개를 치고 있었다.

 고려의 역사를 기록한 사서인 《고려사절요》에 의하면 1095년 7월, 중추원사(中樞院事)의 벼슬에 있던 이자의(李資義. ?~1095)란 사람이 날쌔고 용맹한 무뢰배를 모아서 말타기와 활쏘기를 일삼고, "지금의 임금은 병이 들어 언제 죽을지 모른다"라고 말하면서 반란을 일으키려고 했다가 죽임을 당한 일이 있었다.

 저기서 언급된 무뢰배는 특별히 하는 일이 없이 떠돌아다니면서 폭행이나 도둑질 등 나쁜 일을 저지르는 거친 범죄자들을 말하는데, 바로 오늘날 깡패를 떠올리면 된다. 그러니까 이자의는 깡패한테 무기를 나눠주고 군사 훈련을 시키면서 반란을 일으키려고 했던 것이다. 이 부분이 잘 이해가 안 간다면, 1950년대 한국에서 독재 정권과 손을 잡고 야당 정치인들한테 폭력을 행사했던 어용 깡패들을 떠올리면 된다.

이자의 말고도 폭력배들을 반란에 이용하려 했던 인물은 더 있었다. 2003년 KBS1 TV에서 방영된 드라마 〈무인시대〉를 통해 잘 알려진 무인 집권자인 이고(李高, 1124~1171)는 '악소'라고 불린 폭력배들을 불러들여 "내가 장차 큰일을 하려고 하는데, 만약 성공하면 너희 모두한테 높은 벼슬을 주마"라고 꼬드기며 반란을 준비했다. 여기서 이고가 말한 '큰일'이란 바로 왕을 없애고 자신이 왕이 되겠다는 대담한 음모를 뜻한다. 물론 이고의 반란 음모는 실패했고, 이고와 그를 따르던 악소 무리는 모두 죽고 만다.

반란 이외에도 고려 시대의 폭력배들은 부패한 권력자들과 손을 잡고 백성을 상대로 횡포를 부렸다. 한 예로 고려 무신 정권 시대에 국왕을 능가하는 최고 권력자였던 최우(崔瑀, 1166~1249)의 아들인 만종(萬宗)과 만전(萬全)은 무뢰배를 끌어들여 자신들의 부하로 삼고는 몽골군처럼 꾸민 말을 타고 경상도 각지를 돌아다니면서 백성에게 쌀 50만 석을 강제로 빌려주고는 가을이 되면, 무뢰배들을 보내 빌려준 쌀에 이자를 쳐서 몇 배로 뜯어냈다고 한다. 요즘 사회적으로 문제가 되고 있는 조폭이 결합된 사채업자 노릇을 고려 시대에 했던 것이다.

그러나 고려 시대에 폭력배들이 가장 악랄하게 날뛰었던 때는 충혜왕(忠惠王, 1330~1343)이 다스리던 시기였다. 충혜왕은 한국 역사상 최악의 폭군인데, 눈만 뜨면 하는 일이 술과 여자에 빠지거나 사냥을 나가는 식의 유흥뿐이었기 때문이다. 게다가 충혜왕은 어린 시절부터 '악소(폭력배)'들과 어울려 다니며 온갖 못된 짓을 일삼았다. 그런 그가 왕이 되자 악소들은 폭군의 측근이 되어 백성을 상대로 포악한 행패를 부렸다. 충혜왕은 한번 마음에 들어 한 여자는 누구든지 강제로 붙잡아 겁탈해야 만족했는데, 바로 이런 충혜왕의 만행에 악소들이 손발처럼 움직이며 적극적으로 협조했던 것이다. 결국 충혜왕은 그의 패악질을 보다 못한 원나라에 의해 왕위에서 쫓겨났고, 그를 따르던 악소들도 죽임을 당하거나 흩어져 달아났다.

하지만 고려 왕조가 무너지고 조선 왕조가 들어섰어도 폭력배는 사라지지 않았다. 그 이름만 검계 혹은 살략계(殺掠契)로 바뀌면서 존속한 것이다. 검계란 이름은 1684년 2월 12일자 《숙종실록》에 처음 언급되는데, 서로 습진(習陣), 즉 군사 대열을 짓는 훈련을 한다고 알려졌다. 또한 1684년 2월 18일자 《숙종실록》 기사에 의하면 감옥에 갇힌 검계의 조직원들은 칼로 살을 깎고 가슴을 베는 자해를 하면서 반항했다고 한다.

이 검계들은 글자 그대로 몸에 항상 칼을 가지고 다녔는데, 아마 칼집에 꽂으면 지팡이로도 사용되는 조선 시대의 칼인 창포검(菖蒲劍)인 듯하다. 아울러 검계에 가입하려면 반드시 몸에 칼자국이 있어야 했다. 이 때문에 영조 시절에 검계 소탕 작업으로 명성을 떨친 장붕익(張鵬翼, 1646~1735)은 몸에 칼자국이 난 검계 조직원을 붙잡아 모두 죽였다고 전해진다.

하지만 장붕익이 물러나자 검계는 다시 기승을 부렸다. 그들은 주로 술집이나 기생집 같은 유흥업소를 끼고 활동했는데, 업소들을 도둑으로부터 지켜준다며 보호비를 뜯으며 살았다. 마치 오늘날 조폭들이 술집이나 나이트클럽 같은 유흥업소 쪽과 관련하여 먹고사는 것과 유사하다.

영조의 생모인 숙빈 최씨의 이야기를 다룬 MBC 60부작 TV 드라마 〈동이〉에서 검계는 무척 중요한 설정으로 사용된 바 있다. 검계는 단순한 도적이나 무뢰배가 아니라 천민을 보호하는 세력으로 긍정적으로 묘사되며, 그 수장의 딸이 곧 숙빈 최씨가 되는 동이이기 때문이다. 역사 속에 등장하는 검계 같은 작은 소재에 상상력을 더한다면 재미있는 이야기를 얼마든지 만들어낼 수 있다는 좋은 사례이지 않을까 싶다.

045 5000명의 기병을 거느렸던 장길산

2004년 5월 17일, SBS TV에서 드라마 〈장길산〉을 방영했다. 드라마는 그해 11월 16일까지 방영되었는데, 같은 방송사에서 만든 드라마 〈임꺽정〉보다는 시청률이나 세간의 반응이 그리 좋지 못했지만, 그래도 홍길동 및 임꺽정과 더불어 조선 시대 3대 도적인 장길산을 주제로 한 최초의 TV 사극을 만들었다는 점에서 화젯거리가 되기는 했다.

실제로 장길산(張吉山. ?~?)은 조선 숙종 임금 시절에 활동한 유명한 도적이었다. 홍길동이나 임꺽정에 비하면 그리 유명하지 않았는데, 그 이유는 그의 활동 무대가 주로 평안도나 함경도 같은 변방이었기 때문이다.

1697년 1월 10일자 《숙종실록》 기사는 장길산에 대해 "극악한 도적 장길산이 여러 지역을 오가며 그를 따르는 무리가 매우 많으며, 10년이 넘도록 아직 잡히지 않았다"라는 식으로 매우 간략하게 서술하고 있다.

반면 조선 시대 활동한 범죄자들을 수사한 기록인 《추안급국안(推案及鞫案)》에는 상당히 자세한 내용이 적혀 있다. 장길산은 지금의 함경북도 경흥도호부(慶興都護府) 남쪽의 서수라(西水羅)나 평안북도 벽동군(碧潼郡)의 해천동(蟹川洞)에서 활동했다고 한다. 서수라는 현재 러시아 연해주와 국경을 마주한 곳이고, 벽동군은 중국과 마주한 압록강 유역의 지역이다. 두 곳 모두 조선의 북쪽 끝인 변방이라 할 수 있다.

그리고 《추안급국안》에는 장길산이 거느린 무리의 규모를 가리켜, '유마기오천보병천여(有馬騎伍千步兵千餘)'라고 기록했다. 글자 그대로 해석하면 5000필의 말과 1000여 명의 보병이 있었다는 뜻이다. 그런데 한자 '기(騎)'에는 단순히 말을 탄다는 뜻 이외에 말을 타고 싸우는 군사인 '기병(騎兵)'이라는 뜻도 있으니 "말을 탄 병사 5000명과 걸어 다니며 싸우는 보병 1000여 명이 있었다(유마기병오천有馬騎兵伍千)"라고 해석해야 자연스럽지 않을까?

그렇다 해도 의문은 남는다. 5000필이나 되는 말을 타고 다닐 병사가 과연 장길산에게 있었을까 하는 점이다. 장길산이 활동했던 곳은 조선의 북쪽 끝인 함경도이고, 함경도는 청나라와 국경이 맞닿은 곳이라서 조선인 이외에도 중국인 중에서 범죄를 저지르고 조선으로 도망쳐오거나 혹은 청나라와 조선 국경을 넘나드는 자도 많았을 것이다. 아울러 함경도는 조선 초기부터 뛰어난 기병의 산지였는데, 장길산이 활동하던 숙종 시절에는 조선 각지에서 흉년과 기근이 계속되어 군사 중에서도 탈영하는 자가 많았다. 그러니 먹고살기 위해 장길산의 수하로 들어가 노략질을 일삼은 것은 아니었을까?

한 가지 대담한 추리를 더 해볼 수도 있다. 조선 후기의 학자인 이익(李瀷, 1681~1763)은 그의 책인 《성호사설(星湖僿說)》에 장길산이 본래 재인(才人) 출신의 광대라고 적었다. 재인은 곧 조선 시대의 천민인 백정과 같은 집단이었다. 그런데 조선의 백정은 북쪽에서 내려온 몽골족과 여진족 같은 기마민족의 후손이었다. 그렇다면 장길산도 북방 기마민족의 후손이고, 그런 출신과 성장 환경 때문에 5000명이나 되는 많은 기마병을 거느리면서, 조정의 체포에 맞서 10년 동안이나 싸우며 끝내 잡히지 않은 채 한때 나라를 뒤엎으려는 반란 세력과 손을 잡을 만큼 위세를 떨친 것이었을지도 모른다.

물론 이 경우 한 가지 의문점이 생긴다. 장길산에게 정말로 5000명이나 되는 기마병이 있었다고 한다면 왜 그는 반란에 적극적으로 가담하여 조선을 멸망시키지 않고, 오히려 함경도 국경을 넘어 중국 청나라로 도망을 쳤을까?

가능성은 두 가지다. 첫째, 장길산이 거느린 병력의 수가 실제로는 5000명보다 적었는지 모른다. 둘째, 장길산의 무리가 단일 명령 체계로 단합되고 잘 조직된 것이 아니라 먹고살기 위한 방편으로 모인 자들의 무리여서 장길산이 그들을 이끌고 한양으로 쳐들어가는 일이 애초부터 불가능했을 수도 있다.

여하튼 상당한 규모의 기병을 거느린 대도적이 조선 시대에 활동했다는 점만큼은 무척 놀랍다. 온 나라를 공포에 떨게 한 도적 임꺽정의 무리조차 60여 명에 불과했다. 그런데 장길산은 80배나 많은 군대를 거느렸다고 하니, 임꺽정과는 비교도 할 수 없을 만큼 강력한 도적이 바로 장길산이었다고 할 수 있다.

046 강원도의 도적, 이경래

　조선 말의 야담집인 《청구야담》에는 정조 임금 무렵 강원도에 살았다고
하는 힘센 도적 이경래와 그를 잡은 수사관 구담의 이야기가 수록되어 있다.
　정조 시절, 강원도 양양에서 이경래라는 도적이 패거리를 모아 기세를
떨치며 조정의 큰 근심이 되자, 정조는 구담을 선전관에 임명하고는 섣불
리 군사를 동원하지 말고 암행을 하라는 지시를 내리며 이경래를 체포하도
록 지시했다.
　왕의 명령을 받고 물러난 구담은 강도들을 체포하는 데 능숙하다고 알려
진 포교 변시진(卞時鎭)과 하루에 300리를 달릴 정도로 빠른 발을 가진 남
완석(南完石) 등 두 명의 뛰어난 인재를 거느리고 이경래 체포에 나섰다.
　일행을 데리고 양양에 도착한 구담은 이경래에 관한 정보를 확보하기 위
해서 산 위로 올라가 장막을 열고 술과 고기를 푼 다음, 지방 관아의 아전과
양반들을 불러서 잔치를 열었다. 그러면서 구담은 자신을 찾아온 사람 중에
유독 풍채와 말솜씨가 뛰어난 별감을 눈여겨보았다. 어느 날 밤 그와 함께
술잔을 기울이던 구담은 갑자기 칼을 뽑아 들고 별감의 가슴에 겨누었다.
그러고는 자신의 신분과 목적을 밝히면서 양양에서 유명한 도적인 이경래
가 지금은 왜 모습이 보이지 않는지, 혹시 별감이 그와 내통하고 있는 것은

아닌지, 이경래의 위치를 안다면 지금 어디 있는지 고하라고 추궁했다.

구담의 기세에 눌린 별감은 아는 대로 이경래에 관한 정보를 털어놓았다. 자신은 이경래와 한패는 아니지만 친하게 지내는 관계이고, 이경래는 얼마 전까지 양양 읍내에 머물다가 한양에서 자신을 잡으러 선전관 일행이 온다는 소식을 듣고는 황급히 금강산으로 도망쳐 숨어 지낸다는 것이었다. 이와 더불어 별감은 이경래의 용모와 특징 등 세세한 정보까지 다 넘겨주었다.

이경래의 위치를 알아낸 구담은 변시진과 남완석을 데리고 금강산으로 떠나 산 주변을 수색했다. 한 초막에서 불빛이 나는 것을 보고 호기심이 일어 그곳을 찾아갔다. 초막 안에는 승려 한 명이 있었는데, 구담이 오는 것을 보자 황급히 커다란 짚신 한 짝을 자신의 무릎 밑으로 숨겼다. 뭔가 떳떳지 못한 것을 본능적으로 숨기려 했다고 여긴 구담은 승려에게 그것이 이경래의 신발이 아니냐며 이경래가 있는 곳을 알 터이니 얼른 사실대로 말하라고 추궁했다. 구담이 이렇게 말한 것은 양양 별감에게 넘겨받은 이경래의 용모파기 기록에서 이경래의 발이 매우 크다는 사실을 읽었기 때문이었다.

구담의 추궁에 승려는 이경래가 신을 짚신을 삼고 있었다고 고백하면서 그가 술을 좋아하니 독한 술을 준비해서 취하게 하여 잡으라고 가르쳐주었다. 이경래에 대한 구체적인 정보와 그 실체에 다가갈 방법을 찾은 구담은 매우 기뻐하면서 남완석을 급히 양양으로 보내 건강한 포졸 50명을 데려오게 했다. 또한 독한 소주를 구해 초막에서 팔면서 이 사실을 널리 알리도록 했다. 그 자신은 초막 앞에서 북을 치고 큰 소리로 노래를 부르며 사람들을 유인했다.

다음 날 이경래가 초막 앞에 그 모습을 드러냈다. 승려가 말한 대로 독한 소주를 판다는 소문과 구담이 북을 치고 노래를 부르는 소리가 귀에 들어간 모양이었다. 구담은 그에게 소주가 가득 담긴 술잔을 건네며 마시도록 권했다. 이경래는 구담이 내미는 대로 잔을 받아 실컷 마시고는 취하여 몸을 비틀거렸다.

그 모습을 지켜보고 있던 구담은 미리 소매 속에 숨겨둔 철퇴를 꺼내서 번개같이 이경래를 내리쳤다. 그러나 이경래는 힘이 장사여서 쓰러지지 않고 재빨리 초막 밖으로 달아났다. 구담은 포졸들과 함께 그의 뒤를 쫓았다. 각지에서 파수꾼들이 호각을 불자 이경래는 자신을 잡으러 군사들이 몰려오는 줄 알고 당황하여 우왕좌왕했다. 바로 그때 구담이 잽싸게 달려가서 이경래의 다리를 향해 힘을 실어 철퇴로 후려치자 이경래는 다리가 부러져 쓰러지고 말았다.

이경래를 붙잡는 데 성공한 구담은 그를 포승줄로 묶어 데려가게 했는데, 그 와중에도 이경래는 무시무시한 괴력을 발휘하여 포승줄을 썩은 새끼줄처럼 끊어버렸다. 이에 구담이 철퇴로 이경래의 팔을 부러뜨렸다. 그제야 이경래는 힘을 쓰지 못하고 포승줄에 묶여 포졸들에게 붙잡힌 채로 한양까지 수레에 실려 간 뒤 처형을 당했다.

이경래를 잡는 데 큰 공을 세운 구담은 당상관에 올랐고, 이경래와 친밀하거나 한 패거리였던 별감과 승려도 모두 포상을 받았다. 이경래의 위협은 이렇게 끝났으며, 조선은 다시 평온을 되찾게 되었다.

《청구야담》에 등장한 도적 이경래는 실제로 정조 임금 시절, 강원도 양양에서 활동한 인물이다. 문인방 등과 함께 역모를 꾸며 한양으로 쳐들어가려고 했다가 발각되어 처형당한 실존 인물인 이경래의 이야기를 저자가 각색하여 책에 수록한 것으로 보인다.

047 조선의 해적들

조선 시대의 도적이라고 하면 산에서 활동하는 산적만을 떠올린다. 그러나 조선의 도적 중에는 바다에서 배를 타고 움직이는 수적(水賊), 다른 말로는 해적(海賊)도 엄연히 있었다.

1546년 12월 15일자 《명종실록》 기사를 보면, 황해도 풍천(豊川) 초도(椒島)에서 고지종(高之宗)이란 수적을 잡았다는 내용이 보인다. 그 기사에서 고지종은 지금의 평안북도 의주(義州) 출신인데, 중국으로 도망쳐서 도적들을 모아 하나의 소굴을 이루었다고 언급된다.

1569년 1월 16일자 《선조실록》 기사에는 전라 수사(全羅水使) 임진(林晉)이 현재 전라남도 흑산도(黑山島)의 수적을 추격하여 체포했다는 내용이 실려 있다. 흑산도를 근거지로 활동했던 수적이 있었던 모양이다.

1607년 7월 27일자 《선조실록》에는 "요즘 들어 황해도 바다 곳곳에서 수적들이 노략질을 저지르는데, 이를 막아야 할 장수들이 방비를 게을리하니, 황해도의 7군데 포구 가운데 중요한 곳을 골라 요새화해야 합니다"라는 건의가 헌부에서 올라왔다. 같은 해인 1607년 9월 6일자 《선조실록》에는 현재 평안북도 철산(鐵山)의 수적을 잡았다는 내용이 언급된다.

1608년에 선조가 죽고 광해군이 즉위한 이후에도 조선의 해적들은 그 기세가 꺾이지 않았다. 1609년 2월 8일자《광해군일기》기사를 보면, 전라북도 옥구(沃溝)와 만경(萬頃)에서 장군이 바다에서 노략질을 저지르는 해적들한테 죽임을 당하는 모습을 그 지역 군인들이 가만히 보기만 하고 구원할 생각을 하지 않았다고 한다. 그러면서 이 해적은 외국에서 온 자들이 아니라 조선 내부의 난폭한 자들이 은밀히 여러 섬 안에 숨어 있다가 기회를 엿보아 저지른 것이라고 보았다.

3년 후인 1612년 9월 8일자《광해군일기》기사에는 해적들이 경기도의 바다에도 나타났다는 이야기가 실려 있다. 충청도와 전라도 바다에서 활동하던 해적들이 경기도로까지 원정을 간 것인지, 아니면 경기도에서 자체적으로 활동하던 해적들이 나타난 것인지는 알 수 없다. 그로부터 사흘 후인 1612년 9월 12일자《광해군일기》기사에는 더 놀라운 사실이 언급된다. 비변사가 광해군에게 보고하기를 "해적들이 나타난다는 보고가 없는 달이 없다"는 것이다. 그러면서 해적에 관해 이렇게 덧붙였다.

"비록 대단한 도적은 아니지만 곳곳에서 나타나 잇달아 배를 노략질하고 있으니 아주 놀랍습니다. 이 해적들은 특별한 무기가 없이, 오직 몽둥이와 돌덩이만을 가지고 싸웁니다. 그들은 혼자 다니는 배를 만나면 문득 나가서 노략질하고 많은 배를 만나면 섬 사이에 숨어 있어서, 토벌하러 나선 관군이 해적들을 좀처럼 발견할 수 없습니다. 그리고 변방을 지키는 장수들은 구차스럽게 아무 일 없기만을 바라며 해적과 맞서 싸울 생각을 하지 않고 있습니다."

광해군 시절에 극성을 부린 해적은 약 100년 후인 숙종 임금 시절에 다시 나타나 조정을 근심에 빠뜨렸다. 1704년 5월 5일자《숙종실록》에 의하면 제주 목사(濟州牧使) 이희태(李喜泰)가 제주도의 바다에 나타나는 해적에 대한 보고서를 올렸다. 묘사된 해적의 모습은 대략 이렇다.

"근래에 비선(飛船, 바다 위를 나는 것처럼 빨리 가는 배)들이 제주도 바다에 50여

척이나 나타났으며, 그 모습을 보건대 해산물을 캐는 어선이 아니라 해적
입니다. 그들은 밤이 되면 바닷가에 와서 쉬면서 육지로 올라와 소와 말을
도살하고는 낮이 되면 다시 배로 돌아가 바다에서 지내는데, 관군이 배를
타고 쫓아가면 도망가기는커녕 오히려 관군의 함대를 몇 겹으로 포위한 채
로 화살과 돌을 비처럼 쏘아대어 관군이 크게 다칩니다."

기사에서 해적들이 '돌을 쏘아댄다'는 뜻은 아마도 돌팔매로 돌을 던지
는 모습을 나타낸 듯하다. 실제로 조선 말기까지 돌팔매는 구하는데 비용
이 적게 들고 편할뿐더러 그 위력이 꽤 강력했다.

1704년 5월 17일자 《숙종실록》에는 제주도에 나타난 해적들의 정체가
전라도 해안 지역의 백성들이며, 그들이 제주도에서 나는 해산물을 탐내어
해적질을 저지른다고 기록되어 있다.

황석영은 소설 《장길산》을 썼고, 2004년 5월 17일, SBS TV는 드라마
〈장길산〉을 방영했다. 거기에서 장길산 일당이 바다에서 배를 타고 약탈을
일삼는 수적이 되었다고 한 묘사는 《숙종실록》에 기록된 해적의 모습을 보
고 작가들이 힌트를 얻어 만든 설정인 듯하다.

덕유산의 도둑,
이광성

　1671년 11월 12일자 《현종실록》 기사를 보면 경상남도 금산(錦山) 출신
의 도둑 이광성(李光星, ?~1671년)을 처형했다는 내용이 실려 있다. 도둑이
라고는 하지만 이광성은 일반적인 도적과는 다른 점이 많았다. 우선 그는
처음부터 도적질을 일삼던 자가 아니라 지방 수령을 도와 관리인 좌수(座
首)라는 벼슬까지 한 사람이었다. 그를 따르던 자 중에는 조선의 지방 교육
기관인 향교(鄕校)에 다니던 학생인 교생(校生) 출신이었던 우명침(禹明侵)과
일종의 군인인 장관(將官)을 지내고 있던 김영일(金英逸)이란 사람도 있었
다. 공무원과 지식인들이 도적 집단을 만들었던 것이다.

　아무튼 이광성은 자신의 동생인 이문성(李文星)과 이두성(李斗星) 및 우명
침과 김영일 등 50여 명을 모아서 함께 도적질을 일삼았는데, 패거리한테
"사람을 죽이는 것은 잘못된 일이다. 결코 사람을 죽이지 마라"라는 명령
을 내렸다고 한다. 장영기나 임꺽정 같은 도적들이 사람들을 마구 죽인 사
실을 감안한다면, 그는 매우 특이한 도둑이라고 할 만하다. 혹시 이광성은
단순히 도적질만 하려고 했던 것이 아니라 재물을 모아 밑천을 마련한 뒤
더 큰일, 그러니까 정권을 무너뜨리는 반란을 꿈꾸었던 것은 아니었을까?
중국에서도 이자성 같은 큰 도적이 사람을 함부로 죽이지 않아 민심을 얻

고, 이를 통해 마침내 명나라를 무너뜨렸던 점을 보면 그런 의구심이 한층 짙어진다.

이광성은 전라북도 덕유산(德裕山) 깊은 골짜기 속에 본거지를 마련하고는 산 근처에서 사냥하는 포수들 및 산에서 살아가는 승려들과 결탁하여 세력을 키웠다. 여기서 언급된 포수란 조선 시대에 호랑이 같은 맹수들을 전문적으로 잡던 사냥꾼 집단인 산척(山尺)을 가리킨다. 이들은 다른 말로 산행포수(山行砲手)나 산포수(山砲手)라는 이름으로 불렸는데, 뛰어난 사격 솜씨로 명성을 떨쳤다.

1871년 5월 21일자《승정원일기》를 보면 고종 임금이 "경군(京軍, 수도인 한양을 지키는 군대)과 향군(鄕軍, 지방을 지키는 군대)이 산포수보다 못하다. 산포수가 백 번 총을 쏘면 백 번 다 맞기 때문이다." 하고 찬탄하는 내용이 나온다.

한편 이광성이 결탁한 승려들은 조선 숙종 임금 시절에 반란을 일으키려 했던 비밀 결사인 당취(黨聚)의 잔당이 아니었을까? 그러지 않고서야 부처를 섬기는 승려들이 도적들과 한편이 되겠다고 할 리가 없지 않은가.

아무튼 이광성은 무리를 이끌고 현재 전라북도의 용담현(龍潭縣, 지금은 용담면)에 보관된 무기와 무주(茂朱) 적상산성(赤裳山城)의 서창(西倉, 곡식 창고)에 있는 곡식을 빼앗으려 했다. 평범한 도적이라면 민가의 재물만 빼앗으려 했을 텐데, 국가 기관에 보관된 무기를 탈취하려 했다는 점에서 이광성은 아무래도 일반 도둑과는 다른 뜻을 품었던 듯하다.

하지만 이광성 일당은 오래가지 못하고 무너졌다. 금산 고을의 아전 황우룡(黃雨龍)의 사위인 권립(權立)이 이광성 일당의 무리 속에 위장 잠입하여 정보를 알아내고는 장인을 통해 관아에 고발하면서, 곧 이광성 일당은 금산 군수인 이정(李최)에 의해 붙잡혔다. 아무래도 이광성 일당의 결속력이 그리 강하지는 않았던 모양이다. 다만 권립은 자신의 정체를 알아챈 이광성 일당에 의해 죽임을 당했다.

이광성 무리가 관아에 붙잡혔을 무렵 일종의 도적 떼인 명화적(明火賊) 100여 명이 관아 근처에서 징을 두드리고 뿔피리를 불면서 도적질을 일삼는 사건이 벌어졌다. 이들이 이광성과 손을 잡은 집단인지 아니면 별개로 움직이던 집단인지는 알 수 없다. 하지만 그들의 움직임에 마을 사람들이 놀라서 5~6달 동안 계엄령이 내려지기도 했다.

이광성 사건을 보고받은 조정에서는 "이들은 보통 강도가 아니므로 우두머리와 부하를 구별하지 않고 모두 엄히 처벌해야 한다"라는 의견이 있었으나, 시간이 지나자 "그 일당을 모조리 한꺼번에 죽이면 너무 잔혹하다"라는 반발이 일었다. 결국 현종 임금의 지시대로 이광성을 포함하여 그의 측근인 이문성과 이두성 및 우명침과 김영일 등을 포함한 39명은 처형되었고, 11명은 섬으로 귀양을 갔으며, 2명은 무죄로 판명되어 풀려났다.

이광성 사건은 전문 범죄자 집단이 아닌 공무원과 지식인들도 얼마든지 도적이 되어 반란같이 나라에 위협을 주는 일에 가담할 수 있음을 보여준 사례라고 할 수 있겠다.

049 영조 무렵의 변산 도적들

청소년들이 학교에서 배우는 유명한 고전 소설인 〈허생전〉을 보면, 주인 공인 허생이 지금의 전라북도 변산(邊山)에 있는 도적들을 찾아가는 내용이 나온다. 〈허생전〉에서 변산 도적에 관련된 이야기는 짧게 언급되어 학생들이 무심코 넘어가지만, 막상 조선 후기에 변산 도적들은 조정에서 꽤 중하게 다루어진 걱정거리였다.

1727년 10월 20일자 《영조실록》 기사에 변산 도적들의 활동 모습이 언급된다. 변산의 도적들은 밝은 대낮에 장막을 설치하고 대대적으로 노략질을 저지르고 있으며, 변산에 있는 큰 절에 들이닥쳐서 승려들을 상대로 "추운 겨울에는 밖에서 지낼 수 없으니, 너희가 우리한테 절을 빌려줘라" 라고 협박하며 쫓아내고는 절을 점거하여 지내는 대담한 모습마저 보였다.

이 소식을 들은 영조 임금은 도적들을 체포하는 자리에 있었던 전주(全州)의 영장(營將) 전순원(全舜元)이 일을 제대로 하지 못했다며 그를 파직하라고 명령했다. 이틀 후인 1727년 10월 22일자 《영조실록》 기사에 영의정 이광좌(李光佐)가 영조에게 "전라도의 집을 잃고 떠도는 백성이 무리를 모아 도적 떼를 만들어 변산과 월출산(月出山. 현재 전라남도에 있음)에 있는데, 관군이 체포할 수 없어 그 기세를 크게 떨친다고 하니, 매우 큰 걱정입니다"라고 말한 내용이 기록되어 있다.

기사에서 이광좌가 말한 '집을 잃고 떠도는 백성(流民)'은 조선 후기에 흉년과 굶주림에 시달려 살던 집을 버리고 각지를 떠도는 가난한 농민을 가리킨다. 그들은 먹고살기 위해 도적이 되어 식량과 재물을 약탈하다가, 점차 무리가 많아지자 관아를 습격하고 관리를 죽이는 등 공권력에 도전하면서 조정의 근심거리가 되었다.

변산은 조선의 남쪽 끝에 있는 변방이었으나, 그들의 악명은 수도인 한양에까지 널리 퍼졌다. 1727년 11월 21일자《영조실록》을 보면, 당시 변산 도적들에 관련된 소문이 퍼져서 도성 안의 인심이 매우 흉흉해진 탓에 겁을 먹은 백성이 한양을 버리고 피난을 갔다고 언급되어 있다. 아마도 변산 도적들이 한양으로 쳐들어온다는 소문이 퍼져서 백성이 두려움에 떨었던 모양이다. 1728년 3월 14일자《영조실록》기사에는 그 모습이 좀 더 구체적으로 묘사되었는데, 변산 도적들이 쳐들어온다는 소문을 듣고 두려워하여 피난을 떠나는 사람이 얼마나 많았는지, 한양의 남산(南山) 아래로 가족을 이끌고 도망치는 양반이 많아서 나루터의 길이 막힐 정도였다고 한다.

또한 조선 시대의 범죄자들을 수사한 기록인《추안급국안》의 1728년 6월의 내용에 의하면 변산 도적들이 군사를 기른 지가 20년이나 되었으며, 노비들이 여산(礪山, 현재 전라북도 익산)에 올라가 "변산 도적들이 곧 반란을 일으킨다"라고 외치는 사건도 벌어졌다고 한다.

아울러 조선의 현실에 불만을 품고 반란을 일으키려던 세력은 변산 도적들과 손을 잡고 반란에 필요한 군사력으로 이용하기 위해 끌어들이려는 시도를 자주 했다. 1728년 3월 16일자《영조실록》기사를 보면, 변산의 도적들을 지휘하는 인물은 자신을 정도령(鄭都令)이라고 불렀으며, 둔갑술과 부적을 쓰는 주술에 능숙하다는 내용이 언급된다. 정도령이라는 말은 조선 후기를 뒤흔든 예언서인《정감록(鄭鑑錄)》에 언급된 인물인데, 이씨 왕조가 지배하는 조선을 끝장내고 정씨 왕조가 지배하는 새로운 나라를 일으킨다는 구세주다. 변산 도적들을 거느린 정도령은 1728년 3월에 벌어진 이인좌의 난에 적극적으로 협력했다.

1728년 3월 16일자 《영조실록》에는 변산과 지리산의 도적들이 이인좌의 반란군과 협력했다는 내용이 나오는데, 반란이 실패하자 달아났다고 한다.

비록 반란을 일으켜 정권을 뒤엎는 일은 성공하지 못했지만, 조선 후기에 변산 도적들의 악명이 머나먼 한양의 양반들마저 겁에 질려 도망가게 했다는 점에서, 그들은 결코 무시해버릴 만한 하찮은 집단은 아니었을 것이다.

050 말을 타고 총을 쏘는 무법자

조선의 역사를 살펴보면, 화적(火賊)이라는 말이 자주 나온다. 화적은 명화적(明火賊)의 줄임말인데, 횃불을 들고서 밤에 도적질을 한다고 하여 붙은 이름이다. 이 명화적은 조선의 역사와 그 행적을 함께하는데, 태평성대로 알려진 세종대왕 시절에도 엄연히 존재했다.

1431년 5월 22일자 《세종실록》 기사를 보면, 금음마(今音麻)라는 명화적을 의금부에 가두었다는 내용이 보인다. 이것이 국가 공식 기록인 《조선왕조실록》에 기록된 최초의 명화적 관련 기사다.

같은 해인 1431년 6월 23일자 《세종실록》 기사에는 사개무지(沙介無知)라는 명화적을 잡은 사람한테 면포 100필을 준다는 내용이 실려 있다. 조선 초기에 면포 100필이면 상당한 재산인데, 사개무지가 꽤 위험한 명화적이었던 듯하다.

1438년 4월 21일자 《세종실록》 기사에는 탁사우(卓思右)라는 명화적을 평안도 국경 너머의 여진족을 염탐할 첩자로 삼자는 건의가 올라왔다. 요즘으로 치면 죄수들을 군사로 쓰는 이른바 수인부대인데, 그 뒤로 명화적이 군대에서 제대로 쓰였다는 이야기가 언급되지 않는 것으로 보아 실효성은 없었던 것 같다.

명화적들은 기본적으로 조선인이었지만, 외국인도 얼마든지 명화적이 될 수 있었다. 1603년 6월 6일자《선조실록》기사에는 평안도 의주(義州)에 사는 이씨(李氏) 성을 가진 양반의 집에 중국인 명화적이 침입하여 이씨를 마구 때려 다치게 하고는 재물을 빼앗아 갔다고 한다.

이 사건은 조선과 명나라 사이의 외교 분쟁으로까지 비화했다. 이씨 집에 중국인 명화적이 들어와 강도질을 했다는 소식을 들은 만호(萬戶, 종4품 무관) 최경운(崔慶雲)이 조선 국경을 넘어 명나라로 들어가서는 명화적으로 추정되는 중국인들을 체포해 조선으로 끌고 오는 사건이 벌어진 것이다. 최경운은 상부에 알리지도 않고 멋대로 중국 국경을 넘은 터라 조선 조정은 매우 난처한 상황에 처했다.

이 문제에 대해 조선 조정은 절충안을 썼다. 우선 최경운한테는 국경을 무단으로 넘어간 죄를 물어 곤장을 때리는 벌을 내리는 한편 명나라 요동에 이 사건에 대한 자초지종을 알리고는 중국인 명화적의 행패를 막아달라고 요청한 것이다.

최경운 사건으로부터 약 120년이 지나 조선의 중흥기라 불렸던 영조 시대에도 명화적의 횡포는 끊이지 않았다. 1730년 9월 22일자《영조실록》에 의하면 지금의 함경남도 영흥(永興)에서 감옥에 가두어놓고 심문 중이던 명화적 24명이 밖에 있던 무리와 결탁하여 감옥을 부수고 도망가는 사건이 발생했다.

여기서 한 가지 의문이 든다. 과연 명화적들은 어떻게 활동했을까? TV에 나오는 사극 드라마처럼 밤중에 몰래 남의 집 담을 넘어가서 칼을 들이대고 자는 사람들을 깨워서 "너희가 가진 것, 모두 내놓아라!" 하는 식으로 강도질을 했을까?

물론 그런 방법도 취했겠지만, 그게 전부는 아니었다. 명화적도 조선 시대의 변화에 맞추어 행동 양식이 변모했다. 1752년 8월 3일자《영조실록》

에 의하면 경기도 김포군의 명화적 수백 명이 말을 타고 깃발을 들고서는 포(砲)를 쏘고 고함을 지르며 곳곳에서 약탈을 일삼았다고 한다. 여기서 언급된 포는 총을 든 포수(砲手)를 가리킬 때 쓰는 단어이니, 조총이라고 해석하면 될 것이다. 즉 조선 후기인 18세기의 명화적은 마치 할리우드 서부극에 나오는 무법자처럼 말을 타고서 총을 쏘며 강도질을 저지르는 마적(馬賊)이었던 셈이다.

영조 이후인 고종 시대에도 명화적은 극성을 부렸다. 1878년 6월 15일자 《고종실록》을 보면, 지방 고을에 총을 쏘는 명화적이 떼를 지어 몰려다니며 사람을 죽이고 재물을 빼앗아 길거리가 텅 비었고, 백성이 매우 불안해하며, 명화적은 그저 벽에 구멍을 뚫거나 담을 넘나드는 좀도둑에 비할 바가 아니니, 총을 든 군인들을 동원하여 기필코 없애야 한다는 내용이 언급된다.

1885년 6월 29일자 《고종실록》 기사에는 경상남도 거창(居昌)에서 흉악하기 그지없는 명화적의 우두머리 3명이 잡혔다는 내용이 실렸고, 이 기사를 끝으로 《조선왕조실록》에서 명화적의 이름이 보이지 않는다. 이는 조선이 평화로워졌다기보다는 명화적조차 국가 공식 기록에 언급되지 않을 만큼, 조선의 행정 체계가 어지러워졌다고 해석해야 옳을 것이다. 달리 말해서 명화적은 조선의 역사에 따라서 그 시작과 끝을 함께한 셈이다.

051 조선을 침입한 영국 해적선

지금은 유럽 북쪽의 조용한 섬나라이지만, 불과 1945년까지만 해도 영국은 '대영제국'이라 불리며 세계 곳곳을 지배한 초강대국이었다. 이러한 영국의 강성함은 드넓은 바다를 제패하는 강력한 해군의 힘에서 비롯했다. 보통 영국 해군이 탄생한 시점은 영국인 해적 선장인 프랜시스 드레이크(Francis Drake, 1543~1596)가 세계 일주에 성공하고(1580), 영국 함대가 스페인의 무적함대를 격파한 칼레 해전(1588)이 벌어진 16세기 말엽부터로 본다.

그런데 16세기 말과 비슷한 시기에 영국의 군함은 이미 머나먼 조선까지 방문하고 있었다. 조선의 학자인 이수광(李睟光)이 1614년에 쓴 책인 《지봉유설(芝峰類說)》에는 놀랍게도 영국 군함이 조선을 찾아왔다는 이야기가 실려 있다.

"영결리국(永結利國, 영국)은 서쪽 끝의 먼바다에 있다. 영결리국의 배는 4중으로 되어 있고, 배의 안과 밖은 쇳조각으로 붙이며, 배 위에 수십 개의 돛대를 세우고, 배의 끝에 바람을 만드는 도구를 설치하며, 수백 개의 쇠사슬로 이루어진 닻을 사용하여, 바람과 파도를 이겨낼 수 있다. 영결리국의 배는 전쟁에서 대포를 쓰며, 그들이 나타나서 힘으로 빼앗으면 바다 가운데의 여러 나라가 당해낼 수가 없다. 몇 년 전, 일본에서 온 어느 배 한 척이 전라도 홍양(興陽, 지금의 전라남도 고흥)에 나타났다. 그 배는 매우 높고 컸으며, 배에 여러 개의 망루와 큰 집이 있었고, 우리 조선군이 그 배와 싸웠으나 이기지 못하고, 그 배는 달아났다. 나중에 일본 사신에게 물어보니, 그들은 (일본인이 아닌) 영결리인이라고 말했다."

《지봉유설》에 언급된 '영결리'란 단어는 영국을 뜻하는 말인 잉글랜드(England)를 한자로 옮긴 단어다. 또한《지봉유설》에서 설명하고 있는 영국의 배는 16세기부터 서양인들이 사용한 대형 범선(노가 없이 돛으로 움직이는 배)인 갤리온(Galleon)으로 보인다. 영국의 배가 안과 밖을 쇳조각으로 붙인다는 해설은 틀렸다. 갤리온은 엄연히 나무로 만든 배로 안팎에 쇠를 덧붙이지 않는다. 아무래도 갤리온의 내구성이 뛰어나 대포나 화살로 집중 공격을 해도 크게 파손되지 않자, 그 모습을 지켜본 조선인들이 영국의 배는 쇠로 만들어서 저렇게 튼튼한가 보다 하고 착각한 것으로 보인다.

영국의 배가 나타나서 힘으로 빼앗으면 여러 나라가 당해낼 수가 없다는 부분은 16세기 말부터 전 세계의 바다를 누비며 약탈을 일삼은 영국 해적선들의 위용이 조선까지 전해져서《지봉유설》에 언급된 내용인 듯하다.

하지만 16세기 말과 17세기 초 무렵의 영국이 조선을 정복하거나 침략하려고 일부러 전함을 보낸 것은 아닌 듯하다. 당시 영국은 스페인과의 대결에 국력을 기울이던 와중이라 정부 차원에서 그런 일을 추진할 여력이 없었다. 아무래도 조선에 나타난 영국 배는 왕실로부터 약탈 허가를 받고 세계 곳곳을 누비던 민간 해적선인 사략선들 중 하나로 추측된다.

조선에 오지는 않았지만, 영국의 해적인 에드워드 미셸본(Edward Michelborne, 1562~1611)은 동남아로 떠나 약탈을 일삼다가 1604년 말레이 근처의 해역에서 일본 해적인 왜구(倭寇)와 만났고, 그들이 배 위에 올라오자 창을 휘두르고 머스킷 소총과 대포를 쏘아 승리했다. 또한 1601년 일본의 나가사키에서 안드레 페소아(Andre Pessoa)가 지휘하던 포르투갈의 무장상선은 30척의 일본 무장 선박이 가한 공격을 격퇴하기도 했다.

이처럼 17세기 초 서양 함대는 해전에서 매우 강력한 힘을 발휘했다. 만약 1592년에 일본군이 아니라 서양의 갤리온으로 구성된 대규모 함대가 조선을 침공했다면, 이순신의 조선 수군도 일본 수군을 상대할 때처럼 쉽게 이기기는 어려웠을 것이다. 한 예로 1622년 7월 19일자 《광해군일기》기사를 보면, 지금의 전라남도 고흥인 흥양현(興陽縣) 앞바다에 크기가 산과 같고 배 위에 30여 개의 돛대를 세운 배 한 척이 들어와서 첨사(僉使) 민정학(閔廷鶴)이 지휘하는 조선 수군과 전투를 벌였다고 언급되는데, 기사를 쓴 사관은 그 배가 "아마 서양의 배였을 것이다"라고 추측했다. 이 국적 불명의 서양 배는 조선 수군과 한참 싸우다가 달아났다. 나중에 이 사실이 보고되자 조정에서는 "적의 배 한 척도 잡지 못했다니!" 하며 탄식하는 분위기가 퍼졌다고 한다.

임진왜란 무렵에 서양의 해적선이 조선을 침입해서 조선 수군과 대결을 벌인다는 영화가 한국과 서양 합작으로 만들어진다면, 꽤나 볼 만한 작품이 나오지 않을까?

5

예언자와 예언

052 안동부사의 죽음을
내다본 두 승려

1873년 조선의 고종 임금 무렵, 서유영이 쓴 야담집인 《금계필담》에는
사람의 죽음을 미리 내다본 두 승려에 관한 재미있는 이야기 한 편이 실려
있다.

조선 영조 임금 무렵, 지금의 외교부와 교육부 장관에 해당하는 벼슬인
예조판서를 지낸 이정보(李鼎輔, 1693~1766)는 벼슬을 하기 전 여러 번 과거
시험을 보았으나 낙방하여 힘들게 지낸 시절이 있었다.

허탈한 심정에 이정보는 잠시 머리도 식힐 겸 경상도로 갔는데 도중에
현재 경기도 광주인 죽산의 금량역에 들렀다. 한데 늙은 승려 한 명과 젊은
승려 한 명이 안동부사의 하인들에게 흠씬 두들겨 맞고 있었다. 아마 안동
부사를 상대로 자리다툼이 일어나서 벌어진 불상사인 듯했다. 비록 조선에
서 유교를 숭상하는 문화가 지배적이었으나, 이정보는 승려들의 모습이 불
쌍해서 안동부사한테 "너무 가혹합니다. 너그럽게 넘어가 주십시오." 하고
부탁해서 승려들은 더 이상 봉변을 당하지 않았다.

저녁이 되어 이정보는 다른 사람들과 함께 두 승려가 묵은 방에서 잠을
잤다. 젊은 승려는 낮에 맞았던 분이 풀리지 않았던지 이렇게 중얼거렸다.

"건방지고 오만한 작자 같으니. 안동부사면 다인가? 대관절 오늘 밤도

못 넘기고 죽을 주제에 뭘 더 하겠다고 매질을 한단 말인가?"

하지만 그의 말은 더 이어지지 못했다. 늙은 승려가 눈짓으로 그만 말하라며 멈추게 했기 때문이었다. 다른 사람들은 깊이 잠들어서 젊은 승려의 말을 못 들었으나, 이정보는 깨어 있어서 승려의 말을 똑똑히 들었다. 안동부사가 그날 밤을 못 넘기고 죽을 거라는 젊은 승려의 말을 이상하게 여기면서도 그저 화가 나서 중얼거리는 말 정도로 대수롭지 않게 넘겼다.

그런데 잠시 후 그들이 묵은 여관이 떠들썩하면서 큰 소란이 일어났다. 다름이 아니라 그들과 다른 방에서 자고 있던 안동부사가 갑자기 죽었다면서, 하인들과 다른 사람들이 어떻게 된 일인지 영문을 알 수가 없어 우왕좌왕했던 것이다. 그제야 이정보는 젊은 승려가 그저 투덜대기만 한 것이 아니라 안동부사의 운명을 정확히 예측했음을 알고는 매우 놀라 두 승려한테 다가가 이렇게 물어보았다.

"방금 안동부사가 오늘 밤도 못 넘기고 죽을 거라고 했는데, 그 말이 딱 맞았습니다. 아무래도 스님들은 사람의 운명을 미리 아는 예언 능력을 지녔나 봅니다. 소생의 운수도 가르쳐주십시오."

늙은 승려는 한동안 완강하게 거절하다가 이정보가 하도 간곡히 부탁하자, 젊은 승려를 험악한 눈으로 노려보며 "네가 공연히 쓸데없는 말로 나를 괴롭게 하는구나"라고 꾸짖고는 이정보한테 "소승은 아는 것이 없으니, 저 아이한테 물어보십시오." 하고 말했다.

늙은 승려의 말을 들은 젊은 승려는 당황하다가 이내 태도를 가다듬고 이정보한테 말했다.

"저는 선비님이 무엇을 바라시는지 압니다. 과거 시험에 여러 번 떨어졌으니 과거에 합격하고 싶으시겠죠."

그 말을 듣고 이정보는 길게 한숨을 내쉬며 대답했다.

"그렇습니다. 벌써 여러 번이나 떨어졌으니, 남은 인생이 어찌 될지 몰라 막막하고, 가족들 보기에도 부끄럽습니다."

이정보의 말에 젊은 승려는 웃으며 말했다.

"너무 걱정하지 마십시오. 이제 선비님의 인생에 낀 어두운 먹구름은 다 지나갔습니다. 앞으로 선비님의 앞길에는 환한 빛이 계속 비칠 것입니다."

"소생은 과거에 계속 떨어진 백수인데, 무슨 빛이 비친다는 말입니까?"

"지금 즉시 한양으로 가십시오. 며칠 내에 과거 시험을 새로 치른다는 소식이 있을 것이니 응시하시면 됩니다. 장차 선비님은 판서 자리에 올라가는 것은 물론 대제학도 지내게 되실 것입니다."

젊은 승려의 말에 이정보는 어리둥절해 하면서 다른 일도 질문했다. 그러나 젊은 승려는 "더 이상 앞일을 말했다가는 하늘의 벌을 받게 될지 몰라 두렵습니다"라면서 답하기를 끝내 거부했다.

날이 밝자 이정보는 두 승려와 헤어지고 젊은 승려가 들려준 대로 혹시나 하는 심정으로 한양으로 돌아갔다. 과연 젊은 승려의 말대로 새로이 과거를 치른다는 소식이 들려왔다. 시험에 응시한 이정보는 놀랍게도 장원으로 급제했고, 예조판서를 거쳐 대제학까지 벼슬이 올라가는 출세를 했다.

이정보에게 과거를 다시 보라고 말해준 젊은 승려와 그를 데리고 다닌 늙은 승려는 미래를 예언하는 신통력 있는 사람들이었지만, 자칫 세상의 운명이 흐트러질까 봐 함부로 미래의 일을 말하고 다니지는 않았던 모양이다.

053 벌거벗은 예언자

1873년 서유영이 쓴 야담집인 《금계필담》에 실려 있는 예언에 관한 이 야기 중 한 대목을 소개한다.

조선의 영조 임금 무렵, 도승지(都承旨, 지금의 대통령 비서실장)의 벼슬을 지낸 이이장(李彛章, 1708~1764)은 젊은 시절 암행어사가 되어 경상도를 돌아다닌 일이 있었다. 지금의 경상남도 합천군의 유명한 절인 해인사(海印寺)에 들러서 하룻밤을 자게 되었는데, 마침 그보다 먼저 해인사에 들른 수십 명의 짐꾼이 밤새도록 시끄럽게 떠들며 즐겁게 놀고 있었다.

이이장은 짐꾼들이 요란스럽게 내는 소리가 싫어서 가만히 방에 누워 잠을 청하고 있었는데, 갑자기 짐꾼들 사이에서 비명이 터져 나왔다. 혹시 무슨 사고라도 났나 싶어서 이이장이 자리에서 일어나 짐꾼들이 머무는 방으로 가보니 짐꾼 중 한 명이 온몸이 뒤틀리더니 배가 너무 아파서 죽을 지경이라며 고통을 호소하고 있었다. 동료가 아파하는 모습에 짐꾼들은 놀라서 웅성거리다가, "그 사람이 술에 취해서 부엌 바닥에 드러누웠으니 빨리 데려와서 이 친구를 진찰하게 하자." 하고 의견을 모으더니, 몇 명이 방을 나가서는 술에 취한 사람이라고 했던 당사자를 데려왔다.

술에 취한 이가 배탈이 난 짐꾼의 손목을 짚어보더니, "걱정하지들 마시오. 이 친구는 잠시 후에 설사하고 나서 곧바로 나을 것이오." 하고 알려주었다. 얼마 후 그의 말대로 조금 전까지 죽겠다며 아파하던 짐꾼이 측간에 가서 한바탕 설사를 하고 나서는 멀쩡한 상태로 돌아와 건강한 모습을 보였다.

짐꾼들의 방 입구에서 그 과정을 모두 지켜본 이이장은 이를 몹시 신기하게 생각했다. 그는 짐꾼이 곧 나을 것이라고 알려준 사람을 찾아 부엌으로 갔다. 무척 더운 여름이라서 남자는 거의 벌거벗은 채로 돌을 베고 잠들어 있었다. 이이장은 남자를 흔들어 깨우고는 "당신이 짐꾼을 진맥했으니 혹시 나도 진맥해줄 수 있겠소?" 하고 말하며 자신의 손목을 내밀었다.

이이장의 부탁에 조금 전까지 벌거벗은 차림으로 잠을 자던 남자는 흔쾌히 진맥을 해주다가 갑자기 엎드리더니 이이장한테 절을 하고는 말했다.

"나리는 임금님의 명령을 받고 온 암행어사시군요."

그 말에 이이장은 깜짝 놀랐다. 왕의 밀명으로 지방 관리들의 비리를 적발하는 업무를 맡고 파견된 암행어사는 왕과 본인 이외에 아는 사람이 거의 없을 만큼 철저한 비밀에 부쳐진 벼슬인데, 그걸 금방 파악해내는 이 남자가 아무래도 보통 사람이 아니라 신비한 능력을 갖춘 도사나 신선 같았기 때문이었다.

"그대가 말한 대로 나는 암행어사요. 그걸 알아맞히다니 정말 대단하오. 앞으로 나의 운명이 어떻게 될지도 알려주시오."

이이장의 말에 벌거벗은 차림의 예언자는 벗어놓은 자신의 옷 속에서 종이와 붓을 꺼내더니, 종이에 글을 쓰고 이이장한테 내밀며 "이것이 나리의 운명입니다"라고 말했다. 이이장이 그 글을 보니, "나리는 앞으로 관직 생활이 순조롭게 진행되어 벼슬이 계속 오를 것입니다. 그러나 훗날 오른쪽 발뒤꿈치에 종기가 난다면 고치기 힘들어 목숨이 위태로워지겠습니다. 임오년 (순조 21년인 1821년) 오월에는 벼슬이 올라갈 것입니다"라고 적혀 있었다.

글을 보고 걱정이 든 이이장이 "혹시 내 발에 종기가 난다면, 고칠 약은 없겠소?" 하고 물었다. 예언자는 처방전을 써주면서 "제가 방법을 가르쳐 드리더라도 나리의 병은 쉽게 낫지 못할 것이니, 저를 원망하지 마십시오. 다 운명입니다." 하고 말하고는 아침이 되자 곧바로 떠나버렸다.

예언자가 적어준 자신의 운명과 처방전을 이이장은 상자 속에 넣어서 잘 간직했다. 암행어사 일을 마치고 돌아간 이이장은 영조 임금의 총애를 받아 순조로운 벼슬 생활을 하며 부귀영화를 누렸다.

그러다 1764년이 되었을 때 갑자기 오른쪽 발꿈치에 종기가 나더니 계속 곪아 병이 커졌다. 그때 이이장은 예언자가 가르쳐준 처방전을 떠올리고 상자를 열어보았으나, 놀랍게도 처방전은 어디로 갔는지 사라진 상태였다. 처방전에 적혀 있던 내용을 기억해보려고 했으나 그조차도 잊어버린 뒤라서 알아내지 못했다. 결국 이이장은 그해에 종기가 배 언저리까지 번져서 앓다가 죽고 말았다. 죽은 이후 정조 임금이 즉위하자 우의정(右議政)의 벼슬과 충정공(忠正公)이란 시호를 받았다고 한다.

054 하늘에 나타난 세 부처의 예언

조선은 성리학을 숭상하여 국가 이념으로 삼았던 반면 불교를 허황된 미신이라고 여겨 탄압하는 이른바 숭유억불(崇儒抑佛) 정책을 나라가 망할 때까지 이어나갔다.

그러나 1000년이 넘게 믿어왔던 불교가 아무리 정부의 탄압을 받았다고 해도 하루아침에 사라질 수는 없었다. 조선 왕실만 하더라도 세종과 세조 같이 불교를 신봉한 왕이 적지 않았으며, 민간에서 불교 신앙은 그 명맥을 계속 유지했다.

세종대왕이 다스리던 시기를 기록한 1423년 1월 12일자 《세종실록》의 내용을 보면, 놀랍게도 부처를 직접 보고 그들이 하는 예언을 들었다는 사람의 이야기가 언급된다. 그 내용은 대략 이렇다.

오늘날 충청북도 충주(忠州)에 사는 이용(李龍)이라는 사람은 평소 서방(西方)의 정토(淨土)인 극락(極樂)에 살면서 인간을 구원한다는 부처인 아미타불(阿彌陀佛)을 열심히 믿었다. 어느 날 이용이 충청북도 음성(陰城)의 가섭사(迦葉寺)라는 절 부근의 골짜기에 가서는 높은 목소리로 "아미타불"이라고 염불을 외자 문득 공중에서 "네가 무슨 소원이 있기에 그렇게 염불을 하면서 다니느냐?" 하는 목소리가 들렸다.

공중에 사람이 있을 리 없으므로, 이용은 '대체 무슨 일일까?' 하고 궁금해서 고개를 들어 하늘을 올려다보았다. 하늘 위에는 노란색과 하얀색과 검은색 등 3가지 색깔의 구름이 떠 있었고, 그 구름 속에는 둥근 구멍이 있었으며, 그 구멍 사이에 3명의 부처가 앉아 있었는데, 모두 하얀색이었다.

부처를 직접 본 이용은 몹시 두려운 마음이 들어서 우거진 풀 위에 꿇어앉아 두 손을 모으고 합장하며 이렇게 말했다.

"저는 딱히 다른 소원은 없습니다. 집에 전염병이 들어 아버지가 돌아가셨고, 제 집은 가난해서 밥을 제대로 먹지 못하니, 풍년이 들어 나라가 태평하고 백성이 편안하기를 원하여 염불을 올릴 뿐입니다."

이에 세 부처가 이용을 향해 대답했다.

"올해 바람과 비가 적고 풍년이 들지 않아 곡식이 부족한 이유는 동쪽 대마도(對馬島)에서 온 귀인(鬼人) 때문이다. 그 귀인을 대접하여 돌려보내면 풍년이 들 것이니라. 또한 동쪽에서 온 회회생불(回回生佛)이 9월에서 11월까지 석 달 동안 조선 땅을 돌아다닐 것이니, 육지나 물에서 나쁜 일이 있거든 그 부처의 형상을 만들어 쏘거나 때리면 나라가 태평할 것이다. 아울러 오는 정월 초하룻날과 15일에 생쌀 한 그릇과 밥 한 그릇을 장만하여 하늘에 제사 지내면, 나라의 임금은 부처가 되고, 신하들은 모두 부처가 있는 곳에 놀아 쾌락하게 될 것이니라."

세 부처의 말을 듣고 이용이 꿇어앉으려고 하니, 우거진 숲이 흔들리며 장끼 두 마리와 까투리 한 마리가 날아 하늘로 올라갔다. 그 모습을 이용이 쳐다보니, 구름 속에 둥근 구멍이 합해지고 부처의 형체가 가려지며 구름 속에서 "네가 시기에 맞추어 위에 아뢰지 않으면, 이 말의 증험이 없을 것이다. 3월과 4월에는 가뭄이 있고, 5월과 6월에는 홍수가 있을 것이다"라는 말이 들려왔다. 잠시 후에 세 가지 색깔의 구름이 가섭산(迦葉山) 위로 올라가더니 흩어져 더는 보이지 않게 되었다.

이용은 보고 들은 부처의 예언을 주위 사람들에게 떠벌리고 다녔다. 이 사실이 곧 조정에도 보고되었다. 법을 다루는 의금부 관리들은 이용이 허무맹랑한 헛소문을 퍼뜨려 민심을 어지럽게 한다면서 그를 감옥에 가둔 다음, 세종대왕에게 이용에 관한 일을 알렸다. 하지만 어진 임금인 세종대왕은 그런 일로 피를 보고 싶지 않아 죄를 묻지 말고 그냥 풀어주라고 지시를 내려 이용은 석방되어 무탈하게 집으로 돌아갈 수 있었다.

세 부처가 이용한테 말한 '대마도의 귀인'이 정확히 누구인지는 알 수가 없다. 대마도에서 온 사신이거나 주술사가 아니었을까? 그리고 '회회생불'에서 회회는 이슬람을 가리키고, 생불은 살아 있는 부처 같은 사람이니 이슬람의 예언자를 뜻하는 것 같은데, 당시 일본은 이슬람을 믿지 않았다. 기록의 내용을 다 이해할 수는 없으나 조선 시대에 직접 부처가 나타나 사람한테 말을 걸고 예언을 했다는 점에서 무척 흥미로운 자료라고 생각한다.

055 정여립의 난

조선 역사상 예언을 이용한 반란 사건은 무수히 많았다. 하지만 그중에서도 가장 큰 파문을 일으킨 사건은 임진왜란 직전에 일어난 정여립(鄭汝立, 1546~1589)의 난이었다.

이름난 학자인 율곡 이이(李珥, 1537~1584)의 제자였던 정여립은 정6품 벼슬인 수찬(修撰, 역사 기록을 담당한 직책)을 맡으며 조정에서 장래가 촉망되는 젊은 관리였다. 그러나 율곡을 비판한 일 때문에 선조와 조정 대신들의 미움을 사서 벼슬을 버리고 고향인 전라북도 전주로 돌아갔다.

이때 정여립은 이상한 행동을 보였다. 주변의 용감한 무사를 불러 모아 대동계(大同稧)라는 조직을 만들고는 매월 15일이 되면 무사들을 한곳에 모아서 활을 쏘고 술과 음식을 먹는 행사를 치른 것이다. 이 대동계는 꽤 명성이 높은 단체였다. 1587년 전라남도 손죽도(異竹島)에 왜구가 침략해오자 전주 부윤(全州府尹)인 남언경(南彦經)이 대동계에 왜구를 물리쳐달라는 요청을 하자 출동한 대동계가 왜구를 격퇴했기 때문이다.

왜구를 물리친 이후 정여립은 활동 범위를 넓혀갔다. 유교를 떠받들고 불교를 깔보던 조선 사회에서 하층민으로 취급받던 승려를 끌어들인 것이다. 그는 전라북도 운봉(雲峰)의 승려인 의연(義衍)과 손을 잡고, 그로 하여금 지리산 동굴 속에다 '목자(木子)가 망하고 전읍(奠邑)이 일어난다'는 글씨를 새긴 돌판을 넣어두고, 이를 주위에 소문으로 퍼뜨리게 했다. '목자(木子)'란 곧 '이(李)'를 말하니 이는 조선 왕조의 성씨인 이씨이며, 전읍은 정여립 자신의 성씨인 정(鄭)을 가리킨다. 그러므로 이는 이씨 왕실이 곧 망하고 정여립이 왕위에 오른다는 예언인 셈이었다.

또한 의연은 자신이 명나라 요동(遼東)에서 나왔다고 출신을 속이며, 사람들을 만나면 "내가 요동에 있을 때 조선을 바라보니 왕의 기운이 있었는데, 조선에 와서 살펴보니 그 기운이 전라도 전주 동문(東門) 밖에 있었다"라고 말하고 다녔다. 그래서 '전라도 전주에 왕의 기운이 있다'는 소문이 주변에 널리 퍼졌다. 전주는 정여립의 고향이니, 이는 정여립이 장차 왕이 된다는 뜻이었다.

정여립에게는 정옥남(鄭玉男)이라는 아들이 있었는데, 그는 눈동자가 두 개여서 주위 사람들이 이상하게 여겼다. 한편 정여립은 "내 아들의 등에 왕(王) 자 무늬가 있다"라고 소문을 내고 다녔다고 한다. 정여립의 뒤를 이어 정옥남도 왕이 된다는 식의 은근한 예언이었던 것이다.

그런가 하면 "충청남도 계룡산(鷄龍山)의 절인 개태사(開泰寺)의 터가 나중에 정씨가 세울 나라의 수도가 된다"라는 소문이 조선 개국 이래로 계속 나돌아다녔는데, 정여립은 의연과 함께 개태사를 찾아가서 그 벽에 "무자년과 기축년에 좋은 운수가 열릴 테니, 태평성세를 이루는 일이 무엇이 어려운가?" 하고 시를 쓰기도 했다.

이 밖에도 "전라도 전주 지방에 성인(聖人)이 나타나서 모든 세금을 없애고 도망친 노비들을 잡지 않으며, 서자들한테도 벼슬을 주면서 백성을 구원할 것이다"라는 소문이 멀리 황해도에까지 나돌았다. 이 역시 정여립 일당이 일부러 퍼뜨린 예언이었다.

그 무렵 정여립을 따르는 사람은 무사와 승려 및 불량배에 이르기까지 그 수가 매우 많았는데, 남자와 여자가 번잡하게 섞여서 보는 사람들이 무척 이상하게 여겼다고 한다. 조선 시대에는 남녀가 유별하여 평소 엄격하게 분리되어 살았는데, 남자와 여자가 한데 모여 왁자지껄하게 지내는 모습은 비정상적으로 보였을 터였다.

훗날 천주교가 조선에 들어와서 박해를 받은 이유 중 하나도 남녀유별의 사회 풍토를 거스르고 남녀가 한데 모여 미사를 치르는 등 일종의 풍기 문란을 일삼는 집단으로 여겨졌기 때문이었다.

세력을 불린 정여립은 겨울이 되어 강에 얼음이 얼면, 거느린 무리를 무장시키고 재빨리 한양을 습격하여 궁궐을 점령하려는 계획을 세웠다. 하지만 그 전에 황해도 구월산(九月山)의 승려인 의엄(義嚴)이 관아에 고발하여 정여립의 음모가 발각되고 만다. 원래 의엄은 정여립과 한패였다가 반란이 실패하면 죽을 것을 두려워하여 관아에 알린 것이다.

정여립은 아들 정옥남과 함께 진안의 죽도(竹島)로 도망갔다가 칼로 목을 찔러 자결했고, 정옥남은 살아남아서 한양으로 끌려와 고문을 받다가 죽었다. 그 밖에도 정여립의 반란과 연루되어 목숨을 잃은 사람이 무려 1000여 명에 이르렀다.

반란은 실패했으나 조선 왕조를 뒤엎으려 했던 정여립은 죽은 이후에도 사람들에게 깊은 인상을 남겼다. 일설에 의하면, 조선 시대에 유행한 예언서인 《정감록》이 말하는 구세주인 정도령이 바로 정여립에서 유래했다고 한다.

미륵을 자처한
이금(伊金)과 여환(呂還)

　자고로 나라가 망하는 단계에 이르거나 혹은 세기말의 분위기가 되면, 곳곳에서 "이제 곧 세상이 끝나는 종말이 온다! 나를 믿고 따르는 자들만 살아남는다!" 하고 외치는 사이비 종교인들이 판치기 마련이다. 한국에서도 고려와 조선 시대에 종말을 주장하는 예언자들이 존재했다.

　고려의 역사를 기록한 《고려사절요(高麗史節要)》와 《신증동국여지승람(新增東國輿地勝覽)》 등의 문헌에 의하면 고려 우왕(禑王) 무렵인 1382년, 이금(伊金)이라는 예언자가 나타났다고 한다. 이금은 현재 경상남도 고성(固城) 출신인데, 자신이 일종의 구세주인 미륵불(彌勒佛)이라고 주장하면서 백성을 상대로 이런 말을 퍼뜨렸다.

　"나는 미륵불이며, 불교의 창시자인 석가모니를 이 땅에 나타나게 할 수 있다. 나 이외에 다른 신들한테 기도를 하거나 제사를 지내는 자나 말과 소와 고기를 먹는 자 또는 재물을 남한테 나누어주지 않는 자는 모두 죽을 것이다. 만일 내 말을 믿지 않는다면, 3월에 해와 달이 모두 사라져버릴 것이다."

　이금의 선전을 그대로 믿은 많은 백성이 그에게 쌀과 비단과 금과 은을 바쳤다. 소와 말의 고기를 먹지 않고, 자신이 가진 재물을 남한테 나눠주었다. 자기 말이 먹혀드는 것을 본 이금은 "나는 산과 강의 귀신들을 일본에 보내어 왜구들을 사로잡을 수 있다"라는 새로운 선전을 하며 백성을 현혹했다.

이금의 주장을 가장 잘 믿은 이는 무당들이었는데, 그들은 이제까지 자신들이 섬기던 성황당(城隍堂)과 사묘(祠廟, 사당)에 모신 신위(神位, 신의 이름을 적은 나무 조각)를 철거하고 이금을 부처같이 섬기며 그한테 복을 빌었다.

종화(從和)라는 이름을 가진 불량배와 무리는 자신들을 이금의 제자라고 속이고 다녔으며, 그들이 나타나면 마을의 지방 관리들은 객관으로 초대해서 대접을 하기도 했다. 판사의 벼슬을 지냈던 양원격(楊元格)이란 사람도 이금을 섬기는 신도가 되었을 만큼, 이금의 위세는 대단했다.

하지만 이금과 그를 따르는 무리가 지금의 충청북도 청주(淸州)에 나타나자, 청주 목사인 권화(權和)는 이금을 포함한 5명의 우두머리를 따로 유인한 다음 재빨리 묶어서 가둬버렸다. 그러고는 이 사실을 조정에 알렸다. 조정에서는 그들을 모두 죽이라고 명하여 이금 등 5명은 목이 잘려 죽었다. 양원격은 달아났다가 붙잡혀서 곤장을 맞고 귀양을 가다가 죽었다. 이리하여 한때 기세등등했던 이금의 무리는 허무하게 몰락하고 말았다.

이금의 죽음으로부터 300년 후인 1688년에는 여환(呂還)이라는 승려가 민간에 요망한 소문을 퍼뜨리며 반란을 일으키려다 실패한 일이 있었다. 여환은 강원도 통천(通川) 출신으로 황해도 백성을 상대로 이런 소문을 퍼뜨렸다.

"나는 3년 동안 공부를 하여 도(道)를 깨우쳤다. 일찍이 강원도 김화(金化)의 천불산(千佛山)에서 수행을 하다가 7개의 별(七星)이 나에게 내려와 삼한(三韓, 마한과 진한과 변한으로 한국의 별명)을 주었다. 이제 석가모니의 운수는 끝났고, 앞으로는 미륵이 세상을 다스린다. 또한 이 세상은 오래갈 수가 없으니, 용이 곧 아들을 낳아서 나라를 다스릴 것이다. 경기도 양주(楊州)에 정씨 성을 가진 사람이 있으니 그가 바로 정성인(鄭聖人,《정감록》에서 말하는 구세주인 정도령)이고, 그의 아내인 무당이 곧 용녀부인(龍女夫人)인데, 그들은 구름을 일으키고 비를 오게 하는 신비한 힘이 있다."

당시는 숙종 임금 14년이었는데, 심한 흉년이 들어 곳곳에서 민심이 흉흉하던 때였다. 여환의 선동은 불안한 백성들에게 매우 잘 먹혀들었고, 순식간에 여환을 따르는 자가 많아졌다. 여환은 그들을 상대로 "7월에 한양은 큰비가 내려서 산이 무너지고 궁궐도 지킬 수 없게 된다!"라고 주장했다. 7월 15일에 여환과 그 일당인 황회와 정원태 등은 각자 칼과 갑옷과 투구 등의 군장을 준비했다. 한편 여환의 아내인 원향은 남자 옷으로 갈아입고 한양 안으로 몰래 들어가서 비 오기를 기다렸다가 대궐을 침범하기로 약속했다.

그러나 그날 비가 오지 않자 여환은 하늘을 우러러보며 '나의 공부가 다 이루어지지 못해서 하늘이 아직 응해주지 않는구나'라고 탄식하면서 삼각산에 올라가 경문을 외며 하늘에 빌어 비가 내리기를 기원했으나 아무리 빌어도 한양은 무사했다. 결국 여환이 꾸민 계획은 모두 수포가 되었다. 이 일로 여환 일당은 의금부에 체포되어 모조리 목이 잘려 죽었다.

6

기상이변과 자연재해

057 사람의 얼굴 모습을 한 우박

지난 6월 1일 충청북도 괴산군 연풍면에 10~20분 사이 지름 1센티미터 크기의 우박이 쏟아져 59만 9608제곱미터에 해당하는 154개 사과 농가가 큰 피해를 보았다. 짧은 시간이지만 큰 피해를 줄 정도로 우박의 위력은 실로 무시무시하다. 조선 시대에도 우박은 일상에서 자주 목격하게 되는 두려운 기상이변이자 자연재해 중 하나였다.

《조선왕조실록》의 초기 부분인 《태종실록》 기록에서부터 우박은 나라와 백성에게 큰 해를 끼치는 자연현상으로 등장한다. 1401년 3월 25일자 《태종실록》 기사를 보면, 지금의 전라북도 완산(完山)에 우박이 내렸는데 그 크기가 탄환(彈丸)만 해서 밀과 보리 및 뽕나무와 삼나무가 손상되었다는 내용이 실려 있다. 여기서 언급된 탄환은 총기에 들어가는 총탄이 아니라 쇠나 돌로 만든 둥근 구슬을 말한다. 조선 시대까지만 해도 이런 탄환을 탄궁(彈弓)이라는 활로 쏘았는데, 오늘날 아이들이 가지고 노는 장난감인 새총처럼 사냥이나 놀이에 쓰이는 무기였다. 탄환은 그 크기가 2센티미터 내외이니 《태종실록》에 언급된 우박이 그 정도 크기였던 듯하다.

같은 해인 1401년 4월 13일자 《태종실록》에는 앞선 기록보다 더 큰 우박이 등장한다. 지금의 지리산(智異山)과 경상북도 안동의 일직현(一直縣)에 크기가 주먹만 한 우박이 내렸는데, 그 두께가 3촌(9센티미터)이나 되어 내린 지 사흘이 되어서야 녹았고 우박에 맞아 벼가 손상되고 풀과 나무도 누렇게 변했다고 언급된다.

4년 후인 1405년 4월 4일자《태종실록》기사를 보면, 크기가 무려 배(梨)만 한 우박이 충청도 청주(淸州)와 태안(泰安)과 예산(禮山)에 내려서 곡식이 상했다고 한다. 조선 시대의 배는 품종 개량이 되지 않은 것이라서 지금보다는 작았을 테지만, 그래도 크기가 10센티미터 정도는 되었을 테니 정말로 큰 우박이 내렸다는 사실을 알 수 있다.

이렇게 큰 우박이 내렸는데 죽거나 다친 사람이 없었을까? 물론 있었다. 1409년 4월 24일자《태종실록》기사를 보면, 경상도 삼기현(三岐縣)에서 벼락과 천둥이 치면서 탄환만 한 크기의 우박이 내렸는데, 어떤 사람이 밭으로 달려가다가 우박에 맞아서 죽은 일이 있었다고 한다. 또한 꿩과 뱀과 까마귀와 참새 같은 짐승도 우박에 맞아 많이 죽었다고 언급된다.

한편 우박이 전국적으로 내려서 문제가 된 일도 있었다. 1411년 5월 10일자《태종실록》기사를 보면, 경기도와 충청도와 강원도와 전라도 등 전국 각지에 우박이 내려 온 종일 녹지 않고 삼(麻)과 보리를 상하게 했다는 내용이 보인다. 또한 우박이 오랫동안 녹지 않는 일도 있었다. 1412년 5월 16일자《태종실록》기사를 보면, 황해도 서흥군(瑞興郡)에 우박이 내렸는데 크기는 탄환에서 주먹만 했으며, 내린 지 무려 6일이 지난 다음에야 비로소 녹았다고 한다. 이 우박으로 벼가 손상되고 새들이 맞아 죽었다는 기록도 있다.

《조선왕조실록》곳곳에 우박이 내려 곡식이 상하고 사람들이 죽거나 다친 기록이 있는데, 이런 대자연의 현상 앞에서 조선의 왕들은 어떻게 행동했을까? 조선은 지금처럼 법(法)으로 다스리는 나라가 아니라 덕(德)으로 다스리는 나라였다. 조선의 왕들은 세상의 모든 이치가 덕과 관련되어 있어 덕이 쇠하면 하늘의 기운이 흐트러지고 날씨가 나빠져서 사람에게 재앙이 내린다고 믿었다. 자연히 우박 역시 인간의 잘못 때문에 자연의 날씨가 나빠지는 것이라고 해석했다. 고로 우박이 심하게 내리면 조선의 왕들은 백성들 사이에 큰 문제가 있다고 여겼다.

대표적인 예로 1468년 9월 27일 밤에 큰 천둥이 치면서 우박이 내리자, 예종 임금은 "이는 나라 안에 억울한 일을 당한 사람이 많아서 그들의 울분이 하늘에 닿아 일어난 변괴가 아닌가? 혹시 억울하게 잡혀 온 죄수들이 감옥에 얼마나 있는지 알아보라." 하고 지시를 내렸다.

예종의 후계자인 성종 임금은 1477년 7월 1일, 경기도 과천에 앵두 크기만 한 우박이 내려 벼가 상하는 일이 발생하자, 다음 날 "하늘의 재앙이 내리는 것은 다 임금인 과인의 덕이 부족해서다. 지방 관리들이 세금을 지나치게 걷어 백성들을 가난에 시달리게 하여 그 원망이 하늘에 닿아 과인을 꾸짖기 위해 우박 같은 재앙을 내린 일이다. 앞으로 백성들을 더욱 아끼고 사랑해야 한다"라는 글을 발표하기도 했다.

이 밖에도 우박은 전쟁이나 환란 같은 무서운 재앙을 알리는 징조로 인식되기도 했다. 1628년 12월 18일자 《인조실록》 기사와 조선 후기의 학자인 이익이 쓴 책인 《성호사설》에 의하면 지금의 평안북도 창성(昌城)에 사람의 얼굴처럼 코와 눈이 달린 우박이 떨어졌는데, 그 일이 있고 난 뒤에 정묘호란과 병자호란이 일어나 나라가 망할 뻔한 큰 위기가 닥쳤다고 한다. 《성호사설》에서는 그런 우박을 가리켜 인면박(人面雹)이라고 불렀다.

058 태양의 기이한 변화

천문학 기술이 발달한 지금이야 태양이 지구의 그림자에 가려서 잠시 안 보이는 일식이 일어나도 무덤덤하지만, 조선 시대에 일식 같은 태양의 변화가 벌어지면 왕과 신하들이 모여 비상 대책 토론을 할 만큼 중대한 일로 받아들여졌다. 《조선왕조실록》에는 그러한 태양의 변화에 관련된 논의가 많이 실려 있다.

1520년 2월 29일 《중종실록》 기사에 의하면 함경도에서 붉은빛이 태양을 3겹으로 쌌고, 표백을 한 천 같은 하얀 기운이 동북쪽으로부터 태양을 꿰어서 붉은빛의 밖을 둥글게 둘러쌌으며, 태양의 양옆에 각각 붉은 점이 보였는데, 태양과 비슷했지만 태양보다 더 작고 희미했고, 태양의 남쪽에 붉은 기운이 가로질러서 보였는데, 무지개 같으면서도 무지개가 아니었다는 기상 현상이 관측되었다.

이러한 태양의 기이한 변화를 보고받은 중종 임금은 매우 놀랐는지, 자신이 먹는 반찬의 가짓수와 양을 당분간 줄이라고 지시했다. 무릇 지진이나 가뭄 같은 자연재해가 일어나면 조선의 왕들은 "이게 다 과인의 덕이 부족해서 하늘이 벌을 내리는 것이다"라고 여겨 식사를 줄이는 이른바 감선을 하는 것이 관례였다.

1543년 4월 17일 《중종실록》 기사에 의하면 경상도 경주(慶州)에서 같은 해인 1543년 3월 22일에 베(布) 한 폭만 한 높이에 오랫동안 햇빛이 핏빛처럼 보이고 검은 구름의 기운이 해를 가로로 꿰었으며, 해의 둘레에 하얀빛의 테두리가 보이는 현상이 벌어졌는데, 사방에 구름이 전혀 없는 상황에서 하늘의 빛이 침침하다가 얼마 동안의 시간이 흐른 후에야 태양의 기운이 회복되었다고 한다.

이러한 태양의 변화 소식이 조정에 알려지자, 중종 임금은 "하얀 기운과 검은 기운이 태양을 관통했다는 것은 전쟁이 일어날 징조다. 경각심을 가지고 두려워해야 한다. 혹시 변방인 평안도에서 여진족이 쳐들어온다는 나쁜 조짐이 아닐까 우려된다"라는 반응을 보였다.

1550년 11월 28일자 《명종실록》 기사를 보면, 지금의 충청도 아산(牙山)에서 "올해(1550) 11월 14일 진시(辰時, 오전 7~9시)에 해가 장대 두어 개 길이쯤 솟았을 때, 태양의 남북으로 각각 베 두 필 길이의 거리에 해와 같은 형상이 있었는데, 희미한 적색이었고 꼬리 길이는 각각 1장(3미터)쯤 되었다. 남쪽 주변의 둥그런 빛이 먼저 사라지고 북쪽 주변의 것은 한참 후에 소멸되었다"라는 보고서가 조정에 올라왔다.

3년 후인 1553년 3월 18일 《명종실록》의 기사를 보면, 2월 21일 함경도 종성(種城) 지방에 "무지개 형상과 같은 청홍색 운기가 동남방에서 일어나서 점점 옮겨져서 해를 에워쌌는데, 해 둘레의 남쪽과 북쪽에 둥글고 하얀 빛의 테두리가 나타났고, 동쪽에는 마치 연포(練布, 옷감)를 곧게 세운 것과 같은 하얀 기운이 있었으며, 또 서남방에는 쌍무지개가 섰습니다. 또 동북방에서 연포같이 기다란 하얀 기운이 원을 만들며 매우 커졌는데 서북방의 하늘을 반쯤 차지하였고, 남으로 똑바로 해를 꿰었다가 미시가 되자 점점 사그라졌습니다"라는 소식이 조정에 전해졌다.

같은 날 비슷한 기사가 하나 더 올라왔다. 파랗고 검은 기운이 마치 불화살처럼 빠르게 아래에서 위로 올라가서 사방으로 퍼져 분산되었으며, 그 기운이 간 곳에서 쟁반이나 큰 거울이나 그릇만 한 덩어리를 이루고 있다가 한참 후에 없어지는 일도 있었다고 한다. 이 소식을 명종 임금한테 전한 원로 대신인 이준경(李浚慶, 1499~1572)은 "혹시 대마도의 왜구나 함경도에 여진족이 쳐들어온다는 조짐이 아닐까 해서 두렵습니다"라고 우려를 나타냈다.

한편 해가 달에 가려서 하늘이 어두워지는 일식(日蝕) 현상과 관련하여 재미있는 기록이 남아 있다. 1773년 3월 1일 《영조실록》 기사에는 그날 일식이 일어나자, 영조 임금이 일한재(日閑齋)의 뜰에서 잠깐 동안 구식(救蝕, 일식이나 월식의 이변이 있을 때 임금이 해나 달을 향해 기도하며 자숙하는 일)을 했다고 기록되어 있다.

그렇다면 이제까지 거론한 조선 시대에 일어난 태양의 변화는 어떤 현상들이었을까? "하얀 기운이 동북쪽으로부터 태양을 꿰어서…"라는 구절은 하얀 무지개를 가리키는 듯하며, "해 둘레의 남쪽과 북쪽에 둥글고 하얀빛의 테두리가 나타났고"라는 구절은 오늘날에도 종종 관측되는 햇무리 현상을 의미하는 것 같다.

그러나 "파랗고 검은 기운이 마치 불화살처럼 빠르게 아래에서 위로 올라가서 사방으로 퍼져 분산되었으며, 그 기운이 간 곳에서 쟁반이나 큰 거울이나 그릇만 한 덩어리를 이루고 있다가 한참 후에 없어지는 일" 같은 구절은 잘 이해되지 않는다. 혹시 조선 시대에 목격되었던 태양의 변화 중에는 우리가 미처 깨닫지 못한 미확인 비행물체, 즉 UFO와 관련된 내용으로 해석할 여지도 있지 않을까?

059 적조와 해일 현상

　바다에 사는 미생물인 플랑크톤이 갑자기 늘어나서 바닷속 산소가 줄어들고 바닷물의 색깔이 붉게 변하며, 그로 인해 수많은 물고기가 떼죽음을 당해 바닷물 위로 떠 오르는 현상을 적조(赤潮)라고 부른다. 이 적조 현상은 오늘날에도 종종 일어나 어민들에게 큰 걱정거리가 되는데, 과거 조선 시대에도 이런 적조가 종종 발생했다.

　1413년 7월 27일자 《태종실록》 기사를 보면, 전라도와 경상도 여러 곳의 바닷물이 붉어졌다는 내용이 언급된다.

　지금의 전라남도 지역인 순천부(順天府) 장성포(長省浦)에서 그해 7월 15일부터 바닷물이 붉어져 20일에 이르자 거의 검은색이 되었고, 물고기와 새우들이 죽어서 둥둥 떠다녔다고 한다. 또한 지금의 경상남도 부산의 다대포(多大浦) 지역에서도 7월 18일에서부터 20일에 이르기까지 바닷물이 붉게 변하고, 27일에서부터 28일에 이르기까지 또 붉어졌으며, 장성포처럼 물고기가 죽어서 물 위로 떠다녔으며, 바닷물을 퍼서 그릇에 담으면 응집되어 끓인 우유와도 같았다고 한다.

　부산 지역의 절영도(絶影島)에서도 7월 18일에서부터 20일에 이르기까지 바닷물이 붉어졌고, 동래(東萊) 외평(外坪)에서는 21일에 바닷물이 붉어졌고, 부산포(富山浦)에서는 27일에서부터 28일에 이르기까지 바닷물이 붉어졌고, 경상남도 견내량(見乃梁)에서는 21일에 바닷물이 짙게 붉어지며 물고기들이 죽어서 바다 위로 떠 올랐다.

경상남도 번계포(樊溪浦)에서는 21일에서부터 24일에 이르기까지 바닷물이 붉거나 노란색으로 변해서 물고기들이 죽었고, 경상남도 창원부(昌原府) 도만포(都萬浦) 등지에서는 21일에 바닷물이 붉고 검게 변해서 물고기들이 죽었다. 부산의 기장(機張)에서는 20일에 물이 붉고 누렇게 되어 전복과 물고기가 모두 죽어서 바다 위로 떠 올랐다고 전해진다.

이러한 적조 현상을 보고받은 태종 임금은 "하늘의 개(天狗, 요괴의 일종)가 바다에 떨어지면 이러한 변이 있다. 아무래도 해괴제(駭怪祭, 괴물을 흐트러지게 하는 제사)를 지내는 편이 좋겠다"라고 근심하여, 검교(檢校) 공조 참의 최덕의(崔德義)를 전라도에, 판서운관사(判書雲觀事) 애순(艾純)을 경상도에 보내어 해괴제를 지냈다고 한다.

해괴제란 다분히 비과학적인 발상이지만, 오늘날처럼 과학이 발달하지 않은 조선 시대에 적조 현상을 인간의 손으로 해결하기란 불가능했을 테니, 주술적인 방법이라도 동원하고 싶은 것이 인지상정 아닐까 싶다.

한편 적조가 일어난 바다에서 난 해산물을 먹었다가 사람이 죽는 일이 오늘날 종종 보고된다. 적조가 발생한 지역에서는 세균이 평소보다 훨씬 많아지고, 그런 바다의 해산물을 사람이 먹게 되면 설사 같은 식중독 증세를 보이다가 죽게 될 위험성이 매우 높아진다.

한데 조선 시대에도 이런 일들이 보고된 바 있다. 1450년 1월 14일자 《세종실록》 기사에 의하면, 경상남도 거제의 옥포(玉浦)에서 1월 13일부터 바닷물이 누렇고 붉게 변하는 적조가 발생했는데, 그 지역의 바다에서 채취한 홍합(紅蛤)을 캐 먹고 죽은 사람이 7명이나 되었다고 한다. 아마 적조 현상으로 인한 세균 증식의 위험성을 몰랐던 옛사람들이 저지른 실수였던 모양이다.

적조 이외에도 바다에서 벌어지는 자연재해 중에 아주 위험한 것으로 지진해일(쓰나미), 즉 바닷속에서 일어난 지진으로 인해 바닷물이 넘쳐서 육지를 덮치는 홍수를 들 수 있다. 2004년 12월 26일에 발생하여 인도네시아, 말레이시아, 싱가포르, 태국, 인도를 덮쳐 무려 28만여 명의 사상자를 낸 동남아 지진해일과 2011년 3월 13일 일본 동북부 후쿠시마 지역을 강타하여 2만 3000여 명의 인명 피해를 낸 것도 바로 그런 예에 속한다.

조선 시대에도 이런 지진해일 사태가 조정에 보고된 일이 있었다. 1525년 12월 1일자《중종실록》기사에 의하면, 어사(御史) 김섬(金銛)이 중종 임금에게 "함경도에서 바닷물이 언덕 위로 무려 400~500보(步)까지 넘쳐 바닷가에 사는 어부들의 집과 소금을 만드는 가마와 고기잡이에 쓰이는 배들이 모조리 휩쓸려 사라져버렸고, 수많은 백성이 바닷물에 빠져죽었습니다"라는 보고를 올렸다. 아마 해저에서 지진이 일어나 그 여파로 바닷물이 갑자기 넘쳐서 육지를 습격했고, 그로 인해 많은 사람이 뜻밖의 피해를 본 듯하다.

설경구, 하지원 등이 출연한 영화 〈해운대〉는 부산 앞바다에서 일어나는 지진해일을 소재로 제작되어 큰 인기를 누렸다. 역사 속 지진해일을 소재로 판타지적 상상력을 가미한다면 더욱 놀라운 작품이 나올 수 있지 않을까 싶다.

7

신(神)

환인, 환웅,
단군

한국인의 시조로 여겨지는 단군왕검(檀君王儉)이 관련된 단군 신화는 고려 후기 승려인 일연(一然, 1206~1289)이 지은 역사책인 《삼국유사(三國遺事)》에 실려 있다. 《삼국유사》에는 현재 전해지지 않는 사서인 《고기(古記)》를 인용하여 하늘의 신인 환인(桓因)이 단군왕검의 할아버지라고 기록했는데, 일연은 이 환인의 진짜 이름을 석가라제환인타라(釋迦羅帝桓因陀羅)라고 불렀으며, 그 이름의 줄임말이 바로 환인이라고 했다.

여기서 환인의 이름으로 쓰인 '인타라'는 인도 신화에서 하늘과 번개의 신으로 알려진 '인드라'다. 인드라를 불교에서는 제석천(帝釋天)이라고 하는데, 일연은 인도 신화의 신인 인드라가 한국인의 먼 조상이라고 적은 것이다. 하지만 이는 직접적인 사실이라기보다는 불교 승려였던 일연이 한국 신화를 자기가 믿는 종교에 맞춰서 바꾼 것으로 봐야 한다. 고대 그리스인들이 자기네가 믿는 최고신인 '제우스'를 이집트인들의 신인 '아몬'이나 페르시아인들의 신인 '아후라 마즈다'와 같은 신으로 여긴 것처럼 말이다.

그렇다면 환인은 과연 어떤 신이었을까? 아마도 인드라와 비슷하게 하늘의 신이면서 다른 신들을 지배하는 자리에 있는 신으로서, 고대 한민족(韓民族)이 숭배하던 최고신이었을 것이다. 원래 부르던 이름도 환인이 아니라 하늘의 높으신 분을 뜻하는 '하늘'과 '님'이 합쳐진 '하늘님'이 아니었을까? 이 하늘님이 변해서 '하날님'과 '하느님' 및 '하나님'이 된 것이고, 《삼국유사》에 적힌 환인은 한자로 옮긴 이름이었으리라.

여하튼 이 환인에게는 환웅(桓雄)이라는 서자(庶子), 즉 정실부인이 아닌 후궁이나 첩에게서 태어난 아들이 하나 있었다. 환웅은 항상 지상의 인간 세상을 다스리고 싶어 했다고 《삼국유사》에 언급된다. 신화적인 해석을 하자면 환웅은 환인의 다른 아들들과의 권력 다툼에서 불리해지자, 자신이 세력을 잡을 곳으로 천상 세계보다는 지상의 인간 세계가 더 적합하다고 여겼을지도 모를 일이다.

그런 환웅의 뜻을 환인이 알고는 삼위태백(三危太伯)이 인간 세상을 널리 이롭게 할 만한 곳이라고 여기고는 환웅한테 천부인(天符印) 3개를 주어 인간 세상을 다스리게 했다. 여기서 언급된 천부인이 정확히 무엇인지는 알려져 있지 않다. 하늘의 도장(印)이라는 견해도 있고, 청동으로 만들어진 칼과 거울과 방울이라는 주장도 있다.

그렇게 해서 환웅은 자신을 따르는 3000명의 무리를 거느리고 지금의 평안북도 묘향산(妙香山)의 신단수(神壇樹) 밑으로 내려왔다. 신단수는 고대 한민족이 하늘에 제사를 지낼 때 쓰던 나무를 가리킨다. 환웅은 신단수와 그 주변을 신성한 도시라는 뜻의 신시(神市)라고 불렀고, 자신을 가리켜 환웅천왕(桓雄天王)이라 했다.

환웅은 하늘에서 자신을 따라온 세 신, 즉 바람의 신인 풍백(風伯)과 비의 신인 우사(雨師)와 구름의 신인 운사(雲師)와 함께 곡식과 생명, 질병과 법률, 선과 악 등 인간 세상에서 벌어지는 360여 가지의 일을 관리하며 인간 세상을 다스렸다.

그러다가 곰 한 마리와 호랑이 한 마리가 환웅을 찾아와 사람이 되고 싶다고 하자, 환웅은 쑥 한 모숨과 마늘 20낱을 주면서 "너희가 이 두 가지

채소를 먹고 100일 동안 굴 속에서 지낸다면 사람이 된다." 하고 말했다.

그 말을 듣고 곰과 호랑이는 쑥과 마늘을 가지고 동굴 속으로 들어갔는데, 성질이 급한 호랑이는 참지 못하고 뛰쳐나갔으나 곰은 끝까지 참고 견디어 인간 여자인 웅녀(熊女)가 되었다. 환웅이 인간으로 변한 웅녀와 결혼하여 아들을 낳았으니 그가 바로 단군왕검이다.

단군왕검은 한국 역사상 최초의 나라인 고조선(古朝鮮)을 세웠으며, 나중에는 중국 은(殷)나라에서 온 기자(箕子)에게 왕위를 넘겨주고 산속으로 들어가 산신(山神)이 되었는데, 그때 나이가 1908세였다고 전해진다.

《삼국유사》에 단군왕검이 언급된 이후로 조선시대에는 단군에 대한 숭배 사상이 널리 퍼졌다. 1452년 6월 28일자 《단종실록》 기사를 보면 이선제(李先齊)라는 사람이 단종 임금에게 올린 상소문이 나온다. 황해도에서 갑자기 전염병이 발생했는데, 그 이유가 "지난달 황해도 문화현(文化縣)에 있던 단군을 섬기는 사당을 평안도 평양으로 옮겼는데, 그날 이후로 밤중에 마치 귀신처럼 생긴 괴이한 기운이 뭉쳐 다니며 이상한 소리를 냈으며, 마을 사람들이 그것을 보고는 '단군의 사당을 옮긴 탓에 (단군이 화가 나서) 전염병이 발생했다'"는 것이다.

061 해모수(解慕漱)

고구려, 백제, 신라 같은 고대 왕국에 비해 부여는 우리에게 그다지 친숙한 나라가 아니다. 하지만 부여는 고조선 다음으로 한국 역사에서 오래된 나라이며, 고구려와 백제의 뿌리이기도 하다.

유감스럽게도 부여에 관련된 역사 기록은 현재로선 단편적인 내용만이 전해지고 있다. 그나마 부여의 시조인 해모수(解慕漱)에 관한 전설은 고려의 승려인 일연(一然, 1206~1289)이 기록한 역사서인 《삼국유사(三國遺事)》에 실려 있어서 그 윤곽을 알 수 있다. 《삼국유사》의 〈북부여편(北扶餘篇)〉은 지금은 전해지지 않는 《고기(古記)》라는 사서의 내용을 인용해서 해모수에 관해 전하고 있다.

중국 한(漢)나라의 선제(宣帝) 시절인 기원전 58년 4월 8일, 현재 중국 랴오닝성(遼寧省)의 흘승골성(紇升骨城)에 하늘에서 한 명의 신이 내려왔다. 그 신은 다섯 마리의 용, 즉 동쪽을 지키는 청룡(靑龍)과 서쪽을 지키는 백룡(白龍)과 남쪽을 지키는 홍룡(紅龍)과 북쪽을 지키는 흑룡(黑龍)과 중앙을 지키는 황룡(黃龍)이 끄는 오룡거(伍龍車)를 타고 왔다.

하늘에서 용이 끄는 수레를 타고 내려온 신은 자신의 이름을 '해모수'라고 했다. 해모수는 도읍을 정하고 나라를 세워 북부여(北扶餘)라 칭하고는 왕이 되었다. 아들을 낳아 '부루'라는 이름을 지어주고, 자신의 이름인 '해 (解)' 자를 성씨로 삼았다.

《삼국유사》의 〈고구려편(高句麗篇)〉에서는 해모수에 관해서 이렇게 묘사하고 있다. 강의 신인 하백(河伯)의 딸인 유화가 천제(天帝)의 아들인 해모수와 정을 통해서 주몽이라는 아들을 낳았고, 그 주몽이 훗날 고구려를 세웠다는 것이다. 그러니 해모수는 북부여와 고구려의 조상이 되는 셈이다.

아울러 해모수가 천제의 아들을 자처했다는데, 여기서 언급된 천제는 하늘의 신(神) 중 가장 높은 신이며 순수한 우리말로는 '하느님'이라고 부른다. '천제＝하느님'은 제주도 신화에서 하늘과 땅을 모두 다스린다고 하여 천지왕(天地王)이라고도 불렸으며, 훗날 중국에서 도교 신앙이 들어오자 도교의 최고 신인 옥황상제와 같은 신으로 여겨지기도 했다. 19세기 무렵, 서양에서 기독교가 들어오자 기독교 선교사들은 조선인들한테 기독교를 쉽게 전파하기 위해, 기독교의 유일신인 '야훼'의 이름을 하느님(하나님)이라고 성경에 적어서 퍼뜨렸다.

해모수는 자신을 천제의 아들이라고 했는데, 이는 자신이 하늘의 신임을 드러낸 대목이다. 《삼국유사》보다 후대에 작성된 《세종실록지리지》의 〈평양부〉에서는 약간 다르게 해모수를 묘사하고 있다. 우선 부루가 해모수가 아닌 단군왕검의 아들이며, 부루의 신하인 아란불(阿蘭弗)이 "내 꿈에 하느님이 나타나서 '앞으로 내 자손이 나라를 세우러 올 것이니, 너희는 다른 곳으로 옮겨 가라'고 하였습니다"라고 말하자 부루가 도읍을 동쪽 바다의 가섭원(迦葉原)으로 옮겼으며, 그러자 하느님이 태자인 해모수를 부여에 보냈다고 한다.

하늘에서 지상으로 내려온 해모수는 《삼국유사》와 같이 오룡거를 탔다고 언급되었으나, 《세종실록지리지》에서는 그 행렬을 더욱 장대하고 화려하게 묘사하고 있다. 해모수의 뒤를 하얀 백조를 탄 100여 명의 하인이 따랐고, 파랗고 노랗고 붉은 구름이 해모수의 머리 위에 떴으며, 그 구름 속에서 아름다운 하늘의 음악 소리가 울려 퍼지는 등 환상적이고 황홀한 광경이 펼쳐졌던 것이다.

해모수는 웅심산(熊心山)에서 열흘 동안 머물렀다가 비로소 내려왔는데, 머리에는 까마귀의 날개로 만든 관(冠)을 쓰고, 허리에는 용광검(龍光劍)을 찼다. 아침에 세상의 일을 살피다가 저녁이 되면 하늘로 올라갔다고 해서 세상 사람들은 해모수를 가리켜 천왕랑(天王郎)이라 불렀다고 한다.

또한 《세종실록지리지》에는 《삼국유사》에 나왔던 해모수와 유화의 연애 이야기에 유화의 아버지인 하백이 해모수와 도술을 겨루는 장면도 추가되어 있다. 하백이 해모수한테 "만약 당신이 정말로 천제의 아들이라면 신통한 능력을 보여주시오"라고 말하면서 해모수와 도술 대결을 펼쳤다는 것이다. 하백이 잉어로 변신하자 해모수는 물개로 변신해 잉어를 잡으려 했고, 하백이 사슴으로 변해서 달아나자 해모수는 늑대로 변해서 쫓아갔고, 하백이 꿩으로 변해 날아가자 해모수는 매로 변해 쫓아가니 하백이 그제야 해모수를 천제의 아들이라 믿었다고 한다.

062 〈남궁선생전〉의 신들

　조선 중기의 학자인 허균(許筠, 1569~1618)은 〈남궁선생전(南宮先生傳)〉이라는 단편 소설을 썼다. 이 소설에서 주인공 남궁두(南宮斗)의 스승인 선사(仙師)는 수많은 신을 불러낸다.

　정월 보름날이 되자 선사는 8가지의 색깔이 들어간 모자인 방산건(方山巾)을 쓰고, 태양과 달과 북두칠성이 그려진 도포(道袍)를 입고, 둥글고 푸른 옥에 사자를 그린 허리띠를 두르고, 다섯 가지 꽃무늬가 들어간 신발을 신고, 팔각형의 옥으로 만든 막대를 손에 쥐고, 섬돌로 만들어진 전망대 위에 가부좌 자세로 앉았다. 남궁두는 서쪽 방향으로 섰고, 선사의 하인인 동자(童子)는 구석에 섰다.

　그러자 갑자기 전망대 위 두 잣나무에 울긋불긋한 꽃 모양의 등불이 걸리더니, 조금 지나자 산골에 가득한 수만 그루의 나무에 꽃 모양의 등불이 걸렸다. 이 등불에서 피어나는 불꽃이 산을 가득 채워 대낮같이 밝아졌다.

　이상한 모습을 한 짐승들도 나타났다. 곰이나 호랑이 같기도 하고 사자나 코끼리 같기도 했다. 다리가 둘 달린 표범, 날개가 달린 규룡(虬龍, 붉은색을 띤 뿔이 없는 용의 새끼), 뿔이 없는 용, 말의 머리에 용의 몸을 한 짐승, 3개의 뿔을 지니고 사람처럼 선 채로 빨리 달리는 짐승, 사람 얼굴처럼 생겼지만 눈이 3개나 달린 짐승 등 가히 수백 마리의 괴이한 짐승이었다. 이뿐 아니라 코끼리와 노루와 사슴과 돼지처럼 생겼으면서 노란 눈동자와 하얀 이빨과 붉은 털과 하얀 발굽을 지니고 뛰거나 할퀴는 장난을 하는 짐승도 1000여 마리나 되었다.

이윽고 전망대 주위에 온갖 향기가 피어나더니, 허리에 찬 옥 장신구들끼리 부딪치는 소리가 요란하게 들려왔다. 푸른 장삼을 입고 상아로 된 홀(笏)을 들고, 수정옥을 차고 고깔을 쓴 3명의 신이 섬돌 아래에서 허리를 숙여 인사하고는, "동쪽의 극호림(極好林), 광하산(廣霞山), 홍영산(紅暎山)의 삼대신군(三大神君)이 인사드립니다." 하고 말했다. 그들은 모두 붉은 금관을 쓰고 붉은 도포에 옥띠를 띠고, 홀을 단정히 잡고, 구름이 그려진 신을 신고, 칼과 노리개를 찼으며 키가 컸다. 얼굴은 희맑고 길었으며 눈썹과 눈이 밝고 수려했다.

두 번째로 5명의 신이 와서 "봉호(蓬壺), 방장(方丈), 도교(圖嶠), 조주(祖洲), 영해(瀛海)의 오주(伍洲) 진관(眞官)이 인사드립니다." 하고 말했다. 이 다섯 개의 지명은 모두 신선이 산다는 바닷속에 있는 산이었다. 5명의 신은 각자 파란색, 하얀색, 붉은색, 검은색, 노란색 도포를 입고, 3대 신군과 똑같은 관과 패물을 착용하고, 키가 크고 얼굴이 아름다웠다.

세 번째로 10명의 선녀(仙女)가 와서 "동해와 남해와 서해의 장리(長離), 광야(廣野), 옥초(沃焦), 현롱(玄隴), 지폐(地肺), 총진(摠眞), 여궤(女几), 동화(東華), 선원(仙源), 임소(琳宵) 등 10개의 섬에서 온 여관(女官)이 인사드립니다." 하고 말했다. 이들은 전부 꽃을 수놓은 황금색 두건을 쓰고, 붉은 구슬로 만든 장식을 머리에 꽂았으며, 금색 봉황 무늬가 들어간 하얀 저고리에 파란 비단으로 만든 무릎 아래까지 닿는 치마를 드리웠으며, 허리에는 번갯불이 나는 패를 차고, 발에는 파랗고 모가 난 낮은 신발을 신었다.

네 번째로 7명의 장군 신이 와서 "천인(天印), 자개(紫蓋), 금마(金馬), 단릉(丹陵), 천량(天梁), 남루(南壘), 목주(穆洲) 등 칠도(七道)의 사명신장(司命神將)이 인사드립니다." 하고 말했다. 그들은 별이나 산에 살면서 인간의 생명과 죽음을 관장하는 신이었다. 사명신장은 모두 붉은색 두건을 두르고, 가슴과 배를 보호하는 갑옷인 엄심갑(掩心甲)을 둘렀으며, 활집과 화살집을 두 팔에 걸고, 손에는 붉은 창을 들었다. 그들은 붉은색 머리카락과 금빛 눈동자에 용의 수염이 났고, 전체적인 외모는 사자나 호랑이처럼 생겼다.

다섯 번째로 "단산(丹山), 현림(玄林), 창구(蒼丘), 소천(素泉), 자야(赭野) 등 다섯 신이 거느린 산과 숲과 늪과 강과 성황(城隍)의 모든 귀신이 인사드립니다." 하고 말했다. 다섯 신은 사명신장과 똑같이 생겼고, 귀신들은 키가 작거나 컸고, 4개의 눈과 6개의 팔을 지녔고, 젊은 미녀와 늙은 추녀가 섞여 있었다.

이렇게 해서 선사는 모든 신을 만났다. 이를 지켜본 남궁두는 신비한 광경에 넋을 잃고 오랫동안 정신을 차리지 못하다가 다음 날 아침, 선사와 만나 이야기를 나누었다. 선사는 남궁두를 가리켜 "자네는 하늘로 올라갈 신선이 될 인연이 없으니, 산 아래로 내려가서 살게나. 다만 몸과 마음을 깨끗이 하고 좋은 일만 하고 살면서 더러운 음식을 먹지 않는다면, 족히 800년은 살 수 있을 걸세." 하고 말했다.

남궁두는 슬피 울면서 지리산 아래로 내려갔다. 도중에 선사와 머물렀던 곳을 쳐다보니, 거기에는 아무것도 없었다. 선사가 신비한 도술로 자신의 거처를 숨겨버렸던 것이다.

063 바다 폭풍의 신, 설운(雪雲)

경상남도 통영시의 수우도(樹牛島)는 인구 60명 안팎의 작은 섬이지만, 흥미로운 전설이 전해 내려오고 있다. 지금도 수우도 주민들은 설운(雪雲)이라는 초인적인 힘과 용맹을 지닌 인물을 신으로 숭배하며, 매년 10월 보름마다 사당인 지령사(至靈祠)에서 그를 기리는 제사를 지낸다.

수우도의 전설에 따르면 설운의 이력은 이렇다. 옛날 수우도에 어느 부부가 살았는데, 불행히도 그들에게는 아이가 없었다. 부부는 왜 아이가 생기지 않는지를 놓고 걱정이 많았는데, 그러던 중 아내가 아이를 임신하게 되었다. 아이는 무려 1년이 다 되어서야 간신히 태어났으니, 그가 바로 설운이었다.

설운은 다른 아이들보다 키가 크고 영리했으며 힘도 셌다. 그보다 더 특별한 점은 따로 있었다. 설운은 자라면서 몸에 물고기 같은 비늘이 솟아났으며, 허파에는 물고기처럼 아가미가 달렸다. 그래서인지 설운은 보름 동안이나 수영을 하고도 지치지 않았고, 깊은 바닷속으로 들어가 두 손으로 물고기를 잡는 일도 가능했다.

당시 수우도를 포함한 남해안 일대는 일본에서 쳐들어온 해적인 왜구의 노략질에 크게 시달리던 중이었다. 수우도에도 왜구가 쳐들어왔는데, 어느

새 청년으로 자라난 설운은 고향 사람들을 괴롭히고 생선과 쌀 등을 마구 빼앗아가는 왜구를 보고 크게 화가 나서 그들을 응징하기로 마음먹었다.

수우도의 은박산에 올라간 설운은 왜구들을 태운 해적선을 보고는 가지고 간 부채를 꺼내서 그들을 향해 슬슬 흔들었다. 그러자 놀라운 일이 벌어졌다. 조용한 바다에 갑자기 거센 태풍이 불어 해적선이 죄다 바다 밑으로 가라앉아 버린 것이다. 제아무리 사나운 왜구라고 해도 미친 듯이 불어 닥치는 태풍을 당해낼 도리는 없었다.

이 덕분에 남해안 일대에는 태풍을 두려워하여 한동안 왜구가 나타나지 않았고, 주민들은 아무런 걱정 없이 고기잡이에 몰두하며 평화로운 나날을 즐길 수 있었다. 이 모든 것이 설운 덕분이어서 수우도 주민들은 설운을 가리켜 '장군'이라고 부르며 그의 힘과 용기를 칭송했다. 그런데 얼마 후 한양의 조정에 이상한 소문이 퍼졌다.

"지금 수우도에는 사람인지 물고기인지 모를 설운이라는 괴물이 나타나서 섬 주민들을 괴롭히고 있다. 그 때문에 주민들이 고기잡이를 할 수가 없어 살기가 무척이나 어려우니, 나라에서 군대를 보내 하루빨리 설운을 토벌해야 한다."

헛소문을 퍼뜨린 장본인이 설운에게 앙심을 품은 왜구들인지 아니면 설운의 힘을 두려워한 나쁜 관리들인지는 알 수 없다. 좌우지간 조정에서는 설운을 모함하는 헛소문을 그대로 믿어서 호주판관(湖州判官)이라는 관리한테 많은 수의 관군을 보내 설운을 죽이거나 붙잡아 들이도록 명령했다.

하지만 아무리 관군이 많고 훈련이 잘되었다 한들 설운을 상대로는 전혀 힘을 쓰지 못했다. 왜구들한테 그랬던 것처럼 설운이 부채를 흔들면 무시무시한 태풍이 불어 닥쳐 관군과 배를 침몰시켜 버리니, 계속 관군을 보내봤자 모조리 바닷속으로 가라앉아 물고기의 밥이 될 뿐이었다.

관군을 실컷 농락한 설운은 호주판관이 머무는 관아로 쳐들어가 판관을 힘으로 제압한 다음 그의 아내를 납치해 달아났다. 이는 판관이 자신이나 다른 백성을 해치지 못하도록 인질로 삼기 위해서였다. 하지만 판관의 아내는 무서운 여자였다. 그녀는 마음속으로 설운을 '미개한 도적놈'이라고 업신여기면서도, 겉으로는 설운을 향해 "판관은 아내도 못 지킨 못난 남편이니, 저는 이제부터 장군님을 섬기겠습니다"라고 아양을 떨어 설운의 호감을 산 뒤 급기야 설운과 지내며 두 명의 아이까지 낳았다.

이렇게 되자 설운은 경계심을 완전히 풀어버렸고, 그 틈을 노려 판관의 아내는 "장군님한테도 약점이 있는지 궁금해요." 하고 집요하게 물어본 끝에 설운으로부터 "목을 자르고 거기에 메밀가루를 뿌리면, 나는 죽게 된다오"라는 대답을 듣게 되었다.

설운의 약점을 파악한 판관의 아내는 설운이 깊은 잠에 빠진 사이, 먼저 두 아이를 통나무로 만든 배에 실어 바다로 띄워 보냈다. 그러고는 몰래 관군에게 자신과 설운의 위치를 알려서 그들을 불러들였다. 들이닥친 관군이 설운의 목을 칼로 베자 그 목이 다시 몸과 붙으려 했다. 이때 판관의 아내가 메밀가루를 뿌리자 목이 몸과 붙지 못하여 설운은 죽고 말았다.

설운이 죽자 왜구의 침략이 계속되었다. 수우도 주민들은 설운이 지켜주어 왜구가 없던 때를 그리워하여 죽은 설운을 신으로 섬기며 그를 숭배하는 제사를 매년 10월 보름마다 엄숙히 지냈는데, 지금도 그 풍속이 전해지고 있다고 한다.

064 활쏘기의 신, 송징

1629년 2월 25일 조선의 인조 임금 시절, 이충경(李忠慶)을 비롯한 도적들이 반란을 일으켜 나라를 뒤엎으려 했다가 실패하고 붙잡힌 사건이 있었다. 조정에서는 이들을 붙잡아 심문하면서 그 내용을 《추안급국안》에 기록했는데, 그 과정에서 이충경 일당이 송대장군(宋大將軍)이라는 신을 섬기고 있다는 사실이 밝혀졌다.

송대장군은 송씨 성을 쓰는 사람을 '대장군'이라고 높여 부르는 이름이다. 송대장군이 대체 누구를 가리키는 것인지, 많은 사람이 알지 못해 혼란스러워했다. 조선 초기 전라도 담양부사를 지낸 임억령(林億齡, 1496~1568)이 쓴 시(詩)인 〈송대장군가(宋大將軍歌)〉와 〈송장군(宋將軍)〉을 보면, 지금의 전라남도 완도 지역에서 송징(宋徵)이라는 인물이 활동했고, 그가 바로 송대장군(宋大將軍)이며 줄여서 송대(宋大)라고 불렸다는 내용을 남겼다. 그러니까 송대장군의 원래 이름은 '송징'인 것이다.

이 송징이 혹시 임억령이 만들어낸 가공의 인물이라고 볼 사람도 있을지 모르나, 〈송대장군가〉에 의하면 임억령 본인도 그 지역의 노인에게 물어보아서 비로소 알게 되었다고 말하고 있으며, 송징이라는 이름은 조선 중종(中宗) 임금 무렵인 1530년에 나온 지리서인 《신증동국여지승람(新增東國輿

地勝覽)》에도 엄연히 언급되었으니, 결코 임억령이 멋대로 지어낸 허구가 아니다. 《신증동국여지승람》 제37권의 전라도 강진현(康津縣) 편을 보면, 송징에 대해 이렇게 서술했다.

사현(射峴, 활의 고개란 뜻): 완도에 있다. 전설에 이르기를, "옛날에 섬의 주민으로 이름을 송징(宋徵)이라고 하는 사람이 있었는데, 그의 힘과 용기를 당해낼 사람이 없었다. 그가 활을 쏘면 60리 밖에까지 화살이 나가고, 그가 활의 시위를 끊으면 피가 나왔다고 하며, 지금도 반석에 활의 흔적이 남아 있으므로 그곳의 이름을 사현이라 부른다.

호국신사(護國神祠): 현의 남쪽 칠장리(七長里)에 있다. 세상에서 말하기를, '이 신사에서 모시는 신은 송징(宋徵)이다'라고 한다.

〈송대장군가〉에서도 송징의 힘과 위용을 찬양하는 내용이 언급된다. 이 시에서 송징은 그 힘이 산을 뽑아 던질 만큼 강하고, 크고 둥근 눈과 긴 수염을 지녔으며, 산속의 호랑이를 제압하며, 칼이 별까지 닿으며, 허리에 큰 나무와 같은 화살을 지녔고, 활을 쏘면 화살이 60리를 날아 벼랑에 꽂힌다는, 실로 초인적인 용맹을 자랑하고 있다.

그렇다면 송징은 정확히 어느 시대에 활동한 사람이었을까? 〈송대장군가〉에는 송징의 활동 연대가 나와 있지 않지만, 완도 지역의 전설과 민담에 의하면 송징은 고려 말에 원나라와 고려 정부군에 맞서 싸운 삼별초에 가담한 인물이라고 한다. 그는 남해안 일대를 오가는 고려 조정의 곡식 운반선을 빼앗아 얻은 쌀을 굶주린 백성에게 나눠주었고, 그래서 사람들은 송징을 미적추(米敵酋, 쌀을 빼앗는 도적의 우두머리)라 부르며 찬양했다고 전해진다. 아울러 송징은 완도에 성을 쌓고 고려 정부군과 싸웠는데, 그의 용맹이 워낙 뛰어나서 정부군도 그를 이기지 못하고 두려워했다는 내용도 있다. 만약 이 전설이 사실이라면, 이충경 일당이 송징을 신으로 섬긴 이유도 쉽게 알 수 있다. 송징과 이충경 모두 국가 권력에 반기를 든 반란군이었으니까.

송징의 최후는 어떠했을까? 〈송대장군가〉에 의하면 어린 여자아이(전설에 의하면 송징의 딸)가 송징이 가진 활의 시위를 끊자, 송징이 피를 흘리다 죽었다고 언급된다. 이는 마치 중세 영국의 영웅인 로빈후드가 사악한 수녀의 음모에 빠져 피를 흘리며 쇠약해지자, 마지막으로 활을 쏘아보고 죽었다는 전설과 비슷하여 흥미롭다.

오늘날도 완도 지역의 주민들은 송징을 섬기는 사당을 세우고 그를 신으로 숭배하며 제사를 올리고 있다. 특이한 점은 현재 송징이 신라 시대 실존 인물이었던 장군이자 무역상인 장보고와 동일시되고 있다는 사실이다. 하지만 〈송대장군가〉나 완도 지역의 전설에서 송징과 장보고가 같은 인물이라는 내용은 없으니, 어찌 된 영문인지 모를 일이다.

중국 삼국시대에 한나라 부흥의 꿈을 품고 용감히 싸웠으나 손권의 흉계에 빠져 억울하게 죽은 관우가 중국인들에게 신으로 추앙받고 있는 것처럼, 어쩌면 송징은 원나라에 굴복하지 않으려던 고려 백성들의 자주적인 열망으로 인해 죽어서 신이 된 영웅일지 모른다. 큰 뜻을 못 이룬 한을 품고 죽은 영웅의 넋을 달래기 위해 신으로 섬기는 일은 동양의 오랜 전통이니까.

065 고려를 지킨 송악산의 산신령

　옛사람들은 나라마다 그 나라를 지켜주는 수호신이 있으며, 그 수호신은 다른 나라를 지켜주는 수호신과 싸우는데, 수호신들끼리의 싸움에서 이기는 나라가 강성해지고 지는 나라는 망한다고 생각했다.

　이런 사고방식은 구약성경을 비롯한 고대 중동 시절부터 있었다. 동방의 조선도 예외는 아니었다. 1873년 조선 고종 임금 때 서유영이 쓴 야담집인 《금계필담》에는 고려의 수호신과 조선의 수호신끼리 벌인 싸움에 대해 묘사한 내용이 보인다.

　태조 이성계가 조선을 막 세웠을 무렵, 개성에 사는 어떤 사람이 꿈속에서 이상한 사람 한 명을 보았다. 그는 키가 보통 사람보다 훨씬 컸으며, 붉은색의 머리카락과 파란색의 뺨을 지녔다. 그는 동쪽으로부터 바쁘게 뛰어와서 이런 말을 했다.

　"나는 송악산(松嶽山)의 신령(神靈)인데, 삼각산(三角山)의 산신(山神)과 싸웠으나 이기지를 못하고 힘이 다해서 여기로 왔다."

　그러고는 송악산의 신령이 송도 인근의 서강에서 물을 마시는데, 어찌나 많은 물을 마셨는지 서강이 모조리 말라버려 배도 다닐 수 없게 되었다고 한다.

여기서 언급된 송악산은 고려의 수도인 개성에 있는 산이다. 그러니까 송악산의 신령이라고 자신을 밝힌 자는 곧 고려의 수호신이라고 추정할 수 있다. 그가 싸웠다는 삼각산은 오늘날 서울의 북한산을 가리킨다. 삼각산의 산신이란 곧 서울인 한양을 수도로 한 조선의 수호신이라고 볼 수 있다.

그러므로 송악산의 신령과 삼각산의 산신이 싸웠다는 내용은, 고려의 수호신과 조선의 수호신끼리 나라의 운명을 걸고 대결을 벌였다고 해석하면 될 듯하다. 이 싸움에서 조선의 수호신이 이기면서 고려의 수호신은 힘이 약해져 서강의 물을 모조리 마셔버리고는 달아난 것이다.

그런데 왜 고려의 수호신을 하필 송악산의 산신령이라고 설정했을까? 여기에는 전통적으로 한민족이 산을 숭배했던 것과 고려의 수도인 개성을 감싸주는 송악산이야말로 고려를 지키는 수호신이 사는 성스러운 곳이라고 여기던 사람들의 인식에서 비롯된 듯하다. 실제로 거란이 고려에 쳐들어왔던 무렵, 송악산의 산신령이 도술을 부려 산의 나무들이 모두 군사들처럼 보이자 거란 군대가 놀라서 달아났다는 전설도 전해지고 있다.

하지만 《금계필담》을 보면 송악산의 산신령이 삼각산의 산신한테 패배하고 나서도 완전히 자취를 감춘 것은 아니었던 모양이다. 그 이후에도 송악산의 산신령이 언급되는 내용이 나오기 때문이다.

조선이 세워지고 나서 약 200년 후, 동쪽 바다 건너편의 일본은 오랜 내전을 끝내고 막강한 군사력을 갖춰 조선을 침략할 기회만 호시탐탐 노리고 있었다. 그 무렵 조선에는 뛰어난 재상인 이항복이 있었다. 어느 날 그가 집에서 밤을 보내고 있는데 문지기가 급히 들어와서 이런 말을 했다. "지금 이상한 사람이 문밖에 와서는 대감님을 뵙자고 합니다. 어떻게 할까요?" 그러자 이항복은 '비록 겉모습이 이상하다고 해도 일단 나를 만나자는 사람이 있다면 만나는 것이 예의다'라는 생각에서 그를 집으로 들여보내라고 했다. 대문이 열리면서 문제의 인물이 이항복을 만나러 들어왔다.

그는 키가 한 길(3미터)이 넘었으며 흉측한 얼굴 모습에 역겨운 비린내가 온몸에서 풍겼다. 그는 알아들을 수 없는 울음소리만 몇 마디 하다가 곧바로 집을 빠져나가 사라져버렸다.

그 모습을 지켜보던 사람들은 이항복에게 "도대체 저게 어떤 사람인지 아십니까?" 하고 물었다. 이항복은 이렇게 대답했다. "저자는 사람이 아니라 송악산의 산신령일세. 지금 저자는 앞으로 전쟁의 피해가 있을 거라고 말하고 간 것이라네."

송악산의 산신령이 찾아온 날 이후부터 이항복은 나랏일을 걱정하면서 좀처럼 웃지 않았다. 얼마 후 마침내 일본군이 조선을 침략한 임진왜란이 벌어지면서 송악산의 산신령이 한 경고가 옳았음이 증명되었다. 그러고 보면 송악산의 산신령은 비록 나라가 고려에서 조선으로 바뀌었으나 이 땅에 사는 백성을 염려하는 마음만은 간직했던 듯하다.

066 모욕당한 여신, 순군부군(巡軍府君)

　조선 중기의 학자인 허균은 유학자임에도 불구하고 불교와 도교에 심취하여 주위로부터 이단이라는 소리를 들었다. 그는 자신이 쓴 글들을 《성소부부고(惺所覆瓿藁)》라는 문집에 모았는데, 신비스러운 일이 많이 담겨 있어 한국의 판타지 세계관을 이해하는 데 큰 도움을 주고 있다.

　《성소부부고》를 보면 '순군부군(巡軍府君)'이라는 이름을 가진 여신에 대한 흥미로운 내용이 나온다. 광해군이 즉위한 지 2년이 되는 경술년(庚戌年)인 1610년 겨울 무렵, 허균은 조카의 과거 급제에 사적인 개입을 했다는 의혹을 받아 의금부에 갇혔다. 그곳에서 허균은 여러 죄수와 감옥살이를 했다. 죄수들이 나무를 깎아서 남자의 성기를 만들기에 허균이 "그건 뭐 하려고 만드는 건가?" 하고 물었다.

　이에 죄수들이 "순군부군이라는 여신이 있는데, 자고로 여자라면 남자 성기를 좋아할 테니 이것을 만들어 순군부군에게 바치며 복을 빕니다요." 하고 대답했다.

　그러자 허균은 화를 내며 반박했다.

　"죽은 자한테 감정이 있는지 없는지 알 수 없지만, 만약 죽은 자가 감정을 느낀다면 지금 자네들이 하는 짓은 너무나 파렴치한 모욕일세."

그러고는 허균은 잠이 들었는데, 꿈에 16~17세 정도로 보이는 아름다운 여인이 나타났다. 그녀는 자줏빛 실로 짠 저고리를 입고, 엷은 노란색 명주 천으로 만든 치마를 걸쳤으며, 헝클어진 머리에 비녀를 꽂지 않았고, 얼굴도 단장(화장)하지 않은 채 찡그리고 앉아 있다가 허균을 보자 이윽고 용모를 단정히 하고 고개를 숙여 감사하다고 인사를 올리며 말했다.

"선생께서는 정말 지혜로우십니다. 선생께서 죄수들을 꾸짖으며 하신 말씀이 바로 소녀의 생각과 같습니다. 선생을 뵈러 온 이유는 소녀가 품은 원한을 설명해드리기 위해서입니다."

여인은 곧바로 말을 이어나갔다.

"소녀는 여량(礪良, 현재 전라북도 익산) 출신의 양반 가문에서 태어났습니다. 명나라 영락제(永樂帝) 무렵(1402~1424)에 아버지는 찬성사(贊成事)가 되었고 집에는 시녀가 많았습니다. 그때 저는 17살이었으며 아직 시집을 가지 않았습니다. 뜰에는 꽃이 한창 번성하여, 여러 시녀와 뒤뜰에서 달구경을 하다가 혼자 앞채에서 잠자리에 들었습니다.

그런데 웬 불량배가 담장을 넘어와 저를 강간하려 해서, 제가 소리치고 반항하자 불량배가 칼을 뽑아 저의 배를 베고는 남쪽 담을 넘어 이웃에 사는 서생(書生)의 집으로 달아났습니다. 날이 밝자 집안사람들이 추적했더니 핏자국이 그 담장에 있었으므로, 모두 그 서생이 저를 죽였다고 생각하여 순군부의 옥에 가두고 모진 고문을 하자 서생은 고통에 못 이겨 거짓으로 자백했습니다.

소녀는 그 서생이 불쌍해서 옥사를 맡은 관리 유정현(柳廷顯)의 꿈에 나타나서 '내일 낮에 커다란 검은 나비가 판부사(判府事)의 모자 끝에 붙을 것이니 즉시 관리를 풀어 쫓아간다면 범인은 저절로 잡힐 것이다.' 했습니다. 그런 꿈으로 하룻밤 사이에 삼사(三司)의 여러 관원에게 두루 나타났던 것입니다. 날이 밝자 모든 관원이 모여 꿈꾼 내용을 모아보았더니, 모두 부합

했답니다.

이 사실을 괴상히 여겨 기다려보았더니, 한낮이 되자 과연 나비가 판부사 유(柳)의 모자 끝에 앉으므로, 마침내 낭리(郞吏)에게 쫓아가게 해서, 불량배를 말시장(馬市)의 길거리에서 잡았습니다. 나비가 그자의 갓 위에 앉았으므로 그자를 묶어 순군부에 데려왔는데 단 한 번의 신문에 승복하여 베어 죽였습니다.

이로써 소녀의 원수도 갚고 서생의 억울함도 풀렸으므로 순군부의 사람들이 신령스럽게 여겨 제사를 차리며 향불을 올린 지가 지금까지 200여 년이 되었습니다. 하지만 저한테 나무 성기를 깎아 바치는 모욕을 계속하기에 저는 화가 나서 감옥에 갇힌 죄수들이 재판을 못 받고 판결이 늦어지도록 하여 죽게 했습니다. 그러니 이런 어리석음을 선생께서 사람들에게 말해서 멈추도록 해주십시오."

말을 마친 여인은 홀연히 사라졌다. 그녀가 바로 죄수들이 숭배했던 순군부군이었던 것이다. 잠에서 깬 허균은 즉시 죄수들에게 자초지종을 이야기했다. 죄수들은 허균의 말이 옳다고 여겨 나무 성기를 모조리 불태웠다. 그랬더니 곧바로 허균과 죄수들이 풀려났다고 한다.

일반적으로 한국의 전설에서는 여신들에게 나무로 깎아 만든 남자의 성기를 바치지만, 《성소부부고》에 언급된 순군부군은 겁탈당한 원한을 품고 죽은 여신이라 그런 성기 제사를 오히려 싫어하고 벌을 내렸던 듯하다.

067 조령의 신령과 맞선 관찰사

　인간이 신과 싸워서 이기는 일이 과연 가능할까? 전지전능한 유일신을 믿는 종교라면 도저히 불가능하다고 부정할 것이다. 그러나 저자와 연대를 알 수 없는 조선 말엽의 야담집인 《청구야담》에 의하면, 놀랍게도 신과 대결하여 이긴 사람의 이야기가 전해 내려온다.

　경상도 문경새재에는 신을 섬기는 사당 한 채가 있었다. 새재(鳥嶺)를 넘는 관찰사(觀察使, 지금의 도지사와 비슷한 직위)는 반드시 이 사당에 들러서 절을 하고 돈을 거둬 굿을 해야만 지나갈 수 있었고, 만약 그런 일을 하지 않고 그냥 지나가면 반드시 재앙을 당하는 괴이한 현상이 언제부터인지 계속 벌어졌다.

　귀찮은 문제를 당하지 않으려는 사람들은 새재를 지나갈 때마다 사당에 절을 하고 굿을 하고 지냈는데, 어느 날 매우 강직한 성격을 가진 관찰사 한 명은 하급 관리들을 데리고 새재를 지나가다가 문제의 그 사당을 보고는 그냥 지나가 버렸다. 오래전부터 사당의 악명을 들어 잘 알고 있던 관리들이 "예전에 다른 사람들이 하던 대로 하시는 것이 나중에 문제가 없습니다." 하고 건의해도 관찰사는 화를 내며 거부했다.

　"어찌 나랏일을 하는 관리가 한낱 요망한 잡귀신 따위한테 돈을 바치고 절을 할 수 있단 말인가? 나는 그렇게 못 하네."

관찰사는 일행을 거느리고 새재를 그냥 통과했다. 그러자 잠시 후에 맑았던 하늘이 갑자기 흐려지고 먹구름이 가득 끼면서 큰 바람이 몰아치고 많은 비가 쏟아져 관찰사의 행차가 매우 어려워졌다.

보통의 심약한 사람 같으면 '혹시 이건 저 사당에서 섬기는 신의 저주가 아닐까?' 하고 두려워했겠지만, 관찰사는 오히려 분노하여 거느리던 사람들한테 "너희는 새재로 돌아가서 당장 그 사당을 불태워버려라! 만약 명을 어긴다면 살아남지 못할 것이다!" 하고 엄포를 놓았다.

상관의 명령에 화들짝 놀란 관리들은 황급히 새재의 사당으로 달려가서 불을 질렀는데, 화려한 단청을 그린 기와와 기둥이 한순간에 모조리 잿더미로 변해버렸다.

한편 문경의 관사에 도착하여 짐을 풀고 밤에 잠을 자던 관찰사는 꿈에 머리카락이 하얀 한 명의 노인을 보았다. 그 노인은 관찰사를 이렇게 꾸짖었다.

"나는 새재의 사당에서 섬기던 신령(神靈)이다. 너는 무슨 이유로 나에게 제물을 바치지 않고 내 집을 불태웠는가? 모욕에 대한 보복으로 너의 큰아들을 죽일 것이다."

하지만 관찰사는 "어디서 요망한 잡신이 감히 나라의 관리를 협박하는가?" 하고 반발했다. 이에 조령의 신령은 화를 내며 사라져버렸다. 놀랍게도 관찰사가 잠에서 깨어난 아침, 그의 큰아들이 갑자기 죽었다는 연락이 왔다. 관찰사는 황당하고도 슬픈 마음에 일단 큰아들의 빈소를 차렸는데, 그날 밤 그의 꿈에 또다시 조령의 신령이 나타나 "나에게 한 잘못을 사과하고 사당을 복구하지 않으면, 너의 둘째 아들도 죽으리라." 하고 협박했다. 물론 관찰사는 신령을 꾸짖고 쫓아 보냈다. 다음 날 아침이 되자 그의 둘째 아들도 죽었다는 소식이 들려왔다.

연이어 두 아들이 죽자 관찰사는 너무나 슬퍼서 통곡하며 잠에 빠졌다. 그날 꿈에도 조령의 신령이 찾아와 관찰사를 위협했다.

"내 사당을 빨리 복구하거라. 그렇지 않으면 너의 마지막 셋째 아들도 죽게 될 것이다."

하지만 관찰사는 조금도 동요하지 않고, 오히려 크게 화를 내며 신령을 꾸짖고 칼을 뽑아서 그를 찌르려고 했다. 그러자 신령이 황급히 뜰에 엎드리며 말했다.

"내가 당신의 두 아들을 죽인 것은 당신이 올바른 길을 걷기 때문에 내가 도저히 건드릴 수가 없었기 때문이었소. 마지막 남은 당신의 셋째 아들은 앞으로 정승의 벼슬을 하고 건강히 오래 살 것이오. 나는 이만 가보겠소."

관찰사는 신령에게 "앞으로 다시는 지나가는 사람들한테 제물을 바치라고 요구하거나 재앙을 내리지 마라." 하고 꾸짖었다. 신령은 그러겠다고 약속한 뒤 사라졌으며, 그 일이 있고 난 뒤 문경새재에는 어떤 재앙도 나타나지 않아 사람들이 무사히 지나갈 수 있었다고 전해진다.

인간이 신과 싸워서 이긴다는 전설은 고대 그리스 신화에서 헤라클레스가 신들과 싸워 이긴다는 내용에서 보듯이, 그 기원이 매우 오래되었으며 결코 이상한 일이 아니다. 강한 인간의 의지와 용기는 신조차도 막을 수 없다는 믿음이야말로 인류의 정신문명 속에 전해 내려오는 유산이 아닐까?

068 신명대왕(神明大王)

　조선 중기의 학자인 허균이 남긴 《성소부부고》라는 문집의 〈왕총기(王塚記)〉 편을 보면 신명대왕(神明大王)이라는 신에 대한 기록이 있다. 황해도의 상원군(祥原郡)에 왕산촌(王山村)이라는 마을이 있는데, 그 마을 북쪽에 우뚝 솟은 산이 있다. 나무가 없는 민둥산인데, 이 산을 가리켜 어떤 사람들은 "산이 아니라, 옛날에 살았던 임금을 묻은 무덤(王塚, 왕총)이다"라고 말하기도 했다.

　선조 임금이 즉위한 지 40년이 되는 정미년(丁未年)인 1607년 7월, 마을에 큰비가 내려 그 왕총이 무너졌다. 그때 마을 사람 중 어린 시절에 승려가 되어 글을 배운 조벽(趙璧)이란 자가 있었다. 왕총이 무너졌다는 소문을 듣고는 '그 안에 무엇이 있을까?' 하는 호기심이 들어 다른 사람들을 데리고 가서 살펴보았다.

　사람들과 함께 온 조벽은 왕총을 둘러싼 소문이 사실임을 깨달았다. 왕총은 산이 아니라 누군가를 묻은 무덤이었던 것이다. 왕총 안에는 시신이 놓인 무덤의 구덩이 부분이 약 두 길(6미터) 정도 되었으며, 꽃무늬가 새겨진 벽돌과, 네 귀퉁이를 돌로 두른 덮개가 나왔다.

　조벽이 그 돌 덮개를 들어보자, 안은 파란색의 옥돌로 덮여 있었고 이음

새는 재로 막혀 있었다. 그리고 옥돌을 치운 덮개 안에는 점토를 구워서 만든 옛날식의 관인 와관(瓦棺)이 놓였고, 풀과 나무로 만든 인형들이 관 속에 놓여 있었으며, 그 밖에도 도자기와 솥과 술잔이 매우 많이 나왔다.

돌 덮개 안의 북쪽에는 불을 켜는 등잔이 있었는데 기름이 반쯤 차 있었으며, 뼈 두 무더기가 아직도 남아 있었다. 남쪽에는 돌로 된 종이 흙 속에 묻혀 있으므로, 씻어서 보았더니 신명대왕묘(神明大王墓)라는 다섯 글자가 쓰여 있었고, 글자의 모습이 크면서 약간 서툴렀다.

조벽은 마을의 노인들을 모아 삼태기와 가래에 흙을 실어 다시 무덤을 덮어버리고는 마을로 돌아갔다. 그러자 며칠 후에 조벽의 꿈에 붉은 옷을 입고 황금 허리띠를 두른 신선처럼 생긴 사람이 나타나, 조벽 및 그와 같이 일한 사람들에게 골고루 이런 감사의 말을 전했다.

"나는 왕의 무덤(王家)의 신이오. 그대들에게 뼈를 묻어준 큰 은혜를 입었으니, 풍년을 들게 하여 보답하겠소."

그 말을 듣고서야 조벽은 그가 무덤의 주인인 '신명대왕'임을 알 수 있었다. 그가 파헤쳤던 무덤은 바로 신명대왕이 죽어서 묻힌 곳이었던 것이다. 신명대왕의 말은 그대로 이루어졌다. 3년 동안 왕산촌에는 계속 풍년이 들어 음식이 넉넉했다. 노인 중에서도 병에 걸리거나 빨리 죽는 사람은 아무도 없었다. 이런 일을 겪게 되자, 조벽은 "신명대왕은 정말 신이었구나!" 하고 감탄하여 훗날 허균에게 직접 자신이 겪은 신명대왕의 무덤에 관한 이야기를 전했다고 허균 본인이 《성소부부고》에 기록했다.

그렇다면 마을 사람들에게 풍년과 장수의 축복을 내려준 신명대왕은 대체 누구였을까? 이 의문에 대해 허균은 "고구려 역사에 신명왕이란 이름이 안 보이니 고구려 사람은 아닌 듯하고, 무덤이 성천(成川)에 가까운 것으로 보아서 옛날에 고구려의 시조인 주몽왕에게 항복한 송양국(松讓國)의 왕이 아니었을까?"라는 추측을 남겼다.

여기서 말한 성천은 지금의 평안남도에 있는 지명이며, 실제로《용재총화》에 보면 성천이 곧 송양국이라고 나오니, 무덤에 묻힌 신명대왕이 곧 송양국의 왕이라는 허균의 추측도 일리가 있다고 본다.

만약 송양국의 군주인 송양왕이 묻힌 무덤이 정말로 왕산촌의 왕총이 맞는다면, 송양왕은 거의 죽은 지 1500년 후에도 혼령이 살아서 신이 되어 사람들에게 은혜를 내려주었다는 말이 된다. 신기한 일이 아닐 수 없다.

069 제주도의 신들

　제주도는 한반도 본토로부터 멀리 떨어진 남쪽의 섬인 데다, 조선 시대 초기까지 탐라국이라는 별도의 국가가 들어섰던 곳이었다. 이 때문에 일찍부터 유교의 지배를 받은 본토보다 고유한 신앙과 문화를 더 오랫동안 간직할 수 있었다.

　한국은 경제성장에 힘입어 1990년대부터 전통문화에 대한 관심이 높아졌는데, 그 덕분에 제주도의 신화는 '우리가 잊어버리고 있었던 진짜 신화!'라는 구호를 달고서 수많은 대중 예술 작품으로 번안되었다.

　지금은 제주도의 신화를 다룬 책이나 만화 등의 매체가 위낙 많다 보니, 여기서는 제주도에서 숭배되었던 신들의 이름과 역할을 간략하게만 소개하고자 한다.

　제주도 신화에서 가장 오래된 신은 도수문장이다. 그는 태초에 세상을 가득 채운 혼돈을 혼자서 반으로 갈라 천지개벽(天地開闢)을 이뤘고, 그리하여 오늘날의 세상을 만들었다. 천지개벽이 끝나자 하늘로 올라가 하늘의 문을 지키는 수문장이 되었기에 도수문장이라고 불린다.

　제주도 신화에서 가장 높은 신은 도수문장이 아니라 천지왕이다. 그는 태초의 혼돈에서 태어나서 하늘로 올라가 하늘과 땅의 모든 신을 지배했다. 그렇기에 하늘과 땅의 왕이라는 뜻의 천지왕(天地王)이라고 불린다. 천지왕은 훗날 중국에서 들어온 최고신이자 하늘의 신인 옥황상제(玉皇上帝)와 동일시되기도 했다. 천지왕은 인간 여자인 '총명부인'과 혼인하여 두 아들인 대별왕과 소별왕을 낳았다.

대별왕과 소별왕은 각각 저승과 이승을 다스리는 신이다. 원래 이승은 대별왕이, 저승은 소별왕이 다스리기로 되어 있었으나, 음산하고 우울한 저승을 싫어한 소별왕이 술수를 부려 형에게 주어진 자리를 빼앗았다. 그러나 소별왕은 무능해서 그가 다스리는 이승은 온갖 범죄와 사고가 끊이지 않는 곳이 되었다. 반면 대별왕은 유능해서 그가 다스리는 저승은 편안한 곳이 되었다고 한다.

강림도령은 원래 인간이었다가 죽은 인간의 영혼을 저승으로 데려가는 저승사자의 일을 맡게 되었다. 그는 인간에게 죽음을 알리는 전령으로, 그리스 신화에서 인간의 영혼을 저승으로 안내하는 신인 헤르메스와 비슷한 역할을 한다.

자청비는 농사에 필요한 곡식의 씨앗을 하늘에서 가져와 땅에 뿌리는 일을 맡은 여신이다.

궤네깃또와 금상은 제주도 신화에서 용맹스러운 장군 신이다. 궤네깃또는 제주도에서 배척을 받아 중국으로 건너가서 중국을 위협하는 북쪽의 이민족들을 쳐부수고 명성을 떨친 후 제주도로 돌아와 신으로 숭배를 받았다. 금상은 하늘과 땅의 신비한 기운을 받아 태어났다. 그의 힘을 두려워한 조선의 왕이 장군들을 불러 모아 죽이려 했으나 금상의 타고난 힘 때문에 실패하고 말았다. 금상은 한반도 본토를 떠나 제주도로 건너가 신이 되었다.

사만이는 큰 부자였으나 죽음을 두려워하여 강림도령을 비롯한 저승사자들한테 후한 대접을 하여 살아남는 방식으로 4만 년이나 목숨을 연장해 왔다. 이런 방법이 들통나서 결국 저승으로 끌려갔으나 오랜 수명으로 인해 사람들의 감탄을 사서 장수(長壽)의 신으로 숭배를 받았다.

사라도령과 그의 아들인 할락궁이는 저승의 먼 서쪽에 있는 서천 꽃밭을 지키는 신들이다. 이 부자(父子)는 보면 죽게 된다는 '수라멸망악심꽃'과 죽은 사람을 살려내는 '뼈오를꽃'과 '살살이꽃' 등 수많은 꽃을 키웠다. 그런 의미에서 이들은 생명과 죽음을 관장하는 신이라고 할 수 있다.

바리데기 공주는 아버지의 병을 고칠 약을 구하기 위해 저승으로 간 효녀였다. 저승의 신인 '무장승'이 자신과 결혼하여 아들들을 낳아줘야 약을 줄 수 있다는 말에 그의 아내가 되어 7명의 아들을 낳은 뒤 약을 받아 이승으로 돌아와 아버지의 병을 고쳤다. 그 이후 바리데기 공주는 치료의 여신으로 제주도에서 숭배를 받게 되었다.

조왕신은 부엌과 가정 살림을 맡아 하는 여신이다. 본래 남선비라는 사람의 아내인 여산부인이었는데, 남선비를 유혹한 사악한 여인인 노일자대에 의해 죽임을 당한 이후 조왕신이 되었다.

측신은 똥과 오줌을 관리하는 측간(화장실)의 여신인데, 원래는 노일자대라는 사악한 여인이었다. 그녀는 조왕신의 남편이던 남선비를 유혹하여 여산부인과 7명의 아들을 모두 죽인 뒤 남선비의 정실부인이 되려고 했다. 그러나 남선비의 아들들이 노일자대의 음모를 막자 달아나다가 죽어서 측신이 되었다고 한다.

8

괴물과 요괴

070 동해의 사악한 식인 괴물, 장인족

　장인족(長人族)은 중국 북송의 문헌인 《태평광기(太平廣記)》에 언급되는 괴물 종족으로 신라 동쪽에 있는 나라인 장인국(長人國)에 산다. 장인국이 어떤 나라인지는 《태평광기》에 나와 있지 않으나, 고려의 역사서인 《삼국사기》를 보면 신라 편에 "전래되는 말로는 동해의 외딴 섬에 대인국(大人國)이 있다고 하지만 이를 본 사람이 없으니, 어찌 (신라가) 활 쏘는 군사를 두어 수비하게 하는 일이 있겠는가?"라는 구절이 언급된다. 장인국과 대인국은 한자만 다를 뿐, 그 뜻은 '큰 사람의 나라'이니 서로 같은 나라를 가리키는 말이라고 볼 수 있다. 그렇다면 장인국은 신라 동쪽의 바다, 곧 지금 동해의 외딴 곳에 있는 섬나라였던 셈이다.

　《태평광기》에 의하면 장인족은 전체적인 생김새가 사람과 비슷하지만 키가 2~6장(약 6~18미터)이나 되고, 이빨과 손톱이 톱과 낫처럼 생겼으며, 손가락은 망치나 몽둥이처럼 크고 굵으며, 동물이나 사람을 잡아먹는다고 한다. 또한 장인족은 몸 전체가 검은색 털로 뒤덮여 있으며, 보통은 알몸으로 다닌다. 하지만 《태평광기》의 설명에서 장인족이 사는 섬에 표류해온 중국인 여자들이 장인족의 강요에 의해 그들이 입을 옷을 지어서 바쳤고 장인족이 그 옷을 입었다는 기록을 본다면, 그들도 옷을 알고 옷을 입는다는 개념을 가지고 있었던 듯하다. 물론 그들이 입은 옷은 인간이 입는 옷과는 전혀 다른 괴이한 형태였다고 한다.

장인족의 목소리는 천둥이 울려 퍼지는 소리 같아서 인간은 장인족이 무슨 말을 하는지 도저히 알아들을 수가 없다는 내용도 있다. 그렇다면 장인족이 어떻게 중국인 여자들한테 옷을 지어 바치라고 했는지 의문이 드는데, 인간들이 입는 옷을 가리키며 손짓과 발짓을 하여 간신히 의사소통을했으리라고 추측할 수 있다.

이 밖에도 《태평광기》에는 장인족이 섬으로 표류해온 인간들을 붙잡아 끓는 물에 넣어 삶아 먹거나, 술을 마셨다는 기록도 있다. 그들이 술을 만드는 기술을 알고 있었는지, 아니면 과일이 저절로 발효되어 생겨난 술을마신 것인지는 알 도리가 없다.

장인족은 인간에 비해 거대한 체격과 강력한 힘을 지녔지만, 그렇다고그들이 상처를 입지 않는 불사신은 아니었다. 《태평광기》에 의하면, 당나라 사신 서문사공(西門思恭)이 장인족의 섬에 표류했다가 탈출하던 도중 키가 5~6장 정도의 장인족이 손으로 서문사공이 탄 배를 잡자, 서문사공이칼을 내리쳐 장인족의 손가락 3개를 자르자 장인족이 고통스러워하며 달아났다는 구절이 있다. 이로 말미암아 보건대, 장인족도 칼 같은 무기에 상처를 입고 고통을 느끼는 생명체였던 것이다.

아울러 《태평광기》에 장인국에는 수천 리에 걸쳐 산맥이 있으며, 산의골짜기에 철관(鐵關)이라 불리는 철문이 세워졌는데, 거기에 활과 쇠뇌를가진 병사들인 궁노수(弓弩數) 수천 명이 지키고 있어서 통과할 수 없다는내용도 있다.

활과 쇠뇌를 갖추고 철관을 지키는 수천 명의 병사가 대체 누구인지는주어가 없어서 명확하지 않다. 장인족이라는 주장도 있으나, 미개한 괴물종족이 요새를 만들고 활과 쇠뇌 같은 복잡한 무기를 갖추었다는 설정은 받아들이기 어렵다.

중국의 역사서인 《신당서(新唐書)》에 의하면 "신라가 동쪽으로 키가 세 길(丈)에 톱날 이빨과 갈고리 손톱으로 사람을 잡아먹는다는 괴물 종족인 장인(長人)과 대치하고 있어서, 신라가 그들을 막기 위해 항상 노(弩, 쇠뇌)로 무장한 수천 명의 병사를 (동쪽 국경에) 주둔시켜 지키고 있다"는 내용이 보인다. 그렇다면 장인국의 철관에 주둔한 병사들은 신라군이라고 봐야 적합하다. 행여 장인족이 바깥세상으로 뛰쳐나가 사람들한테 피해를 주는 사태를 막기 위해서, 신라군이 장인족의 나라에 요새를 세운 뒤 그들의 행동을 감시한다고 해석하면 무리가 없다.

세상의 끝에 주둔한 군대가 인류를 위협하는 괴물을 막기 위해 싸운다는 설정은, 최근 인기를 끈 미국 드라마 〈왕좌의 게임〉에서 장벽에 주둔하면서 사악한 얼음 괴물 '아더'를 막는 나이트 워치나 할리우드 영화 〈그레이트 월〉에서 식인 괴물인 타오 티에(도철)와 싸우는 중국 군대로 다루어질 만큼 아주 매력적인 소재다.

071 저승에 사는 공포의 금돼지

금돼지(金猪)는 조선 중종 임금 무렵, 막강한 권세를 휘둘렀던 신하인 김안로(金安老, 1481~1537)가 지은 《용천담적기(龍泉談寂記)》라는 책에 언급된 괴물이다.

《용천담적기》에 의하면 금돼지는 땅속 깊은 곳의 저승에 살면서 거북이처럼 생긴 벌레들을 종으로 부리고 있는데, 그 벌레들은 저승을 벗어나 인간 세상의 산속에도 한군데 엉켜서 산다고 한다. 벌레이지만 금돼지는 자신의 종들을 무척 아끼며, 만약 어떤 사람이 집을 짓기 위해 땅을 삽으로 파다가 벌레들을 발견하고 불쾌하여 죽여버리면, 크게 화를 내며 도저히 치료가 불가능한 병에 걸리는 저주를 내려 거북이 벌레들을 죽인 당사자와 그 가족까지 모두 죽게 한다.

한편 금돼지는 자신의 영혼을 사람에게 씌우는 빙의 능력도 갖추고 있는데, 금돼지에게 빙의된 사람은 정신을 잃고 미쳐버리는 병에 걸려서 마치 귀신이 들린 것처럼 무겁고 음산한 목소리로 말을 한다.

간혹 금돼지의 존재를 눈치챈 사람이 금돼지를 잡으려 군사를 동원하기도 하지만 소용없는 짓이다. 금돼지는 저승의 깊은 밑 부분에 살고 있어서, 온 나라의 군사를 동원해서 땅을 파헤친다 한들 도저히 금돼지가 사는 곳까지 도달할 수 없기 때문이다.

금돼지는 매우 까칠한 성격을 지녔기 때문에, 심기를 거스르는 일을 하는 사람을 용서하지 않으며, 설령 잘못을 빌어도 자비를 베풀지 않고 반드시 불치병에 걸리는 저주를 내려 죽이고야 만다. 다른 곳으로 이사를 한다고 해도 금돼지의 저주는 도저히 피할 수가 없다.

이런 포악한 금돼지는 과연 어떻게 생겼을까? 한자 저(猪)에는 멧돼지나 돼지라는 뜻이 있지만, 보통은 멧돼지로 쓰인다. 그러니 금돼지는 온몸이 황금 털로 뒤덮인 멧돼지의 모습이 아니었을까 싶다.

《용천담적기》와는 전혀 다른 성격을 지닌 금돼지도 우리 고전 문학에 기록되어 있다. 16세기 후반, 조선에서 나온 저자 미상의 소설인 〈최고운전(崔孤雲傳)〉에는 신라 말기의 유명한 학자인 최치원의 진짜 아버지가 금돼지라고 언급되어 있다.

〈최고운전〉의 내용에 따르면, 최치원의 아버지인 최충이 현재 마산과 창원을 다스리는 지방 관원인 문창령(文昌令)에 임명되었을 무렵인 어느 날, 그의 아내(최치원의 어머니)가 먹구름과 벼락에 휩싸여 사라지는 사건이 일어났다고 한다. 당시 최충은 문창령에 임명되는 사람들은 모두 아내가 사라진다는 소문을 듣고 자신이 문창령에 임명되자 불안해하다가 아내의 손에 붉은 실을 묶어 두었는데, 아내가 사라지는 일이 발생하자 붉은 실을 따라 찾아가다가 일악령이라는 바위 굴에서 그녀를 찾아냈다.

굴속에는 꽃이 가득 피고 처음 보는 이상한 새들이 꽃가지 위에 앉아 있었으며, 용무늬가 새겨진 크고 화려한 장식이 수놓아졌으며 신선들이 들을 법한 음악이 울려 퍼지는 대궐이 있었다. 최충이 그 대궐의 창으로 안을 들여다보자, 방 안에는 금돼지가 아내의 무릎을 베고서 누운 채로 잠들어 있었다. 또한 아내의 주변에는 수십 명의 미녀가 금돼지를 에워싼 채로 시중을 들고 있었다. 그녀들은 최충 이전에 문창령을 지낸 관리들의 아내였는데, 금돼지에게 납치된 것이다.

금돼지는 아내와 대화를 나누었는데, 자신이 있는 곳은 인간의 세상이 아니니 죽음이 없으나 다만 미지근한 물에 적신 사슴 가죽을 뒤통수에 붙이면 죽게 된다는 말을 했다. 이 말을 들은 최충이 차고 있던 칼집에 달린 사슴 가죽끈을 푼 다음 침에 적셔서 금돼지의 뒤통수에 붙이자, 금돼지는 이내 죽고 말았다.

금돼지를 죽인 최충은 아내와 함께 납치된 여자를 모두 데려왔다. 최충의 아내는 곧바로 아들을 낳았는데, 그가 바로 최치원이었다. 최치원이 태어나자 하늘에서 선녀가 내려와 젖을 먹여 길렀고, 또한 하늘에서 수천 명의 선비가 내려와 최치원에게 글과 학문을 가르쳤다. 그래서 최치원은 중국에까지 이름이 알려진 뛰어난 학자가 되었다고 한다.

여자들을 납치한다는 점에서 〈최고운전〉에 묘사된 금돼지를 사악한 괴물이라고 볼 수 있지만, 그런 금돼지가 임신시킨 최치원이 태어나자 하늘에서 선녀와 선비들이 내려와 정성스럽게 돌보았다는 설정을 본다면, 〈최고운전〉의 금돼지는 《용천담적기》의 금돼지와는 달리 신성한 부분이 있어서 하늘이 그 점을 인정하고 금돼지가 남긴 씨앗인 최치원을 도왔다고 보아야 할 것이다.

072 머리 아홉 달린 지하 세계의 거인, 아귀(餓鬼)

판타지에서 가장 중요한 부분은 강력한 힘을 가진 위대한 용사가 사악한 괴물과 싸워 쓰러뜨리는 영웅적인 이야기라고 할 수 있다. 영웅의 모험담이 성공하려면, 그에 필적할 만큼 강한 힘을 가진 괴물 같은 악역이 필요하다.

그리스 신화 같은 서양의 판타지에 비해 한국의 판타지 세계에는 그런 강력한 괴물이 부족하다는 인식이 있으나 자세히 살펴보면 꼭 그런 것만은 아니다. 조선 시대에 나온, 작가와 연대를 알 수 없는 소설인 〈김원전(金圓傳)〉에는 머리가 아홉 개나 달린 지하 세계의 거인이자 사악한 괴물인 아귀(餓鬼)가 등장한다.

이 아귀는 10장(약 30미터)이나 되는 키에 9개의 머리를 지녔으며, 온몸이 다섯 가지 색(검은색, 파란색, 붉은색, 하얀색, 노란색)의 눈부신 빛으로 휘감긴 형태를 하고 있다. 보통 아귀는 나무가 우거지고 수많은 귀신과 짐승이 들끓는 천마산(天魔山) 동굴 밑의 땅속에 산다. 그러다가 종종 인간 여자를 납치하러 지상으로 나오는데, 그럴 때면 큰 바람이 불어서 모래와 돌이 비처럼 날리면서 큰 나무들이 뽑힌다고 묘사된다.

아귀가 정확히 언제 태어났는지는 알 수 없다. 다만 〈김원전〉에 의하면 아귀는 자신의 나이가 억만 년(億萬年)이 되었다고 하는데, 이는 끝없는 세월을 뜻한다. 아귀는 자신도 나이를 알 수 없을 만큼, 매우 오랫동안 살아온 괴물인 것이다.

살아온 세월의 무게만큼이나 아귀는 아주 강력한 능력을 갖추고 있다. 〈김원전〉에서 아귀는 자신이 하늘의 신들이 사는 궁궐(天宮, 천궁)을 마음대로 드나들고, 사해(四海)에 사는 용왕들을 부리며, 신장(神將, 장군 신)들에게 명령을 내리고, 하늘의 최고 신인 옥황상제(玉皇上帝, 원래는 중국 도교의 신이지만, 한국에 중국 도교가 들어온 이후 한국 신화의 최고신인 천지왕과 같은 신으로 여겨졌다)와 지상의 지배자인 황제도 자신에게 감히 명령을 내릴 수 없다며 자랑을 늘어놓는다. 다분히 과장된 표현이지만, 그만큼 아귀가 막강한 힘을 지닌 괴물임을 드러내고 있는 부분이다.

아귀가 입을 벌리면 턱의 윗부분은 하늘에 닿고 아랫부분은 땅에 닿는다. 아울러 아귀는 입을 벌려서 수많은 기병과 보병 및 호랑이와 표범과 늑대 같은 맹수를 토해내며, 사방에 자욱한 안개를 피우고, 천둥과 번개를 불러내며, 화살과 돌을 쏟아내고, 거센 바람을 일으키거나 큰 바위를 적에게 쏟아붓는 능력도 있다. 이 정도면 아귀를 단순한 괴물이 아니라 거의 신(神)의 수준에 도달한 존재로 보아도 무방할 듯하다.

아귀는 천마산 밖으로 나가거나 안으로 들어갈 때 사방이 3리(약 1.2킬로미터) 정도 되는 커다란 바위에 난 구멍을 이용한다. 구멍 안으로 들어가면 아귀가 다스리는 지하 세계가 나온다. 그곳은 지상에서 볼 수 없는 이상한 모습의 꽃과 풀이 우거져 있으며, 번쩍이는 금빛으로 가득 차고 황금빛 글씨로 '천하제일(天下第一) 강산(江山) 구두장군(九頭將軍) 대아문(大牙門)'이라고 적힌 현판이 걸린 커다란 궁궐이 나온다. 여기가 바로 아귀가 사는 집이다.

아귀의 궁궐에는 지상에서 납치해온 3000명의 여자와 자신에게 복종하는 수십만 명의 병사 및 1000마리의 말과 금은보화가 가득하다. 아귀는 혼자서 날뛰는 괴물이 아니라 수많은 무리를 거느린 거대 집단의 우두머리였던 것이다.

아귀를 따르는 병사들은 '작은 아귀(小餓鬼)'라 불리는 장수들이 지휘하는데, 그들은 9척(약 2.7미터)의 키에 8척(약 2.4미터)이나 되는 긴 창을 들고 머리에 두 마리의 봉황 장식이 새겨진 투구를 쓰고, 몸에는 엄심갑을 착용하고 있다.

여자를 납치한다고는 하지만, 아귀는 생식기가 없는 몸이기 때문에 시녀로 부려먹을 뿐이다.

아귀는 온몸에 단단한 비늘이 돋아 있어서 지상의 사람들이 쓰는 보통 칼로는 죽일 수가 없다. 아귀의 몸뚱이는 그가 가진 칼보다 약해서, 아귀의 칼을 빼앗아서 찌르면 이를 막아내지 못한다. 아귀를 완전히 죽이려면 9개의 머리를 모두 베어내야 하는데, 잘라도 잠시 후에 다시 붙어서 살아나기 때문에 머리를 베고 나서 곧바로 재를 뿌려야 붙지 않고 완전히 죽일 수 있다.

이상이 〈김원전〉에 언급된 아귀에 대한 자료다. 그 자신이 강대한 능력을 갖추고 있고, 수십만 명이나 되는 군사를 거느리고 황금 대궐에 산다니, 이 정도면 가히 마왕(魔王)이라 불릴 만하다.

073 천둥과 비를 일으키는 백룡

　동양의 전통 철학인 음양오행설(陰陽伍行說)에 의하면 백룡(白龍)은 서쪽을 담당하고 가을을 상징하며 하얀색으로 나타난다. 대부분의 동양 용이 그렇듯 백룡도 뱀처럼 굵고 긴 몸에 사슴의 뿔 같은 2개의 뿔을 머리에 달았고, 귀신처럼 생긴 무서운 두 눈을 가졌으며, 머리에는 긴 수염이 나 있고, 몸에 달린 4개의 발에는 5개의 날카로운 발톱이 나 있다. 온몸을 휘감은 비늘이 하얀색이라는 점에서 다른 용들과 다를 뿐이다.

　국가 공식 기록인 1518년 12월 25일자 《중종실록》을 보면 백룡과 관련하여 흥미로운 기사가 실려 있다. 중국 명나라에 다녀온 방유령(方有寧)이란 신하가 중종 임금한테 자신이 중국에 머물면서 들은 소문을 말해주는데, 중국에도 백룡이 나타났다고 한다. 그 내용인즉슨 현재 중국 동부 장쑤성(江蘇省, 강소성)의 쑤저우시(蘇州市, 소주) 상숙현(常熟縣)에 1518년 5월 15일 백룡 한 마리와 흑룡 두 마리가 구름을 타고 내려왔다고 한다. 용들은 입에서는 불을 토했고, 그들이 나타나자 천둥과 번개에 비바람이 크게 일어 백성들의 집 300여 채를 휩쓸었으며, 배 10여 척을 공중 높이 빨아올렸는데 조각이 되어 땅에 떨어지자 50여 명의 남녀가 놀라 죽었다고 한다.

　서양의 드래곤처럼 동양의 용도 입에서 불을 토한다는 내용이 실려 있어 흥미롭다. 아울러 용들이 나타나자 천둥과 번개가 치고 비와 바람이 불어 집이 파손되고 심지어 배마저 하늘 높이 날아갔다는 기록은 동양의 용들이 가진 무시무시한 힘이 잘 드러나는 대목이라 하겠다.

1605년 6월 28일자 《선조실록》에도 백룡의 힘이 생생하게 묘사된 기사가 실려 있다. 오늘날 전라북도 익산시의 여산(礪山)에 백룡이 나타나서 그 모습을 전라도 관찰사가 선조 임금에게 보고서로 남겼다. 그 내용을 보면 1605년 6월 13일 신시(申時, 오후 3~5시)에 맑은 하늘의 가운데 백룡이 나타났고, 그 꿈틀거리는 모양을 역력히 볼 수 있었다고 한다. 얼마 후 사방이 짙은 구름과 안개로 뒤덮였는데, 비와 바람이 크게 일어나고 심한 천둥과 번개가 내리쳤으며, 그로 인해 초관(哨官, 종9품의 무관직) 벼슬에 있는 민충일(閔忠一)이란 사람의 집이 비바람으로 무너졌는데 집 안에 있던 물건들과 3살이 된 여자아이가 모조리 바람에 휩쓸려서 공중으로 날아가 사라져버렸다. 또한 80세 되는 민충일의 늙은 아버지와 어머니가 벼락에 맞았는데, 인사불성인 채 목숨이 경각에 달려 있다는 이야기도 덧붙였다.

그런가 하면 전라남도 광양군 백계산(白鷄山)에 있던 절인 옥룡사(玉龍寺)와 관련하여 현지에는 백룡과 관련된 전설이 내려온다. 원래 옥룡사가 있던 자리에는 커다란 연못이 있었는데, 그 연못에는 9마리의 사악한 용이 살면서 마을 주민을 상대로 자주 재앙을 내렸다.

신라 말기의 고승인 도선(道詵 827~898년)이 마을 주민들을 용들의 재앙에서 구해주려는 목적에서 연못에 가서 용들을 상대로 "앞으로 이곳은 부처님을 섬기는 절을 세울 것이니, 너희는 다른 곳으로 가라." 하고 경고했다. 8마리의 용은 도선의 기세에 눌려 떠났으나, 오직 한 마리 백룡은 "여기는 내가 오래전부터 살았던 곳인데, 네가 왜 나가라고 하느냐?"라면서 도선과 맞서 싸웠다.

그때 도선은 들고 있던 지팡이로 백룡의 한쪽 눈을 때려 멀게 했고, 아울러 연못을 뜨겁게 만드는 술법을 부렸다. 이에 백룡은 견딜 수가 없어서 달아났으나 이후 마을에 갑자기 눈병이 퍼져 주민들이 고통을 겪었다. 이는 백룡이 도선에게 당해 한쪽 눈이 먼 것에 대한 복수로 주민들에게 저주를 내렸기 때문이었다.

한데 누군가가 연못이 있던 자리에 숯을 1섬씩 부으면 눈병이 낫는다는 사실을 깨닫고 주위 사람들에게 알렸다. 눈병에 걸린 주민이 모두 1섬씩 숯을 갖고 와서 부었고, 그로 인해 연못이 완전히 메워지자 도선이 그 자리에 옥룡사를 세웠다고 한다.

하지만 도선은 도망친 백룡이 나중에 다시 와서 복수를 할까 봐 옥룡사의 승려들에게 "백(白)이라는 글자가 이름에 들어간 사람은 결코 이 절에 들여보내지 마라"라는 경고를 남겼다. 승려들은 처음에 그 말을 굳게 지켰지만, 도선이 죽고 나서 300년이 지나자 어느새 그 경고도 희미해졌다. 그러던 어느 날 백룡(白龍)이라는 이름을 쓰는 사람이 옥룡사에 들어왔다가 절에 불을 지르고 사라지는 사건이 벌어졌다. 그가 바로 도선에게 쫓겨났던 연못의 원래 주인인 백룡이었고, 복수하기 위해 옥룡사로 들어와 불을 지른 것이다.

옥룡사에 얽힌 도선과 백룡의 대결은 인간 마법사와 전설적인 드래곤의 대결이라는 서양 판타지의 설정과도 매우 비슷하다. 동서양을 막론하고 사람들의 생각은 대부분 통하는 법이다.

074 황해도의 거인족, 우(禹)와 을(鳦)

우(禹)와 을(鳦)은 19세기 조선의 야담집인 《청구야담》과 《금계필담》에 언급된 거인 종족이다.

먼저 우부터 소개한다. 《청구야담》에 따르면 우는 황해도 묘향산에 살고 있는데, 그 키가 무려 8~9장(약 24~27미터)이나 될 만큼 커서 12칸의 방이 딸린 초가집에서 살고 있다. 우도 사람처럼 잠을 자는데, 체격이 너무 커서 초가집의 첫 칸부터 11번째 칸의 방으로 천천히 몸을 구부려 들어와 누워서 잠을 잔다. 우의 키는 너무나 커서 사람들은 고개를 올리고 봐도 겨우 다리만 볼 수 있을 정도였다.

그런 우도 엄연한 생물체인지라 음식을 먹어야 살 수 있었다. 우는 고기를 좋아하는 육식성 체질인데, 보통은 곰과 사슴과 멧돼지처럼 산에 사는 야생동물들을 사냥해 얻은 고기를 익히지 않고 날것으로 먹기를 좋아한다. 물론 소 같은 가축의 고기도 잘 먹는다.

우는 체격이 큰 만큼 목소리도 커서 마치 천둥이 치는 것처럼 우렁찬 목소리를 낸다고 《청구야담》에 언급된다. 이 부분은 중국의 문헌인 《태평광기》에 등장하는 거인족인 장인(長人)과 매우 흡사하다. 다만 사람이 도저히 알아들을 수 없는 언어를 사용하는 장인족과 달리 우는 사람과 의사소통을 할 수 있었다.

혼자서 산속에서 살아갈 힘을 가졌으나, 우는 자기가 사는 초가집에 젊고 아름다운 여자를 데려와서 음식을 차리게 하는 하녀로 부린다. 사람처럼 무리를 지어 살지도 않고, 산속에서 홀로 사는 우가 왜 하녀를 부리는지는 알 수 없다. 개인적인 외로움을 달래줄 친구가 필요했던 것은 아닐지.

우는 어떻게 해서 세상에 태어났을까? 《청구야담》에서는 우의 탄생에 관하여 흥미로운 설정을 하고 있다. 우는 하늘과 땅의 밝은 기운(陽氣)이 뭉쳐서 생겨나는데, 보통은 여인의 자궁 안에 들어가 영웅호걸로 태어난다. 그러나 영웅호걸이 뜻을 펼치지 못하는 불행한 시기가 오면, 우가 되어서 깊은 산속에 숨어 있다가 정치가 어지러워 세상이 혼란스러우면 스스로 목숨을 끊는다. 그래야만 죽어서 흩어진 기운이 다시 뭉쳐 영웅호걸로 태어나기 때문이다. 우가 자살을 하려면 소금을 많이 먹어야 하는데, 보통 소금 200석 정도를 먹는다고 한다.

이제 을을 소개할 차례다. 을이 언급되는 문헌은 1873년 조선 고종 임금 때 서유영이 쓴 야담집인 《금계필담》이다. 이 책에 나오는 을은 전체적인 맥락은 우와 흡사하지만 우보다는 사악하게 묘사된다.

《금계필담》에 의하면 을은 강원도 태백산에 사는데, 키가 한 길(3미터)이고 몸 전체가 털로 뒤덮였는데 머리카락이 땅에 닿을 정도로 길다고 한다. 우처럼 을도 사냥을 하면서 사는데, 멧돼지와 사슴뿐 아니라 호랑이와 표범 같은 맹수들도 잡아서 먹고 산다.

하지만 을이 본래부터 태백산에서 살았던 것은 아니었다. 《금계필담》에 언급된 토정 이지함(李之菡, 1517~1578)의 설명에 의하면, 을은 조선에서 멀리 떨어진 사막의 바닷가 지역에서 살았다고 한다. 그곳이 정확히 어디인지는 적혀 있지 않다. 다만 '사막의 바닷가'라는 표현에서 중동이나 아프리카 및 호주 정도로 추정할 뿐이다.

을은 수컷만 있고 암컷이 없다. 그래서 을은 특이한 방법으로 번식을 한다. 인간 남자와 여자가 성관계하는 모습을 계속 지켜보면 여자가 49일 후에 큰 알을 낳는다. 을이 그 알을 가져가서 돌보면 알을 깨고 을의 자식이 나온다. 을은 인간 남자와 여자가 자신이 요구하는 대로 성관계를 하지 않으면 죽여버리는 잔혹한 습성을 지니고 있다.

《금계필담》은 을에 대해 무서운 이야기를 하나 더 전하고 있다. 을이 나타나는 나라는 반드시 전쟁이 일어난다고 한다. 실제로 을이 태백산에 나타나자 얼마 후 일본군이 조선을 침략한 임진왜란이 벌어졌다는 것이다. 이런 기록으로 추측하건대, 을은 전쟁을 알리는 메신저 역할도 했던 듯하다.

075 함경도의 안개 괴물

　조선의 학자인 임방이 지은 소설인 《천예록》을 보면, 검은 안개와 비슷한 괴물과 싸운 무사의 모험담이 실려 있다.

　함경도는 조선의 북쪽 끝에 있는 변방인 데다, 날씨가 춥고 황무지가 많은 가난한 지역이어서 관리들이 가기를 꺼리는 곳이었다. 아울러 중앙 정부로부터 거리가 멀어서 통제가 제대로 안 되다 보니, 온갖 흉흉한 뜬소문이 나돌았다. 그중에는 "함경도 북쪽의 어느 고을에서 정체를 알 수 없는 괴물이 나타난다. 그래서 어떤 수령이라고 해도 오기만 하면, 열흘을 버티지 못하고 괴물 때문에 죽는다"라는 내용도 있었다.

　처음에 그 소문을 들은 사람들은 가볍게 웃어넘겼으나, 실제로 그 고을에 파견된 수령 6명이 잇달아 죽는 사고가 발생하자, 많은 사람이 소문을 사실이라고 믿어버렸다. 그렇게 되자 그 고을로 파견을 가라는 지시가 내려와도 관리들은 겁을 먹고 회피하기 일쑤였다.

　하지만 함경도의 고을도 엄연히 중요한 조선 땅이니 계속 수령이 없는 상태로 비워둘 수는 없는 노릇이었다. 조정에서는 함경도의 고을 수령으로 보내기에 알맞은 사람을 고르려고 했는데, 이제 막 벼슬을 시작한 힘이 세고 용감한 무관 한 명이 있어 그를 수령으로 임명했다.

주위 사람들은 "무시무시한 괴물이 나와서 수령이 죄다 죽는다는데, 거기로 가서 괜찮겠나?" 하고 걱정하거나 말렸지만, 정작 본인은 태연했다. 그것은 그가 단순히 용감해서만은 아니었다.

'비록 먼 북쪽 변방이라고 해도 한 고을을 담당한 수령 자리가 나한테 온 것은 큰 행운이다. 이 수령 자리를 잘 지내면, 좋은 이력이 되어 나중에 더 높은 벼슬을 얻을 수 있다.'

그런 생각으로 문관은 조정의 지시를 따라 수령의 자리를 받아들여 함경도의 먼 북쪽 고을로 떠났다. 한데 막상 고을의 관아에 와보니, 어딘지 모를 곳에서 썩은 고기에서 나는 듯한 역겨운 악취가 계속 풍기는 것이었다. 영문을 알 수가 없어서 아전한테 "이게 무슨 냄새인가?" 하고 묻자, 아전은 "이 냄새가 풍길 때면 정체를 알 수 없는 괴물이 관아에 나타난다는 신호이니 조심하십시오." 하고 대답했다.

무관은 괴물에 대해 뜬소문 정도로 여기고 신경을 쓰지 않았으나, 평생 한 번도 맡아보지 못한 역겨운 악취를 가뜩이나 춥고 황량한 함경도에서 맡고 있자니 신경이 무척 날카로워졌다. 그는 허리에 긴 칼을 간직하고 다녔는데 이는 괴물이 나타나면 몸을 지키기 위해서였다.

그러는 사이에 고약한 악취는 갈수록 역겨워져서 숨을 쉬기가 어려웠다. 하루에도 몇 번씩 구토가 날 정도로 정신이 어지럽기도 했다. 고을로 온 지 6일 이후로는 관아의 허공에 진한 안개가 자욱하게 깔렸다. 그 안개의 움직임에 맞춰 악취도 이리저리 퍼지며 무관과 주변 사람들을 한층 고통스럽게 했다. 어느덧 시간이 흘러 무관이 온 지 10일째가 되었다. 그러자 아전을 비롯한 관리와 군졸들은 "얼마 안 있으면 그 무서운 괴물이 나타난다"라며 겁을 먹고는 모조리 도망쳐버렸다.

수령은 결국 혼자 관아에 남았다. 하지만 그는 겁을 먹지 않고, 술을 들이켜면서 자리를 지키고 있었다. 거기서 도망가 버린다면, 벼슬에서 쫓겨나고 출세할 길이 막혀버리기에 그는 달아날 수 없었다.

해가 지고 밤이 되자 썩은 악취를 풍기던 안개가 뭉쳐서 약 2~3장(6~9미터) 정도로 커진 상태가 되었다. 안개 덩어리에는 손이나 발, 머리는 없었는데 오직 2개의 눈이 섬뜩할 만큼 번뜩였다. 안개가 관아의 문 안으로 들어와 무관에게 다가오자 마침 술을 잔뜩 마셔서 취기로 용감해진 무관은 허리에 차고 있던 칼을 뽑아서 안개를 향해 힘차게 내리쳤다.

그러자 번개가 내리치는 것과 같은 소리가 사방에 진동했으며, 하나로 뭉쳐 있던 안개가 흩어지더니 흔적도 없이 사라져버렸다. 열흘간 무관을 괴롭게 하던 역겨운 악취도 말끔히 없어졌다. 안개와 악취가 사라지자 무관은 그제야 긴장이 풀렸는지 칼을 관아 마당에 내려놓고는 엎드린 채로 조용히 잠들어버렸다.

밤이 저물고 해가 밝아 아침이 되자 관리와 군졸들은 괴물한테 무관이 당했을 거라고 여기며 관아로 들어왔다. 마침 잠에서 깬 무관이 일어나자 다들 놀라 혼비백산했다. 그 이후로는 두 번 다시 관아에 악취가 풍기는 괴현상은 일어나지 않았다.

악취를 풍기는 안개 괴물은 한국을 포함한 동양의 고전 문학에서 매우 보기 드문 경우에 속한다. 요즘으로 치자면 독가스 같은 화학무기와 비슷한데, 우리 조상들이 이런 일을 18세기에 이미 상상했던 것인지 궁금하기만 하다.

076 바다의 인어

　인어라고 하면 서양의 전설에 나오는 상반신은 사람이고 하반신은 물고기 모습을 한 기이한 생명체를 떠올리기 쉽다. 하지만 인어 전설이 서양에만 있는 것은 아니다. 한국과 중국 및 일본 같은 동양에도 인어 전설이 전해지고 있다. 여기서는 한국의 인어 전설 두 편을 소개할까 한다.

　조선 말의 실학자인 한치윤(韓致奫)과 그 조카 한진서(韓鎭書)가 쓴 책인 《해동역사(海東繹史)》의 〈교빙지(交聘志)지〉 편에 나오는 이야기다. 대제(待制) 사도(査道)라는 중국인 사신이 고려에 사신으로 왔다. 날이 저물어 어느 산에 정박하여 머물다가 모래밭을 바라다보니 붉은 치마를 입고 양쪽 어깨를 드러낸 채 머리를 산발한 여인이 있었다. 여인의 팔꿈치 뒤에는 희미하게 붉은 지느러미가 나 있었다.

　이에 사도가 뱃사람에게 명하여 상앗대로 물속으로 밀어 넣어 부인의 몸이 손상되지 않게 했다. 여인이 물을 만나 자유롭게 움직이더니 몸을 돌려 사도를 바라보고 손을 들어 절하면서 감사를 표하고 그리워하는 듯한 모습을 하다가 물속으로 들어갔다.

　뱃사람이 말하기를, "제가 바닷가에 살지만 이런 것은 보지 못하였습니다." 하니, 사도가 말하기를, "이것은 인어(人魚)다. 능히 사람과 더불어 간

통하는데, 물고기이면서 사람의 성질을 가진 것이다." 했다.

이 내용대로라면, 붉은 치마를 입고 양쪽 어깨를 드러낸 채 머리를 산발하고, 팔꿈치 뒤에는 희미하게 붉은 지느러미가 나 있는 인어를 고려로 온 중국인 사신이 보았다는 것이다. 서양의 인어들은 모두 벌거벗은 모습인데, 고려 때 발견된 인어들은 옷을 입은 것으로 묘사되어 있으니 매우 특이하다고 할 수 있다.

그런가 하면 광해군 무렵에 처형당한 학자인 유몽인이 지은 야담집인 《어우야담》에도 인어와 관련된 이야기가 실려 있다. 강원도 북쪽 흡곡현(歙曲縣)의 고을 수령을 지낸 김담령(金聃齡)이 바닷가 어부의 집에서 인어를 보았다고 한다.

어부는 김담령에게 자기가 고기를 잡으러 바다에 나갔다가 인어 6마리를 잡았는데, 두 마리는 창에 찔려 죽었고 나머지 네 마리는 살아서 집으로 붙잡아왔다고 했다. 김담령은 그 말을 듣고 호기심이 생겨서 어부가 잡아온 인어들을 직접 살펴보았다. 인어들은 모두 4살 아이 정도의 크기에 얼굴은 아름다웠고, 검은색의 머리카락과 노란색의 수염과 눈동자를 지녔으며, 몸의 빛깔은 붉은색과 하얀색으로 이루어졌고, 등에는 약한 검은색 무늬가 있었으며, 사람과 똑같이 남자와 여자의 생식기가 달렸고, 손가락과 발가락 사이에 주름진 무늬가 보였다고 한다.

그 인어들을 무릎에 앉히자 하얀 눈물을 흘리는 모습을 불쌍하게 여겨 김담령이 어부더러 인어들을 바다에 놓아주라고 하자, 어부는 "인어의 기름은 오래 놔두어도 상하거나 썩지 않고 냄새도 안 납니다." 하며 아쉬워했다.

김담령은 억지로 인어들을 빼앗아 바닷가로 데려가 놓아주었다. 그러자 인어들이 거북이처럼 헤엄쳐 갔다. 어부는 김담령에게 "저 인어들은 아직 어린 것들이고, 진짜 큰 인어는 사람과 똑같은 크기입니다"라고 알려주었다.

《어우야담》은 계속해서 인어에 관해 설명하고 있는데, 강원도 동북부 간성(杆城)의 어느 어부가 눈처럼 새하얀 피부를 가진 인어 한 마리를 잡았다고 한다. 장난삼아 희롱을 하자 인어는 즐거워하며 웃기만 했다. 이 인어는 사람과 똑같은 생식기와 신체 구조를 가지고 있어서 바닷가의 사람들은 암컷 인어를 잡으면 연못에 가두어 기르며 때로는 성관계를 하기도 하는데, 그 모습이 사람과 똑같다는 내용도 덧붙였다.

이 밖에도 한국의 남해안 일대에는 인어를 보았다거나 인어와 인간 남자가 결혼했다는 식의 전설과 민담이 많이 전해진다. 그런 인어 전설이 조선 시대 후반기까지 구술로 전해지다 《어우야담》과 《해동역사》라는 책에 실린 것이다.

바다에 살면서 사람과 똑같이 생겼으며 사람과 감정을 나눌 수 있는 아름답고 신비한 생명체인 인어 이야기는 SBS TV 드라마 〈푸른 바다의 전설〉의 모티프가 되기도 했다. 상상력을 조금 가미하기만 한다면 한국형 판타지를 만들려는 사람들에게 인어는 좋은 소재가 될 듯하다.

077 둔갑하는 여우

동서양을 막론하고 옛날부터 여우는 음흉한 짐승으로 여겨졌다. 우리네 조상도 대부분의 경우 여우를 그렇게 보았다. 조선 후기의 학자인 이익은 그가 쓴 책인 《성호사설》의 〈만물편〉에 '여우 도깨비(狐魅)'라는 항목을 따로 적기도 했다.

이익은 옛 기록을 인용하여 "여우가 100년을 묵으면 아름다운 여인으로 둔갑할 수 있는데, 특히 사람의 해골을 머리에 덮어쓰고 북두칠성을 향해 절을 하면서 사람으로 변한다"는 내용을 기록했다. 유학자인 이익은 그런 전설을 허황된 것이라고 단정하면서도, "지금 들판에서 가끔 여우를 만나는 사람들은 여우가 사람의 모습으로 둔갑해서 정신을 어지럽게 만든다"라며 자신이 거느린 늙은 종이 한 이야기를 전한다.

"소인이 일찍이 산골짜기에서 해가 저물 무렵 밭을 매다가 여우가 앞으로 지나가는 것을 보았습니다. 양쪽 앞발로 주둥이를 끼고 어떤 사람과 함께 걸어가는데 네댓 걸음 걷고는 갑자기 사방으로 달리다가 또 여전히 걸어갑니다. 주둥이와 발이 모두 희게 보이는 것이 껌껌한 무렵에는 완연히 사람 모습과 같습니다. 저는 그런 것만 보고 집으로 돌아왔는데, 조금 지난 후에 어떤 장사군 몇 사람이 엎치락뒤치락하면서 찾아와 말하기를, '오는 도중에 얼굴이 하얀 어떤 여자가 길을 막으면서 장난을 치는 바람에 거의 정신을 잃고 도깨비에게 홀릴 뻔했다'고 하기에 자세히 물어보았습니다. 그가 본 것이 소인이 만난 여우가 틀림없는바, 세상 전설에 여우는 사람 해골을 덮어쓴다는 말이 허황한 것이 아님을 비로소 알게 되었습니다."

사람의 해골을 덮어쓰고 여우가 둔갑한다는 이익의 주장과 비슷한 내용의 전설이 충청남도 홍성군에도 전해진다.

옛날 홍성군에 두 형제가 살았다. 그들의 부모가 죽자 욕심이 많았던 형은 죽은 부모가 물려준 재산을 몽땅 가로채고는 동생을 빈털터리로 만들어 내쫓아버렸다. 하루아침에 거지가 된 동생은 먹고살기 위해 어쩔 수 없이 소금을 파는 장사를 시작했다.

소금장수가 된 동생은 소금 가마니를 등에 지고 이리저리 돌아다녔다. 하루는 산을 넘어가다 힘들어 쉬던 도중 이상한 광경을 보게 되었다. 소나무 숲에서 여우가 사람의 해골을 덮어쓰고는 공중으로 재주넘기를 세 번 하자, 할머니로 둔갑한 것이다. 할머니로 변한 여우는 산을 넘어갔다. 그 모습을 숨어서 지켜보던 동생은 '사람의 해골을 쓰고 둔갑한 여우라면 분명히 나쁜 짐승일 테고, 사람들한테 해를 끼칠 위험이 크니 내가 뒤따라가서 막아야겠다'라는 생각을 하고는 여우를 몰래 따라갔다.

할머니로 둔갑한 여우는 산을 넘어 큰 마을로 가더니 부잣집으로 들어갔다. 그 집안사람들은 여우를 보더니 "외할머니가 오셨다!"라고 외치며 몰려나와 반갑게 인사를 올리면서 안방으로 안내했다. 그때 여우를 따라온 소금장수가 나서서 사람들한테 "나는 먼 곳에서 온 소금장수인데, 배가 고프니 식사나 한 끼 차려주십시오"라고 부탁하여 잘 얻어먹고는 "대접을 잘 받았으니, 그 답례로 재주넘기를 보여드리겠습니다"라고 말하며 집안사람들을 모두 마당으로 모이게 했다. 그러고는 마당에 멍석을 깔고 재주를 넘다가 곧바로 손에 들고 있던 막대기를 들어 할머니로 둔갑한 여우를 내리쳐 죽여버렸다. 매우 놀란 집안사람들한테 소금장수는 "저 시체를 잘 보시오"라고 말했다. 잠시 후 할머니의 시체는 온몸이 붉은 털로 뒤덮인 불여우로 변했다.

알고 보니 불여우가 덮어쓴 해골은 그 부잣집의 진짜 외할머니였다. 외손자의 결혼식을 보러 산을 넘던 할머니는 도중에 불여우의 습격을 당했고, 외할머니를 잡아먹은 불여우는 할머니의 해골을 머리에 덮어쓰고는 부잣집 외할머니로 둔갑했던 것이다.

자초지종을 알게 된 부잣집 사람들은 외할머니의 원수를 갚아준 소금장수에게 감사의 뜻으로 많은 돈을 주었다. 소금장수는 그 돈을 가지고 많은 땅을 사고 큰 집을 지은 뒤 행복하게 살았다.

그런데 소금장수로 가난하게 살던 동생이 갑자기 부자가 되었다는 소문을 듣고 질투가 난 형이 동생의 집으로 달려와 "이게 어찌 된 일이냐?" 하며 연유를 물었다. 이에 동생은 사실대로 대답했다. 그러자 욕심이 많은 형은 자신도 동생처럼 소금 가마니를 지고 산으로 가서 지나가는 할머니를 쫓아 부잣집으로 들어간 다음 "저 할머니는 둔갑한 불여우다!" 하고 소리치고는 막대기로 때려죽였다.

하지만 그 할머니는 둔갑한 불여우가 아니라 진짜 사람이었고, 살인죄를 저지른 형은 분노한 부잣집 사람들한테 몰매를 맞고 죽고 말았다. 형이 죽었다는 소식을 듣고 달려온 동생은 시체를 거두어 잘 묻어주고는 형의 남은 가족을 보살피며 살았다고 전해진다.

078 털보 거인들의 섬나라에 간 사람들

저자를 알 수 없는 조선 말의 야담집인 《청구야담》에는 털투성이 거인들이 사는 섬나라에 도착한 사람들에 관한 흥미로운 이야기가 실려 있다.

지금의 충청북도 청주(淸州)에 사는 장사꾼 한 명이 미역을 사기 위해 제주도로 갔는데, 그곳에서 두 다리가 잘린 노인 한 명을 보았다. 그 모습을 보고 이상하게 여긴 장사꾼이 "어르신은 무슨 일이 있었기에 다리가 잘렸습니까?"라고 묻자, 노인은 자신이 겪었던 일들을 장사꾼한테 들려주기 시작했다.

노인은 젊은 시절, 20여 명의 동료와 함께 배를 타고 바다에 나간 적이 있었다. 그런데 거센 바람과 파도에 휩쓸려서 어디로 가는지 전혀 방향을 가늠할 수 없는 상황이 하루 이상 계속되다가 마침내 어느 섬에 도착하면서 끝이 났다.

그 섬에는 언덕이 있었고, 그 언덕 위에는 높은 집이 지어져 있었다. 마침 바람과 파도에 시달린 터라 노인 일행은 지치고 목이 말라 "혹시 저 집에 들어가면 주인이 우리를 친절하게 맞아주고, 마실 물과 먹을 음식을 주지 않을까?" 하는 기대를 품고 그 집을 향해 걸어갔다.

막상 집 앞에 도착하자 집의 문이 열리면서 누구도 예측하지 못한 뜻밖의 상황이 펼쳐졌다. 그 집의 주인은 키가 무려 20길(60미터)나 되었고, 허리의 둘레는 열 명의 사람이 끌어안아야 할 만큼 굵었다. 얼굴은 먹물처럼 새까맣고, 두 눈동자는 등잔불처럼 빨갛게 타올랐고, 머리카락과 수염은 붉은 실처럼 생겼다. 게다가 목소리는 마치 당나귀의 울음소리와 같아서 무슨 말을 하는 것인지 한마디도 알아듣지 못했다.

노인 일행을 본 집의 주인, 즉 거인은 큼지막한 두 손으로 일행을 모두 잡아채서는 집 안으로 데려왔다. 그리고 집의 대문을 닫더니 나무 장작들을 가져와서 마당에 쌓아 불을 지르고는 일행 중의 키가 큰 젊은이 한 명을 한 손으로 움켜잡더니 곧바로 장작불에 던져 태워 죽였다. 그런 다음 젊은이의 시체를 잡아서 입으로 가져가더니 게걸스럽게 먹어치웠다. 그걸 본 일행들은 소름이 끼치면서 비로소 사실을 깨달았다. 거인은 무시무시한 식인종이었던 것이다.

사람을 잡아먹은 거인은 큰 항아리에 보관된 술을 실컷 퍼마시고는 천둥처럼 코를 골며 잠들어버렸다. 노인 일행은 도망치려고 했지만 집의 대문이 너무 크고 집 근처를 둘러싼 나무 담장의 높이가 무려 30장(90미터)나 되어서 도저히 뛰어넘을 수가 없었다. 절망에 빠져 일행이 울고 있을 때, 그중 한 사람이 나서서 "이대로 가만히 잡아먹힐 바에야 차라리 우리가 가진 칼로 거인의 눈을 찌른 뒤에 목을 찔러서라도 맞서 싸워보자." 하고 설득하여 모두 그 의견에 따랐다.

자고 있는 거인한테 일행이 달려들어 옷 속에 넣어 둔 칼을 꺼내서 거인의 눈을 찌르자, 거인은 고통스러워하면서 일행을 잡고자 두 손을 휘저었다. 그때 일행은 집의 뒤뜰에 놓인 울타리 안에 양과 돼지들이 60여 마리 있다는 사실을 알고는 재빨리 울타리 안으로 도망쳐 들어갔다.

일행을 잡지 못하고 눈을 다쳐 앞을 못 보게 된 거인은 대문을 열고는 양과 돼지들을 집 밖으로 내보냈다. 가축들이 다 빠져나간 뒤에 남은 일행을 잡으려는 속셈에서였다. 그러나 일행은 각자 양이나 돼지를 등에 지고 나갔기에, 거인이 아무리 손으로 만져봐야 짐승들만 만질 뿐이어서 일행들을 붙잡아두지 못했다.

그렇게 해서 빠져나간 일행은 배로 달려가 타고는 떠날 준비를 했는데, 거인이 언덕에서 크게 소리를 지르자, 잠시 후 거인과 똑같이 생긴 3명의 거인이 나타나더니 배를 향해 몰려왔다. 그들의 덩치가 어찌나 큰지, 한 번 걸을 때마다 거리가 6간(약 10.8미터)이나 좁혀지며 순식간에 일행이 탄 배에 다다랐다. 거인들이 뱃전을 잡고 배를 당겨보려 하자, 일행들은 배의 돛대로 거인의 손가락을 내려찍고 거인들이 고통에 몸부림치는 동안 서둘러 배를 띄우고 바다로 나아갔다. 다행히 거인들은 바다를 건너지는 못하는지, 일행이 도망치는 모습을 보고만 있을 뿐이었다.

간신히 식인종 거인들의 섬에서 벗어났지만, 도중에 심한 태풍을 만나 배가 부서져 일행은 모조리 바다에 빠져 죽었다. 노인은 겨우 부서진 배의 판자 조각을 붙잡고 바다 위를 떠돌다가 그만 악어에게 두 다리를 먹히고 목숨만 건진 상태에서 제주도로 가는 배를 만나 간신히 살아서 돌아왔다고 한다.

이 이야기를 《청구야담》에서는 대인도(大人島), 또는 대인국(大人國) 설화라고 부르고 있다. 노인 일행을 잡아먹은 거인족을 대인(大人)이라 부른 것이다. 물론 그들 스스로가 그렇게 말했던 것은 아니고, 어디까지나 외부인인 조선인들이 부른 이름일 뿐이다.

079 식인벌레이야기

할리우드의 B급 공포 영화들을 보면, 방사능 유출이나 돌연변이 등의 이유로 크고 사나워진 벌레들이 사람들을 공격하여 잡아먹는 장면이 종종 나타난다. 사람보다 작고 나약한 벌레가 사람을 해친다는 설정이 약간 어색하지만, 기발한 상상력이라고 보면 될 듯하다.

그런데 식인 벌레에 대한 괴담은 할리우드 영화 이전에 이미 우리 조상이 상상해낸 소재였다. 아랫글은 조선 말기의 학자, 이익이 쓴 책인 《성호사설(星湖僿說)》의 〈만물편〉에서 참조한 내용이다.

비처럼 쏟아지는 벌레 떼(雨虫)

몇 해 전, 온 나라에서 떠들썩하게 전하기를, "무슨 벌레가 하늘에서 비처럼 쏟아져서 온갖 음식물 속으로 섞여들지 않는 일이 없었다. 생선이나 고기 속에서 흔히 발견되었는데, 하얗고 가늘며 긴 것이 마치 흰 말의 갈기처럼 생겼다. 사방에서 온통 그랬지만 무슨 벌레인지는 알 수가 없다. 이 해에 지독한 병이 많이 퍼지자, 사람들은 모두 이 벌레에 중독되어 그렇다고 한다." 하였다. 이런 사실이 참으로 있었는지는 알 수 없으나 따지고 보면 이런 이치가 역시 있을 법도 하다.

《고려사》를 떠올려보니, "고종(高宗) 33년(1246) 5월에 독충(毒虫)이 비처럼 쏟아졌다. 벌레 몸뚱이가 가는 그물에 싸였는데, 쪼개면 마치 흰 털을 쪼개는 것과 같았다. 음식에 묻어서 사람의 뱃속에 들어가기도 하고 혹은 사람의 살을 빨아먹기도 하다가 죽으므로, 당시에 이 벌레를 식인충(食人虫)이라고 하였다. 여러 가지 약을 써도 죽지 않다가 파즙(葱汁)을 벌레의 몸에 바르니 저절로 죽었다." 하였으니, 이것은 마땅히 기록해두어야 하겠다.

위의 본문대로라면 사람을 해치는 벌레 떼가 하늘에서 쏟아져 내렸다는 것이 꼭 오늘날 공포 영화의 설정과 비슷하다. "생선이나 고기 속에서 흔히 발견되었는데, 하얗고 가늘며 긴 것이 마치 흰 말의 갈기처럼 생겼다" 라는 구절을 보면, 저 벌레들의 모습이 생선 속에 기생하는 고래 회충 같은 기생충 같다. 아마 사람들이 기생충에 감염된 생선이나 고기를 먹었다가 문제가 생겨 죽었던 듯하다. 실제로 고려와 조선 시대의 사람들은 잉어와 붕어 및 쏘가리 같은 민물고기의 살을 썰어 먹는 생선회를 즐겼고, 그 때문에 기생충에 많이 감염되어 건강을 해쳤다고 한다.

이와 경우는 좀 다르지만 우리에게도 유명한 소설 《삼국지》에서 광릉 태수를 지낸 진등은 강에서 잡히는 민물고기로 생선회를 즐기다가 기생충에 감염되었는데, 뛰어난 의사인 화타가 그를 진찰하고 나서 약을 먹이니 머리가 붉고 징그럽게 꿈틀거리는 벌레를 무려 3개의 항아리에 가득 쏟아냈다는 이야기도 있다. 그런데도 진등은 생선회의 맛을 잊지 못하고 계속 먹다가 기생충 감염으로 죽고 말았다.

고기를 익혀 먹는 일을 고집하는 중국인이 생선회를 즐겨 먹었다는 말에 이상하다고 생각할 사람도 있겠지만, 송나라 때만 해도 중국인들은 생선회를 무척이나 좋아했다. 북송 시기에 편찬된 《태평광기》를 보면 "비부국(蚍

蜉國)의 왕자가 낚싯대를 드리워 방어, 잉어, 농어, 쏘가리 등 100여 마리를 잡았다. 그리고 잡은 물고기로 회를 뜨고 음식을 만들라고 명하자, 모두 수십 가지의 음식이 차려졌는데, 그 향기가 이루 말로 표현할 수 없을 정도였다"고 하는 구절이 등장하니까.

여담이지만 나는 초등학교에 다니던 1990년대 초반, 등굣길에 온통 새하얀 털로 뒤덮여 징그럽게 꿈틀거리는 벌레들이 나무와 거리를 뒤덮고 있는 모습을 여러 차례 보았다. 그때는 그 벌레가 대체 무슨 종류에 속하는 생물이며 왜 이런 일이 생겼는지를 전혀 몰랐고, 그저 무섭고 징그럽다고만 여겼다. 그래서 친구들과 같이 그 벌레들을 발로 밟아 죽이는 일을 자주 했다. 어른이 되고 나서 자주 가는 인터넷 커뮤니티 사이트에 그때의 경험담을 올리자, 사람들은 그 벌레가 나방의 애벌레였을 것이라고 답변해주었다. 《성호사설》에 언급된 그 식인충의 정체도 사실은 나방 애벌레의 일종이 아니었을까?

한국의 민담에는 '강철이(꽝철이)'라는 괴물이 등장한다. 조선 말의 학자인 신돈복이 지은 야담집인 《학산한언》에는 강철이에 대해 다양한 견해를 제시하고 있다.

《학산한언》에 의하면 강철이는 사실 용의 한 종류에 속하는데, 강철이가 지나가면 바람이 불어오고 우박이 쏟아져 각종 과일과 꽃이 떨어지거나 시들어 남아나지 않는다고 한다. 《학산한언》이 전하는 강철이 관련 이야기 중 첫 번째는 이렇게 시작된다. 충청도 공주 계룡산 사찰에 용이 나타났다는 소문이 퍼지자 혹시 용을 볼 수 있을까 하는 기대감에 절로 몰려드는 사람이 어찌나 많았던지, 절의 문이 부서질 정도였다고 한다.

그때 마침 지역을 순찰하던 병마절도사가 절에 사람들이 바글바글 들끓는 모습을 보고 절의 승려를 불러서 왜 저렇게 사람이 몰려드느냐고 물었다. 이에 그 승려가 이렇게 대답했다.

"며칠 전에 비와 바람이 크게 불었는데, 마치 소나 말처럼 생겼지만 전혀 보지 못한 기이한 짐승 한 마리가 하늘에서 우물가로 떨어졌습니다. 혹시 사람들이 보고서 건드렸다가 무슨 문제라도 생길까 봐 풀로 덮어두었는데, 이틀이 지난 후에 구름과 안개가 그 짐승을 덮어버리더니 갑자기 사라졌습니다."

《학산한언》에 나오는 강철이 관련 두 번째 이야기는 이의제라는 사람의 입을 빌려서 전하고 있다. 강원도 철원 지역에 거센 바람이 불고 우박이 내렸는데, 이러한 자연재해를 두고 백성들은 강철이가 연못 속에 있어서 벌어진 일이라고 수군거렸다. 이에 강원도의 철원과 평강과 김화 세 고을의 사또가 연못에 있는 강철이를 없애기로 하고, 사람들을 불러서 불타는 장작을 연못 속에 던져 넣자 잠시 후 연못이 뜨겁게 끓어오르더니 웬 망아지 같은 짐승 한 마리가 연못에서 뛰쳐나왔다. 이때 구름과 안개가 망아지를 감싸더니 곧바로 허공 속으로 사라져버렸고 이내 하늘에서 우박이 떨어졌다고 한다.

이처럼 《학산한언》에 묘사된 강철이는 용이라기보다는 소나 말처럼 생겼다. 그런 모습의 동물을 과연 용이라고 볼 수 있을지 의문이긴 하나 용과 말 사이에서 태어나는 기린(麒麟) 같은 괴물을 떠올려 본다면, 넓은 범주에서 용의 일종으로 생각할 수도 있을 듯하다.

한편 박지원은 《열하일기》에서 강철이에 대해서 《학산한언》과 다른 견해를 제시하고 있다. 《열하일기》에서는 강철이가 뜨거운 열기로 인해 가뭄을 불러오는 일종의 화룡(火龍)이며, 화룡은 사악한 용인데 나타날 때는 구름과 비가 없는 상황에서 번개와 천둥을 동반한다고 한다.

한 예로 청나라 건륭황제가 다스리던 해인 계해년(1743) 3월, 중국 산해관 어양 지역에 화룡 한 마리가 나타나자 갑자기 따뜻한 날씨가 한여름처럼 무더워졌다는 것이다. 화룡이 나타난 근처 100리 안쪽 지역은 펄펄 끓는 뜨거운 열기로 가득 차서 수많은 사람과 동물이 죽어 나갔다고 한다. 오늘날도 무더위가 심해지면 그 고통을 이기지 못하고 사람과 동물이 죽었다는 뉴스가 들려오는데, 옛날에도 똑같았던 모양이다.

화룡이 나타난 부근의 물과 나무와 흙과 돌은 용의 열기에 타버렸으며,

샘물과 우물도 끓어올랐다고 한다. 또한 소와 말 같은 가축의 털과 뼈도 타버렸으며, 물고기마저 화룡의 열기 때문에 타죽어서 언덕처럼 그 시체가 쌓였다고 전해진다. 밖으로 나가면 더워서 집 안에 틀어박힌 사람도 많았는데, 그래도 더위가 가시지 않아 잠시도 쉬지 않고 부채질을 해야 할 정도였다니 얼마나 더웠는지 짐작이 간다.

무더위로 인한 참상을 보다 못한 건륭황제는 얼음을 가득 실은 수레 수천 대를 산해관 밖으로 내보내어 열기를 진정시키려 했다. 그러자 얼음의 차가운 기운을 견디지 못했는지 화룡이 커다란 천둥소리를 울리고 바람을 일으키면서 열흘 만에 떠나갔다고 한다.

화룡이 떠나갈 때 수많은 사람이 집 밖으로 나와서 그 모습을 지켜보았다. 화룡의 모습은 그 뿔이 동쪽 하늘의 구름을 가리고 발톱이 서쪽 하늘의 구름을 가렸으며, 뿔과 발톱의 사이가 최소한 1리 이상이 될 정도로 거대했다고 한다. 또한 입으로는 불을 토해냈고 몸에 난 비늘마다 번개로 번뜩였다고 전해진다.

그런가 하면 강원도 강릉 지역에는 강철이의 일종으로 보이는 독특한 괴물에 얽힌 이야기가 전해진다. 강릉에 가뭄이 무척 심해서 고을 사또와 주민들이 농사를 망칠까 봐 걱정을 했는데, 하루는 하늘에 먹구름이 뒤덮이며 비가 올 듯하다가 관아의 남쪽 부근에서 갑자기 이상한 기운이 일어나며 먹구름이 사라져버렸다. 그 모습을 지켜본 사또는 이상한 기운이 나타난 곳을 찾아갔다. 그곳은 관아의 남쪽 논 가운데에 있는 웬 무덤이었다.

사또는 인근 주민들을 불러 무덤에 묻힌 사람이 누구냐고 물었다. 주민들은 "어제 거지 하나가 와서 밥을 먹다가 저녁때 보니까 죽어 있기에 무덤을 만들어서 묻어주었습니다." 하고 대답했다. 이에 사또는 무덤을 파헤쳐보라고 지시했다. 무덤 속에는 머리는 사람인데 몸 아래가 용처럼 생긴 괴물이 있었다. 사또는 그 괴물의 시체를 다른 곳에 묻게 한 다음 정성껏 제사를 지내어 혼을 위로했다. 그러자 다음부터 가뭄이 들지 않고 비가 내려 농사가 잘되었다고 한다. 괴물의 몸 아래가 용의 꼬리와 같다고 하여 강릉 사람들은 괴물을 묻은 곳을 용꼬리 바위(龍尾岩)라고 불렀다.

강릉의 민담에 나온 괴물의 정체는 강철이의 일종인 듯하다. 강철이가 강릉에 나타나서 가뭄이 지속되었지만, 죽은 강철이의 영혼을 사람들이 제사를 지내서 달래주자 그 보답으로 가뭄을 거두고 비가 오게 해준 것이 아니었을까.

081 새처럼 날아다니는 사람

조선 후기의 학자인 홍만종(洪萬宗, 1643~1725)이 지은 책인 《순오지(旬伍志)》를 보면, 이상한 요괴에 관한 내용이 언급된다.

현재의 지리산은 옛날에 두류산(頭流山)이라고도 불렸다. 그곳에 한 승려가 절을 지키며 살았다. 겨울이 되면 산에서 뼈를 찌르는 듯한 차가운 바람이 불어 닥쳐서 승려는 아궁이에 불을 지폈는데, 언제부터인가 밤마다 아궁이의 불이 계속 꺼지는 바람에 차가운 방에서 오들오들 떨면서 지내는 일이 잦아졌다.

승려는 도대체 불이 왜 계속 꺼지는지 혹시 누가 몰래 들어와서 불을 꺼뜨리는 건 아닌지, 궁금증이 들어서 몰래 아궁이가 있는 부엌에 숨어서 기다려보기로 했다. 저녁 무렵에 시작된 승려의 비밀 감시는 밤중이 되어서야 비로소 실효를 거두었다. 밤이 되자 시꺼먼 하늘에서 어떤 물체가 날아서 땅 위로 내려왔다. 아무리 보아도 생김새는 영락없이 사람이었다. 그 물체는 부엌으로 들어와 아궁이의 불을 쬐더니, 이윽고 불을 이리저리 헤집어 꺼뜨리고는 하늘로 날아갔다. 그 모습을 지켜보던 승려는 도무지 이상한 존재의 정체를 알 수 없었다.

'도대체 저것이 무엇일까? 아무래도 붙잡아서 가까이 놓고 살펴보아야

겠다.'

승려는 그물을 부엌 지붕에 설치한 다음 부엌 속에 숨어서 그 존재가 오기를 기다렸다. 잠시 후 아까처럼 사람처럼 생긴 존재가 나타나더니, 부엌으로 들어와 아궁이의 불을 쬐려 했다. 바로 그때 승려가 숨은 곳에서 몸을 일으키자 사람처럼 생긴 존재는 놀라 달아나려다 승려가 설치해놓은 그물에 걸려 허우적거리다가 붙잡혔다.

괴이한 존재를 잡아놓고 나서 승려는 그것을 자세히 관찰했다. 전체적인 모습은 사람과 다를 바가 없었다. 아니, 그냥 사람이었다. 다만 한 가지 놀라운 점은 몸 전체에 기다란 털이 나 있다는 사실이었다. 그 털만 없다면, 영락없이 보통 사람과 똑같았다.

승려는 그물에 붙잡힌 털투성이 사람한테 어떻게 된 일인지 사연을 듣기 위해 질문을 던졌다.

"도대체 당신은 누구요? 어떻게 하늘을 날아서 왔소? 또 어쩌다가 그런 모습을 하게 된 거요? 한번 말해보시오."

한데 그는 사람의 말을 전혀 하지 못했다. 그의 입에서 나오는 소리는 새가 울부짖는 울음소리였다. 황당해진 승려가 계속 "새가 우는 소리를 내지 말고, 사람이 하는 말을 해보란 말이오!" 하고 아무리 독촉을 해봐도 그는 새소리만 낼 뿐이었다. 처음에는 장난을 치고 있다고 생각했으나 계속 관찰한 결과 '저자는 장난이 아니라 정말로 새의 소리밖에 낼 줄 모르는구나.' 하고 여기게 되었다.

할 수 없이 승려는 그물을 풀어주었고, 그물에 갇혀 있던 새소리를 내는 사람은 몸을 솟구쳐 하늘 위로 날아가 사라져버렸다.

《순오지》에 언급된 이 기이한 이야기에서 새처럼 하늘을 날아다니면서 온몸이 기다란 털로 뒤덮여 있고, 새가 우는 소리밖에 낼 줄 몰랐던 사람의 정체는 대체 무엇이었을까? 저자인 홍만종도 그 정체에 대해 정확히 설명하고 있지 않아서 알 수가 없다.

다만 홍만종은 《순오지》에 옛날 중국 진시황 시절 어느 궁녀가 항우가 쳐들어오자 산속으로 도망쳐 오랫동안 소나무의 잎을 먹으며 살다가 몸에 긴 털이 나서 마치 새처럼 날아다니는 능력을 얻게 되었다고 설명했다. 이런 기록을 통해 보건대, 두류산의 승려가 붙잡았다 놓아준 괴이한 사람도 산속에서 오랫동안 살면서 소나무 같은 나뭇잎을 먹으며 지내는 사이에 새처럼 날아다니게 되고 털이 난 몸을 얻게 되었다고 해석하면 될 듯하다.

사람처럼 생겼으면서 하늘을 날아다니는 요괴라면 그리스 신화의 세이렌(Siren)이 유명하다. 세이렌은 얼굴은 여자이지만 몸통은 새의 형상을 한 특이한 존재다. 세이렌은 바위섬에 살면서 노래를 부르는데, 그 소리를 들은 뱃사람들은 정신이 홀려서 배가 암초에 걸려 파선하는지도 모른다고 한다.

《순오지》에 언급된 새처럼 날아다니는 사람은 인간의 말을 할 줄 모른다는 점에서 그리스 신화의 세이렌과 비슷하면서도 다른 점이 있으니, 그 특성을 잘 살려 재미있는 한국형 판타지 소재로 삼으면 좋을 듯하다.

082 삿갓을 쓴
외다리 요괴

　조선 후기의 학자인 신돈복이 쓴 야담집인 《학산한언》과 저자를 알 수
없는 야담집인 《청구야담》을 보면, 삿갓을 쓴 채 외다리로 나타난 기이한
요괴에 대한 기록이 있다.

　숙종 임금 시절에 영의정을 지낸 이유(李濡, 1645~1721)는 가랑비가 내리
고 안개가 자욱하게 낀 어느 날, 관리들과 함께 순라(巡邏)골을 지나가다가
어떤 사람을 보았다. 그는 삿갓을 쓰고 도롱이(볏짚으로 만든 비옷)를 입고 있
었다. 여기까지라면 그저 평범한 사람이라고 생각할 수도 있으나 그의 외
모는 그렇지가 않았다. 두 눈이 마치 횃불이 타오르는 것처럼 붉게 빛이 났
고, 몸 아래로 다리가 하나뿐이었는데, 그런 몸으로 뛰어서 오고 있었다.
이유와 관리들은 무척이나 해괴한 일이라고 생각했다.

　그러던 와중에 갑자기 도롱이를 입은 외다리 남자는 이유를 따르던 관
리한테 "앞서 지나가던 가마를 보지 못했습니까?" 하고 말을 걸었다. 관리
가 보지 못했다고 대답하자, 외다리 남자는 바람처럼 순식간에 사라졌다.
보통 다리가 한쪽밖에 없는 사람이 그토록 빨리 도망치는 일은 불가능했기
에, 이유와 관리들은 "저자는 사람이 아니라 무슨 요괴인 것이 분명하다"
라고 하며 더욱 이상하게 여겼다.

한데 이유는 오는 길에 계동(桂洞) 어귀에서 가마를 만난 적이 있었다. 이 상한 외다리 남자가 가마를 보지 못했느냐고 물은 일을 떠올리며, '혹시 저 자가 그 가마와 무슨 연관이 있는 것은 아닐까?' 하는 생각이 들어서 즉시 타고 있던 말의 머리를 돌려서 외다리 남자가 달아난 쪽으로 쫓아가 보았다.

한참 달린 끝에 이유는 계동의 한 집에 도착했다. 그 집에는 이유의 먼 친척이 살았는데, 마침 집안의 며느리가 원인과 치료법을 알 수 없는 병에 걸려서 여러 달 치료를 받고 있었으나 차도가 없어 사람들이 걱정하고 있던 판국이었다.

말에서 내린 이유가 집 안으로 들어가 주인을 만나 자신이 조금 전에 보고 들은 일을 설명하고, "혹시 이 집 며느리한테 안 좋은 일이라도 일어났을지 모르니, 주인께서 나와 같이 한번 들어가 보았으면 합니다." 하고 말해 허락을 얻어 며느리가 있다는 방으로 들어가 보기로 했다.

이유가 주인과 함께 방에 들어가자, 믿을 수 없는 일이 눈앞에 펼쳐졌다. 조금 전에 이유를 만나고 달아났던 외다리 남자가 며느리의 베갯머리에 쪼그리고 앉아 있었던 것이다. 주인은 너무나 놀라서 얼굴이 창백해졌다. 그 때 이유가 과감하게 앞으로 가더니 아무런 말도 하지 않은 채 외다리 남자를 무서운 눈초리로 쳐다보았다. 그러자 외다리 남자는 이유의 눈초리가 보기 싫었던지, 방문을 열고 나가서는 마당 가운데 섰다. 이유가 그를 따라 마당으로 나가서 또 쳐다보니, 외다리 남자는 집의 마루 위로 뛰어 올라갔다. 그래도 이유가 외다리 남자를 계속 쳐다보자 그는 공중 위로 펄쩍 뛰어 올라가 점차 눈에서 안 보이게 되었다.

이 정도면 외다리 남자를 쫓아버렸다고 생각한 이유는 며느리가 머문 방 안으로 돌아왔다. 외다리 남자가 방에서 나가서 그런지, 며느리는 병에 걸리지 않았던 때처럼 정신이 멀쩡했다. 병이 다 나았다고 판단한 이유는 집을 떠났다. 이후 집주인이 와서 이유에게 "우리 집 며느리가 또 예전처럼 병에 걸려 무척 아픕니다. 아무래도 그 이상한 요괴가 집에서 완전히 떠나지 않은 것 같습니다. 어떻게든 요괴를 쫓아주십시오." 하고 알려왔다.

사정을 들은 이유는 그 집의 며느리가 무척 불쌍했지만, 그렇다고 공무를 포기하고 1년 내내 그 집에서 살 수도 없는 노릇이었다. 고심하던 이유는 요괴를 쫓아낸다는 뜻을 담은 글씨를 쓴 종이 100장을 그 집 며느리의 방으로 보내 붙이게 했다. 그랬더니 마침내 며느리가 병에서 해방되었고, 두 번 다시 외다리 남자가 나타나는 괴상한 일도 없어졌다고 한다.

본문의 내용으로 추측하건대, 이유의 친척 며느리한테 나타난 외다리 남자는 사람을 병들게 하는 요괴인 듯하다. 한데 그 정체가 무엇인지는 정확히 알 수 없다. 다만 《학산한언》을 쓴 신돈복은 외다리 남자의 정체가 중국의 문헌인 《포박자》에 언급된 산에 사는 정령인 금루(金累)일 것이라고 추정했다.

하지만 산의 정령인 금루에 비해 외다리 남자가 산에 산다는 내용은 본문에 전혀 나오지 않는다. 아울러 금루는 그의 이름을 부르는 사람을 해치지 못한다는 데 반해 외다리 남자가 그랬다는 내용 역시 본문에 없다. 그러니 외다리 남자의 진짜 정체가 무엇인지는 도통 알 수가 없다.

083 승려로 둔갑한 호랑이

상상 속의 동물인 용에 비해 호랑이는 실재하는 동물인 까닭에 우리 조상들은 용보다 호랑이를 더욱 두려워했다. 한국의 전설이나 민담에서 용보다 호랑이가 사람을 해치는 내용이 훨씬 많은 것도 그런 이유 때문이다. 호랑이에 대한 사람들의 공포심은 전설로도 전해진다. 조선 시대의 야담집인 《파수록》에 실린 내용을 보자.

광해군 때의 관서(關西, 평안도) 안찰사(按察使, 지방 관리)를 지낸 박엽(朴燁, 1570~1623)에게는 친척인 재상이 있었다. 어느 날 아들을 박엽에게 보내면서 이런 부탁을 했다.

"내가 점쟁이한테 아들의 운수를 점쳤는데, 올해 안으로 큰 재앙을 당할 것이지만 자네한테 보내면 살아남을 수 있다고 해서 이렇게 보내는 것이니, 내 아들을 잘 지켜주시게."

박엽은 그 부탁을 받아들이고, 재상의 아들에게 말했다.

"오늘 밤, 너는 말을 타고 오래되어 무너진 절로 가서 호랑이 가죽 하나를 뒤집어쓰고 있거라. 늙은 승려가 와서 너한테 호랑이 가죽을 달라고 해도 주지 말고, 그가 가죽을 강제로 빼앗으려 하거든 칼로 가죽을 자르겠다고 해라. 닭이 우는 아침이 오면 승려한테 가죽을 줘도 괜찮을 것이다."

재상의 아들은 박엽이 시키는 대로 말에 올랐다. 말은 스스로 달리기 시작한 끝에 멀리 떨어진 계곡의 다 무너진 오래된 절에 도착했다. 재상의 아들이 말에서 내려 절 안으로 들어갔더니 과연 박엽의 말대로 호랑이 가죽 하나가 있었다. 그래서 그것을 덮어쓰고 있는데, 얼마 후 험악하게 생긴 늙은 승려가 절 안으로 들어왔다. 그는 재상의 아들을 보고는 "그 호랑이 가죽을 나한테 다오!" 하고 소리쳤다.

재상의 아들은 박엽이 말한 대로 승려한테 호랑이 가죽을 넘기지 않았다. 이에 화가 난 승려가 가죽을 뺏으려 다가오자, 재상의 아들은 칼을 가죽에 들이대며 "만약 당신이 이 가죽을 뺏겠다면, 칼로 가죽을 자를 겁니다!" 하고 외쳤다. 그러자 승려는 놀랐는지 잠시 뒤로 물러났다가 또 가죽을 내놓으라고 외쳤다. 재상의 아들도 굴하지 않고 이번에도 가죽을 칼로 자르겠다고 엄포를 놓았다.

그런 행동을 6번이나 반복하니 어느덧 닭이 울면서 날이 밝았다. 승려는 허탈한 표정을 짓고 웃으며 말했다.

"박엽이 너한테 이렇게 하라고 말했겠구나. 그만 가죽을 나한테 돌려다오."

박엽의 말대로 닭이 울었으니, 재상의 아들은 호랑이 가죽을 승려에게 건넸다. 승려는 그것을 받아들고는 절 밖으로 나갔다. 호기심이 든 재상의 아들이 몰래 지켜보았더니 승려는 호랑이 가죽을 덮어쓰고는 호랑이로 변했다. 그러고는 다시 가죽을 벗고 승려로 돌아와 재상의 아들한테 기름을 바른 종이 한 장을 건네며 "이제 너는 박엽한테 돌아가라. 만약 호랑이가 나타나서 너를 해치려 한다면 이 종이를 내밀면 된다." 하고 말했다.

재상의 아들은 승려로부터 받은 종이를 가지고 절을 떠났다. 과연 승려의 말대로 그가 가는 곳곳마다 호랑이가 나타났다. 승려가 준 종이를 내밀자 대부분은 그냥 떠나버렸지만, 유독 한 마리의 호랑이는 종이를 보고도 재상의 아들을 해치려 들었다. 불안해진 재상의 아들은 "이 종이를 준 스님을 만나러 가서 따지자." 하고 말했다. 그러자 놀랍게도 호랑이는 고개를 끄덕였다.

호랑이와 함께 절로 돌아온 재상의 아들은 승려를 만나 그가 겪은 일의 자초지종을 설명했다. 승려는 "너는 왜 이 아이를 해치려 들었느냐?" 하며 호랑이를 꾸짖었다. 그 말에 호랑이는 사람의 목소리로 "3일 동안 아무것도 먹지 못해 배가 고팠습니다. 이 아이를 놓친다면 먹을 것이 없습니다." 하고 대답했다.

이에 승려는 "여기서 동쪽으로 반 리(약 200미터) 떨어진 곳에 전립을 쓴 사람이 있으니, 그를 잡아먹으러 가라"라고 하자 호랑이가 즉시 절을 떠나 달려갔다. 얼마 후에 총을 쏘는 소리가 울려 퍼졌다. 승려는 재상의 아들을 보면서 "저 녀석은 내 말을 어겼으니, 총을 가진 포수한테 가게 해서 죽게 했다. 이제 모든 위험이 사라졌으니, 박엽한테 돌아가도 좋다." 하고 설명했다.

승려의 말대로 재상의 아들은 말을 타고서 절을 떠나 박엽에게로 돌아갔다. 그가 겪은 일을 설명하니, 박엽은 "이제 너는 호랑이한테 해를 당할 운명에서 벗어났다. 아버지 곁으로 돌아가거라." 하고 말했다. 아버지의 곁으로 돌아간 아들은 높은 벼슬에 오르며 부귀영화를 누렸다고 한다.

호랑이가 사람으로 둔갑해서 사람을 해치려 한다는 이야기는 강원도 강릉시에 전해지는 민담에서도 보인다. 조선 중엽, 명성이 높은 학자였던 율곡 이이(李珥, 1537~1536)는 젊은 시절 강릉시의 노추산에서 공부한 적이 있었다. 하루는 도사 한 명이 이이를 찾아와서 "당신은 호랑이한테 잡아먹힐 관상이오. 살고 싶으면 밤나무 1000그루를 심으시오." 하고 말했다.

불안해진 이이는 자신이 머물던 노추산의 이성대(二聖臺) 주위에 밤나무 1000그루를 가져와 심었다. 그 후 도사가 찾아와서 밤나무를 직접 세어보다가 한 그루가 모자라자 "밤나무가 1000그루가 못 되니 당신은 죽어야겠소!" 하고 말하며 호랑이로 변해서 이이를 죽이려 했다. 이때 이이의 옆에 있던 밤나무 한 그루가 "나까지 합하면 1000그루다." 하고 말하자 호랑이가 달아났다. 이로 인해 이이는 간신히 살아날 수 있었다고 한다.

084 백두산 천지의 요괴, 자라

한국의 전설이나 민담에서 자라는 바다를 다스리는 신인 용왕(龍王)의 부하로 나온다. 유명한 전래 동화인 《별주부전》에서 자라는 토끼한테 속아 넘어가는 바보 역할로 나와서, 더욱 우스꽝스럽게 그려진다. 하지만 때에 따라서는 자라가 무서운 역할로 등장하는 이야기도 있다. 북한 백두산 지역에서 전해 내려오는 민담에 따르면, 자라가 강력한 힘을 가진 악역으로 나오기도 한다.

한반도 동쪽의 바다, 그러니까 동해(東海)를 다스리는 용왕한테는 자라 아들이 하나 있었다. 자라는 웬만한 사람의 몸뚱이처럼 컸는데, 도술을 부려 하늘에서 소나기가 퍼붓도록 하여 마을에 홍수를 일으키거나 아니면 큰 가뭄을 불러들여 흉년을 초래하는 식으로 횡포를 부리는 포악한 성질을 가졌다. 이 자라는 원래 바다에서 살다가 백두산의 천지로 옮겨와서 살았는데, 아마 포악한 성질을 견디다 못한 동해 용궁에서 천지로 쫓아낸 것이라고 다들 추측했다.

자라의 횡포를 보다 못한 인간 세상의 왕은 여러 차례 용감한 장군을 보내 죽이려 했지만, 자라의 힘과 도술에 죽임을 당하기 일쑤였다. 왕은 나라 전체에 "누구든지 백두산 천지의 자라를 죽이면, 벼슬과 보물을 상으로 주겠다"라는 포고문을 붙였으나 오랜 시간이 지나도록 자라를 두려워하여 응하는 자가 없었다. 그러다가 사냥꾼 한 명이 왕을 찾아와서 자신의 아내와 동생이 자라한테 죽임을 당한 원한을 갚기 위해 자라를 죽이러 가겠다고 말했다.

왕은 사냥꾼의 말을 듣고 기뻐하며, 나라 안에서 가장 질기고 튼튼한 밧줄을 주며 "이것으로 자라를 붙잡으라"라고 말했다. 밧줄을 받아든 사냥꾼은 어린 아들과 함께 백두산 천지로 떠났다. 도중에 그는 노파로 둔갑한 백두산의 산신령이 주는 낚싯대를 받아들고, 낚싯대에 왕이 준 밧줄을 낚싯줄 삼아 엮은 다음, 노루와 사슴을 화살로 쏴 죽여서 그 살코기를 미끼로 끼워 천지 속에 던져넣었다.

하지만 어찌 된 일인지 엿새가 지나도록 자라는 도무지 미끼를 물 생각을 하지 않았다. 사냥꾼은 화가 났지만, 자라가 나오지 않으니 방도가 없었다. 천지 속으로 수영을 해서 들어간다 할지라도 자라는 물짐승이라 상대할 수 없을 것이 뻔했다.

이때 사냥꾼의 어린 아들이 "아무래도 천지의 자라는 짐승이 아니라 사람을 먹나 봅니다. 그러니 제가 미끼가 되겠어요." 하고 나서더니, 직접 낚싯줄을 배에 묶고는 천지 속으로 뛰어들었다. 놀란 사냥꾼이 아들을 구하려고 낚싯줄을 잡아당겼는데, 바로 그때 낚싯줄이 무언가에 걸린 듯 움직이지 않았다.

오랫동안 짐승들을 잡아 온 사냥꾼은 본능적으로 "뭔가가 미끼를 물었구나!" 하고 짐작하고는 온 힘을 다해 낚싯줄을 조금씩 끌어당겼다. 잠시 후 미끼를 문 것의 정체가 드러났다. 바로 커다란 천지 속의 자라였다.

천지 밖으로 모습을 드러내자, 사냥꾼은 낚싯대 옆에 두었던 큰 맷돌을 들어 자라의 머리를 찍어버리려고 했으나 위험을 감지했는지 재빨리 천지 속으로 도망쳐버렸다. 사냥꾼은 다시 힘을 다해 낚싯줄을 끌어당기려 했지만, 자라가 끈질기게 물속에서 버티는 바람에 도저히 끌어낼 수가 없었다.

이럴 수도 저럴 수도 없는 난감한 상황에서 갑자기 낚싯대를 빌려준 노파, 즉 백두산의 산신령이 나타났다. 산신령이 사냥꾼을 도와 낚싯대를 끌어당기자 더 버티지 못한 자라가 천지 밖으로 끌려 나왔다. 산신령도 그동안 자라가 부려왔던 행패를 두고 볼 수 없었던지, 사냥꾼을 도와 자라를 응징하려 한 모양이었다.

산신령의 도움으로 자라를 끌어낸 사냥꾼은 자라를 뒤집어버렸다. 그러자 자라는 버둥거리며 힘을 쓰지 못했다. 그 틈을 타서 사냥꾼은 칼을 꺼내 자라의 배를 갈랐다. 그 안에서 아들이 나왔으나 이미 죽은 상태였다. 스스로 미끼가 된 아들의 시체를 끌어안고 구슬프게 우는 사냥꾼의 모습이 불쌍했던지 산신령은 아들의 몸을 머리끝에서 발끝까지 손으로 쓰다듬어 아들을 다시 살려냈다. 사냥꾼이 감사의 인사를 올리려 하자 산신령은 사라져버렸다.

사냥꾼은 자라의 사체를 왕 앞에 가져가서 자신이 자라를 죽였음을 증명했다. 왕은 사냥꾼에게 약속한 벼슬과 상금을 주겠다고 했지만, 사냥꾼은 "소인에게 상을 주지 마시고, 모든 백성의 세금을 줄여주십시오. 그것이 진정 훌륭한 상입니다." 하고 말했다. 왕은 그 말대로 나라 안의 세금을 줄여주었고, 사냥꾼은 아들과 함께 고향으로 돌아가 행복하고 편안하게 살았다고 전해진다.

085 사람으로 태어난 불여우

옛날 충청남도 연기군 지역에서 소를 사고팔던 소장수가 한 명 있었다. 그는 아들 삼형제를 두었고, 장사도 잘되어서 풍족한 삶을 누리던 몸이었다. 다만 슬하에 딸이 없는 것을 안타깝게 여겼다. 그러던 어느 날 여우 고개에 세워진 사당으로 가서 "제게 딸 하나만 주십시오." 하고 기도를 올렸다. 그 이후 소장수의 아내는 아이를 가졌고, 열 달이 지나 딸을 낳았다. 아이는 자라면서 무척 아름다운 소녀가 되었고, 소장수 부부는 그런 딸이 사랑스러웠다.

한데 딸이 자라면서부터 소장수의 집안에 이상한 일이 벌어졌다. 소장수가 키우는 소가 날마다 죽어 나가는 바람에 집안 살림이 점차 기운 것이다. 소중한 생계 수단인 소가 죽어 나가자, 소장수는 첫째 아들한테 "밤에 소들을 살펴보아라." 하고 말했다. 그 말을 듣고 첫째 아들이 밤중에 숨어서 소들을 몰래 지켜보는데, 여동생이 소 한 마리한테 다가가서는 소의 항문 속으로 손을 불쑥 집어넣더니 피가 줄줄 흐르는 창자를 꺼내서 날것 그대로 씹어 먹는 것이었다. 당연히 소는 무릎을 꿇고 그 자리에서 죽어버렸다. 그 모습을 지켜보던 첫째 아들은 너무나 놀라 방으로 돌아와서도 정신을 차릴 수가 없었다.

날이 밝은 다음 날, 소장수는 첫째 아들을 불러 "어젯밤 무슨 일이 있었느냐?" 하고 묻자, 첫째 아들은 "아무 일 없이 그냥 소가 죽었습니다." 하고 대답했다. 차마 여동생이 소의 창자를 꺼내 소를 죽였다는 말을 할 수가 없어서였다.

첫째 아들의 대답에 만족하지 못한 소장수는 둘째 아들을 불러 "밤에 소들을 살펴보아라." 하고 말했다. 하지만 둘째 아들 역시 여동생의 행동을 보고는 너무 놀라서 아버지한테 "아무 일도 없었는데 그냥 소가 죽었습니다." 하고 얼버무렸다. 이제 셋째 아들의 차례가 되었는데, 여동생이 한 짓을 보고는 어떻게 할지 고민하다가 그만 집을 나가버렸다.

집을 떠난 셋째 아들은 정처 없이 걷다가 바닷가에 도착했다. 바다를 보자 감정이 울컥해서 그만 슬프게 울었다. 그러자 바다가 갈라지면서 길이 열렸다. 셋째 아들은 차라리 세상을 떠나 바닷속으로 들어가자는 심산으로 길을 걸어갔다. 그가 향한 곳에는 용궁이 있었고, 그곳에는 남쪽 바다를 다스리는 용왕이 살았다. 용왕은 셋째 아들을 반갑게 맞아주며 "너의 딱한 처지를 안다. 여기서 나와 함께 살자." 하고 말했다.

셋째 아들은 용왕의 환대를 받으며 몇 년 동안 용궁에서 편안하게 살았다. 세월이 흐르자 자기가 버리고 온 집안 사정이 궁금해서 "이제 고향으로 돌아갈까 합니다." 하고 말했다. 그 말에 용왕은 한숨을 쉬더니, 노란색과 파란색과 붉은색으로 칠해진 병 3개를 주고는 "집에 가거든 가마솥을 열지 마라." 하고 당부했다.

용왕으로부터 받은 병 3개를 가지고 셋째 아들이 고향에 돌아와 보니, 집에는 아무도 없었다. 어떻게 된 일인지 영문을 알 수 없던 셋째 아들은 다 허물어진 집을 이리저리 둘러보다가 가마솥을 발견했다. 그 안에 무엇이 들어있는지 알고 싶어서 솥을 열어보자, 그 안에는 여동생이 있었다.

오빠를 본 여동생은 "그동안 전염병이 돌아 소와 식구는 모두 죽었습니다. 방으로 들어가 계시면 밥 한 끼를 지어줄게요." 하고 말했다. 셋째 아들은 그 말이 통 믿기지 않았지만 일단 방으로 들어가서는 바깥 사정에 귀를 기울였다. 여동생은 신이 난 듯이 웃으며 "그동안 굶주렸는데, 이제 오빠가 왔으니 몇 끼를 먹을 수 있겠구나!" 하고 말하는 것이었다. 그 말을 듣고 셋째 아들은 여동생이 소와 가족까지 모조리 잡아먹었다는 사실을 깨닫고는 혼신의 힘을 다해 벽을 뚫고 도망쳤다.

한데 얼마 못 가서 여동생이 셋째 아들을 쫓아오면서 "어디로 도망가? 셋째 오빠도 잡아먹을 거야!" 하고 소리를 질렀다. 그녀의 얼굴은 어느새 불여우로 변해 있었다. 혼비백산한 셋째 아들이 도망치면서 불여우를 향해 파란 병과 노란 병과 붉은 병을 차례대로 던지자 강과 숲과 불이 생겼지만 불여우는 끈질기게 쫓아왔다.

더 쓸 수단이 없어서 셋째 아들은 나무 위로 올라갔다. 나무 아래까지 쫓아온 불여우는 셋째 아들을 노려보며 "거기로 올라가봤자 소용없다!" 하고 비웃고는 구렁이로 둔갑해서 나무 위로 기어 올라가려 했다. 그때 갑자기 하늘에서 구렁이한테 벼락이 떨어져 둔갑한 불여우는 죽고 말았다. 이상한 경험을 한 셋째 아들은 나그네가 되어 세상을 떠돌아다녔다.

여기서 한 가지 궁금증이 든다. 소장수가 딸을 달라고 빌었던 사당의 정체는 무엇이었을까? 아마 그 사당에서 섬기는 신이 불여우여서 그런 일이 벌어진 듯하다. 만약 선량한 신을 섬기는 사당이었다면, 소장수의 집안에 사람을 잡아먹는 사악한 요괴인 불여우를 태어나게 하지는 않았을 테니까.

086 귀마왕(鬼魔王)과 찰마공주(刹魔公主)

　조선 후기에 부와 권력을 쥔 명문가인 안동 김씨 출신이었던 김소행(金紹行, 1765~1859)은 1814년,《삼한습유(三韓拾遺)》라는 장편 소설을 지었다. 이 소설에는 귀마왕(鬼魔王)과 찰마공주(刹魔公主)라는 독특한 개성을 가진 요괴가 등장한다.

　먼저 귀마왕부터 소개해자면, 귀마왕은 구천십지(九天十地)의 동섬부(東瞻部)라는 곳에 살았다. 그는 고대 인도의 요괴인 락샤사(Rakshasa), 즉 나찰(羅刹)의 딸인 구반다(鳩盤荼)와 결혼을 했다. 구반다는 귀마왕과의 사이에서 9명의 아들을 낳아서 '아홉 아들의 마귀 어머니(九子魔母)'라는 별명을 얻었다.

　귀마왕과 구반다는 집을 짓지 않고 들판에서 살았다. 그들은 워낙 힘이 강력해서 태풍이나 비 같은 자연의 재해나 날씨의 덥고 추움 따위는 아무런 문제가 되지 않았다. 둘 사이에서 태어난 9명의 아들은 각자 세계를 나누어서 다스렸는데, 그들을 따르는 귀신과 도깨비와 요괴가 우주의 별과 신과 신선과 부처를 모두 합한 수와 같을 만큼 많았다.

　귀마왕과 그 무리는 불교나 도교 같은 종교가 사람들한테 가르치는 것과는 정반대로 행동했다. 그들은 살육과 질투, 모함과 음모, 재앙과 파멸을 세상에 널리 퍼뜨리며 혼란을 부추겼다. 또한 귀마왕의 무리는 호랑이와 늑대, 산과 물속의 도깨비나 요괴 및 각종 벌레가 되어 사람들을 해치거나 곡식을 갉아 먹어 흉년을 불러왔고, 때로는 사람들한테 전염병을 감염시켜 무수한 죽음을 불러왔다.

이렇게 막강한 능력이 있는 귀마왕이었지만, 그가 요괴의 우두머리인 것은 아니었다. 세상은 넓고 강한 자는 많듯이, 귀마왕보다 더 뛰어난 힘을 가지고 지위가 높은 요괴의 우두머리가 있었으니, 바로 찰마공주(刹魔公主)였다.

《삼한습유》에서 찰마공주는 요괴가 아니라 거의 신적인 위치에 있는 존재로 묘사된다. 공주라는 말에서 알 수 있듯이 찰마공주는 여성 요괴인데, 고대 인도에서 신들의 왕인 인드라(帝釋天, 제석천)와 싸웠던 악마들의 왕인 아수라(阿修羅)를 외숙부로 두었다. 그녀는 아수라한테서 물려받은 능력을 갈고닦아서 강력한 힘을 지녔고, 불교에서 말하는 세계의 중심인 수미산(須彌山) 꼭대기에 혼자 살면서 세상을 내려다보았다고 한다. 이는 곧 찰마공주가 《삼한습유》의 세계관에서 최강자의 위치에 있음을 드러내는 대목이다.

아울러 《삼한습유》의 본문 중에서 구반다는 남편인 귀마왕한테 "찰마공주는 여래와도 맞서 싸울 수 있습니다." 하고 말하는 내용이 나온다. 여기서 말한 여래는 불교의 창시자인 석가모니를 뜻한다. 다시 말해서 찰마공주는 석가모니와 싸울 만큼 강력한 마왕이라는 것이다.

석가모니뿐만 아니라 찰마공주는 삼청(三淸)을 상대로 싸워 이겼다고도 《삼한습유》에서 묘사된다. 삼청은 도교에서 말하는 3명의 최고신인 옥청(玉淸), 상청(上淸), 태청(太淸)인데, 이들은 다른 말로 원시천존(元始天尊), 영보천존(靈寶天尊), 태상노군(太上老君)이라고 불린다.

그러니까 찰마공주는 불교와 도교의 최고 신들과 맞설 만큼 무시무시한 마왕, 아니 신적 존재라는 의미가 된다. 한국은 물론이고 중국의 무수한 문헌에도 이 정도로 엄청나게 강대한 지위에 있는 마왕은 나타나지 않는다. 중국의 고전 소설 《서유기》에서 마왕들은 기껏해야 신들을 섬기다 도망친 하인 정도에 그치는 데 반해 찰마공주는 최고신들마저 우습게 볼 만큼의 강자였으니, 가히 차원이 다르다.

하지만 귀마왕이나 구반다와는 달리, 찰마공주는 나서서 나쁜 일을 저지르지는 않는다. 오히려 자신한테 찾아와서 주인공인 향랑 일행을 방해하게 도와달라는 구반다의 요청에 "비록 내가 여래나 삼청을 쓰러뜨릴 힘은 있지만, 부질없는 싸움은 좋아하지 않는다. 또한 나는 죽이는 것보다 살리는 것을 좋아하며, 너는 나와 같은 편이 아니다. 나는 너처럼 사악한 일을 하고 싶지 않으니 어서 돌아가거라." 하고 거부한다.

이 구절로 본다면, 찰마공주는 말만 마왕이지 사실은 신에 더 가깝다고 할 수 있겠다. 어쩌면 찰마공주는 불교나 도교로부터 거부당한 신이었는지도 모른다. 찰마공주의 외삼촌이라는 아수라도 원래는 고대 인도에서 숭배를 받던 신이었다고 하니, 무리한 추측은 아니다.

한국의 고전 문학에서 찰마공주는 마왕이면서 신에 견줄 만한 위치에 있는 아주 매력적인 존재라고 생각된다. 이를 현대적 감각에 맞춰 잘만 꾸민다면, 《서유기》같이 재미와 감동을 주는 한국형 판타지 작품으로 탄생할 수 있을 것이다.

087 짐승으로 둔갑하는 노인

　신라 말의 시인인 최치원(崔致遠, 857~908)은 쓴 글을 모아《수이전(殊異傳)》이라는 문집을 남겼다. 귀신이나 괴물 및 도깨비 같은 여러 가지 신비한 이야기가 담겨 있는데, 그중에는 다음과 같은 내용도 전해지고 있다.

　신라 최고의 명장인 김유신(金庾信, 595~673)이 살아 있을 무렵, 노인 한 명이 집 앞에 와서는 자신을 기다리는 것처럼 계속 서 있었다. 그 모습을 하인이 보고 주인에게 알렸는지, 김유신이 직접 나와 노인을 집 안으로 데려와서 풍성한 음식을 먹게 해주었다. 노인이 음식을 거의 다 먹었을 무렵, 김유신은 뜬금없이 노인에게 이런 질문을 던졌다.

　"당신은 지금도 옛날과 같이 모습을 바꾸는 둔갑을 할 수 있습니까?"

　이 말을 듣자 노인은 갑자기 호랑이로 모습을 바꿔버렸다. 그러더니 잠시 후에는 닭으로 둔갑하고, 곧이어 매로 둔갑했으며, 나중에는 조그만 개로 모습을 바꿔 집 밖으로 달아났다고 전해진다.

　《수이전》에 언급된 여러 짐승으로 둔갑하는 노인에 관한 이야기는 이것이 전부다. 내용이 워낙 간략해서 노인의 정체가 무엇인지, 왜 김유신을 찾아왔는지, 그리고 김유신이 노인의 과거를 어떻게 알고 있는지에 대해 전혀 알 수가 없다.

추정을 하자면 김유신은 젊은 시절에 노인을 만나서 그를 알고 지낸 것이 확실해 보이며, 친분을 쌓고 세월이 지난 후에도 그것을 기억했기 때문에 노인이 김유신을 만나러 온 것이 아닌가 싶다.

한편 '여러 짐승으로 둔갑을 하는 정체불명의 존재'에 관한 내용은 중국 측 자료인《광고금오행기(廣古今伍行記)》에 그 흔적이 보인다. 그러니《수이전》이《광고금오행기》의 내용에서 영향을 받은 것이 아닌가, 하는 추정도 가능하다. 다음은《광고금오행기》에 실린 내용을 발췌한 것인데, 전체적인 분위기가《수이전》에 나온 둔갑 노인보다 더 무섭고 괴이하다.

중국 서진(西晉, 265~317)의 영가 연간(永嘉 年間, 307~312) 말엽의 일이다. 참고로 서진은 우리에게 소설《삼국지》로 잘 알려진 중국의 삼국시대를 통일한 나라다. 황족의 내전과 관리의 부패가 워낙 심해서 불과 52년 만에 멸망해버렸고, 중국은 이른바 5호 16국 시대라 불리는 대혼란에 휩싸인다. 이 때문에 서진 시대를 다룬 중국의 문헌인《수신기》등에는 별의별 기괴한 이야기가 잔뜩 언급된다. 그만큼 서진이 매우 불안한 시기였다는 것을 반영한다.

영가 연간 말엽, 유교(劉嶠)라는 사람이 진릉(晉陵)에 살고 있었다. 유교의 형은 일찍 죽어서 형수가 과부로 지냈는데, 이를 불쌍하게 여긴 유교는 형수를 자기 집으로 데려와서 함께 살고 있었다.

그러던 어느 날 밤, 유교의 형수가 하녀와 같이 방에서 잠을 자던 중이었다. 시간이 시간인지라 유교도 다른 방에서 자고 있었는데, 대략 2경(밤 9~11시)이 되었을 때, 갑자기 하녀가 슬픈 표정을 한 채 크게 울면서 유교의 방 안으로 들어와서는 이렇게 말했다.

"주인 나리, 형수님의 방에 도저히 말로 설명할 수 없는 괴물이 나타났습니다. 빨리 가보십시오. 안 그러면 무슨 나쁜 일이 일어날지 모릅니다."

곤히 자던 와중에 난데없이 방 안으로 들어와 대성통곡하는 하녀 때문에 유교는 급히 일어났다. 하녀의 말을 다 믿지는 않았지만, 괴물이 나타났다는 말에 유교는 몸을 지켜야 한다는 위기감이 들어 벽에 걸린 칼을 들고서 횃불을 밝히고는 아내와 함께 형수의 방으로 갔다. 아내와 함께 간 까닭은 전통적으로 공자의 가르침을 따르는 유교 사회에서는 남자와 여자 사이의 구분을 엄격히 했기 때문에 시동생이 형수를 대할 때는 반드시 같은 여자를 데리고 가야 했던 것이다.

형수의 방으로 들어간 유교는 하녀가 가리킨 대로 그 방의 벽을 유심히 살펴보았다. 그러자 벽의 윗부분에 웬 사람의 얼굴처럼 생긴 물체가 붙어 있었다. 그것이 유교를 보자 눈을 부릅뜨고 혀를 길게 내밀었다. 잠시 후에 모습을 호랑이로 바꾸었다가 곧바로 용의 모습으로 변했다가 나중에는 수천 가지의 짐승과 귀신의 모습으로 둔갑을 하는 것이었다. 괴물의 크기는 자그마치 1장(3미터)이 넘었으며, 그 기괴한 모습을 바로 앞에서 본 유교는 칼로 내리치거나 찌르기는커녕 겁에 질려서 벌벌 떨었다. 하녀와 아내도 마찬가지로 무서워서 아무런 행동도 하지 못했는데, 형수가 그만 곧바로 죽고 말았다고 한다.

수천 가지 모습으로 둔갑하는 괴물의 정체나 이름 역시 밝혀지지 않아서 알 수가 없다. 다만 서진 시대 중국에 나타났던 이 괴물이 혹시 《수이전》에 나타난 신라 시대의 괴물과 무슨 연관이 있지는 않았을까?

088 우물 속에 나타난 황룡

고대 동양에서 용(龍)은 제왕을 상징하는 성스러운 동물이면서, 비와 바람을 일으키는 힘을 가진 신(神)이기도 했다. 또한 동양의 철학인 음양오행설에 따르면 용은 동서남북과 중앙 등 5개의 방향에 따라 5가지 색을 가진 종류로 나뉘는데, 동쪽의 청룡(靑龍)과 서쪽의 백룡(白龍)과 남쪽의 홍룡(紅龍)과 북쪽의 흑룡(黑龍), 그리고 중앙의 황룡(黃龍)이 그것이다.

그중에서 황룡은 중심에 자리한 용으로 다른 네 마리 용보다 지위가 높다고 여겨지며, 그런 만큼 고귀한 용이라고 인식되어 왔다.

조선 왕조가 공식적으로 편찬한 기록인 《조선왕조실록》의 1418년 3월 13일자 《태종실록》 기사에 의하면, 지금의 경기도 교동현(喬桐縣) 수영(水營)의 우물에 노란색의 큰 용(黃色大龍), 즉 황룡이 나타났다고 한다.

이 사실은 수군 첨절제사(水軍僉節制使) 윤하(尹夏)가 태종 임금에게 올린 보고서에 묘사되었는데, 해군 병사 몇 명이 물을 길으려 우물가로 갔는데 우물 안에 황룡 한 마리가 있었다는 것이다. 황룡은 우물 안에 가득 찰 만큼 꽤 컸으며, 허리의 크기와 굵기가 집에 들어간 기둥과 같았다고 한다. 우물의 둘레는 12척(尺) 5촌(寸)으로 현대식 단위로 환산하면 황룡의 크기는 둘레가 최소한 3.75미터 정도 되었다고 볼 수 있다.

1474년 6월 7일자 《성종실록》 기사를 보면, 성종 임금이 황룡에 대해 신하와 토론을 하는 내용이 나온다. 신하들과 석강(夕講, 조선 시대에 왕이 저녁에 공부하던 일)을 하고 있던 성종 임금이 "황룡(黃龍)이 나타났다는 것이 과연 진실된 일이냐?" 하고 묻자, 그날 석강을 담당한 관리인 이맹현(李孟賢)이 "만일 갈작(鶡雀)을 가리키어 신작(神雀)이라고 한다면 잘못된 말이지만, 황룡은 실제로 나타난 것입니다." 하고 대답했다. 여기서 이맹현이 말한 '갈작'은 몸이 크고 사나운 전설상의 새를 말하는데, 갈작은 믿지 않으면서도 황룡의 출현은 진실이라고 하는 부분을 보면, 조선 시대 사람들한테 황룡의 존재는 의심할 바 없는 사실로 받아들여졌던 모양이다.

　　그런가 하면 조선 광해군 시절에 유몽인이 쓴 야담집인 《어우야담》에서는 황룡과 백룡이 싸운 이야기가 실려 있다. 천연(天然)이라는 승려 한 명이 황해도 은율(殷栗)을 지나가던 도중, 구름도 없는 대낮인데 하늘에서 황룡과 백룡이 각각 동쪽과 서쪽에서 나타났다고 전한다.

　　두 마리 용은 서로 하늘을 가로지르더니 싸움을 시작했다. 황룡의 노란 비늘과 백룡의 하얀 비늘이 햇빛을 받아 눈부시게 빛났고, 싸움을 시작하니 하늘이 온통 구름으로 가득 차서는 천둥, 번개가 울려 퍼지고 땅 위에 엄청난 양의 비가 쏟아지면서 우박도 틈틈이 내렸다.

　　그러다가 오랜 시간이 지나자 구름은 사라지고 용들도 더 보이지 않았다. 아마 황룡과 백룡이 힘을 겨루기 위해 각자가 가진 비와 번개와 우박을 부르는 초능력을 사용했던 모양이다.

　　황룡과 관련된 전설 중에는 보기 드물게 인간과 사랑을 나누는 내용도 있다. 고려를 세운 왕건의 조상인 작제건(作帝建)은 서쪽 바다(西海)를 다스리는 용왕(龍王)의 딸과 결혼하여 아들 4명과 딸 1명을 낳고 송악산(松岳山) 남쪽 기슭에 세워진 집에서 살았다. 용왕의 딸은 집의 가운데에 우물을 파고 늘 우물 가운데를 통하여 친정인 서해로 자주 드나들었는데, 남편인 작제건한테 "내가 우물에 들어가는 모습을 보면 안 됩니다." 하고 말했다.

하지만 보지 말라면 더 보고 싶어지는 것이 사람의 마음인지라, 작제건은 창문의 틈으로 몰래 아내가 우물에 들어가는 모습을 훔쳐보았다. 아내는 딸과 함께 우물가로 오더니, 둘이서 함께 황룡(黃龍)으로 변해 구름을 일으키고 우물에 들어갔다가 돌아와서는 작제건을 찾아와서 "내 말을 어겼으니, 이곳에 같이 있을 수 없습니다." 하고 화를 내며 딸과 함께 황룡으로 변해 우물로 들어가서 두 번 다시 모습을 보이지 않았다고 한다.

작제건과 용왕의 딸이 낳은 자손 중에 고려의 태조 왕건이 있었다. 그는 먼 할머니인 용왕의 딸을 경헌왕후(景獻王后)라 부르며, 작제건 부부가 살았던 집을 광명사(廣明寺)라는 절로 바꾸었다고 한다.

089 사람의 몸속으로 들어간 어린 용

저자와 연대를 알 수 없는 조선 말엽의 야담집인 《청구야담》을 보면, 자기도 모르게 어린 용을 삼켰다가 큰 병에 걸려 고생했다는 신비한 이야기가 실려 있다.

조선 시대에 한강 남쪽 지역, 그러니까 강남(江南)에 심효자(沈孝子)라는 사람이 살고 있었다. 그는 이름처럼 부모에 대한 효도를 충실히 하여 이웃들로부터 '효자'라는 칭송을 받았다. 그래서 심씨 성을 가진 효자라는 뜻의 '심효자'라고 불렸다. 비록 집은 가난했지만, 그런 와중에도 심효자는 늙은 아버지를 지극정성으로 섬겼다.

그러던 어느 날, 큰비가 강남에 온종일 퍼붓듯이 내렸는데 심효자가 사는 집의 마당에 웬 작은 고깃덩이 하나가 떨어졌다. 가난한 집안 살림살이라서 평소에 고기를 먹기 어려웠던 터라 심효자는 '이 고기는 하늘이 우리 집안에 내려주신 선물이로다.' 하고 여기고는 날것으로 썰어 육회로 만들어 아버지한테 대접했다.

한데 어찌 된 일인지 심효자의 아버지는 고기를 먹은 뒤로 갑자기 몸이 아파서 이부자리에 눕는 신세가 되었다. 심효자는 의원들을 불러오고 약을 마련해서 아버지를 치료하려 했으나, 어떤 약이나 의원도 아버지를 낫게 하지 못했다. 더욱 괴로운 것은 심효자의 아버지가 청포(淸泡)로 만든 묵이 아니면, 어떤 음식도 먹지 못했다는 점이다.

아버지의 병 때문에 심효자가 매일같이 걱정하고 지낸 지 6개월이 되었을 때 중국 쓰촨성에서 온 어느 장사꾼이 심효자의 집을 방문했다. 그는 심효자의 아버지가 앓는 원인불명의 병에 대한 소문을 들었는지, 심효자를 찾아가서 "내가 당신 아버지의 병을 사겠소. 그러면 당신의 아버지는 다시 건강해질 것이오." 하고 말했다. '병을 산다'는 말이 다소 믿기지 않았지만, 아버지의 병을 고치는 일이 급했던 터라 심효자는 장사꾼에게 아버지의 병을 팔겠다는 계약서를 써주었다.

계약이 맺어지자 장사꾼은 갖고 있던 은으로 된 작은 상자를 열더니, 그 안에서 붉은 가루약을 꺼내어 끓는 물에 탄 다음 심효자한테 "이걸 아버지한테 마시게 하시오." 하고 말했다. 장사꾼이 준 탕약을 받아서 아버지한테 드려 마시게 하자 심효자의 아버지는 그릇에 벌레 한 마리를 토해냈다. 장사꾼은 은으로 만든 젓가락으로 그 벌레를 집어서 은 상자 속에 넣고, 비단으로 잘 싸서 자기 보따리 속에 넣어두었다.

한편 심효자의 아버지는 벌레를 토해낸 뒤부터 고통이 말끔히 사라지면서 몸이 정상적으로 돌아왔고, 음식도 골고루 먹으면서 건강을 되찾았다. 심효자는 장사꾼한테 "내 아버지의 병을 치료해주어서 감사하오." 하고 인사를 했다. 장사꾼은 오히려 "나야말로 당신한테서 귀중한 물건을 받게 되니, 그 보답으로 내가 가진 재물을 드리겠소"라면서 심효자한테 수많은 비단과 옥을 수레 하나에 가득 실어서 주었다.

장사꾼은 심효자에게 "보여줄 것이 있으니, 나를 따라오시오." 하고 말하면서 그를 남쪽 바닷가로 데려갔다. 두 사람이 바닷가 백사장에 돗자리를 펴고 앉아 있자, 바닷물 속에서 아름다운 미녀 한 명이 바다에서 올라와 백사장으로 걸어오더니 장사꾼의 앞에서 걸음을 멈추었다.

그녀를 본 장사꾼은 기쁘게 웃으면서 자신이 가진 은 상자를 열고 그 안에 든 벌레를 꺼냈다. 그러자 벌레가 작은 용(龍)으로 변하더니 바닷속으로 들어갔다. 용이 들어가는 것을 본 미녀는 "왕께서 저한테 평생 당신을 따르라고 하셨습니다"라고 말했고, 장사꾼은 웃으면서 거래가 성사되었다고 했다.

곁에서 지켜보던 심효자가 어찌 된 영문이냐고 묻자 장사꾼은 이렇게 대답했다.

"저 벌레는 본래 갓 태어난 용(龍)인데, 비를 내리다가 당신의 집에 떨어졌고, 당신 아버지가 그것을 삼키는 바람에 병에 걸렸던 것이오. 당신이 아버지한테 먹인 고깃덩이는 어린 용이 자신을 보호하기 위해 만든 일종의 갑옷이었소. 바닷속 용궁에서는 어린 왕자가 없어졌다며 난리가 일어났는데, 내가 그 왕자를 데려가 보내줬으니 남쪽의 바다를 다스리는 용왕(龍王)이 보답으로 나한테 미녀를 보내준 것이오. 그는 신통한 도술을 부리는 용녀(龍女)이니, 금은보화보다 낫소. 내가 당신한테 재물을 준 것은 이런 기회를 당신이 나한테 주었기 때문이오."

말을 마친 장사꾼은 미녀를 데리고 중국으로 돌아갔다. 심효자도 집으로 돌아와 장사꾼이 준 비단과 옥을 팔아 부자가 되어 늙은 아버지를 잘 모시고 행복하게 살았다고 한다.

090 원한을 품고 환생한 뱀

　조선 말의 야담집인 《청구야담》에는 자신을 죽인 사람의 아들로 태어나 복수를 하려고 했던 뱀에 관련된 섬뜩한 이야기가 실려 있다.

　중종 임금 때 유명한 학자이자 도인이었던 정북창(鄭北窓, 1506~1549)은 동생인 정고옥과 함께 어느 집을 지나고 있었다. 그곳에서 사악한 기운이 풍기는 것을 보고 그 집 식구들을 구하기 위해서 손님으로 방문했다. 주인을 만나서 "나는 정북창이오. 우리 형제는 이 집 주인의 운명에 낀 불행을 없애주기 위해서 왔습니다. 부디 이 집에 나와 내 동생을 들여보내 주시기 바랍니다." 하고 말했다.

　정북창의 높은 명성을 들었던 주인은 그를 반기며 기꺼이 맞아들였다. 집에 들어가게 된 정북창은 주인에게 "숯 50석을 오늘 안으로 준비해서 집 마당 가운데에 쌓아두십시오. 그리고 뚜껑이 달린 큰 나무 상자 하나도 마련해주십시오." 하고 말했고, 주인은 그대로 따랐다.

　정북창은 마당에 쌓인 숯에 불을 피우고 그 가운데로 큰 나무 하나를 넣으니, 그 광경을 주인과 집안 식구들이 모두 나와서 구경했다. 그중에서는 10여 세가 된 주인의 아들도 있었는데, 그 아이를 본 정북창은 갑자기 목덜미를 잡아 나무 상자 안에 넣고는 뚜껑을 닫아서 불구덩이 속에 던져버렸다. 난데없이 일어난 이 변고에 주인과 식구들은 너무나 놀라고 당황하여 정신을 잃을 뻔했고, 주인은 정북창을 당장 내쫓으려 하는 한편 상자를 부수려 했다.

그러자 정북창은 "잠시만 기다려보시오. 만일 내가 잘못한 것이 있다면 여기서 바로 목숨을 내놓겠소!" 하고 말하고는 불에 넣어 다 타버린 나무 상자를 꺼내서 그 뚜껑을 열어 보였다. 그러자 그 안에는 어린아이의 시체 대신, 큰 구렁이 한 마리가 타버린 채로 있었다.

도저히 영문을 알 수 없어 당혹해하는 주인과 식구들에게 정북창은 구렁이의 사체를 찢어서 그 배 속에 있던 부러진 낫의 끝을 보여주면서 "이게 무엇인지 아십니까?" 하고 물었다.

그러자 주인은 이렇게 대답하였다.

"보니까 알 것 같소. 내가 10년 전에 연못을 파서 물고기를 길렀는데, 언제부터인지 물고기가 점점 줄어들어서 이상하게 여겼소. 그래서 연못을 가만히 지켜보았더니, 어디선가 온 큰 구렁이 한 마리가 연못에 들어가 물고기들을 잡아먹는 것이었소. 화가 나서 큰 낫을 들어 그 구렁이를 마구 찍어 죽였는데, 그때 낫의 끝이 부러졌소. 이 부러진 낫의 끝이 바로 그때의 낫인 줄 알겠소."

그렇게 말한 주인은 하인을 시켜 창고에 보관하던 부러진 낫을 가져오게 하고서 맞춰보았는데, 정확히 들어맞았다. 놀라는 주인을 보며 정북창이 말했다.

"그대의 아들은 바로 10년 전에 죽은 구렁이의 환생이었습니다. 복수하기 위해서 그대의 아들로 태어났던 것이지요. 만약 그대로 놓아두었다면 그대뿐만 아니라 이 집안의 모든 식구가 끔찍한 죽음을 맞이할 뻔했습니다. 이제 우리가 재앙을 없앴으니, 그대의 집안은 편안할 것이외다."

말을 마친 정북창은 주인에게 작별 인사를 하고, 동생과 함께 떠났다.

복수하기 위해 자신을 죽인 자의 아들로 환생한다는 이야기는 한국의 민담과 전설에서 종종 발견된다. 인기리에 연재된 네이버 웹툰인 〈신과함께〉의 신화편에서도 과양각시의 세 아들 이야기에서 자신들이 가져온 재물을 탐내어 죽인 과양각시의 아들로 태어나 과거에 급제했다가 곧바로 죽음으로써 어머니이자 원수인 과양각시에게 큰 고통을 주었다는 내용이 나온다.

그나저나 뱀은 왜 하필, 주인의 아들로 태어났을까? 그렇게 태어나는 편이 쉽게 다가갈 수 있어서가 아니었을까? 만약 힘이 센 장사로 태어나 나타난다면 자연히 주인은 낯선 자를 경계할 것이다. 하지만 아들로 태어난다면 주인은 경계하지 않고 안심할 테니, 그 틈을 노려 쉽게 복수를 할 수 있다는 생각이었으리라. 다시 생각해보면 참 섬뜩한 일이 아닐 수 없다.

091 서해 바다의 섬에 사는 뱀

조선의 학자인 임방이 지은 소설인 《천예록》을 보면, 서해의 작은 섬에 사는 이무기에 얽힌 재미있는 이야기 한 편이 실려 있다.

중국으로 가는 조선의 사신 일행 중에 화약과 대포를 다루는 기술자인 화포장 한 명이 운 좋게 끼어 있었다. 그는 매우 가난한 집안 형편으로 아내와 둘이서 고생을 하다가 중국에 가게 되어 무척 기뻤다. 사신 일행에 들어가면 여기저기서 받는 돈과 선물이 많아서 한몫 챙길 기회가 그만큼 많기 때문이었다.

사신단 일행이 탄 배에 몸을 싣고 서해를 지나던 도중, 물을 구하기 위해 작은 무인도에 들렀는데 배가 움직이지 않는 문제가 발생했다. 원인을 알 수 없어서 혼란스러워하다가 한 사람씩 섬에 내렸는데, 화포장이 섬에 내리자 배가 움직였다. 뱃사람들은 미신을 깊이 믿기에 화포장에게 뭔가 불운이 있어서 배가 멈추었다고 여겼다. 그러고는 그에게 "우리가 중국에 갔다가 돌아올 때 반드시 자네를 찾아서 함께 조선으로 데려갈 테니 힘들더라도 이 섬에서 참고 지내게." 하고 말하며 음식과 옷과 솥과 칼을 주고는 자기들끼리 중국으로 떠나버렸다.

화포장은 서해의 무인도에 버려져서 거의 반년을 혼자서 살았다. 사신단 일행이 주고 간 음식은 금방 떨어져서 할 수 없이 그는 섬 주변에서 식량을 구해야 했다. 바닷가에서 조개를 캐 삶아 먹었고, 나뭇가지를 꺾어 실을 엮고 추를 매달아 낚싯대를 만들어 고기를 낚아 올렸다. 섬 안에 있는 각종 열매와 나물, 사슴과 토끼 같은 짐승도 배를 채우는 데 도움이 되었다.

불편한 점이 있다면, 물이 부족하다는 것 정도였다. 매일 아침과 저녁으로 바닷가에서 불어오는 세찬 바람과 소금기 때문에 입고 있던 옷은 바싹 말랐으나 세탁을 하기가 어려웠다. 그나마 섬에 비가 자주 내리고, 야생 과일을 먹으면 수분을 보충할 수 있어 목은 마르지 않았으나 비가 내릴 때가 아니면 몸과 얼굴을 씻기는 어려웠다.

화포장은 하루하루 먹고 마시고 자면서, 중국으로 떠난 사신단이 돌아오기만을 기다렸다. 그러던 어느 날, 움막 속에서 자고 있던 화포장의 귀에 먼바다로부터 천둥이 치는 듯한 소리가 들렸다. 혹시 사신단 일행이 돌아왔나 싶어서 화포장은 바닷가로 냉큼 달려갔다. 놀랍게도 소리의 주인공은 통나무처럼 크고 굵은 한 마리의 징그러운 구렁이였다. 구렁이가 바다에서 섬으로 들어오는 와중에 커다란 몸이 물과 땅에 닿으면서 내는 소리가 멀리서 천둥처럼 들렸던 것이다.

화포장은 구렁이가 자신을 발견하고 잡아먹으려 덤벼들 것 같아서 얼른 높은 나무 위로 올라갔다. 육지로 올라온 구렁이는 멧돼지와 사슴과 토끼 등 각종 짐승을 닥치는 대로 한입에 집어삼켰다. 한참 동안 배를 채운 구렁이는 이내 섬을 떠나 바다로 들어가더니 이번에는 온갖 생선들을 닥치는 대로 잡아먹었다.

화포장은 구렁이를 가만히 내버려 두었다가는 자신이나 사신단이 잡아먹히거나 해를 입을 것 같아 두려웠다. 고민에 빠진 화포장은 사신단이 주고 간 칼로 섬에 자라는 대나무를 잘라서 끝을 뾰족하고 날카롭게 갈았다. 이것을 수백 개 정도 만들고 나서 칼과 함께 구렁이가 다니는 길목에 날카로운 끝이 위로 올라오도록 하여 땅에 파묻었다.

이윽고 해가 떠올라 아침이 되었다. 구렁이가 어제처럼 바다에서 헤엄쳐 나와 육지로 올라왔다. 구렁이는 길목을 올라가다가 날카롭게 간 대나무에 찔려 턱에서부터 꼬리까지 가죽이 모조리 찢어져 죽었다. 화포장은 재빨리 나무에서 내려와 구렁이의 사체로 달려갔다.

화포장이 구렁이의 몸속을 들춰보니, 낮이나 밤이나 빛을 내는 구슬인 야광주를 비롯하여 진주와 옥 같은 귀한 보석이 흘러나와 있었다. 그 양이 어찌나 많았는지 대나무나 풀로 짠 꾸러미가 10개나 필요했을 정도였다.

얼마 후 화포장이 기다리던 사신단의 배가 섬에 도착했다. 화포장은 자신이 겪은 일을 사실대로 말했다가 귀한 보물을 빼앗길까 두려워서 "장난감으로 가지고 놀 돌멩이를 모아서 꾸러미에 담았습니다"라며 거짓으로 둘러댔다. 사신단은 그 말을 믿고서 그를 배에 태워 조선으로 돌아갔다. 귀국한 화포장은 서둘러 꾸러미들을 시장으로 가져가 그 안에 든 내용물을 팔아 큰돈을 벌었다. 그리고 집과 땅을 사고 양식과 비단 등도 마련하여 부귀영화를 누리며 아내와 함께 행복하게 오래 살았다.

하마터면 섬에 버려져 쓸쓸히 죽을 뻔한 운명에 맞서다 뜻밖에 찾아온 행운으로 화포장은 큰 행복을 누리게 되었다. 전화위복이란 말이 딱 어울리는 경우다. 구렁이 몸 안에 들어 있던 보물은 풍요를 주는 뱀의 속성을 상징한다. 한국의 민담에 집에 뱀을 모셔두면 풍년이 든다는 내용이 많고, 우리 조상들이 집에 살면서 곡식을 갉아먹는 쥐를 잡아먹는 구렁이를 '터줏대감'이라고 부르며 상서로이 여긴 것도 이런 연유다.

092 괴물 지네

오늘날 사람들한테 지네는 그저 징그럽기만 한 벌레일 뿐이다. 그러나 옛 전설에서 지네는 무서운 괴물이자 사람을 돕는 신비한 영물로 여겨졌다.

충청남도 보령군에는 조선 인조 무렵의 재상인 김자점과 지네에 관련된 전설이 전해 내려온다. 지금의 함경남도 함흥 지역은 언제부터인지 부사가 오기만 하면 첫날밤에 죽어 나가는 괴이한 일에 시달리고 있었다. 정확한 이유는 알 수 없었으나 함흥에 사람을 해치는 끔찍한 괴물이 있기 때문이라는 소문이 돌았다.

그러던 와중에 김자점의 아버지인 김탁(金琢)이 함흥부사로 파견되었다. 김탁은 함흥 관아로 가서 머무는 방 안의 화로에 불을 피운 다음 담뱃잎 수십 개를 던져 넣고 마루에는 명주실을 벌려놓았다. 관아의 아전과 포졸들은 김탁이 하는 일의 이유를 알 수 없어 고개를 갸웃거렸다.

밤이 되자 관아에서 무언가가 땅을 걸어 다니는 것 같은 이상한 소리가 났다. 정체를 알 수 없는 커다란 물체가 땅을 기어 다니더니, 김탁이 머무는 방 안으로 들어가려 했다. 하지만 방 안 가득한 담배 냄새를 맡고는 들어가지 못하고 달아나버렸다. 그때 마루에 놓인 명주실을 끌고 갔다.

다음 날 아침 김탁은 명주실이 이어진 곳을 찾았다. 그곳은 관아 지붕의 용마루 속이었다. 김탁은 아전을 불러서 큰 가마솥을 가져오게 한 다음 기름을 붓고는 장작불을 피워 뜨겁게 끓였다. 그러고는 대장간에서 가져온 커다란 집게로 용마루 속을 이리저리 쑤셔 구렁이처럼 커다란 지네 한 마리를 잡았다.

김탁의 명을 받은 포졸들은 집게로 잡은 지네를 관아 마당에 떨어뜨렸다. 김탁은 재빨리 칼을 뽑아 지네를 여러 토막으로 잘라버렸다. 그런 다음 토막 난 지네를 가마솥에 넣었는데, 이는 몸이 잘렸어도 나중에 다시 살아날지 모른다는 우려 때문이었다.

지네의 머리 부분을 가마솥에 넣자 파란 기운이 나오더니 김탁의 얼굴에 닿았다. 그러자 김탁의 얼굴에 붉은 점이 하나 생겼다. 그 점은 김탁이 아내와 잠자리를 같이하여 아들을 낳고 나서야 사라졌다. 그런데 태어난 아들의 볼에 붉은 점이 하나 있었다. 김탁은 아들의 이름을 점(點)이 있다는 뜻인 김자점이라고 지었다.

김자점은 훗날 도원수라는 높은 벼슬에 올랐지만, 청나라에 효종 임금을 모함한 죄가 드러나 역적이 되어 온 가족과 더불어 처형당했다. 사람들은 이를 두고 "김탁 이전의 함흥부사들은 모두 그 지네가 죽였다. 김자점은 김탁이 죽인 지네가 사람으로 환생하여, 일부러 김탁의 가문을 멸하려고 역적질을 한 것이다." 하고 수군거렸다.

이와 달리 충청남도 서산군에는 사람을 도운 착한 지네와 관련된 전설이 전해진다. 한약의 재료로 쓰일 소나무 뿌리를 캐어 내다 팔아서 먹고사는 가난한 청년 한 명이 살았다. 여느 때처럼 소나무의 뿌리를 캐기 위해 산으로 올라갔다가 아름다운 처녀를 만났다. 처녀는 청년을 자기 집으로 데려가서 맛있는 음식을 대접하고 친절하게 대해주었다.

그런 일을 겪고 나서 청년은 소나무 뿌리를 팔기 위해 시장으로 가던 중 다리 밑에서 나온 다른 처녀 한 명을 만났다. "소녀는 구렁이고 당신이 산에서 만난 여자는 지네입니다. 우리 둘은 용이 되어 하늘로 올라가기 위해 싸우고 있습니다. 지네 여자는 당신을 해칠 테니 부디 멀리하십시오"라는 말을 들었다.

청년은 구렁이 처녀의 말을 믿지 못하고 산의 지네 처녀를 다시 찾아갔다. 그녀로부터 "소녀는 결코 당신을 해치지 않습니다. 그 구렁이는 저를 미워하여 거짓말을 한 겁니다. 며칠 후 구렁이와 싸울 텐데, 그때 당신이 뜨거운 물을 구렁이한테 퍼부어서 저를 도와주세요"라는 설명을 듣고는 지네 처녀를 돕기로 했다.

이윽고 지네 처녀가 말한 날짜가 되어 청년은 그녀의 집 근처에 숨어 있었다. 잠시 후 구렁이 처녀가 올라오더니 지네 처녀를 보고는 둘 다 본래의 모습인 구렁이와 지네로 돌아가 서로를 노려보았다. 구렁이는 하얀 기운을, 지네는 파란 기운을 뿜으며 대결했다. 지네 쪽이 불리해지자 청년은 가져온 뜨거운 물을 끼얹어 구렁이를 죽여버렸다. 지네는 처녀로 변신해서 청년을 보고는 "당신이 저를 도와 구렁이를 죽였으니 보답으로 가난에 시달리지 않고 풍족하게 살 수 있는 축복을 내려드리겠습니다." 하고 말하고는 하늘로 올라갔다. 그 후로 청년은 지네의 예언대로 가난에서 벗어나 풍요로운 삶을 누렸다고 전해진다.

9

귀신

093 강릉의 무서운 처녀 귀신

한국 귀신을 대표하는 종류라면 처녀 귀신을 떠올리기 마련이다. 처녀라는 말 때문에 처녀 귀신을 '남자와 결혼하지 못하거나 사랑을 이루지 못해 죽은 처녀의 영혼'이라고 여기기 쉽지만, 그보다는 '강렬한 원한을 품고 억울하게 죽은 처녀의 영혼'이 처녀 귀신이 된다고 이해해야 옳다.

원한을 품고 죽은 처녀 귀신이 얼마나 무서운 존재인지는 1873년 서유영이 쓴 야담집인 《금계필담》에 생생하게 묘사되어 있다.

강원도 강릉에 살았던 최씨는 진사(進士, 과거에 합격한 사람) 호칭을 얻었을 뿐만 아니라 명예와 재물까지 갖춘 부자였다. 그런데 어느 날부터 그의 세 아들과 손자들이 두 눈썹 사이에 붉은 종기가 돋아나다가 피가 터지는 병에 걸려 모두 죽는 참변이 벌어졌다. 최씨의 자손 중에서 남은 건 어린 손자 한 명뿐이라서 걱정이 매우 컸다.

때마침 최씨의 집에는 김씨 성을 가진 생원(생원과 과거에 합격한 사람) 한 명이 아내와 함께 식객(食客)으로 살고 있었다. 식객이란 고대 중국의 춘추 전국 시대부터 조선 시대까지 이어진 관습인데, 부자의 집에 살면서 음식과 잠자리를 얻는 대가로 그 집안 식구들을 도와주는 사람들을 가리키는 말이다.

김생원의 아내는 남편에게 "우리가 이 집에 살면서 최진사의 은혜를 입었는데, 자손들이 죽어 괴로워하고 있으니 도와줘야 하지 않겠습니까?" 하고 말했다. 그 말을 듣고 김생원은 "나도 알고 있소"라고 대답했는데, 마침 그 모습을 최진사의 종이 보고는 주인에게 알렸다. 이에 최진사와 그의 아내가 김생원에게 달려와 "우리 어린 손자만이라도 제발 구해주시구려." 하고 빌었다.

처음에 김생원은 "저는 의원이 아닙니다." 하면서 겸손하게 거절했으나, 최진사 부부의 간절한 부탁에 그들이 불쌍하게 생각되어 "마당에 신주를 모시고 향불을 준비하십시오." 하고 말하고는 도사처럼 의관을 갖춰 입고는 직접 향불을 피우고 부적을 태웠다. 그러자 갑자기 허공에서 신장(神將, 장군 신) 한 명이 나타나더니 김생원 앞에 엎드렸다.

김생원은 "이곳의 가토신(家土神, 집을 지키는 수호신)을 데려오너라." 하고 지시하자 신장이 곧바로 늙은 가토신을 데려왔다. 김생원이 가토신을 보며 "너는 왜 이 집안 식구들이 죽어가게 내버려 두었느냐?" 하고 꾸짖자 가토신은 "이번 일은 원한으로 인한 것이라 막을 수 없었습니다." 하고 해명했다. 이에 김생원은 가토신과 신장에게 "원한을 품고 살인을 저지른 귀신이 있을 테니, 잡아 오너라." 하고 지시를 내렸다.

그 말을 듣고 가토신과 신장이 집 안의 창고로 들어갔다. 갑자기 창고 안에서 소름 끼치는 음침한 울음소리가 들려왔다. 얼마 후 가토신과 신장이 처녀 귀신 하나를 붙잡아 김생원 앞으로 끌고 왔다. 처녀 귀신의 눈썹 사이에는 송곳 하나가 박혀 있고 피가 발까지 흘러내리고 있었다. 김생원은 처녀 귀신을 향해 이렇게 꾸짖었다.

"도대체 너는 어떤 원한을 품었기에 최진사 댁 식구들을 다 죽게 했느냐?"

그 말을 들은 처녀 귀신은 화를 내며 대답했다.

"나는 원래 이 집의 하녀였다. 최진사가 한번 장난삼아 내 손을 잡는 걸

본 그의 아내가 나를 질투하여 창고로 끌고 가서는 송곳을 내 미간에 박고는 곡식 자루를 쌓아서 막아놓은 채로 창고 문을 잠그고 나갔다. 그래서 나는 선 채로 갇혀서 고통을 받으며 죽어갔다. 그 원통함을 품고 귀신이 되어서 복수할 때를 기다렸다가 최씨 집안의 운세가 기울자 이제야 원한을 갚으려 식구들을 차례차례 죽인 것이다. 그러니 내 일을 막지 마라."

김생원은 가토신과 신장에게 처녀 귀신을 깊은 산으로 끌고 가서 큰 돌로 눌러 밖으로 나오지 못하게 막으라고 명령했다. 처녀 귀신은 슬프게 울면서 날뛰다가 가토신과 신장에게 끌려갔다.

이 광경을 창틈으로 보고 있던 최진사 부부는 벌벌 떨었다. 김생원이 그들에게 다가가 "원한을 품고 죽은 귀신은 그 한을 풀지 못하면 반드시 복수합니다. 앞으로 50년이 지나면 다시 나와서 이 집 식구를 모조리 죽이려 들 겁니다." 하고 말했다.

다음 날 최진사 부부가 창고를 열고 곡식 자루들을 헤치니 정말로 미간 사이에 송곳이 박힌 채로 피를 땅까지 흘리고 죽어 있는 하녀의 시체가 발견되었다. 얼굴색을 보면 여전히 살아 있는 듯했다. 최진사는 매우 놀라 시체를 집 밖으로 끌어내 불태워 없애고는 김생원을 찾았다. 하지만 김생원은 아내와 함께 밤을 타서 집을 떠나고 사라진 뒤였다. 처녀 귀신한테 보복을 당할까 봐 도망친 것이다.

원한을 품고 죽은 처녀 귀신의 힘이 얼마나 무서웠으면, 뛰어난 도인인 김생원마저 50년밖에 가두지 못한다고 했을까?

094 김유신 장군의 귀신이 한 선비를 벌하다

다음 글은 조선의 학자인 임방이 지은 야담집인 《천예록》에 실린 이야기를 발췌한 내용이다.

경주의 서악서원은 옛 신라의 훌륭한 공신인 설총과 김유신과 최치원을 모시고 매년 제사를 지냈는데, 명나라 천계제(1621~1627) 무렵에 한 가지 논란이 일어났다. 다름이 아니라 서악서원에 모시는 위인들의 위패를 빼버리는 일을 두고 선비들이 모여서 논쟁을 벌인 것이다.

어느 선비는 "설총과 최치원은 학문에 업적이 있으나, 김유신은 일개 장군일 뿐이고 유학자와는 어울리지 않으니, 그를 모신 위패는 서원에서 제외해야 한다"라는 의견을 제시했다. 하지만 "그렇다 해도 김유신이 세운 업적을 감안한다면, 결코 무시할 수 없다"라며 반대하는 의견도 많아서, 김유신의 위패를 제외하는 일은 쉽게 결정되지 않았다.

그날 밤, 김유신의 위패를 빼자고 주장했던 선비가 서원에서 잠을 자다 꿈을 꾸었다. 갑옷을 입고 칼을 찬 장군 한 명이 1만 명의 병사와 함께 서원에 자리를 잡고서, 자신을 심문하는 내용이었다. 선비는 어찌 된 일인지 영문을 몰라 하면서도 위엄이 가득한 장군의 기세에 주눅이 들어 겁을 먹었다. 이윽고 장군이 선비에게 서릿발 같은 불호령을 퍼부었다.

"듣자 하니 네가 오늘 낮에 변변치 않은 말재주로 나를 헐뜯었더구나. 그래서 화를 참지 못하고 이렇게 직접 너를 심문하러 왔느니라.

먼지가 앉은 책장을 들춰서 낡아빠진 글귀나 찾아내는 썩은 선비 주제에 어찌 감히 나를 모욕하려 드느냐? 나는 어른이 되고 나서 줄곧 군대를 이끌며 전쟁터에 나가 목숨을 걸고 싸웠다. 너처럼 편하게 살면서 인생을 허비하지 않았단 말이다. 내가 전장에서 세운 전공을 일일이 거론하려면 이 세상의 모든 책에도 다 적을 수가 없다. 그래도 몇 가지만 말하자면 내가 살아 있을 때 신라는 북으로 고구려와 서로는 백제, 동과 남으로는 일본에 에워싸여 사방이 적이었다. 하지만 그런 와중에 나는 고구려와 백제를 멸하고, 심지어 신라를 삼키려 들던 당나라마저도 야심을 접고 물러가게 만들었다. 이것이 바로 내가 세운 충(忠)이니라.

또한 나는 망한 나라인 가야의 왕족 출신으로 신라에서 어렵게 자라면서 끝내 세상에 이름을 떨쳐 부모가 주신 이름을 자랑스럽게 빛냈으니, 이것이 바로 내가 세운 효(孝)다.

살아생전에 내가 이룩한 업적은 모두 충효에 맞으니, 유학에서도 칭송해야 마땅하다. 그래서 이 나라 최고의 유학자인 퇴계 이황도 나를 서원에 모시는 일에 반대하지 않았거늘, 하물며 너는 대체 무엇이관데 그따위 망발로 나를 능멸하였느냐? 더러운 혀를 놀린 죄로 너는 반드시 죽어야 한다. 그래야 훗날 어리석은 유생들에게 본보기가 될 것이다."

무서운 장군의 분노에 선비는 그저 덜덜 떨면서 입을 다물었다. 김유신 장군은 곧이어 병사들에게 명령했다.

"이 썩은 선비에게 천벌을 내리겠다. 하지만 이곳은 다른 위인들의 위패가 있는 성스러운 서원이니, 내일 저자의 집에서 다스리겠다."

바로 그 대목에서 선비는 꿈에서 빠져나와 현실 세계로 돌아왔다. 그러나 꿈속에서 장군이 호통을 친 일은 마치 방금 있었던 일처럼 생생하게 기억에 남았다. 다음 날, 선비는 아무런 병도 없었는데 갑자기 코와 입으로 피를 잔뜩 토해내고는 죽어버렸다.

본문의 문맥으로 보아서 선비를 꾸짖고 죽게 한 귀신은 바로 김유신 본인이었던 듯하다. 이와 비슷한 일화가 《삼국유사》에도 실려 있다. 김유신의 무덤에서 "내가 평생 나라를 위해 충성을 바쳤거늘, 내 자손들이 죄 없이 죽어가니 앞으로는 나라를 더 이상 지켜주지 않겠다!" 하고 한탄했다는 것이다.

임방이 《천예록》에 왜 김유신 장군의 귀신이 선비를 벌했다는 내용을 넣었을까? 아마도 조선이 후기로 갈수록 유교의 원리주의적인 성향이 짙어졌기에, 그런 사회 분위기에 반발하여 일침을 가하려 했던 것이 아닐까 싶다.

095 의병장 고경명을 저주한 처녀 귀신

일본이 조선을 침략한 임진왜란 무렵, 의병장으로 나서서 싸우다 전사한 고경명(高敬命, 1533~1592)은 기이한 일을 겪은 적이 있다. 그 내용이 《금계필담》이란 야담집에 실려 있다.

고경명은 젊은 시절 집 근처에 있는 호수를 오가며 틈틈이 산책을 했다. 어느 날은 갑자기 비가 오는 바람에 비를 피해 호수 근처에 있던 집의 열린 문 안으로 달려가서는 그 집의 주인을 소리쳐 불러냈다.

"주인장! 혹시 계시오? 소생은 글을 읽는 선비인데, 비가 와서 잠시 비를 피하려 이 집에 머물려고 하오. 그러니 나와서 문 좀 열어주시오."

그러자 방의 문이 열리고 처녀 한 명이 나와서는 고경명을 보고는 "어서 들어오십시오." 하고 말했다. 고경명은 고맙다는 인사를 하고는 신발을 벗고 마루로 올라가 문 안으로 들어가 방에 앉았다.

처녀는 고경명을 힐끔거리며 쳐다보다가 부엌으로 가서 간소하게 차린 술과 음식을 작은 밥상 위에 올려놓은 채로 가져와서는 고경명 앞에 놓으면서 "부족하지만 정성껏 차렸으니, 어서 드십시오." 하고 권유했다.

엄격한 유학자였던 고경명은 낯선 집에 비를 피해 잠시 들른 것도 과분한 일인데, 처녀가 주는 술과 음식까지 받아먹는 것은 예의에 어긋나는 일이라고 여겨 권유를 거절하고는 곧바로 그 집을 떠났다. 집을 나서는 고경명의 뒷모습을 처녀는 원망스러운 눈초리로 쳐다볼 뿐이었다.

그로부터 한 달이 지나고 나서 노인 한 명이 고경명의 집 문밖에 와서는 그를 만나고 싶다고 했다. 노인은 고경명을 보고는 이렇게 말했다.

"소인테는 딸이 하나 있는데, 지난번 나리께서 우리 집에 오신 이후로 그 아이가 나리를 사모한 나머지 병에 걸려 자리에 누워 있습니다. 그러고는 '나리가 아니면 아무한테도 시집을 가지 않겠다. 만약 나리가 받아주시지 않는다면, 차라리 죽어버리겠다'고 하면서 고집을 부리고 있습지요. 그래서 감히 부탁하건대, 나리께서 제 딸을 아내로 맞아들여서 목숨을 구해 주셨으면 합니다."

고경명은 노인의 청에 답하지 않고서 손을 내저으며 노인더러 돌아가라고 했다. 이미 그에게는 장래를 약속한 여인이 있었으니 자신을 사모한다는 처녀를 받아주었다가 무슨 분란이 일어날지도 모르고, 여색을 탐해서는 안 된다는 유학의 가르침을 따르는 유학자의 입장으로서도 받아들이기 어려운 일이었기 때문이다. 고경명이 거절하자 노인은 문을 나서서 슬프게 울며 떠나갔는데, 두 번 다시 소식이 없었다.

그 일이 있고 난 뒤로 고경명은 관직 생활이 힘들어져 위로 올라가지 못하고 계속 낮은 벼슬에 머무르는 판국이었다. 어느 날 우연히 호수를 지나다 큰 소나기가 쏟아져서 근처에 있는 집으로 비를 피해 들어갔는데, 그곳은 고경명이 젊었을 때 처녀를 만난 집이었다.

그런데 뜰에는 잡초가 무성하고 집 안에는 아무런 소리가 없어 조용한 게 기분이 나쁠 지경이었다. 고경명이 그 집의 음침한 분위기가 싫어서 그냥 나가려고 하자 갑자기 큰 구렁이 한 마리가 역겨운 냄새를 풍기며 마루 밑으로부터 나타나더니, 순식간에 고경명한테로 다가와서는 그의 몸을 칭칭 휘감고는 성난 눈초리로 노려보았다.

비록 말은 통하지 않았으나 고경명은 필시 그 구렁이가 옛날 자신이 거부한 처녀의 원혼이 죽어서 다시 태어난 것이라고 믿고는 곧 사과하며 "내가 너의 부탁을 거절해서 너를 죽게 했구나. 지금 와서 생각해보니 내가 너무 몰인정했구나. 네가 나를 해치고 싶다면 그렇게 해도 좋다"라고 말했다.

그러자 구렁이는 한참 동안 고경명을 노려보다가 고개를 떨구고 눈물을 흘리더니 곧 고경명을 감싼 몸을 풀고는 마루 밑으로 들어갔다. 구렁이가 사라지자 고경명은 얼른 그 집을 나와 집으로 돌아왔다. 그날 밤 그의 꿈에 죽은 처녀가 나타나서 "소녀가 나중에 구렁이로 다시 나타난다면, 죽을 징조인 줄 아십시오." 하고 말하고는 사라져버렸다.

이런 일이 있은 지 한참 후인 1592년 7월 9일, 임진왜란 때 고경명은 아들인 고인후와 함께 의병을 일으켜 금산에서 일본군과 싸우기 위해 기다리고 있었다. 그런데 의병들이 놀라서 시끄러운 소리를 내기에 "무슨 일이냐?" 하고 말하며 달려가 보니, 그 구렁이가 나타나서는 의병들의 뒤에 누워 있었다. 그 모습을 본 고경명은 "드디어 내가 죽을 날이 왔구나"라고 깨닫고는 다음 날인 10일까지 일본군에 맞서 힘을 다해 싸우다 고인후와 함께 전사했다.

자신의 사랑을 받아주지 않은 남자를 저주하여 전쟁터에서 죽게 한 이 설화는 여러 내용으로 바뀌어 나타난다. 임진왜란 당시 탄금대 전투에서 전사한 신립 장군도 이런 설화가 있었다고 한다.

096 악취를 풍기는
귀신을 만난 사람들

한국의 전통 신앙에서 산은 도를 깨달은 신선들이 사는 성스러운 곳으로 여겨진다. 하지만 산이라는 공간이 항상 좋은 이미지만 갖고 있었던 것은 아니다. 때때로 산은 귀신이나 도깨비 같은 무서운 존재가 우글거리는 공간처럼 매우 불길한 이미지로 나타나기도 한다. 조선의 학자인 유몽인이 쓴 《어우야담》을 보면, 산에서 악취를 풍기는 귀신을 보았다는 신비한 목격담이 기록되어 있다.

조선 성종 임금 시대에 태어나 명종 임금 시대까지 활동한 학자인 성수침(成守琛, 1493~1564)은 젊은 시절, 지금의 서울 경복궁 북쪽의 북악산에 세워진 청송당(聽松堂)이란 건물에서 산 적이 있었다. 어느 날 성수침은 혼자 청송당에 앉아 석양을 즐기고 있었는데, 불현듯 어떤 물체가 청송당의 구석에 나타났다.

대체 무엇일까 하는 호기심이 들어 성수침은 그것을 지켜보았다. 그 물체는 온몸에 검은색이 섞인 푸른색의 긴 옷을 휘감고 있었다. 그 옷이 어찌나 길었는지 발끝에 이를 정도였다. 또한 그 물체는 머리카락이 땅바닥에 닿을 만큼 길게 늘어뜨린 상태였고, 머리카락 사이로 두 눈이 돌출되어 있어서 괴이한 느낌을 주었다.

성수침은 용기를 내어 "네 정체는 무엇이며 여기는 어떤 일로 나타났는가?" 하고 말을 걸었다. 그러나 그것은 전혀 응답하지 않고 침묵만 지킬 뿐이었다. 아무래도 좀 더 이야기를 나눠 봐야겠다고 다짐한 성수침은 "이리 가까이 와라." 하고 말했다. 그랬더니 이상한 물체가 성수침이 앉은 창문가로 다가왔다. 온몸에서 역겨운 누린내가 진동해서 무척 불쾌했다.

아무리 봐도 전혀 사람 같지가 않다고 여긴 성수침은 마음을 가다듬고 큰소리로 외쳤다.

"내가 있는 이곳에는 훔쳐갈 물건이 없다. 네가 도둑이라면 여기 있어보았자 이득이 없다. 혹시 네가 귀신이라면 나는 귀신과 상대하고 싶지 않으니, 어서 이곳에서 떠나거라."

그러자 놀랍게도 이상한 물체는 마치 바람이 부는 것처럼 자취를 감춰버렸다. 성수침이 주위를 두리번거렸으나, 어디에서도 그 흔적을 찾을 수 없었다고 전해진다. 《어우야담》 본문의 내용으로 보아 성수침이 만난 정체불명의 존재는 귀신이었던 듯하다.

성수침보다 후기의 사람이지만, 조선 인조 무렵의 학자인 정백창(鄭百昌, 1588~1635)이 산에서 귀신을 보았다는 이야기가 《어우야담》에 기록되어 있다. 정백창은 젊은 시절 산속의 절에서 책을 읽으면서 살았다. 그렇다고 그가 부처를 믿는 승려가 된 것은 아니었다. 그저 조용한 곳에 가서 책 읽기를 좋아했을 뿐이었다.

어느 날 정백창은 불탑(佛塔) 뒤에서 책을 보고 있었는데 밤중에 이상한 일을 겪었다. 갑자기 불탑 근처에 웬 커다란 물체가 나타나더니 그 앞에 엎드리는 것이었다. 그런데 구역질이 날 만큼의 악취가 진동해 가까이 다가가기조차 어려웠다.

악취 때문에 불쾌한 와중에서도 정백창은 호기심이 들어 그 괴상한 물체를 상세히 지켜보았다. 그것은 툭 튀어나온 눈에 오그라든 코를 지녔고, 축

늘어진 귀에 위로 불쑥 솟은 머리카락과 귀에까지 닿을 만큼 찢어진 입을 가진 괴물이었다. 등에는 두 개의 날개가 달렸으며, 푸르면서도 붉은색 몸뚱이를 가졌는데, 아무리 지켜보아도 그 몸이 정확히 어떤 모습을 하고 있는지 짐작할 수 있을 정도로 확실하게 보이지는 않았다.

두려운 와중에도 정백창은 '내가 여기서 겁을 먹고 호들갑을 떨면 나를 우습게 여기고 달려들어 나쁜 짓을 저지를지도 모른다'라고 생각하여 계속 책을 보았다. 괴물은 정백창의 침착한 태도에 강한 인상을 받았는지 계속 그 자리에 머물러 있었다.

아무래도 이대로 있다가는 괴물에게 봉변을 당할지 모른다는 생각이 들어 정백창은 옆방에서 자는 승려들을 큰 소리로 불러서 깨우고는 어서 와달라고 부탁했다. 그러자 괴물이 불탑 뒤에 뚫린 구멍으로 들어가더니 더는 보이지 않았다. 정백창은 놀란 가슴을 진정시키기 위해 술을 마셨는데, 뒤늦게 자신이 주먹을 세게 쥐고 있다는 사실을 깨닫고 손바닥을 펴보았더니 손톱이 손바닥을 뚫고 있었다고 한다.

정백창이 봤다는 괴물의 정체와 이름은 알 수 없다. 다만 악취를 풍겼다는 점에서 성수침이 본 괴물과 비슷한 종류가 아닐까 싶다.

097 호랑이의 앞잡이,
창귀(倀鬼)

19세기 말까지 한반도는 전 세계에서 호랑이가 가장 많은 곳이었다. 그런 만큼 호랑이에 관련된 전설도 많이 전해온다. 그중 하나로 호랑이한테 잡아먹힌 사람의 영혼이 호랑이의 앞잡이 노릇을 하며 다른 사람들을 호랑이한테 잡아먹히게 하는 창귀(倀鬼)라는 귀신이 된다는 전설을 소개한다.

조선 후기의 야담집인 《파수록》에는 아름다운 여성의 모습을 한 창귀에 관한 이야기가 수록되어 있다. 이름이 알려지지 않은 용사(勇士)가 있었다. 그는 힘이 매우 세고 용감해서 무서운 호랑이를 상대로 화살이나 조총 같은 무기 없이 맨몸으로 싸워서 죽였다. 용사는 호랑이를 잡으러 산과 숲을 바람처럼 누비고 다녔는데, 그가 맨손으로 때려잡은 호랑이가 수천 마리나 된다는 소문이 들릴 정도였다.

임금은 용사를 불러들여 "사나운 맹수인 호랑이를 죽여 백성을 지킨 공이 크다"라고 칭찬하면서 군관(軍官)의 벼슬을 주었다. 그리하여 용사는 정식으로 국가에 소속되어 녹봉을 받는 공무원 신분에 올랐다.

군관이 된 이후 용사는 중국으로 떠나는 사신 일행에 합류했는데, 그들은 북경으로 떠나는 도중 폐사군 지역을 들르게 되었다. 폐사군이란 조선 초기에 국토 개척을 하면서 여진족의 잦은 침략과 추위 때문에 견디지 못하고 백성을 철수시킨, 지금의 평안북도 지역인 우예(虞芮), 여연(閭延), 자성(慈城), 무창(茂昌)을 가리킨다.

폐사군 지역은 오랫동안 사람의 자취가 끊긴 곳이라서 그런지 하늘을 가릴 만큼 나무가 우거지고 아무도 살지 않는 데다가 온갖 짐승의 발자국이 어지럽게 찍혀 있었다. 사신 일행은 마치 귀신들이 사는 저승으로 들어온 것처럼 음침한 기분이 들었다.

마땅히 머무를 숙소가 없던 터라 사신 일행은 노숙을 했다. 겨울철이어서 차가운 바람이 불고 기온이 낮아 한층 으스스했다. 사신 일행이 힘들게 잠을 자는 동안 조금씩 눈이 내렸다. 이때 사신 일행을 이끄는 상사(上使)는 잠이 오지 않아 눈을 뜨고 있었다. 그런데 멀리서 나타난 젊고 아름다운 여자 한 명이 하얀 깃발을 가지고 눈 위를 걸어왔다. 그러고는 누워서 자는 사람들을 둘러보다가 잠든 용사의 머리카락에 깃발을 꽂고는 웃으면서 달아났다. 여자가 사라지자 누워 있던 상사는 하얀 깃발을 빼버리고는 도로 자리에 누워 오지 않는 잠을 청했다.

그러기를 얼마 후 두 눈을 번뜩이는 커다란 호랑이 한 마리가 사신 일행을 찾아와서는 두리번거리며 한참 훑어보다가 떠나버렸다. 잠자는 척하고 누워 있던 상사는 그 행동을 이상하게 여겼다. 호랑이가 떠난 뒤 조금 전의 여자가 다시 나타나서는 하얀 깃발을 잠든 용사의 머리카락에 다시 꽂고서 달아났다. 상사는 그것을 다시 빼내 버렸다. 그러기를 5번이나 반복했는데, 마침내 커다란 호랑이가 와서는 무척 화가 난 듯 울부짖고는 떠나버렸다.

호랑이가 울부짖는 소리에 사신 일행은 잠기운이 사라졌다. 상사는 일행에게 자신이 보고 겪은 일을 말해주었다. 그러자 용사가 잠자리에서 일어나더니 눈 위에 난 호랑이의 발자취를 쫓아서 말을 타고 수백 마리의 호랑이가 있는 북쪽 산에 도착했다. 그곳에서 용사는 조금 전에 사신 일행을 찾아와서 울부짖은 큰 호랑이를 발견하고는 왼팔로 목을 쥐고 오른팔로 호랑이의 콧구멍에 밧줄을 꿴 다음 말의 꼬리에 매달고 돌아왔다. 용사의 엄청난 힘에 놀란 사신 일행은 그때부터 용사를 가리켜 '호랑이를 잡은 장군(虎將)'이라고 칭송했다.

이 기이한 이야기에서 용사의 머리카락에 하얀 깃발을 꽂으러 나타난 여자는 호랑이에게 잡아먹히고 나서 호랑이의 앞잡이가 된 창귀였다. 주인인 호랑이를 위해서 먹잇감이 될 인간에게 하얀 깃발을 꽂아 표시한 것이다. 창귀가 사라진 뒤에 나타난 호랑이는 아마 동족을 죽인 용사에게 복수하기 위해 찾아왔으리라. 만약 상사가 잠에서 깨어 창귀가 꽂은 하얀 깃발을 빼주지 않았다면, 잠들어 있던 용사는 꼼짝없이 호랑이한테 잡아먹혔을지 모른다.

창귀는 왜 자신을 잡아먹은 호랑이의 앞잡이 노릇을 하는 걸까? 추측건대 자신이 겪은 고통을 남한테도 당하게 하려는 일종의 보상 심리에서 한 행동이 아니었을까 싶다. 아니면 자신을 지배하는 강자와 싸워 이길 수 없으니, 차라리 노예 노릇을 하려는 뒤틀린 심리가 발현된 것은 아닐까?

098 잊힌 전쟁 영웅, 제말의 귀신

조선 후기의 학자인 신돈복은 그가 지은 야담집인 《학산한언》에서 임진왜란 시기에 맹활약했으나, 사람들의 기억에서 잊힌 영웅인 제말(諸沫, 1567~1593)에 대하여 이런 기록을 남겼다.

경상북도 성주(星州) 출신의 문신인 정석유(鄭錫儒, 1689~?)는 젊은 시절, 매죽당(梅竹堂)의 지이헌(支頤軒)에서 과거 공부를 하고 있었다. 그러던 어느 날 오경(伍更, 새벽 3~5시) 무렵, 오줌이 마려워 볼일을 보러 밖에 나갔다가 돌아오는데 갑자기 음산한 바람이 불어왔다.

저 멀리 떨어진 대나무 숲에서 붉은색 도포를 입고 오사모(烏紗帽, 조선 시대 관리들이 머리에 썼던 검은색 모자)를 쓰고서 얼굴에 3~4자(90~120센티미터) 정도의 수염을 기른 관리 한 명이 나왔다. 그는 정석유에게 다가와 말을 걸었다.

"놀라지 말게, 나는 사람이 아니라 귀신이라네. 자네를 보려고 기다렸네."

정석유는 두려웠지만 내색하지 않고 정중하게 인사를 하며 말했다.

"실례지만 성함과 관직은 어떻게 되시고, 사시는 곳은 어디입니까?"

관리는 쓸쓸한 표정을 지으며 대답했다.

"나는 제씨(諸氏) 성을 가진 목사(牧使, 정3품의 무관직)였다네. 내 무덤은 경상북도 칠원(漆原)에 있고, 지금은 딱히 사는 곳이 없이 그저 이리저리 세상을 떠돌고 있지."

"하면 무엇 때문에 저를 기다리셨습니까?"

정석유의 질문을 받은 관리는 잠시 과거를 회상하더니, 기억을 더듬으며 말을 이어 나갔다.

"나는 임진왜란이 일어나자 의병을 일으켜서 왜적과 싸웠지. 내가 한 번 화를 내면 수염은 마치 고슴도치의 털처럼 빳빳이 서서 왜군들이 멀리서 보고는 마치 신(神)처럼 여겼을 정도였다네. 내가 쳐부수어 죽이거나 사로잡은 왜적의 수가 가히 셀 수 없이 많았지. 나와 함께한 병사는 왜적보다 적었지만, 싸워서 이기지 못한 일이 없었으며, 심지어 바다를 건너서까지 왜적을 치러 간 적도 있었다네. 그런데 불행히도 의병을 일으킨 지 얼마 안 되어 그만 죽고 말았지. 내가 몇 년만 좀 더 살았다면, 우리나라를 침략한 왜적은 단 한 명도 살아서 돌아가지 못했을 걸세.

본래 사람의 목숨은 하늘에 달린 것이니 그것뿐이라면 내가 귀신이 되어 이렇게 나타나지는 않았을 걸세. 하지만 진짜 원통한 일은 따로 있었지. 그건 바로 나와 관련된 기록이 후세에 거의 전해지지 않아서 사람들이 내가 한 일을 까맣게 잊었다는 것일세.

내가 살아 있을 때는 곽재우나 정기룡 같은 용맹한 장수도 다 나의 부하였다네. 하지만 곽재우의 용맹은 사람들로부터 칭송을 받았고 정기룡은 통제사까지 벼슬이 올랐는데, 어떻게 된 일인지 그 둘에 뒤지지 않을 만큼의 공적을 세운 나는 사람들이 깨끗이 잊어버렸다네. 바로 이 점 때문에 나는 원통해서 이렇게 귀신이 되어 세상을 떠돌고 있는 거라네."

그러면서 관리는 허리에 차고 있던 칼을 뽑아서 정석유에게 보여주며 "이 칼은 내가 왜군 장수를 죽였을 때 썼던 무기라네"라고 말했다. 정석유가 그 칼을 보니 길이는 약 한 자(30센티미터) 정도였는데, 칼등에 핏자국이 남아 있었다. 옛일을 생각하니 감개가 무량했던지, 관리의 얼굴이 핏빛처럼 붉어지며 수염이 두 갈래로 나뉘어졌다. 그러더니 관리는 정석유를 쳐다보면서 "부디 나를 잊지 말아 주게"라는 말을 남기고 사라져버렸다.

정석유는 자신이 만나 이야기를 나눈 제씨 성의 목사가 궁금해져, 조선 시대 관리들의 신상정보를 적은 책인 《선생안(先生案)》을 뒤진 끝에, '목사 제말이 계사년(1593) 정월(1월)에 부임했다가 4월에 벼슬자리에서 쫓겨났다'는 기록을 찾아냈다. 정석유는 당시 경상감사였던 정익하(鄭益河, 1688~?)를 찾아가 제말의 귀신과 만난 일을 들려주었다. 그러자 정익하는 칠원에 있는 제말의 무덤을 고쳐주었을 뿐 아니라 세 가구의 집에 제말의 무덤을 돌보도록 지시를 내렸다. 이런 조처에 제말의 영혼이 만족했던지, 이후로 그의 귀신은 나타나지 않았다고 한다.

099 침략군을 물리치는
신비한 병사들

한국의 고대 왕조 중에서 신라(新羅, 기원전 57~서기 935)는 992년이라는 가장 오래된 역사를 가진 나라였다. 하지만 초창기 무렵의 신라는 고구려와 백제는 물론이고 부족 연맹인 가야보다 힘이 약해 외세의 침입에 시달려야 했다. 그래서 신라에서는 외세의 침입을 물리쳐준다는 신앙이 매우 널리 퍼졌는데, 그중에서는 죽은 왕의 영혼이 보내준 귀신 군대에 관한 이야기도 있다.

고려의 승려인 일연이 기록한 역사서인 《삼국유사》에 의하면, 신라의 14번째 임금인 유례 이사금(儒禮 泥師今, 집권 284~298) 무렵에 신비한 일이 일어났다고 전한다.

지금의 경상북도 청도군(淸道郡)에 이서국(伊西國)이라는 작은 나라가 있었다. 이 나라에서 군대를 일으켜 유례 이사금 무렵에 신라를 공격해왔다. 외침을 받았으니 당연히 신라에서도 군대를 동원하여 이서국의 침략군을 막으려고 했다. 하지만 신라군의 수가 적었던지 아니면 이서국 군사들이 신라의 군사들보다 더 용감했던지 전쟁이 길어지면서 신라군이 불리해졌다.

자칫하면 전쟁에서 패배하고 나라의 운명마저 위태로웠던 때, 누구도 예상하지 못한 놀라운 일이 일어났다. 어디서 나타났는지 알 수 없는 군사들이 몰려오더니, 신라군을 도와서 이서국 군사들과 맞서 싸웠던 것이다. 그들은 모두 하나같이 귀에 대나무 잎을 꽂고 있었다.

지금까지 신라군을 궁지로 몰아붙이던 이서국의 군사들도 이 대나무 잎을 꽂은 군사들, 즉 죽엽군(竹葉軍)을 상대로는 마치 갓난아기같이 전혀 힘을 쓰지 못했다. 결국 죽엽군은 신라군을 도와서 이서국 군사를 전멸시켰고, 그렇게 해서 신라는 나라가 무너질 뻔한 위기에서 간신히 벗어났다.

죽엽군 덕분에 살아난 신라 군사들은 감사의 인사라도 전하려 했지만, 그들은 전투가 끝난 후 감쪽같이 행방을 감춰버렸다. 그들이 어디에서 온 군사들인지, 정체가 무엇이었는지 누구도 알지 못해서 다들 이상하게 여겼다.

그런데 시간이 지나고 나서 죽엽군의 정체에 관한 실마리가 잡혔다. 유례 이사금의 전 임금인 미추 이사금(味鄒 泥師今, 집권 261~284)의 무덤 앞에 대나무 잎이 수북하게 쌓여 있던 모습이 지나가던 사람들에게 알려졌다. 이를 보고 어떤 사람들은 "죽은 미추 이사금의 영혼이 저 대나무 잎을 귀신 병사(鬼卒)로 만들어서 신라군을 돕게 내보냈던 것이다"라고 주장했다. 다들 그 말이 일리가 있다고 여겨 그 이후부터 미추 이사금의 무덤을 죽현릉(竹現陵)이라고 불렀다고 전해진다.

죽은 왕의 영혼이 후손을 돕기 위해 귀신이나 혹은 죽은 자들로 구성된 군대를 보낸다는 이야기는 2003년 개봉되어 전 세계적으로 큰 인기를 끈 영화 〈반지의 제왕: 왕의 귀환〉에도 등장한다. 영화의 주인공인 아라곤은 사악한 마왕 사우론과의 전쟁을 위해, 자신의 조상인 이실두르에게 충성을 맹세했던 군사들의 영혼을 찾아간다. 그리고 영혼으로 이루어진 군대, 즉 '죽은 자들의 군대'와 만나 원조 약속을 받아내고는 함께 사우론의 군대와 싸우러 떠난다. 사우론의 군대는 곤도르 왕국의 수도인 미나스 티리스를 포위하고 거의 끝장낼 상황이었는데, 때마침 아라곤이 '죽은 자들의 군대'와 함께 도착하여 사우론의 군대를 궤멸하고 위기에 빠졌던 곤도르 왕국을 구해낸다.

1281년에 나온 《삼국유사》나 2003년에 영화화된 《반지의 제왕》을 볼 때 사람들의 상상력은 시대와 장소를 초월하여 비슷한 점이 있는 듯하다.

한편 죽엽군 설화를 다른 차원에서 보면, 고구려의 창조리(倉助利, ?~?) 설화와 비슷하다고 할 수 있다. 고구려의 재상이었던 창조리는 당시 폭정을 일삼던 봉상왕(烽上王, 집권 292~300)을 몰아내기 위해, 사람들과 함께 모자에 갈댓잎을 꽂고 반란을 일으켜 미천왕(美川王, 집권 300~331)을 새 왕으로 세웠다. 미천왕은 봉상왕보다 훨씬 정치를 잘하여 나라를 평화롭게 다스렸는데, 결과적으로 창조리가 이끈 갈댓잎을 모자에 꽂은 사람들이 나라를 구했으니, 죽엽군이 나라를 구한 것과 결과적으로 같다고 볼 수 있다.

100 나무에 붙은 귀신들

　무릇 귀신은 어둡고 습한 기운인 음(陰)의 성질을 지닌 존재다. 그래서 귀신은 햇빛이 잘 들어오지 않는 어두운 곳을 좋아하는데, 그중에는 햇빛을 가릴 만큼 빽빽이 우거진 숲의 나무에 깃들어 사는 종류도 있다.

　조선 초기의 학자인 이륙이 쓴 책인 《청파극담》에는 홰나무(懷花木)에 깃든 귀신에 얽힌 재미있는 일화가 있다. 지금의 동대문인 흥인문(興仁門) 안에 집을 두고 사는 사람이 밤에 활쏘기 터(射廳) 앞을 걷고 있었다. 그때 말을 타고 활과 창을 든 무사들이 터 위에서 활을 쏘거나 말을 타고 창을 휘두르거나 격구(擊毬, 말을 타고 공을 서로 주고받는 폴로와 비슷한 운동 경기)를 하다가 지나가는 사람을 보고는 "예의가 없는 자다"라며 붙잡아다 묶어놓고는 마구 때렸다.

　고통에 못 이긴 그는 "나는 잘못이 없으니 제발 풀어 주시오." 하고 애걸했지만 그들은 들어주지 않았다. 그때 갑자기 무사들 속에서 한 명의 남자가 나와서 "이 사람은 나의 주인인데, 왜 이렇게 괴롭히는가?" 하고 꾸짖으며 그를 풀어주고 집까지 데려다주었다. 고마워서 남자가 뒤를 돌아보자 놀랍게도 자기를 도와준 사람은 홰나무 밑으로 사라져버렸다.

　이륙은 무사들과 도움을 베푼 사람을 가리켜 홰나무에 붙은 귀신이라고 기록했다. 귀신들이 말과 무기를 장만한 무사가 되어 서로 싸우거나 경기를 했다는 내용을 본다면, 아마 살아생전에 모두 무사였던 모양이다. 그러니 죽어서도 무예를 겨루거나 격구를 하면서 지낸 것이 아니었을까?

재미있게도 조선 중기의 학자인 이기(李墍, 1522~1600)가 쓴 책인 《송와잡설(松窩雜說)》에도 홰나무에 붙은 귀신과 만난 사람의 이야기가 실려 있다. 전라북도 무주(茂朱)의 사또를 지낸 윤명은(尹鳴殷)은 집이 흥인문(興仁門) 안의 동학(東學) 근처에 있었는데, 그의 집 뜰에 늙은 홰나무가 있었다. 그는 벼슬을 하기 전에 활쏘기 터(射亭)에 있는 친구 집을 걸어서 갔다가 흠뻑 취하여 날이 어두울 때 홀로 돌아오다가 길바닥에 쓰러졌다.

한참 지나 술이 깨어 머리를 들어보니 달이 저물고 별도 없어 사방이 매우 어두웠는데, 사람의 소리가 전혀 없이 고요했다. 다만 남자 한 명이 자신이 누워 있는 곁에 앉아 있는 것이 보였으나 윤명은은 그가 누구인지 이름을 물어볼 엄두가 나지 않았다. 윤명은이 술이 덜 깬 상태로 느린 걸음으로 돌아오는데 그 남자가 뒤를 따라왔다. 그러다 길에서 어떤 사람이 그 남자와 만나 얘기를 나누었다. "어디를 갔었는가?"라고 묻자 남자는 "주인이 밤늦도록 돌아오지 않아서 지금 가서 데려오는 중이다." 하고 대답했다. 윤명은이 자기 집 홰나무 밑에 와서 돌아보니 남자가 보이지 않았다.

그제야 윤명은은 자신을 따라온 남자가 뜰에 있는 홰나무의 귀신이라는 사실을 깨달았다. 자기 딴에는 주인을 지켜주려고 술에 취해 있는 상황에서도 계속 지키고 있다가, 주인이 집으로 돌아가는 길을 뒤따라온 모양이다. 모르긴 몰라도 홰나무 귀신과 만나 이야기를 나눈 사람 또한 필시 홰나무나 다른 나무의 귀신이었으리라.

그런가 하면 조선 광해군 시절에 유몽인이 쓴 《어우야담》에는 임진왜란이 일어났을 때, 전쟁으로 죽은 전라도의 유생인 송씨(宋氏)라는 사람의 영혼이 귀신이 되어 한산도의 나무로 가서 의지하고 있는데, 통제사 이순신휘하의 병사들이 배를 만들려 나무를 베려고 하자 휘파람을 불고 나서 "나 말고도 전쟁으로 죽은 사람들의 귀신이 지금 이 나무에 의지하고 있으니 베지 마시오." 하고 부탁하여 군사들이 다른 곳으로 갔다는 이야기가 실려 있다.

아울러 조선 초기의 학자인 성현(成俔. 1439~1504)이 1525년에 쓴 책인 《용재총화(慵齋叢話)》에는 성현의 외삼촌인 안공이 귀신을 잘 분별하는 능력을 지닌 사람이었다고 기록되어 있다. 그가 지금의 충청남도 부여군인 임천(林川)의 군수가 되었던 시절, 사냥을 나갔을 때 사냥개가 큰 나무를 향해 짖어대자 이상하게 여겨 쳐다보았더니, 높은 관을 쓰고 큰 얼굴을 한 괴물이 나무에 기대어 있다가 안공을 보고는 사라졌다는 내용도 전해진다. 아마 그 괴물은 나무에 깃든 귀신인데, 안공같이 귀신에게 위협적인 영웅이 나타나자 겁을 먹고 도망쳐버린 듯하다.

서양에서는 나무에 사는 정령인 엘프나 드라이어드에 관한 이야기가 많이 전해오고 있다. 그와 비슷하게 우리 전통 속에 전해지는 나무에 붙은 귀신들에 얽힌 이야기도 상상력을 가미한다면 재미있는 작품의 소재로 충분하지 않을까 싶다.

101 귀신에게 재앙을
당한 사람들

　보통 전설과 민담에서 귀신은 죽은 사람의 영혼에서 비롯된 존재이므로, 살아 있는 사람보다 강한 힘을 가진 것으로 묘사된다. 이 때문에 아주 운이 좋거나 탁월한 힘과 용기를 가진 영웅이 아닌 평범한 사람들은 귀신에 맞서기가 매우 어렵다. 간혹 귀신에게 맞서 싸웠다가 목숨을 잃는 무서운 경우도 있다.

　조선 초기의 학자인 성현이 1525년에 쓴 책인 《용재총화》에는 귀신과 싸웠다가 죽은 사람들에 대한 일화가 실려 있다. 성현의 이웃집에는 기재추(奇宰樞)라는 뛰어난 학자가 있었다. 그가 죽자 손자인 기유(奇裕)가 집안의 일을 맡았는데 얼마 후에 나쁜 일들이 생겨 다른 곳으로 이사를 떠났다.

　이유가 궁금해진 성현이 기유의 이웃집 사람들한테 자초지종을 물었다. 그랬더니 그들은 다음과 같은 놀라운 이야기를 전했다. 기유의 집에 어떤 아이 종이 문밖에 서 있었는데, 문득 등에 뭔가 붙었다. 그 무게가 무겁고 견딜 수가 없어서 도대체 무엇인지 보려고 하면 전혀 찾을 수가 없는 일이 계속되어 온몸에 식은땀을 흘렸다고 한다.

　한편 사람이 밥을 지으려 하면 괴이한 일이 이어졌다. 솥뚜껑이 그대로 있는데 똥이 솥 안에 가득하거나, 밥이 뜰에 흩어져 있고 그릇이 공중을 떠돌며, 큰 솥이 저절로 들려 공중을 떠돌다가 큰 종소리가 울려 퍼지거나, 텃밭의 채소가 모조리 파헤쳐지고, 잠깐 사이에 채소들이 말라버리고, 자물쇠로 잠근 옷장이 풀려 옷이 모두 대들보 위에 늘어져 있고, 아무도 불을 때지 않았는데 갑자기 아궁이에서 불빛이 일어나고, 이를 이상하게 여겨 사람이 끄려고 하면 불이 문간방에 옮겨붙어 화재가 일어나는 식이었다. 그러니 제정신이라면 도저히 버틸 재간이 없었던 것이다.

유명한 학자의 손자라는 자부심이 있어 기유는 "이 집은 내 조상이 살았던 곳이며, 사내대장부가 어찌 귀신을 두려워하겠느냐?"라면서 얼마 동안 버티고 있으려 했다. 하지만 그조차 얼마 버티지 못했다. 밥그릇이 저절로 옮겨지거나 아니면 어디선가 갑자기 똥이 얼굴에 날아오는 참변이 끊이지 않았던 것이다. 이 일을 두고 기유가 "이게 무슨 행패인가?" 하고 화를 내면 허공에서 "너야말로 이게 무슨 짓이냐?"라는 음산한 목소리가 들려왔다. 그 일이 있고 난 뒤 집을 떠난 기유는 얼마 뒤 병에 걸려 죽고 만다. 이를 두고 사람들은 "기유의 외사촌 동생인 유계량(柳繼亮)이 역모를 꾸미다가 죽었는데, 아무래도 그 영혼이 기유의 집으로 들어가서 저렇게 행패를 부린다"라고 수군거렸다.

한편 조선 후기의 학자인 신돈복은 《학산한언》이라는 야담집에 이와 비슷한 이야기를 수록했다. 판서를 지낸 박신규(朴信圭, 1631~1687)라는 사람이 경상감사가 되어 고을을 순시하다가 오늘날 경상북도 성주에 도착했는데, 밤이 되자 마을에서 북과 피리를 연주하며 무당을 불러다 시끄럽게 굿을 벌였다. 평소 '귀신이나 도깨비 같은 초자연적인 일을 말하지 말라'는 공자의 가르침을 따르던 유학자인 신돈복은 이를 매우 못마땅하게 여겨 "저게 대체 무슨 굿을 하는 것이냐?" 하고 물어보자 아전이 이렇게 대답했다.

"성주 사람들은 성산군(聖山君)이라는 귀신을 섬기는데, 봄과 가을에 날짜를 정해서 굿을 하고 소원을 비는 굿을 벌입니다. 그 섬기는 정성이 지극

해서 관아에서도 막지 못하고 그냥 내버려 두고 있습니다."

그 말을 듣고 박신규는 화가 나서 다음 날 무당들을 잡아들이고는 사형에 처하거나 귀양을 보내는 식으로 중벌을 내렸다. 그런 후에 군졸들을 동원해서 성산군을 섬기는 사당과 성산군의 신상도 모조리 박살내 버렸다. 박신규의 처사에 사람들은 위험한 짓을 한다며 불안하게 여겼다. 그 후로 박신규가 죽자 성주 사람들은 돈을 모아 사당을 복원하고 무당을 불러 성산군을 상대로 굿을 벌였으나 무당의 몸에 성산군이 내려오지 않아 다들 이상하게 여겼다.

그런데 성주 사람들의 꿈에 성산군이 나타나서는 "박신규가 제사를 받은 후에야 내가 올 수 있다"라는 말을 했다. 이에 무당들이 박신규에게 제사를 올린 다음 굿을 하자 성산군이 무당의 몸에 내려왔다. 그로부터 성주에서는 무당들이 박신규와 성산군을 함께 모시는 제사를 지냈다고 한다.

살아 있을 때 귀신을 배척하던 사람이 죽어서는 제사에 올리는 각종 음식을 탐하는 귀신이 되었으니, 결국 박신규는 귀신과의 싸움에서 패배한 꼴이 되고 만 셈이다.

102 귀신을 물리친
사람들

　일반적으로 전설에서 귀신은 살아 있는 사람보다 힘이 세고 무서운 존재로 등장한다. 이때 귀신과 맞서 싸우는 사람들이 등장하는데, 운이 좋거나 정신력이 강하면 사람이 귀신을 물리치는 일도 벌어진다.

　조선 초기의 학자인 성현이 1525년에 쓴 책인 《용재총화》를 보면, 그의 외삼촌인 안공(安公)이 귀신과 맞서 전혀 겁을 먹지 않고 오히려 귀신을 두렵게 하여 쫓아버린 기록이 있다.

　안공은 젊은 시절에 현재 충청남도 부여군인 임천(林川)의 군수가 되었다. 그 무렵 임천에는 귀신을 섬기는 풍속이 강해서 백성들은 이른바 음사(淫祠)라고 불리는 사당을 짓고 귀신에게 제사를 지냈다. 그런데 안공이 임천 군수로 부임해 오자, 그 음사들을 모조리 불태우고 부숴버렸다. 마을 사람들은 눈물을 흘리며 반대했지만, 임천이 끝내 그 말을 듣지 않았다는 것이다.

　또한 임천 관청의 남쪽에 오래된 우물이 있었는데, 임천 사람들은 그 속에 귀신이 있다고 여겨 우물에 모여서 복을 달라고 빌곤 했다. 하지만 임천 군수로 온 안공은 그런 풍습을 나쁘다고 여겨서 포졸들을 동원하여 그 우물을 메워버리게 했다. 그러자 우물 안에서 소가 우는 듯한 소리가 사흘이나 들려오는 괴상한 일이 일어났다. 이로 인해 불안해진 임천 사람들은 안공에게 찾아가 "우물을 메우지 말아 주십시오"라고 부탁했으나, 안공은 "우물이 슬퍼서 운다고 무슨 나쁜 일이 있겠느냐?" 하고 반박하며 사람들의 청을 들어주지 않았다.

한데 우물을 메운 이후부터 임천에서는 요사한 나쁜 일들이 없어졌다고 한다. 아마도 그 우물은 귀신이나 요괴가 모여드는 장소였던 것 같다. 실제로 동양 철학에서 귀신이나 요괴는 어둡고 차가운 기운인 음(陰)의 성질을 띠고 있으니, 우물을 그들의 본거지로 사용했던 것은 아니었을까?

한편 조선 중기의 학자인 정홍명(鄭弘溟, 1582~1650)이 쓴 책인 《기옹만필(畸翁漫筆)》에도 안공의 일화와 비슷한 내용이 실려 있다. 키가 8척(약 2.4미터)이나 될 만큼 큰 체격에 용감한 성격을 지닌 천연(天然)이라는 승려가 있었는데, 지금의 경상남도 지리산에 갔다가 귀신을 섬기는 사당인 천왕봉 음사(天王峰淫祠)를 방문하게 되었다. 이 천왕봉 음사는 예전부터 무척 괴이한 영험이 있는 장소로 알려졌으며, 지나가는 사람이 만약 경건하게 사당에 대고 기도하지 않으면 몇 걸음 못 가서 사람과 말이 쓰러져 죽는다는 소문이 퍼진 곳이었다. 이 때문에 지나가는 사람들은 무서워서 너도나도 사당에 기도를 올렸다고 한다.

용맹한 기질을 가진 천연은 그 소문을 듣고 "다 쓸데없는 헛소리다"라고 무시하며 그냥 지나갔는데, 갑자기 그가 탄 말이 땅에 쓰러지더니 죽고 말았다. 이런 일을 당했을 때 보통 사람 같으면 겁을 먹었겠지만, 천연은 정반대로 크게 화를 내면서 죽은 말을 천왕봉 음사 안으로 끌고 가서는 말의 피를 사당의 벽에 잔뜩 발랐다고 한다.

동양 철학에서는 말이나 개의 피가 귀신을 물리치는 힘이 있다고 여겨진다. 《삼국지연의》에서 주인공인 유비가 황건적 일당이 부리는 도술을 깨뜨리기 위해 말과 개의 피를 뿌리는 장면이 등장하는 것도 이 같은 이유 때문이다.

아무튼 사당의 벽에 말의 피를 바른 천연은 음사에서 섬기는 신을 묘사한 신상(神象)을 주먹으로 부숴버린 다음 사당을 불태우고 떠났다. 이는 사당에서 섬기는 귀신을 모욕하는 일종의 신성모독이었다. 한데 어찌 된 일인지 그 뒤로는 천왕봉 음사에 괴상한 일이 없어지고, 그 자리를 지나는 사람들이 아무런 해를 입지 않고 무사히 여행할 수 있었다고 한다.

안공과 천연은 귀신과 정면으로 대적하고도 아무런 탈이 없었던 희한한 사례다. 이런 일은 보통 그들이 타고 난 운이 아주 강해서 귀신들이 함부로 건드릴 수 없다던가, 아니면 그들이 가진 힘과 용기가 뛰어나서 귀신과 싸워 이길 수 있을 정도였기 때문일 것이다. 원래 귀신은 허약한 사람에게 붙어 농락하는 존재이니 정신이 똑바로 박혀 있으면 귀신이라고 해도 쉽게 이기지 못하는 게 아닐까 싶다.

103 귀신에 빙의된 사람들

귀신이 사람의 몸에 들어가 사람을 조종하는 현상을 빙의(憑依)라고 부른다. 조선 초기의 학자인 성현이 쓴 책인 《용재총화》에는 빙의와 관련된 흥미로운 이야기 두 편이 실려 있다.

첫 이야기는 성현의 외삼촌인 안공(安公)이 겪은 내용이다. 지금의 경기도 파주(坡州)인 서원(瑞原)의 별장에 안공이 오래 머무르던 때가 있었다. 별장으로 통하는 길옆에는 오래된 나무 한 그루가 있었다. 둘레가 몇 사람이 끌어안아야 할 만큼 굵었으며, 높이는 가히 하늘을 찌를 만큼 높았다.

한데 그 나무에는 안 좋은 이야기가 얽혀 있었다. 먹구름이 껴서 하늘이 흐리면 나무에서 갑자기 휘파람 소리가 들렸으며, 밤이 되면 나무 주변에 불덩어리가 돌아다니고 시끄럽게 떠드는 소리마저 들려왔다. 가끔 안공이 매사냥을 하다가 꿩을 쫓아 나무가 있는 숲에 들어가면, 사냥감이나 매를 찾을 수가 없었다. 이러한 괴현상을 두고 사람들은 나무에 귀신이 살아서 소동을 부리는 것이라며 매우 불길하게 여겼다.

한번은 마을의 어떤 소년이 귀신 따위는 무섭지 않다며 도끼를 들고 가서 나무를 자르려 했는데, 그만 귀신에게 빙의가 되어 낮과 밤을 가리지 않고 미쳐 날뛰며 행패를 부렸는데 동네 사람들이 그 소년을 막지 못했다.

하지만 어찌된 일인지 빙의된 소년은 안공의 이름만 들으면 보이지 않는 곳으로 달아나 피했다. 안공이 소년의 집에 가서 문밖의 평상에 앉아 사람을 시켜 머리카락을 붙잡아 끌고 오니, 소년은 겁을 먹고 "제발 살려주십시오." 하며 애걸했다. 이에 안공이 이렇게 꾸짖었다.

"너는 마을에 있은 지 200여 년이 되는데 불을 켜놓고 해괴한 행동을 하며 내가 지나가도 걸터앉아 불경한 짓을 하고 매를 놓으면 숨겨두고 내놓지 않다가 지금은 또 이웃집을 괴롭히니 무엇을 얻고자 하는 짓이냐?"

그 말에 빙의된 소년은 이마를 땅에 대고 공손히 사죄했다. 이때 안공이 동쪽으로 뻗은 복숭아 나뭇가지를 잘라 긴 칼(長刀)을 만들어 소년의 목을 베는 시늉을 했다. 그랬더니 소년은 몸을 굴려 큰소리로 울부짖고 죽은 것처럼 땅에 엎드려 깊이 잠들었다가 3일 만에 비로소 깨어났다. 그 뒤로 다시 미쳐 날뛰는 일이 없었다고 한다. 《용재총화》에서 안공은 용기가 매우 뛰어나서 귀신들이 두려워하는 인물로 설정되어 있는데, 아마 소년에게 빙의한 귀신도 그런 경우였던 듯하다.

또한 《용재총화》를 쓴 성현의 장모인 정씨(鄭氏)는 경기도 양주(楊州)에서 태어나고 자랐는데, 어린 하녀한테 귀신이 빙의해 몇 년간 그 집에 머무르는 일을 겪었다. 귀신에게 빙의된 하녀는 집안사람들을 상대로 예언을 해주었다. 그런데 놀랍게도 하는 말마다 모두 들어맞았고 사람들이 나쁜 짓을 해도 전부 들통이 나서 두려워했다. 아울러 귀신이 하녀의 입을 빌려서 말을 하면, 그 목소리가 굉장히 맑아서 마치 꾀꼬리의 목소리와 같았다고 한다.

정씨의 이웃에 명문가가 사는 집이 있었는데, 그 집의 여주인이 비녀 하나를 잃어버리고는 하녀가 도둑질을 했다면서 때렸다. 하녀는 괴로워서 귀신에게 빙의된 하녀에게 와서 해결책을 물었다. 이에 귀신은 "내가 있는 곳을 알지만 너한테 말하기 부끄러우니 네 주인한테 직접 오라고 해라"라고 말했다.

하녀가 여주인한테 가서 알리자 그녀는 직접 빙의된 하녀를 찾아왔다. 이에 귀신은 "당신이 예전에 이웃집 사람과 닥나무밭으로 들어가서 간통했을 때, 비녀가 그 나뭇가지에 걸렸다"라고 얘기해주었다. 하인이 닥나무밭으로 가서 비녀를 찾아오자, 여주인은 자신의 불륜이 들통 난 것에 대해 부끄러워했다.

그 밖에도 정씨 집안의 종이 물건을 훔쳤다가 귀신이 사실을 폭로하자 종이 화를 내며 꾸짖다가 쓰러져서 한참 후에 깨어난 일도 있었다. 그 종은 "자주색 수염을 기른 큰 남자가 머리카락을 잡아당겨 무서워서 일어나지 못했다"라고 말했다.

시간이 흐르면서 정씨 집안사람들은 귀신을 점점 싫어하게 되었다. 마침내 상국(相國) 정구(鄭矩)가 "너는 숲으로 가라. 더는 산 사람들과 함께 살지 마라." 하고 꾸짖자 귀신이 슬피 울면서 떠났고 다행히 빙의된 하녀에게 아무런 탈도 없었다고 한다.

정씨 집안의 하녀한테 빙의한 귀신은 사악하지 않았지만, 아무래도 죽은 귀신이 산 사람과 함께 사는 것은 자연의 법칙을 거스르는 일이라고 우리 조상들이 인식했던 것 같다.

104 사람을 부자로
만들어준 귀신

　보통 전설에서 귀신은 사람을 홀리거나 해치는 악역으로 나온다. 그러나 보기 드물게 귀신이 사람한테 도움을 줬다는 전설도 있다. 저자를 알 수 없는 조선 후기의 야담집인 《파수록》에는 귀신 때문에 갑자기 부자가 된 사람에 관한 재미있는 이야기 한 편이 실려 있다.

　조선 시대, 지금의 강원도 원주시(原州市)에는 인삼을 팔던 최씨라는 장사꾼이 한 명 있었다. 그는 부자였지만, 재산 전부를 노력해서 벌어들인 것은 아니었다. 그의 재산 중 상당 부분은 어머니로부터 물려받았는데, 어머니가 가진 재산이 어마어마하게 많아서 그 덕분에 부자가 된 것이다.

　그런데 최씨의 어머니가 막대한 재산을 모은 데에는 특별한 사연이 있었다. 원주 사람들 사이에는 그 과정에 대해 놀라운 소문이 돌았는데, 최씨의 어머니가 귀신으로부터 재산을 받았다는 내용이다.

　원래 최씨의 어머니는 조선 시대로는 노처녀에 해당하는 20살 이후에 최씨를 낳고 곧바로 남편이 죽어 과부가 되었다. 엄격한 유교 질서가 지배하던 조선 시대에는 남편이 죽으면 거의 99퍼센트는 평생 재혼하지 않고 과부로 살아야 했다. 최씨 역시 그런 질서에 따라 어린 아들인 최씨를 데리고 과부로 살았다. 그러던 어느 날 밤, 이상한 일이 벌어졌다. 불현듯 최씨

가족이 사는 집에 남자 한 명이 나타났다. 허리가 드러날 만큼 해어진 옷을 입은 채로 불쑥 집 안으로 들어와서는 대청마루에 걸터앉았다.

낯선 남자의 출현에 놀란 최씨의 어머니는 남자한테 "여기는 과부가 사는 집입니다. 외간 남자가 들어오면 안 됩니다"라고 소리쳤지만, 남자는 "왜 그런 소리를 하시오? 나와 함께 즐겁게 놀아봅시다"라고 말하더니, 방안으로 들어와서는 최씨의 어머니와 강제로 잠자리를 함께했다. 그녀는 남자를 밀어내려 했지만, 도저히 이길 수가 없어서 어쩔 수 없이 잠자리를 가져야만 했다. 그럴 때면 최씨의 어머니는 남자로부터 싸늘한 기운을 느끼면서 고통을 느꼈다. 남자는 사람의 모습이면서도 피부를 만져보면 마치 얼음 같아서, 최씨의 어머니는 차디찬 얼음을 끌어안고 자는 것 같았다.

한번 잠자리를 함께한 이후로 남자는 매일 밤 나타나서 최씨의 어머니와 잠자리를 함께했다. 얼음처럼 차가운 남자와 잠자리를 같이하는 것은 고통스러웠지만, 좋은 일도 있었다. 남자는 찾아올 때마다 은으로 만든 동전과 무명천과 비단 같은 값비싼 재물을 최씨 집 창고에 가득 넣어주었다.

최씨의 어머니는 겉으로 보기에 해어진 옷을 입고 다닐 만큼 가난한 남자가 도대체 어디서 그렇게 값비싼 재물을 매일 가져와서 자신에게 주는 것인지 알 수 없었다. 가끔 최씨의 어머니가 남자한테 "저 많은 재물을 어디서 가져오는 겁니까?" 하고 물어봐도 남자는 그저 웃기만 할 뿐 가르쳐주지 않았다.

하지만 남자가 가져다주는 재물이 아무리 많아도, 최씨의 어머니는 남자와 동침하는 일이 무척 괴로웠다. 최씨의 어머니는 어떻게 해서든 남자를 쫓아낼 궁리를 하고는, 어느 날 남자한테 "당신은 무엇이 두렵습니까?" 하고 물어보았다. 그 말을 듣고 남자는 "다른 건 두렵지 않으나, 그저 노란색이 두렵소. 나는 노란색을 보면 다가가지도 못할 만큼 겁이 난다오." 하고 알려주었다.

남자로부터 답을 얻은 최씨의 어머니는 남자가 떠나고 날이 밝자 곧바로 시장에 가서 노란 물감을 잔뜩 사서는 집 전체와 자신이 입은 옷과 몸에 가득 발랐다. 밤이 되어 찾아온 남자는 집과 최씨 어머니를 보자 경악했다. "당신은 나한테 싫증이 났나 보군. 그러면 어쩔 수 없지. 이제 두 번 다시 오지 않겠소. 다만 내가 준 재물은 이미 당신 것이니, 좋을 대로 쓰시오"라는 말을 남기고는 연기처럼 사라져버렸다.

그 모습을 본 최씨의 어머니는 남자가 사람이 아니라 귀신일 것이라고 확신했다. 밤에만 찾아오고 낮에는 도무지 찾아오지 않았던 것이나, 잠자리를 함께할 때마다 못 견딜 만큼 온몸이 얼음처럼 차가웠던 것이나, 없어 보이는 옷차림을 하고서도 밤마다 은화와 비단 같은 비싼 재물을 잔뜩 가져온 것도, 사람이 아닌 귀신이라면 충분히 가능한 일이니 말이다. 본래 귀신은 어둡고 차가운 성질을 지닌 존재라서 낮을 피하고 밤을 좋아한다. 밝음을 상징하는 노란색을 싫어한 것도 그 때문이 아닐까 싶다.

여하튼 그 일이 있고 난 뒤로 남자는 사라졌지만 재물은 그대로라서 최씨의 어머니는 졸지에 강원도 최고의 부자가 되었다. 그녀는 80여 세가 되도록 건강했으며, 막대한 재산을 간직하여 아들인 최씨를 부자로 만들어주었다고 한다.

105 남자를 홀리는 미녀 귀신

　원한을 품고 죽은 처녀 귀신과 비슷하게 인간을 홀려서 해치기 좋아하는 여성형 귀신도 있다. 조선 중종 임금 때 권세를 휘둘렀던 신하인 김안로가 쓴 《용천담적기》에 그런 귀신을 다룬 이야기가 있다.

　한양의 훈련원(訓練院) 가까이에 채씨(蔡氏) 성을 가진 한 학생(學生, 이하 채생으로 통일)이 살고 있었다. 어느 날 해가 져서 어둑어둑할 무렵 채생이 거리에 나섰다. 멀리 떨어진 길에 서 있던 한 여인이 채생과 눈을 마주쳤다. 호기심이 생긴 채생이 천천히 다가가 보니, 여인은 소복에 비녀를 나지막이 꽂았는데 그 얼굴이 매우 환하면서 무척이나 아름다웠다. 여인이 채생한테 가까이 다가와 말했다.

　"소녀한테 혹시 뜻이 있다면 제가 사는 곳으로 따라오시겠습니까?"

　채생은 기쁘면서도 혹시나 해서 물었다.

　"내가 낭자의 이름도 모르는데 집까지 가도 괜찮겠습니까?"

　이에 여인은 "이미 정을 허락했는데 무슨 걱정을 하십니까?" 하고 대답하고는, 채생의 소매를 잡고 걸어갔다. 둘은 한참 동안 골목길을 돌고 개천 하나를 건너서 흰 담장으로 둘러싸인 큰 저택에 도착했다. 채생을 잠깐 기다리게 한 다음 여인이 먼저 들어가고 나니 사람 소리 하나 들리지 않았다.

한참 후에 머리카락을 갈라 땋은 한 소녀가 문을 반쯤 열고 나와 채생을 인도하여 여덟 겹의 문으로 들어섰다. 흰 돌로 기둥을 한 누각이 솟아 있는데 집의 짜임새나 웅장한 모습이 무척이나 아름다웠다. 누각 옆에 깊숙하고 아늑한 방이 있는데 녹색 창과 자줏빛 발이 영롱하여 눈이 부셨다.

채생을 데리고 왔던 여인이 문 앞으로 나와 맞으며 "모두 잠들기를 기다리느라고 너무 오래 계시게 해서 혹시 의심하지 않으셨는지요." 하고는 채생의 소매를 끌어 앉혔다. 채생이 사방 벽을 살펴보니 쳐놓은 병풍과 걸린 서폭(書幅)의 색깔이 눈부시며, 수놓은 자리와 꽃방석이 아름답게 깔려 있고, 화장대와 화롯불의 성대함이 세간에서 볼 수 있는 것들이 아니었다. 그 모습을 본 채생은 신선이 사는 신비한 세계인 줄 알고 가슴이 두근거렸다. 여인이 소녀에게 술을 들여오라고 명하여 술과 안주가 들어왔는데 그 또한 진기한 것들이었다.

여인은 쌍룡으로 얽힌 귀가 달린 백옥(白玉) 잔에 술을 가득 채워 채생에게 권하면서 용모를 단정히 하고 이렇게 말했다.

"소녀는 어린 시절 부모를 잃고 유모에 의지해 살아와서 아직 남편이 없습니다. 다행히 오늘 나리를 뵙게 되어 무척 기쁩니다. 제가 평생 나리를 모실 수 있게 해주시겠습니까?"

여인이 청혼하자 채생은 너무나 기뻐서 그녀와 술잔을 함께 비우고 희희낙락하여 밤이 어떻게 가는 줄도 모를 만큼 몰입했다. 채생은 그녀와 영원히 함께 있으면 좋겠다고 생각하면서 그녀를 끌어안고 사랑에 빠졌다.

그런데 갑자기 천둥소리가 머리를 때리듯 요란하게 울려 퍼져 채생이 놀라 눈을 떠보니, 자신이 한양 안 큰 개천 하류에 있는 돌다리인 태평교(太平橋) 아래 누워서 흙투성이 돌을 베고, 떨어진 거적을 덮고 있어 썩은 냄새가 코를 찔렀고, 벗은 초립과 각대는 다리 기둥 틈에 걸려 있었다.

기이한 모습에 채생은 소스라치게 놀라 미친 사람처럼 집으로 돌아갔으나 며칠 동안 마음이 불안하고 낙담했다. 여인과 만난 일을 회상하던 채생은 혹시 요사한 귀신에게 홀린 것이 아닌가 싶어 무당과 의원을 불러 굿을 하고 약을 먹으면서 마음을 달랬다.

채생의 이야기를 전해 들은 김안로는 《용천담적기》에 이렇게 해석했다.

"무릇 환부(幻婦)는 사람을 묘하게 홀린다. 추악하고 요괴로움을 꾸며 미모로 나타나고 간악하고 위장된 일을 오히려 아름다운 이야기로 바꾸며, 악취를 향기롭게 하고 더러운 흙투성이를 훌륭한 궁실로 만들어 사람의 마음을 홀리고 눈을 어지럽혀 갖은 수법으로 현혹해 유혹하니 기개가 지극히 크고 강직한 사람이 아니라면 누군들 유혹되지 않겠는가?

채생이 계집과 만나게 된 것을 스스로 기뻐하고 있을 때 만약 옆에서 누가 귀에다 대고 요귀임을 알려주더라도 깨닫지 못할 것이고, 또 구하여 주려고 하더라도 오히려 노여움만 사게 될 것이고, 심지어는 귀신(鬼)의 힘을 빌려 해치려 하였을 것이니, 그때 만약 다리 위의 천둥소리만 없었던들 다리 밑 귀신이 되고 말았을 것이다."

채생한테 별다른 원한도 없으면서 그를 유혹한 것을 보면, 환부라는 여성형 귀신도 처녀 귀신 못지않게 사악하고 위험한 존재인 듯하다.

106 귀신과 사랑을 나눈 사람들

　죽은 사람의 영혼인 귀신은 살아 있는 사람에 대해 적개심을 가지고 해치려 드는 경향이 많다. 가끔은 예외도 있는데, 귀신과 사람이 서로 사랑을 나누는 이야기가 한국의 전설에 종종 등장한다.

　조선 중기의 문헌인 《수이전》에 의하면, 신라 말기의 유명한 학자이자 시인인 최치원이 중국 당나라에 가서 여자 귀신 둘과 사랑을 나누었다는 내용이 보인다.

　최치원은 젊었을 때 당나라에서 유학한 적이 있었다. 한번은 율수현(溧水縣) 초현관(招賢館)의 앞산에 있는 무덤을 방문했다. 그 무덤이 두 여자의 시신을 안장한 곳이라는 말을 듣고는 "어떤 사연이 있어서 둘이 같이 묻혔을꼬? 행여나 외로운 나를 만나 위로해줄 수는 없을지?" 하고는 시를 지어주고 초현관에 머물렀다. 밤이 되자 그 무덤에서 나온 두 여인이 최치원을 찾아왔다.

　여인들은 율수현의 부자인 장씨 집안의 딸이었다. 아버지가 소금 장사꾼과 찻잎 장사꾼한테 강제로 시집을 보내려고 하자, 사랑하지 않는 사람과 결혼하기 싫어서 슬퍼하다가 죽었다고 털어놓았다. 두 여인은 최치원과 서로 시를 지어 주고받으며 노래를 부르고 술을 마시다 셋이서 함께 이불을 덮고 잠자리에서 사랑을 속삭였다. 그러다 닭이 울고 새벽이 끝나자 두 여인은 최치원에게 이별의 시를 지어주고는 무덤으로 돌아갔다고 한다.

또 다른 귀신과의 사랑 이야기는 일연이 지은 역사책인《삼국유사》에 실린 도화녀(桃花女)와 비형랑(鼻荊郎)의 전설이다. 신라의 25대 임금인 사륜왕(舍輪王)은 사량부 어느 민가에 사는 도화녀(혹은 도화랑桃花娘)라는 아름다운 여인을 사랑했다. 하지만 유부녀인 도화녀는 사륜왕이 불러도 가지 않았다. 사륜왕은 "너의 남편이 없다면 그때는 나의 사랑을 받아들이겠느냐?" 하고 물었다. 이에 도화녀는 "그렇다면 폐하의 사랑을 거절하지 않겠습니다." 하고 답했다.

그 대화가 있은 후에 사륜왕은 여자와 술을 밝힌다는 이유로 왕위에서 쫓겨나 죽었는데, 공교롭게도 2년 후에 도화녀의 남편도 죽었다. 어느 날 밤, 도화녀가 사는 집에 죽은 사륜왕의 귀신이 찾아와 "이제 너의 남편이 죽고 없으니, 나의 사랑을 받아주겠느냐?" 하고 물어보았다. 놀라고 두려운 마음이 든 도화녀는 일단 부모에게 이 일을 알렸다. 부모는 "비록 죽었어도 임금이고, 이제 너의 남편도 없으니 받아들이거라." 하고 말했다. 그래서 도화녀는 사륜왕의 귀신을 자기 방에 들여 7일간 동거했는데, 그동안 도화녀의 방은 다섯 가지 색깔(검은색, 파란색, 하얀색, 노란색, 붉은색)의 구름으로 뒤덮이고 향기가 진동했다. 7일이 지나자 사륜왕의 귀신은 사라졌고, 도화녀는 아기를 잉태해 열 달이 지나 비형(鼻荊)이라는 아들을 낳았다.

비형은 귀신과 사람 사이에서 태어난 아이라서 그런지 커가면서 온갖 귀신을 불러와 마음대로 부리는 능력을 갖게 되었다. 신라의 26대 임금인 진평왕(眞平王, 재위 579~632)은 비형을 불러 집사라는 벼슬을 주었는데, 이에 비형은 신원사(神元寺)라는 절의 북쪽 개천에 귀신들을 부려 하룻밤만에 돌로 만든 튼튼한 다리를 놓아주었다. 귀신들이 세운 다리라고 하여 그 다리를 사람들은 귀교(鬼橋)라고 불렀다.

아울러 비형은 자신을 배신하고 도망친 귀신(혹은 도깨비)인 길달(吉達)을 다른 귀신들로 하여금 붙잡아 죽이게 하였는데, 이 일이 있은 후에 온갖 잡귀신들은 비형을 두려워한 나머지 그의 이름만 들어도 달아나 사람을 해치지 않았다고 전해진다.

세 번째 사례는 조선 광해군 시절 유몽인이 쓴 야담집인 《어우야담》에 언급된 이야기다. 현재 서울 을지로에 있던 조선 시대의 군사교육 기관이었던 훈련원(訓鍊院)에서 한 무사가 활을 쏘고 나오다가 밤이 될 무렵 아름다운 여인을 만났다. 그녀는 자신의 이름을 종랑(終娘)이라고 밝히고는 자기 집이 남산 아래에 있다고 말하면서 무사를 데려갔다. 그곳은 호화로운 살림살이가 가득했는데, 무사는 종랑과 술을 여러 잔 마신 후에 잠자리에 들었다. 그런데 종랑의 몸이 무척 차가워서 무사가 이를 이상하게 여겼다.

날이 밝고 새벽이 되자 무사는 잠에서 깨어나 물을 마시러 집 밖으로 나갔다. 이웃집의 아낙네가 무사를 보고서는 "그 집은 전염병이 돌아 집안 식구가 다 죽었는데 어찌 당신은 그곳에서 나왔습니까?" 하고 물었다. 그 말에 놀란 무사가 종랑의 집으로 들어가 보니, 종랑은 이미 죽은 지 오래된 시체였고 그녀의 주위에 다른 시체들이 널려 있었다. 무사는 종랑과 식구들을 불쌍히 여겨 정성껏 묻어주고는 제사를 지내 그 영혼을 위로했다. 그러자 무사의 꿈에 종랑이 나타나 "이 은혜에 반드시 보답하겠습니다." 하고 말했다. 그 약속이 지켜졌는지 훗날 무사는 과거 시험에 합격해서 높은 벼슬을 지냈다고 전해진다.

10

도깨비

이름을 가진 도깨비,
문경관

전설에서 도깨비들은 대개 이름이 없는 채로 등장한다. 그런데 저자와 연대를 알 수 없는 조선 말엽의 야담집인 《청구야담》을 보면, 자신의 이름을 '문경관(文慶寬)'이라고 밝힌 도깨비가 등장한다. 이 도깨비에 관련된 이야기는 대략 이렇다.

조선 시대, 한양의 남대문 밖에는 심씨(沈氏) 성을 가진 양반이 한 명 있었다. 양반이기는 했지만, 집안이 너무나 가난해서 매일같이 물에 만 밥이나 죽으로 끼니를 겨우 때울 지경이었다.

그러던 어느 겨울날, 대낮에 심씨가 한가하게 방 안에 앉아 있는데 대청마루 위에 웬 쥐 한 마리가 나타났다. 심씨가 담뱃대로 쥐를 때려잡으려 하자, 갑자기 허공에서 "나는 쥐가 아니라 당신을 보기 위해 일부러 멀리서 왔으니 나쁘게 대하지 마시오"라는 목소리가 들려왔다.

이 말을 들은 심씨는 "귀신이라면 대낮에 올 리가 없을 텐데, 설마 도깨비인가?" 하고 중얼거렸다. 그런 심씨를 향해 허공에서 "멀리서 와서 배가 고프니 밥 한 그릇만 대접해주게"라는 목소리가 들렸다. 보이지도 않는 상대가 밥을 달라는 말에 난감해진 심씨는 방문을 닫았다. 그런데 "왜 나의 부탁을 무시하는가? 앞으로 이 집에서 오래 머물 터인데"라는 소리가 허공에서 계속 들려, 할 수 없이 물에 만 밥 한 그릇을 가져다 마루 위에 놓았다. 그러자 밥알을 씹고 물을 마시는 소리가 들리더니 얼마 후에 밥그릇이 완전히 비워졌다.

목소리의 주인공이 누구인지 궁금해진 심씨는 "당신은 누구인데 내 집에 왔는가?" 하고 물었다. 이에 허공에서 "나는 문경관(文慶寬)이라 한다. 앞으로 이 집에 자주 올 것이다. 오늘은 이만 물러가겠네." 하는 말소리가 들려왔다.

바로 다음 날부터 자신을 문경관이라고 밝힌 보이지 않는 존재는 심씨의 집을 찾아와서 계속 밥을 요구했고, 심씨는 그 요구에 따랐다. 문경관이 계속 오도록 내버려 두면 무슨 나쁜 일이 생길지 몰라 두려웠던 심씨는 어느날 귀신을 쫓는 부적을 구해 와서 집 곳곳에 붙여놓았다. 그러나 문경관은 "나는 요사한 귀신이 아니니 부적 따위를 두려워하지 않네. 내가 오는 것을 막지 말게"라고 말하기에 심씨는 부적을 모두 떼어버리고는 조심스럽게 물어보았다.

"혹시 그대는 내가 앞으로 어떻게 될지, 운명을 말해줄 수 있는가?"

심씨의 질문에 문경관은 "자네의 수명은 69세이고, 평생 뜻을 이루지 못하고 불행하게 살 것일세. 손자가 비록 과거에 합격해도, 높은 벼슬은 얻지 못할걸세." 하고 예언했다. 그러고는 "내가 쓸 곳이 있으니, 돈 2냥만 주시게." 하고 말했다.

심씨가 "나는 그럴 돈이 없다"라며 거절하자 문경관은 "이 집 창고에 예전에 돈 2냥을 넣어두지 않았나? 내가 그 돈을 가져가겠다"라고 말했다. 심씨가 창고로 가서 문을 열어보니, 정말로 넣어두었던 돈 2냥이 없어져 버렸다.

문경관이 자신의 돈을 멋대로 가져가자, 심씨는 또 무슨 나쁜 일을 당할지 몰라서 아내를 친정에 보내고 자신은 친구의 집으로 피신했다. 놀랍게도 거기까지 문경관이 쫓아와서 "자네가 천 리 밖으로 도망가도 내가 따라갈 걸세"라며 으름장을 놓았다. 그리고 문경관은 심씨의 친구한테 밥을 달라고 했다가 거절당하자, 욕설을 퍼붓고는 집안 살림을 모조리 부숴버렸다. 심씨는 친구 보기가 부끄러워서 얼른 집으로 돌아왔는데, 그의 아내도 친정에서 문경관이 행패를 부려서 집으로 돌아온 상태였다.

이렇게 멋대로 굴던 문경관은 어느 날 "내가 고향인 경상남도 문경현(聞慶縣)으로 떠나야 하니, 여비로 돈 10냥만 주게" 하고 심씨한테 부탁했다. 민폐만 끼치던 문경관이 제 발로 떠난다니, 심씨는 속으로 기쁘면서도 "나한테는 그럴 돈이 없다"라고 거절했는데, 문경관은 "절도사(節度使) 벼슬을 하고 있는 이석구(李石求)를 찾아가서 부탁하면 그가 돈을 줄걸세"라고 알려주었다. 심씨가 이석구의 집에 찾아가서 문경관이 시킨 대로 하자, 정말로 이석구가 순순히 돈 10냥을 내주었다.

돈을 가지고 집으로 돌아와서 심씨가 그 돈을 창고에 넣어두자, 문경관은 뜻밖에도 "내가 그동안 이 집에서 2냥을 가져다 썼으니, 10냥은 필요 없네. 그 돈으로 술이나 사 마시게. 나는 이만 떠나겠네." 하는 말을 남기고 떠나버렸다. 골칫거리 문경관이 사라졌다는 말에 심씨 가족은 크게 기뻐했다. 그런데 갑자기 허공에서 "안녕하신가?"라는 소리가 들려왔다. 심씨는 "문경관, 그대가 왜 다시 왔는가?" 하고 고함을 질렀다. 그러자 목소리의 주인공은 "나는 문경관의 아내인데, 당신이 내 남편을 잘 대접했다는 소문을 듣고 찾아왔으니, 앞으로 나를 잘 모시기 바라오"라고 말했다. 또 다른 도깨비의 출현에 심씨는 기가 막혀 헛웃음을 지을 뿐이었다.

문경관이라는 이름이 있는 도깨비 이야기는 일반적인 한국의 도깨비들처럼 만나는 인간에게 풍요의 혜택을 주기는커녕, 민폐만 끼쳤으니 참으로 특이한 예라고 할 수 있다. 서구의 고블린처럼 한국의 도깨비 중에서도 심술궂고 못된 족속이었던 듯하다.

108 미녀를 데려간 폭포의 도깨비

선조 임금 무렵에 뛰어난 이름을 남겼던 신하이자 학자인 이덕형이 지은 책인 《송도기이(松都記異)》를 보면, 도깨비에 관련된 흥미로운 이야기가 실려 있다.

선조가 나라를 다스린 지 37년 되던 해인 1604년, 이덕형은 나라 안의 여러 산에 다녀갔다는 안경창과 친구가 되었다. 안경창은 재미있는 이야기를 잘하여 이덕형이 좋아했는데, 그가 개성의 박연(朴淵) 폭포에 대한 기이한 일을 들려주었다.

"제 나이 열두 살에 같은 마을 친구들을 따라서 박연 폭포에 갔는데, 남녀노소가 거의 30여 명이나 되었습니다. 때는 마침 4월 보름이라서 철쭉꽃이 한창 피었고 숲이 아름다웠으며 비 온 뒤라서 폭포 물이 넘쳐흘러 경치가 매우 좋았습니다. 새로 시집간 여인 하나가 자색이 몹시 아름다웠는데, 옷을 벗고 가슴을 드러낸 채 물에 들어가 몸을 씻었습니다.

그러자 바람도 불지 않는데 못의 물이 저절로 끓어오르고 물결이 치솟더니 검은 구름 한 줄기가 마치 일산(日傘, 햇빛을 가리는 양산)같이 퍼졌습니다. 그리고 무슨 물건이 못 가운데에서 나오는데, 그 모양이 곡식을 골라낼 때 쓰는 키와 같았으며, 구름과 안개가 모여들어 머리도 얼굴도 분별할 수가 없고 눈빛만이 번개처럼 번쩍였습니다.

물속에서 나온 괴물을 보고 사람들은 모두 두려워 떨고 있는데, 그 여인 또한 놀라 부르짖고 물에 자빠지는 것이었습니다. 일가친척들이 엉겁결에 그녀를 업고 도망하여 바위 밑에 두었더니, 이윽고 검은 구름이 사방을 메우고 골짜기가 캄캄해지면서 큰비가 물 쏟아지듯이 내리고 바람 소리와 물소리가 산골짜기를 진동했습니다.

놀러 간 사람들은 모두 나무를 껴안고 앉아서 벌벌 떨고 어찌할 바를 모르는데, 한참 만에 날이 개어 엎어지고 넘어지며 분산하여 겨우 동구를 나오니, 태양은 중천에 떴고 풀이나 나뭇잎에 젖은 흔적이 없어 비가 온 기운이란 전혀 없었으니, 참으로 이상한 일이었습니다.

한편 그 여인은 집에 돌아와서 한 달 만에 죽었는데, 그 후에 이웃에 사는 사람이 박연 못가에 가니, 그 여인이 흰옷을 입은 소년과 함께 그곳에서 놀고 있었다는 말을 전해왔습니다."

위의 내용을 요약하면 젊고 아름다운 새색시가 박연 폭포로 가서 옷을 벗고 몸을 씻었는데, 갑자기 폭포 속에서 검은 구름처럼 생긴 괴물이 나오자 주위 사람들이 놀라 도망을 갔고, 큰비와 바람이 불더니 한 달 후에 죽은 새색시가 폭포에서 하얀 옷을 입은 소년과 놀고 있었다는 것이다.

추측건대 새색시는 죽어서 영혼이 박연 폭포로 가서 지내게 되었던 모양이다. 그렇다면 그녀의 영혼을 폭포로 데려간 하얀 옷을 입은 소년은 대체 무엇이었을까? 아마도 연못에 사는 신비한 존재가 젊은 여인의 아름다움을 탐내어 일부러 죽인 다음, 그 영혼을 자신의 집인 연못으로 데려와 살게 한 것이 아니었을까? 그렇다면 검은 구름처럼 생긴 괴물과 하얀 옷을 입은 소년은 같은 존재의 다른 모습으로, 그 정체는 일종의 도깨비가 아니었을까 싶다.

도깨비가 여자를 탐낸다는 주장에 다소 이상해할 사람들도 있겠지만, 도

깨비나 귀신이 여인의 아름다움에 반해 결혼하거나 혹은 납치하여 함께 산
다는 이야기는 예로부터 동아시아의 지역마다 무수히 전해진다. 옛날 중국
에서는 강의 신인 하백이 아내로 삼을 처녀들을 강에 내던져 죽이는 풍습
도 있었다. 그리고 《삼국유사》 의하면 신라의 25번째 임금인 진지왕이 죽
어 귀신이 된 이후에 미녀인 도화랑(桃花娘)과 결혼하여 아들인 비형(鼻荊)
을 낳았다는 설화도 있다. 그리고 후백제를 세운 견훤은 지렁이의 모습을
한 신비한 존재가 처녀와 잠자리를 함께 하여 태어난 것이라는 이야기도
전해진다.

도깨비도 결국 사람과 똑같이 욕망을 지닌 존재라는 뜻인데, 애초에 도
깨비나 귀신은 사람의 욕망이 만들어낸 존재이니, 사람을 닮는 것이 당연
하지 않을까?

109 주인에게 행운을
안겨준 꼬챙이

　충청남도 서산군에는 가난한 사람을 주인으로 선택하고, 그에게 엄청난 행운을 잇달아 안겨준 신기한 꼬챙이에 관한 전설이 전해진다.

　옛날 어느 산에 집 한 채가 있었다. 그 집은 예전에 살던 사람들이 다 죽고 빈 상태여서 이사를 오려는 사람들이 종종 있었다. 하지만 이상하게도 그 집에 들어가는 사람은 모두 죽은 채로 발견되었다. 그러던 중 한 용감한 사람(이하 용자로 통일)이 "도대체 어떤 집인지 궁금하니, 내가 한번 가봐야겠다." 하고 호기롭게 나섰다. 용자가 문제의 집 안으로 들어가 보니 사람의 발길이 끊긴 지 오래라서 방은 온통 먼지로 가득 차 있었다.

　용자가 방 안에 가만히 버티고 있던 와중에 갑자기 집의 대문이 열리더니 누군가가 "꼬챙이야! 여기 온 사람은 내가 오늘 저녁에 데리고 가겠다." 하고 큰소리로 외쳤다. 그러자 집 안에는 아무도 없는데 "알겠습니다!" 하고 대답하는 소리가 들렸다.

　영문을 알 수 없던 용자는 혹시 집 안 어딘가에 '꼬챙이'라는 사람이 있나 싶어 자기도 한번 시험 삼아 "꼬챙이야!" 하고 불러봤다. 그랬더니 "네!" 하고 대답하는 소리가 들렸다. 신기한 마음이 든 용자는 "너는 대체 누구냐?" 하고 물었다. 그러자 "저는 예전에 이 집에 살던 노인이 공동묘지에 가서 주운 사람의 뼈로 만든 꼬챙이에 붙은 존재입니다. 사람들이 말하는 귀신이나 도깨비지요." 하는 소리가 들려왔다.

그 말을 듣고 용자는 "그러면 아까 너한테 말을 건 자는 누구냐?" 하고 물으니, 꼬챙이는 "그자는 이 집 북쪽의 연못에 있는 큰 구렁이입니다. 그 구렁이가 당신을 저녁에 잡아먹으려고 그런 말을 한 것입니다." 하고 대답했다. 꼬챙이의 말을 듣고 용자는 "내가 살아남으려면 어떻게 해야 하느냐?" 하고 물었다. 이에 꼬챙이는 "칼과 고춧가루를 가진 사람들을 집으로 데려와서, 구렁이가 들어오면 재빨리 칼로 몸뚱이를 자르고 그곳에 고춧가루를 뿌리십시오. 그러면 구렁이의 잘린 몸이 붙지 못해서 죽습니다." 하고 알려주었다.

꼬챙이가 가르쳐준 대로 용자는 사람들을 모아 구렁이를 죽였다. 꼬챙이의 신통함을 알게 된 용자는 집 안을 뒤져서 꼬챙이를 찾아내어 호주머니에다가 넣고는 원래 살던 집으로 돌아갔다.

얼마 후 나라에서 공주가 원인 모를 병에 걸려 앓아눕는 일이 벌어졌다. 왕은 공주를 고쳐줄 의원을 널리 찾았는데, 용자가 살던 마을에서 그를 추천하는 바람에 용자는 궁궐로 불려갔다. 의원이 아닌 용자는 공주를 고칠 방법을 몰라서 막막했다. 이때 꼬챙이가 "공주가 머문 방 안에서 쥐를 때려잡으십시오. 그러면 길이 보일 것입니다." 하고 가르쳐주었다. 꼬챙이의 말대로 용자가 공주의 방에 드나들던 쥐를 때려죽이자 얼마 후 다른 쥐가 바늘을 입에 물고 나타나서는 그걸로 죽은 쥐를 찌르자 살아났다. 이때 꼬챙이가 바늘을 뺏으라고 하여 용자는 그 말대로 바늘을 빼앗아 공주를 찌르니 병이 말끔히 나았다. 딸이 건강해지자 왕은 기뻐하며 공주를 용자와 결혼시켰다.

왕의 사위가 된 용자가 부귀영화를 누리며 즐겁게 살고 있을 때 중국에서 사신이 왔다. 중국 황제의 첫째 공주가 아프다며 병을 치료해줄 의원을 조선에서 보내달라고 부탁했다. 그러자 꼬챙이가 "저 사신한테 주인님이 공주를 고칠 수 있다고 말하십시오"라고 해서 용자는 사신을 따라 중국으로 갔다.

중국의 궁궐로 들어간 용자는 공주의 방으로 향했는데, 꼬챙이는 "방으로 직접 들어가지 말고, 공주의 진맥을 보겠다고 하십시오. 그리고 세 가닥의 실로 공주의 손목을 묶은 다음, 나머지 부분을 쇠로 만든 문고리와 나무기둥에 묶어두십시오. 그러고는 공주를 세게 때리십시오"라고 말했다. 용자가 그대로 하니 공주가 붉은색의 불여우로 변하더니 "내가 궁궐에 들어와서 공주를 잡아먹고 황제까지 죽이려고 했는데, 여기서 죽는구나." 하고 외치며 죽어버렸다. 진상을 알게 된 중국 황제는 용자가 자신의 목숨을 구했다며 불여우한테 잡아먹히지 않은 둘째 공주를 용자의 두 번째 아내로 삼게 했다.

조선에 이어 중국 공주까지 아내로 맞아 즐거워하며 조선으로 돌아온 용자한테 꼬챙이는 "이제 저도 지쳤으니, 그만 공동묘지에 묻어주십시오." 하고 말했다. 그 말에 용자는 "네가 없으면 앞으로 나는 어떻게 사느냐?" 하며 걱정했다. 이에 꼬챙이는 "저를 들고서 두 눈을 찌르십시오. 그러면 주인님은 앞이 보이지만, 다른 사람들한테는 눈이 먼 것처럼 보일 테니, 귀찮은 부탁을 하지 않을 겁니다"라고 가르쳐주었다. 용자는 꼬챙이의 말대로 자기 눈을 찌른 다음, 공동묘지에 꼬챙이를 묻어주었다. 그 이후 용자는 두 아내를 집으로 데려와 행복하게 잘 살았다고 전해진다.

주인한테 행운을 안겨다 준 꼬챙이에 붙은 존재는 대체 무엇일까? 묘지에 묻어달라는 말을 한 것을 보면 귀신일 수도 있지만, 사람의 뼈가 오래되어 생겨난 정(精)의 일종인 도깨비로 볼 수도 있으니 구분하기가 참으로 난감하다.

110 동전과 장기알에 붙은 도깨비

 귀신과 도깨비의 차이점은 무엇일까? 이 궁금증에 대해 답하기란 쉽지 않다. 현대인들보다 판타지적 세계관에 더 익숙했던 우리 조상들도 귀신과 도깨비라는 이 두 존재를 엄격하게 구분 짓지는 않았다. 한국의 신화나 전설을 보면 귀신과 도깨비를 자주 혼동해서 부르고 있다.

 하지만 근본적인 성질에서 귀신과 도깨비는 엄연히 다르다. 귀신은 죽은 사람의 영혼을 가리키는 반면 도깨비는 사람이 아닌 동물이나 식물 혹은 무생물에 붙은 자연의 신비한 생명력인 정(精)을 뜻한다. 여기서 '정'이란 판타지 세계에 자주 등장하는 존재인 정령(精靈)이나 요정(妖精)을 떠올리면 된다.

 이번에 소개할 충청남도 청양군의 전설에 언급되는 동전과 장기알에 붙은 신비한 존재는 도깨비에 해당한다고 볼 수 있다.

 옛날 청양군에 한 부잣집이 있었다. 하지만 예전에 살던 사람이 다 죽어 아무도 살지 않는 빈집이었다. 어느 날 그 집으로 늙은 남편과 젊은 아내로 이루어진 가족이 이사를 왔다. 그들은 집 안을 청소하고 짐을 풀고는 잠이 들었다. 남편은 사랑방에서 아내는 안방에서 자기로 했다. 부부가 방을 따로 쓰는 것이 좀 이상해 보이지만, 그런 경우도 있기는 하다.

그런데 밤마다 안방에서 뭔가 철렁거리는 소리가 끊이지 않고 울려 퍼지는 바람에 젊은 아내는 잠을 잘 수가 없어서 매일 사랑방으로 와서 잠을 잤다. 이를 이상하게 여긴 남편이 "왜 당신은 안방을 비우고 내 방으로 오는 것이오?" 하고 묻자, 아내는 "방에서 밤마다 뭐가 철렁거리는 소리가 들려와 무서워서 잠을 못 자겠어요." 하고 대답했다. 그 말에 호기심을 느낀 남편이 안방으로 가서 잠을 자려 했다. 그러자 실제로 '철렁철렁'거리는 소리가 났는데 평소 아내가 있을 때보다 그 소리가 더욱 커서 집안 전체에 울리는 바람에 남편 또한 두려워서 죽을 지경이었다.

　하루는 남편의 조카가 놀러 와서 이런저런 이야기를 나누었다. 남편이 "내가 아무래도 이사를 잘못 온 것 같다"라고 말을 꺼내자 궁금한 조카가 그 이유를 물었다. 이에 남편은 "이사를 온 날 이후로 계속 안방에서 밤마다 철렁거리는 소리가 들려서 잠을 자지 못하겠다." 하고 알려주었다.

　조카가 "그러면 제가 안방에 가서 자고 오겠습니다"라고 말하고는 밤이 되자 안방에 들어갔는데 나중에 나와서는 "이건 예전에 여기 살던 부자가 묻어둔 돈의 소리 같습니다. 부자가 묻어둔 돈이 하도 오래되어 거기에 무슨 정(精)이 붙어서 소리를 내나 봅니다." 하고 말했다.

　그 말을 들은 남편이 안방으로 가서 소리가 나는 곳을 따라가 보았다. 안방의 서쪽 구석에서 철렁거리는 소리가 계속 들려왔다. 삽과 곡괭이 등을 들고서 그곳을 파보니 수많은 동전이 쏟아져 나오는 것이었다. 오래되기는 했지만 그래도 쓸모 있는 동전이라 남편은 그 돈으로 청양군의 땅을 많이 사서 부자가 되었다고 한다.

　다음에 소개할 장기알에 붙은 도깨비 이야기는 전체적인 구조는 흡사하지만, 약간 살이 더 붙은 사례다. 예전에 살던 부자가 망하고 집이 텅 비었는데, 거기로 이사를 하는 사람은 죄다 죽어 나갔다. 그래서 그 집은 한동안 이사를 오려는 사람이 없어 흉물스럽게 방치된 일종의 폐가였다. 어떤 가난한 사람이 그 집에 관한 소문을 듣고는 "이왕 죽을 바에야 한번 좋은 집에 가서 죽어보자"라는 심정으로 아내를 데리고 들어갔다.

그런데 밤이 되자 갑자기 마당에서 "장군 받으시오." "차요." 하면서 장기를 두는 사람들이 말하는 소리가 웅성거렸다. 놀란 남자가 안방에서 마당으로 나가 보면 분명히 아무도 없고 텅 빈 상태였는데, 안방으로 돌아오면 또다시 마당에서 장기를 두는 소리가 울려 퍼지는 것이었다. 안방에서 그 소리를 듣고 있던 아내는 무서워서 벌벌 떨었고, 남자도 기분이 으스스했는데 닭이 울고 날이 밝아오자 장기 두는 소리가 감쪽같이 사라졌다.

남자는 자신과 아내가 폐가에서 하룻밤을 보냈는데도 다른 사람들처럼 죽지 않고 멀쩡히 살았다는 사실에 기뻐했다. 남자는 마당에 횃불을 피워 놓은 다음 집 안 구석구석을 살피고 다니다가 창고에서 장기알이 가득 든 주머니를 발견했다. 그 장기알 주머니를 마당으로 가져와 불을 붙여 태워 버리자 그날 밤부터 장기를 두는 이상한 소리가 전혀 들리지 않았다. 그 이후로 남자는 아내와 함께 그 집에서 아이를 여럿 낳고 풍족한 삶을 누리며 행복하게 살았다고 전해진다.

처음 이야기의 동전처럼 장기알도 원래 살았던 부잣집 사람들이 자주 만지작거린 도구였는데, 오래되다 보니 정이 붙어서 일종의 도깨비로 변해서 소리를 내었던 듯하다.

111 소원을 들어주는 김생원

　세계적으로 유명한 판타지 문학인 《아라비안 나이트》를 보면, 어떤 내용이든 주인의 소원을 들어준다는 신비한 정령인 '지니'가 등장한다. 이 지니와 마찬가지로 한국의 충청남도 논산군에 전해지는 전설에도 부르기만 하면 모든 소원을 이루어주는 신비한 존재인 '김생원'이 나온다. 여기에 얽힌 이야기는 대략 이렇다.

　옛날 논산군에 소금장수 한 명이 살았다. 그는 소금을 팔러 전국 각지를 떠돌아다녔는데, 도중에 큰 부잣집 한 채를 발견했다. 그 집은 사람이 아무도 살지 않아 텅 비어 있었다. 소금장수는 마음 놓고 안으로 들어가서는 지친 몸을 달래기 위해 잠을 잤다.

　자정이 지나자 불현듯 젊고 아름다운 여자 한 명이 소금장수 앞에 나타났다. 그녀는 소금장수한테 "나는 이 마을에 사는 과부입니다. 당신과 함께 살고 싶어서 왔습니다"라고 유혹했다.

　소금장수는 잠시 마음이 흔들렸지만, 자세히 보니 치마 밑으로 꼬리가 살짝 보였다. 사람이 꼬리를 달고 있을 리 만무하고 아무도 살지 않는 집에 불쑥 나타난 거로 보아 사람으로 둔갑한 여우일지도 모른다는 생각이 들었다. 이에 소금장수는 "나와 함께 살려면 지게에 묶여 있어야 한다는 사주를 보았으니 그대로 해주시겠소?" 하고 제안하자 그녀가 동의했다.

여자가 순순히 지게에 묶이자 소금장수는 재빨리 막대기를 들고 여자를 두들겨 팼다. 그러자 여자가 비명을 지르면서 몸을 흔들었는데, 치마 밑으로 꼬리 9개가 나타났다. 그제야 소금장수는 그녀가 사람으로 둔갑한 구미호(九尾狐)라는 요괴임을 깨달았다.

구미호는 소금장수한테 "나를 살려주면, 무슨 소원이든 다 들어주는 신비한 책을 드리겠습니다"라고 말했다. 소금장수는 그 책이 어디 있느냐고 물었다. 이에 구미호는 책을 마을 구석에 있는 바위에 숨겨놓았다고 가르쳐주었다. 소금장수는 구미호가 가르쳐준 바위에 가서 책을 꺼내 가져왔다. 그러고는 "이 책을 어떻게 쓰느냐?" 하고 묻자, 구미호는 "책을 펼치고 김생원을 부르면, 그가 나와서 원하는 모든 소원을 들어줍니다. 만약 더 이상 김생원이 필요치 않으면 책을 덮으세요. 그러면 김생원은 책으로 들어갑니다." 하고 대답했다.

구미호의 말에 소금장수가 시험 삼아 책을 펼치고 "김생원"이라고 부르자 곧바로 갓과 도포를 쓴 선비 하나가 나타났다. 놀란 소금장수가 누구냐고 묻자, "저는 당신이 부르신 김생원입니다. 갖고 싶은 것이 있으면 뭐든지 말씀만 하십시오. 제가 다 가져오겠습니다"라고 말했다.

아직 김생원을 완전히 믿지 못한 소금장수는 김생원더러 "내가 지금 배가 고프니, 밥을 가져오시오"라고 말했다. 김생원은 허공에서 밥을 꺼내더니 소금장수한테 바쳤다. 놀라운 광경에 소금장수는 신기하게 여기면서도 후환을 없애기 위해 막대기를 들어 구미호를 때려죽인 다음 책을 가지고 즐거운 기분으로 집으로 돌아왔다.

그는 가족이 보는 앞에서 책을 펼치고는 김생원을 불러내어 "여기 내 가족이 먹을 풍성한 음식을 가져오시오"라고 말했다. 이내 김생원이 잔칫상을 차려내어 바쳤고, 소금장수의 식구들은 즐거워하며 실컷 포식했다. 그

후로도 소금장수는 돈과 재물이 필요할 때마다 김생원을 불러내었다. 김생원은 주인인 소금장수가 원하는 대로 돈과 재물을 갖다 바쳤다. 소금장수의 재산은 급기야 수십만 냥으로 불어나 큰 부자가 되어 어마어마한 집을 장만하고 가족과 함께 부귀영화를 누렸다.

그러나 평소 가난하게 살던 소금장수가 갑자기 벼락부자가 된 모습을 보고 "혹시 저자가 어디서 도둑질을 해왔나?" 하고 이상하게 여긴 마을의 사또가 왕에게 이 사실을 알렸다. 왕은 군사들을 보내 김생원을 붙잡아 궁궐로 끌고 오게 했다. 그러고는 김생원을 심문하자 김생원은 자신이 한 일을 다 말했고, 왕은 그가 요망한 도술로 세상을 어지럽힌다고 여겨 죽이려 했다.

사형 판결을 받은 김생원은 마지막 소원으로 "그림 하나만 그리게 해주십시오"라고 말했고, 왕은 붓과 종이를 내어주며 그리도록 허락했다. 김생원은 종이에 나귀 한 마리를 그렸는데 놀랍게도 그 나귀가 종이 밖으로 나오더니 살아서 힘차게 울부짖었다. 그때 김생원은 나귀 등에 재빨리 올라타 궁궐에서 달아나 금강산으로 들어갔다. 나귀가 워낙 빨라서 어떤 말이나 군사들도 잡을 수 없었다고 전해진다.

책의 주인이 부탁하는 소원이라면 무엇이든 들어주는 김생원이라는 신비한 남자의 정체는 대체 무엇일까? 전설에는 나와 있지 않지만, '김생원'이라는 이름이 혹시 도깨비와 관련이 있는 것은 아닐까? 보통 한국의 전설에서 도깨비들은 사람을 '김서방'이라고 부르는데, 다분히 '김생원'과 통하는 이름이기도 하다. 그렇다면 김생원은 어떤 이유로 책 속에 갇히게 된 도깨비가 아니었을까?

11

사후 세계와 환생

112 감사(監司)로
환생한 소년

저자를 알 수 없는 조선 말엽의 야담집인《청구야담》을 보면, 놀랍게도 자신의 전생을 기억하고 있는 사람의 이야기가 실려 있다.

정확한 때가 알려지지 않은 옛날의 일이다. 본문에 '평안도 감사'라는 말이 나오는 것으로 보아 조선 시대의 일로 추정된다. 아무튼 한 명의 조정 대신이 있었다. 그는 어렸을 때부터 매년 생일날이 되면, 어느 마을의 집으로 들어가는 꿈을 꾸었다. 꿈속의 집에는 늙은 부부가 살았는데, 그 부부는 목욕하고 새 옷으로 갈아입은 다음 풍성한 제사상을 차렸다. 그러면 자신은 상 앞에 앉아서 음식을 배불리 먹어치웠고, 늙은 부부는 밤이 새도록 슬프게 울었다. 비록 꿈이었지만 느낌이 너무나 생생하고 또 생일 때마다 꾸는 것이라 대신은 꿈의 내용을 모두 기억하고 있었다. 꿈을 꾸고 나면, 대신은 이상한 생각이 들었다.

'도대체 늙은 부부는 누구이기에, 나를 제사상에 불러서 음식을 대접하고는 저렇게 구슬프게 우는 것일까? 참으로 모를 일이로다.'

얼마 후 대신은 평안도 감사가 되어서 평양으로 떠났다. 길을 가는 도중에 어느 마을이 눈에 띄었는데, 아무리 봐도 그 마을의 풍경이 어딘지 모르게 많이 본 듯한 느낌을 받았다. 이상하게 여기던 감사의 머릿속으로 한 가

368

지 생각이 번개처럼 스쳤다. 자신이 생일 때마다 꿈속에서 갔던 집이 있는 마을과 똑같았던 것이다.

'이건 아무리 봐도 우연이 아니다. 내가 직접 확인해봐야겠다.'

이렇게 생각한 감사는 급히 행렬을 멈추고 마을로 들어갔다. 과연 꿈에서 본 것과 똑같이 생긴 집이 감사의 눈앞에 나타났다. 감사는 아전과 다른 관리들을 데리고 집 안으로 들어갔다. 아전은 감사가 앉을 방석을 놓고 배경으로 삼을 병풍을 쳤다. 갑자기 마을에 높은 관리가 들어온 일 때문에 주민들이 놀라서 흩어졌다. 집의 주인인 늙은 부부는 감사를 보고는 발아래에 엎드렸다.

방석에 앉은 감사는 늙은 부부를 향해 "내가 얼굴을 알아볼 수 있게 고개를 드시오"라고 말했다. 그 말에 늙은 부부가 고개를 들었는데 그 얼굴을 본 감사는 충격을 받았다. 자신이 매년 생일 때마다 꿈속에서 본 늙은 부부의 얼굴과 똑같았기 때문이었다.

놀라운 와중에도 감사는 정신을 차리고 부부에게 "그대들한테는 자녀가 있소?" 하고 질문했다. 늙은 남편은 이렇게 대답했다.

"소인 내외한테는 아들 한 명이 있었습니다. 하지만 오래전 젊은 나이에 갑자기 죽고 말았습니다. 그 이후로는 아이가 생기지 않아 이렇게 아내와 단둘이서만 이 집에서 살고 있습니다."

그 말을 들은 감사는 "그대 부부의 아들은 몇 살에 죽었소?" 하고 질문했다. 아들의 사망 연도를 감사가 물어보자, 늙은 남편은 슬픔이 북받쳤는지 눈물을 닦으며 말했다.

"제 아들은 15살에 죽었습니다. 아이는 어려서부터 영리해서 농부로 살게 내버려 두기에는 아깝다고 여겨, 부족한 살림이지만 서당에 보내 글을 배우게 하고 책을 읽게 했습지요. 하나를 가르쳐주면 열을 깨달아서 서당에 다니는 사람들도 모두 칭찬했습니다.

한데 어느 날 평안 감사가 행차하는 모습을 보고는 그 아이가 '사내대장부로 세상에 태어났으면 저렇게 해봐야 하는데, 나는 언제나 저렇게 될까? 차라리 죽어서 다시 태어나면 저렇게 될지도 모르겠구나'라고 탄식하고는 갑자기 병이 들더니 그만 모년(某年) 모월(某月) 모일(某日)에 죽고 말았습니다.

그래서 소인 내외는 매년 아들이 죽은 날이 되면 여러 가지 음식을 장만해서 아들을 기리는 제사상을 차리고 있습니다."

감사가 들어보니 늙은 부부가 차리는 아들의 제삿날이 바로 자기가 태어난 날과 똑같았다. 감사는 비로소 자신이 전생에 늙은 부부의 아들이었으며 감사가 되기 위해 다시 태어났다는 사실을 깨닫고는 마음속 깊이 북받쳐오는 감동을 받았다.

감사는 그 자리에서 늙은 부부에게 자신이 매년 생일 때마다 꾼 꿈 이야기를 들려주고, "내가 바로 그대들이 잃은 아들의 환생이오." 하고 밝혔다. 그러고 나서 감사는 늙은 부부에게 많은 재물을 주고 자기가 부임한 곳 가까이에 있는 집 한 채를 사서 늙은 부부한테 선물하는 한편 농사를 지을 땅도 마련해주어서 그들이 넉넉히 먹고살 수 있도록 배려했다.

비록 자신이 태어나기 전의 일이었지만, 감사가 되겠다는 염원이 너무나 간절했던지 다시 태어난 이후까지 그 기억이 남은 것이 아닐까 싶다.

113 아이로 환생한 돌부처의 시종

다음 이야기는 1873년에 나온 조선의 야담집인 《금계필담》을 쓴 서유영 본인이 "이건 나의 이야기다"라고 밝힌 내용이다. 그 내용은 다소 믿기 어렵지만, 직접 보고 겪은 일이라고 하니 무척 신기하여 소개해본다.

서유영의 큰아버지, 즉 그의 아버지의 형인 송와공(松窩公)은 어린 시절에 마치 그림에서 나온 것처럼 매우 아름다운 소년이었다고 한다. 어린 송와공을 본 사람들은 다들 "저 아이는 사람이 아니라 인간의 세상에 태어난 신선이나 부처가 틀림없다. 저 미모는 도저히 사람의 얼굴이라고 할 수 없다"라며 칭송했다.

모두에게 사랑을 받던 송와공은 21세가 되던 해, 갑자기 원인과 치료법을 알 수 없는 병에 걸려 자리에 누워 있다가 안타깝게도 그만 죽고 말았다. 너무나 짧은 삶이라서 송와공이 죽었다는 소식을 들은 사람들은 "하늘도 너무하네! 앞날이 창창한 젊은이를 왜 벌써 데려간단 말인가?" 하며 슬퍼했다.

서유영은 이 부분에서 한 가지 신기한 사연을 집어넣고 있다. 자신의 큰 아버지인 송와공이 갑자기 죽은 일은 그가 불운해서가 아니라 사람들이 이해하기 어려운 신비한 힘이 작용했기 때문이라는 것이다. 그의 주장은 이렇다.

송와공이 한창 병에 걸려 자리에 누워 있을 때, 조선의 영조 임금은 초하 룻날 신하들을 모아놓고 직접 활을 쏘는 시험을 주관했다. 조선이 유학자 를 우대하는 나라이기는 했지만, 그렇다고 무예를 완전히 소홀히 한 건 아 니었다. 오히려 유학의 창시자인 공자가 말한 대로 활쏘기를 무척 중요하 게 여겨 유학자나 선비들도 활쏘기는 기본적인 교양으로 익혀 두어야 했 다. 조선의 역대 왕들도 신하나 장수를 모아놓고 활쏘기 시합을 벌이기 좋 아했다.

영조 임금이 신하들을 모아놓고 활쏘기 시합을 벌였을 때 서유영의 할아 버지도 벼슬살이를 하고 있던 터라 그 모임에 속해 있었다. 차례가 와서 활 을 쏘았는데, 그날 운이 나빴는지 서유영의 할아버지는 과녁에 단 한 발의 화살도 맞추지 못하고 말았다.

조선의 역대 왕 중에서 영조는 성질이 급한 임금으로 유명했는데, 그날 도 예외는 아니었다. 서유영의 할아버지가 과녁에 화살을 한 발도 맞추지 못하자 영조는 무척 분노하여 "활쏘기도 제대로 못 하는 무능한 관리는 조 정에 있을 자격이 없다!"면서 지금의 전라남도 영암군으로 그를 귀양 보 냈다.

영조의 분노가 너무나 커서, 서유영의 할아버지는 앓아누운 아들인 송와 공과 인사를 주고받을 사이도 없이 영암군으로 급하게 떠나야 했다. 유배 지인 영암군으로 간 서유영의 할아버지가 아픈 아들을 돌봐주지 못하고 멀 리 떨어진 곳에 온 슬픔에 젖어 있던 어느 날 밤에 이상한 꿈을 꾸었다.

꿈에서 서유영의 할아버지는 하늘 높이 날아가서는 어느 작은 산속의 암 자에 도착했다. 암자 주변의 산은 경치가 무척 아름다웠는데, 암자의 현관 에는 옥천암(玉泉菴)이라는 글귀가 쓰여 있었으며, 그 암자 안에는 돌로 만 들어진 부처상 하나가 있었다. 돌부처를 본 서유영의 할아버지는 '혹시 저

부처한테 내 아들에 관해 물어보면 좋은 일이 생길 수도 있을 것이다'라는 생각이 들어서 돌부처를 향해 큰절을 하고는 이렇게 물어보았다.

"얼마 전부터 저의 큰아들이 병에 걸려 목숨이 위태로운데, 지금 상태가 어떻게 되었는지 모르겠으니 알려주십시오."

그러자 신기하게도 돌부처는 "너의 큰아들은 원래 나의 향불을 피우는 일을 했던 동자인데, 우연히 속세에 내려갔다가 지금 다시 내 곁으로 돌아왔느니라." 하고 대답해주었다.

그 말에 서유영의 할아버지가 돌부처 주위를 둘러보자 그 말대로 돌로 된 동자 하나가 향불을 들고 서 있는 모습이 눈에 들어왔다. 한데 그 동자의 얼굴이 영락없이 송와공과 똑같았다. 그 동자상이 바로 자신의 큰아들이었다는 사실에 서유영의 할아버지는 감정이 북받쳐 올라 동자상을 붙잡고 흐느껴 울다가 꿈에서 깨어났다.

꿈에서 느낀 경험이 너무 생생했던 터라 서유영의 할아버지는 사람들에게 물어본 끝에 월출산 아래에 옥천암이란 암자가 있다는 사실을 알아내고는 직접 찾아갔다. 그랬더니 정말로 자신이 꿈에서 본대로 돌부처상 옆에 향불을 들고 서 있는 작은 동자상이 있었다. 바로 그날, 서유영의 할아버지는 큰아들인 송와공이 죽었다는 소식을 들었다. 그는 돌부처상의 말대로 아들이 본래의 자리인 동자상으로 돌아갔다고 여겨 그 사실을 기록해두었다. 나중에 서유영이 이를 《금계필담》에 옮겨 적은 것이라 한다. 그의 말이 사실이라면 환생에 대해서 가장 실감 나게 묘사한 기록이 아닐까 싶다.

114 저승에 다녀온 박생(朴生)

죽은 후에 다른 세상을 구경하고 이승으로 돌아오는 신비 체험을 했다는 사람들의 이야기가 요즘에도 종종 언론에 실린다. 임사 체험이나 사후 세계를 경험한 이야기는 수백 년 전부터 늘 있었다. 조선 중종 임금 때 권세를 휘둘렀던 신하인 김안로가 지은 《용천담적기》에도 저승에 다녀왔다는 사람의 이야기가 기록되어 있다.

박생(朴生)이란 사람은 염병(장티푸스)에 걸려 약 열흘 동안 앓다가 죽었다. 그러자 그의 영혼이 홀연히 어딘가로 향하는데 아전들이 쫓아와 잡으려 하는 것 같아서 도망을 가다 보니 큰 사막을 지나 어떤 곳에 도착했다. 궁전도 아니고 집도 아닌데 말끔히 청소가 된 땅이 꽤 넓은데 단(壇)이 노천(露天)에 설치되어 있고 붉은 난간이 둘려 있었다.

관리들이 그 안에 줄지어 앉아 있고 머리는 소 같고 몸은 사람 같은 야차(夜叉, 불교에서 말하는 포악한 요괴)들이 뜰 아래에 나란히 서 있었다. 그들은 박생이 오는 것을 보고는 뛰어나와 잡아서 마당으로 끌고 갔다. 그러고는 물이 끓는 가마 속으로 던져 넣었다.

승려와 비구니, 남자와 여자가 끓는 물 속에 뒤섞여 있었다. 박생이 가마 속에서 가만히 생각하니, 사람들이 쌓여 있는 아래로 들어가게 되면 빠져 나오지 못하게 될 것 같아서 양손을 솥 표면에 대고 반듯이 누워서 떠 있었다. 한참 지나 야차가 쇠꼬챙이로 그를 꿰어서 땅에다 내놓았다. 그런데도 박생은 아픔을 느끼지 못했다. 조금 있다 박생은 상급 관청으로 보내졌다.

큰 궁궐에 이르러 곁문을 들어가니 의자가 설치되어 있고 좌우에 탁자가 있었다. 높은 면류관을 쓰고 수놓은 옷을 입은 관리들이 그 위에 줄지어 앉아 있고 수레와 호위병들의 성대함은 마치 왕과도 같았다. 관리들이 앉은 책상 위에는 각종 문서가 잔뜩 쌓여 있고, 판결 도장이 벼락같이 찍혀지고 있었다. 파란 두건을 쓴 나졸들이 책상 아래 엎드려 있다가 문서들을 날랐는데 그 모습이 매우 엄숙했다.

나졸들이 박생을 끌어오니 관리들이 "너는 세상에서 어떤 일을 하였으며 또 어떤 직책을 맡아 보았느냐?" 하고 물었다. 박생은 "세상에서 별다른 일은 하지 않았으며 직책은 의국(醫局, 조선 시대 국가에서 운영했던 병원)에 속해 있었으며 방서(方書, 병에 잘 듣는 약과 치료법을 기록한 책)를 출납하는 일을 했습니다." 하고 대답했다.

심문이 끝나자 관리들은 서로 박생에 대하여 "이 사람은 아직 이곳에 올 차례가 아닌데, 실수로 왔으니 어떻게 처리해야 할까?" 하고 의논을 벌였다.

관리 한 명이 박생을 데리고 자리 뒤쪽으로 가서, "지금 너에게 떡을 줄 것인데 그 떡을 먹으면 너는 이승으로 돌아가지 못한다." 하고 알려 주었다. 얼마 후에 관리의 얘기처럼 나졸들이 많은 떡을 가지고 와서 먹으라고 했다. 박생은 관리가 가르쳐준 대로 먹는 척만 하고는 몰래 품속으로 떡을 집어넣었다.

오랜 논쟁 끝에 관리들은 결국 박생을 이승으로 돌려보내기로 하고 공문서에 글을 쓰고 도장을 찍어 박생에게 주고는 이승으로 돌아가라고 했다. 박생이 인사를 하고 끓는 가마솥에 사람을 던져놓던 곳까지 나오니 그를 처음 체포한 옥졸이 박생을 붙잡고 놓아주지 않았다. 박생이 "관에서 이미 가도 좋다고 했는데, 왜 막는 것인가?"라며 따지자 옥졸은 "나는 문을 지켜야 한다. 관의 증명이 없으면 너는 나갈 수 없다"라고 대답했다.

박생이 받아온 공문서를 내밀자, 옥졸은 "관에 가서 물어보고 오겠다"라고 나가더니 한참 후에 돌아와서는 "너의 말이 사실이니, 가도 좋다"라고 사과하고는 하얀 삽살개 한 마리를 주면서 "저 개를 따라서 가라"라고 했다.

박생은 삽살개를 따라 한참을 가서 큰 강이 있는 곳에 도착했다. 그곳에서 삽살개가 마치 날아가는 것처럼 뛰어 건너므로 박생도 몸을 날렸다. 강의 한복판에 빠졌는데 마치 수레에 앉은 것처럼 편안했다. 바람과 물소리만 들리고 어디로 가는지 알 수 없었다. 그러다 눈을 떠 보니 아내와 자녀들이 옆에서 울고 있고 친척들이 모여서 막 자신의 장례식 준비를 마친 상태였다. 가족들은 죽은 줄로 알았던 박생이 깨어나서 "지금 왜 울고 있느냐?"라고 묻자, 너무나 놀라서 아무런 말도 하지 못했다. 7일 후에야 박생은 비로소 생생하게 자기가 겪은 이야기를 나누었다.

《용천담적기》에 나온 저승의 음식을 먹으면 이승으로 돌아가지 못한다는 이야기는 그리스 신화에서 저승의 신 하데스가 준 석류를 먹은 페르세포네 여신이 저승에 남아야 한다는 이야기와 비슷한 구조다. 동서양을 막론하고 저승에 대한 인식은 비슷한 점이 있는 것 같다. 하얀 삽살개가 죽은 이의 영혼을 안내한다는 내용은 무척 흥미롭다. 우리 조상들은 하얀 삽살개를 저승과 이승을 연결하는 안내원으로 여겼던 모양이다.

115 실수로 저승에 다녀온 사람들

2000년대 초반까지 한국에서는 납량특집이라고 하여 방송사들이 여름철마다 무서운 이야기들을 TV 드라마로 만들어 방영하곤 했다. 공포 드라마 중에서 가장 유명한 작품은 KBS에서 방송된 〈전설의 고향〉이었다.

〈전설의 고향〉은 글자 그대로 한국의 무서운 전설에서 소재를 가져와서 드라마로 만들었는데, 그중에는 이름이 똑같아서 죽을 때가 아닌데 오해를 받아 저승사자에 의해 실수로 저승에 끌려갔다가 착오임이 밝혀져서 우여곡절 끝에 이승으로 돌아온다는 이야기도 있었다.

어떻게 보면 코미디 같은 우스꽝스러운 일인데, 사실 이는 현대에 들어서 TV 드라마 작가들이 만들어낸 독창적인 이야기가 아니다. 지금으로부터 500년도 더 된 1477년, 조선 초기의 학자인 서거정(徐居正, 1420~1488)이 쓴 책인 《태평한화골계전(太平閑話滑稽傳)》에 실려 있는 이야기였다. 이 책에 소개된 웃지 못할 사후 세계 체험담 두 편을 소개하고자 한다.

계유년(癸酉年)에 치러진 과거 시험인 진사시(進士試)에 합격한 사람 중에 김려(金礪)라는 이름을 쓰는 두 사람이 있었다. 이름이 똑같다 보니, 그들을 다른 사람들이 구별하기가 어려웠다. 그래서 그들이 근무하게 될 성균관에서는 둘에게 별명을 붙여서 구분했는데, 한 명은 황봉(黃蜂)이라 불렀고, 다른 한 명은 창승(蒼蠅)이라고 불렀다.

황봉은 오늘날 검찰에 해당하는 벼슬인 사헌부(司憲府)의 감찰(監察)에 올랐다. 반면 창승은 자신이 황봉과 같은 이름이라는 점이 마음에 안 들었던지, 이름을 김려에서 김렴(金磏)으로 바꾼 뒤 오늘날 법무부 직원에 해당하는 형조좌랑(刑曹佐郎, 정6품 관리)에 올랐다.

그런데 어찌 된 일인지 김렴(창승)은 형조좌랑이 된 이후 갑자기 원인을 알 수 없는 병에 걸려 죽고 말았다. 평소 아무런 병도 걸리지 않던 건강한 사람이었기에, 주위에서는 왜 그런지 모르겠다며 이유를 놓고 말이 많았다.

한편 김렴이 죽은 지 며칠 후 김려(황봉)는 친구들을 자기 집으로 초대해서 술과 음식을 대접했는데, 그들 사이에 있던 최씨 성을 가진 사람이 김려한테 이런 농담을 걸었다.

"자네는 얼마 전 이름을 김려에서 김렴으로 바꾼 그 창승이 왜 죽었는지 아나? 내가 말해주겠네. 사실 창승은 아직 죽을 때가 아니었어. 저승에서 자네와 창승의 이름이 같았다는 점 때문에 착오를 해서, 원래 저승으로 데려갈 사람인 자네를 놓아두고 엉뚱하게 창승을 데려간 걸세. 그래서 저승의 염라대왕이 저승사자한테 김려 자네를 저승으로 잡아오라고 지시를 내린 지가 며칠이 지났다고 하더군. 아무쪼록 자네는 몸조심을 해야 할 걸세. 저승사자한테 잡혀가지 않으려면 말이야."

그 말을 들은 김려는 허튼 농담 하지 말라는 듯 얼굴에 지그시 웃음을 머금었다. 바로 그때 믿기지 않는 일이 벌어졌다. 술을 마시던 김려가 갑자기 심장이 아프다며 몸부림치다가 죽어버린 것이다. 주위 사람들은 어찌 된 영문인지 알 수 없어서 웅성거렸다. 최씨는 "내가 한 말이 씨가 되어 정말로 친구가 죽었구나." 하고 후회하며 부끄러워서 재빨리 떠났다.

다음 이야기는 신라 시대에 붓글씨를 잘 썼던 김생(金生)이라는 승려에 관한 것이다. 그는 오늘날 경상북도 경주 황룡사(皇龍寺)에 살았는데, 당시 황룡사에는 김생과 똑같은 이름을 가진 종이 한 명 살았다.

저승사자가 실수로 종인 김생을 잡아가자, 염라대왕은 화를 내며 "종 김생 말고 승려 김생을 데려오라." 하고 지시를 내렸다. 이렇게 해서 승려 김생이 죽고 종의 영혼은 이승으로 돌아왔다.

하지만 종이 죽은 뒤로 시간이 꽤 지났기에 몸이 이미 썩어 있었다. 반면 승려 김생은 겨우 하루 전에 죽었기에 몸이 멀쩡했다. 결국 종의 영혼은 승려의 몸으로 들어가 다시 살아났다. 사람들이 보기에 되살아난 승려는 마치 종처럼 말하고 행동했다고 전해진다.

《태평한화골계전》을 쓴 서거정은 신라 시대 김생의 이야기는 허황되어 믿을 수 없다고 하면서도 놀라운 견해를 덧붙였다. 김려가 죽었던 일을 자신이 눈앞에서 직접 보았다는 것이다. 즉 서거정은 김려의 친구였고 그와 함께 술을 마시던 도중 최씨가 농담을 한 이후 김려가 갑자기 죽은 일을 지켜보았다는 것이다. 과연 김려는 이름이 똑같아 실수로 저승에 끌려간 사람이었을까?

116 죽은 친구를
다시 살려낸 정북창

조선 중기의 학자였던 정북창은 뛰어난 학자이면서 주술과 예언 같은 도술에 능한 도사이기도 했다. 그래선지 고전 문헌을 보면 정북창에 얽힌 재미있는 이야기가 많이 전해온다. 1873년 서유영이란 사람이 쓴 야담집인 《금계필담》에는 정북창이 귀신이 된 친구의 생명을 되살렸다는 이야기가 적혀 있다. 그 내용은 대략 이렇다.

정북창에게는 가난하게 사는 한 선비 친구가 있었다. 전라도로 떠나기 전에 정북창을 보려고 온 선비에게 정북창은 "이상한 일을 겪는다면, 즉시 나한테 와야 하네. 그래야 내가 자네를 구해줄 수가 있네." 하고 부탁했다. 선비는 그 말을 듣고 길을 나섰는데, 현재의 경기도 광주 과천의 남태령(南陀嶺)에 이르자 날이 어두워졌다. 그때 말 한 마리를 데리고 말몰이꾼 한 명이 선비의 앞에 나타나서 "선비님이 제가 가져온 말을 타고 간다면 성문이 닫히기 전에 한양으로 들어가실 수 있습니다." 하고 말했다.

선비는 그 말을 듣고 흔쾌히 승낙하고 말몰이꾼이 이끄는 말의 등에 올라타서 가는데, 말이 굉장히 빨라서 현재 서울 한강 동작구 근처의 나루터인 동작나루(銅雀津)에 금방 도착했다. 나루에 이르자 말몰이꾼이 "이 근처에 저의 집이 있고, 거기에 제 아내와 아들이 사는데, 잠깐 쉬었다 가겠습니다." 하고 양해를 구하자 선비는 허락했다.

　말몰이꾼이 선비가 탄 말을 이끌고 자기 집에 도착해서 선비를 내려준 이후 말과 말몰이꾼은 순식간에 사라져버렸다. 어찌된 영문인지 알 수가 없어 선비는 어리둥절해하다가 '혹시 이 집에 사는 말몰이꾼의 가족한테 물어보면 알 수 있지 않을까?' 하는 마음에 집의 문을 열고 말몰이꾼의 아들한테 다가가 "자네 아버지는 어디로 가셨는가?" 하고 물어보았다.

　하지만 말몰이꾼의 아들은 선비가 아무리 불러도 앉아서 책만 읽을 뿐, 선비의 말에 전혀 대답을 하지 않았다. 선비는 '이 아이가 지금 나를 무시하는 건가?' 하고 괘씸하게 여겨 발걸음을 안방으로 옮겨서 말몰이꾼의 아내를 찾아가서 "그대의 남편은 지금 어디에 있소?" 하고 여러 차례 물어보았으나 여인은 옷을 꿰매는 데만 열중할 뿐, 선비의 말에 도무지 아는 체를 하지 않았다.

　'이자들이 나를 이리도 무시하는가?' 하고 화가 치민 선비는 여인을 발로 걷어찼다. 그러자 여인은 갑자기 놀라더니 정신을 잃고 쓰러지고 말았다. 아들을 포함한 말몰이꾼의 집안사람들이 당황하더니 약을 여인의 입에 넣고는 무당을 불러서 굿을 하도록 시켰다. 그 광경을 지켜보던 선비는 '저들이 나를 귀신으로 보고 있는 건가? 그렇다면 내가 죽기라도 했나?' 하고 이상하게 여기다가 문득 정북창의 말이 생각나 그의 집으로 달려갔다.

　선비를 본 정북창은 그를 한번 훑어보더니, 이렇게 말했다.

　"자네는 지금 살아 있는 사람이 아니라 귀신이 된 상태일세. 그래서 그 집안 식구들이 자네의 말을 전혀 듣지 못했던 것일세. 그런 상태에서 자네가 발로 찼으니 말몰이꾼의 아내가 놀라서 기절을 했고, 그 집안사람들이 무당을 불러와서 귀신을 쫓는 굿을 했던 거라네."

　자기가 귀신이 되었다는 말에 선비는 슬픈 감정이 복받쳐 눈물을 흘리며 "제발 나를 살려주게. 자네라면 방법을 알 테지?" 하고 애걸복걸했다. 정북창은 "원하는 대로 해줄 테니, 일단 내 옷소매 속으로 들어오게." 하고 대답했다. 그 말을 듣고 선비는 잠시 머뭇거렸으나, '소매 속으로 들어가야 한다'는 생각을 하자 놀랍게도 그의 몸이 저절로 소매 속으로 빨려 들어갔다.

친구를 소매 속에 넣은 정북창은 남타령으로 달려갔다. 거기에는 선비의 시신이 뉘여 있었다. 정북창은 소매 속에서 선비를 불러 나오게 한 다음 그를 시신 위로 올려놓았다. 그러자 잠시 후 선비가 자리를 털고 일어나서 정북창에게 물었다. "지금 나는 사람인가, 귀신인가?" 이에 정북창은 "자네의 몸속으로 영혼이 들어갔으니, 자네는 이제 살아 있는 사람일세." 하고 알려주었다.

친구 덕분에 살아난 선비는 정북창에게 감사의 인사를 한 다음, "내가 보았던 말몰이꾼은 대체 무엇이었나?" 하고 물어보았다. 그 질문에 정북창은 "자네가 본 말몰이꾼과 말은 이미 죽은 귀신이었네. 어제 자네는 죽었지만, 말몰이꾼 귀신과 마주치는 바람에 그가 자네를 자기 집으로 데려간 거라네." 하고 알려주었다.

12

UFO와 외계인

117 하늘에 나타난 불덩어리들

  미확인 비행물체, 즉 UFO는 여러 가지 형태로 나타나지만 그중 대표적인 것은 하늘에 나타나는 불이나 빛의 덩어리들이다. 조선과 중국의 역사 기록에는 UFO로 추정되는 수수께끼의 불덩어리들이 하늘에 나타났다는 이야기가 전해진다.

  먼저 1588년 6월 24일 《선조실록》의 내용을 살펴보자. 함경도 온성(穩城) 미전진(美錢鎭)에서 이경(二更, 밤 9~11시) 무렵, 하나의 불덩이가 나타났는데, 그 형체가 마치 사람이 둥근 방석에 앉은 것 같기도 하고, 활과 화살을 휴대한 것 같기도 하였으며, 그 불덩이가 공중을 날아 북쪽으로 향했다고 한다. 불덩이가 날아간 직후에는 천둥이 쳤는데 얼음이 쪼개지는 듯한 소리가 나고 뜨거운 바람이 사람의 낯을 데웠다는 것이다.

  이 기록은 우주 공간에서 지구로 떨어지면서 불이 붙은 운석을 묘사한 것 같기도 하지만, 다르게 해석한다면 기체에 고장이 나서 지구에 불시착한 UFO라고 생각할 수도 있지 않을까?

  1609년 8월 25일 《광해군일기》에 의하면 평안북도 서해안의 선천군(宣川郡)에서 오시(吾時, 오전 11~오후 1시) 무렵, 날이 맑게 개어 엷은 구름의 자취조차 없었는데, 동쪽 하늘 끝에서 갑자기 포를 쏘는 소리가 나서 깜짝 놀라 보니, 하늘에서 웬 불덩어리 하나가 떨어져 순식간에 사라졌다고 한다. 그 불덩어리가 지나간 곳은 하늘의 문이 활짝 열려 폭포와 같은 형상이었다는 내용도 있다.

1679년 1월 8일 《숙종일기》에 의하면 황해도 배천(白川)에서 달 아래로부터 불덩이 같은 것이 동쪽과 서쪽과 남쪽 등 세 방향으로 달아났는데, 모양이 바리때(승려의 공양 그릇) 같았으며, 사라진 곳에서 천둥이 치는 소리가 울려 퍼져서 황해도 관찰사가 이를 이상하게 여기고 왕에게 장계를 올렸다고 한다.

1711년 5월 20일 《숙종일기》에 의하면 경상도의 김해와 양산과 칠원 등 6개의 고을에서 해시(亥時, 밤 9~11시) 사이에 하늘이 이상하게 검은색이었다가 잠시 후에 낮처럼 불빛이 훤하게 밝아오는 일이 있었다. 이내 하늘 위에 한 물체가 나타났는데, 그 모습은 위로 뾰족하고 아래는 넓었으며 크기가 항아리와 같았는데, 동쪽으로부터 서쪽으로 흘러갔다고 한다. 그 물체가 흘러갈 때마다 대포를 쏠 때와 비슷한 소리가 세 번에 걸쳐 났으며, 아울러 천둥이 치는 소리도 계속하여 났다. 그러고는 마치 별이 떨어지는 것 같은 현상이 있었는데, 그러자 불빛도 함께 없어졌다고 한다.

중국 쪽의 사서에도 하늘에 나타난 불덩어리들에 대한 기록이 있다. 《의씨현지(綺氏縣志) 잡지(雜誌)》에 의하면, 중국 명나라 목종 융경(隆慶) 6년 (1572) 여름밤, 하늘에서 큰 수레바퀴 같은 불덩어리가 서남쪽에서 내려와 왕감촌 양향관가에 떨어졌는데 다행히도 피해가 없었다는 내용이 전해진다.

또한 《내빈현지(來賓縣志) 물이지(物異志)》에는 더 구체적인 정황이 적혀 있다. 청나라 광서(光緒) 26년인 1900년 8월의 어느 날 밤, 공중에서 큰 소리가 울렸는데 사람들이 하늘을 쳐다보니 마치 수레바퀴처럼 생긴 큰 불구슬이 있었다고 한다. 거기에서 나는 빛이 땅을 가득 비추었고, 불구슬은 하늘을 날다가 서쪽으로 떨어졌는데 거기는 영평원(永平團)이라는 한 마을의 밭이었다. 그 모습을 여러 마을 사람이 보고 모두 놀랐으며, 불구슬이 땅에 떨어지자 마을의 개들이 미친 듯이 짖어댔다고 한다.

오늘날도 UFO가 나타났다는 지점에서 개 같은 가축들이 미친 듯이 짖어댄다는 말이 나돈다. 혹시 1900년 8월 청나라의 영평원에 떨어진 불구슬이 외계에서 지구로 불시착한 UFO였던 것은 아니었을까? UFO가 지구 대기권을 돌파하면서 대기와의 마찰로 인해 기체에 불이 붙었고, 그렇게 땅으로 떨어지는 모습을 본 사람들은 마치 그것이 불타는 하나의 큰 수레바퀴와 같다고 여겼을 수도 있으리라.

2013년 12월 18일, SBS TV에서 방영된 드라마 〈별에서 온 그대〉는 실제로 《광해군일기》에 기록된 기이한 자연현상이 지구에 불시착한 UFO를 타고 온 외계인의 소행이었다는 설정에서 출발했다. 판타지적인 요소가 다분한 이 드라마는 한국은 물론 중국에서도 엄청난 인기를 끌었다.

118 하늘에 나타난 둥글고 빛나는 물체

미확인 비행물체, 즉 UFO는 대부분 둥근 형태로 나타나서 하늘을 날며 환하게 빛나는 모습을 보인다. 이런 모습을 한 정체불명의 비행물체들은 20세기 이전의 조선과 중국 등 비서구권에서도 종종 발견되었다.

우선 한국의 사서인 《조선왕조실록》을 보자. 강원도 감사 이형욱이 광해군에게 보낸 보고서인 1609년 9월 25일자 《광해군일기》기사에 'UFO를 직접 보고서 썼나?' 하는 의구심이 들 정도로 구체적인 미확인 비행물체 목격담이 적혀 있다. 그 내용은 대략 이렇다.

지금의 강원도 양양에서 1609년 8월 25일 미시(未時, 오후 1~3시)에 김문위(金文緯)란 사람의 집 뜰 가운데 처마 아래의 땅 위에서 갑자기 세숫대야처럼 생긴 둥글고 빛나는 것이 나타나, 처음에는 땅에 내릴 듯하더니 곧 1장(약 3미터) 정도 굽어 올라갔는데, 마치 어떤 기운이 공중에 뜨는 것 같았다고 한다.

'둥글고 빛나는 세숫대야'의 크기는 한 아름 정도이고 길이는 베 반 필(匹) 정도였는데, 동쪽은 백색이고 중앙은 푸르게 빛났으며 서쪽은 적색이었다. 그것을 쳐다보니 마치 무지개처럼 둥그렇게 도는데, 그 모습이 깃발을 만 것 같았다고 한다.

‘둥글고 빛나는 세숫대야'는 반쯤 공중에 올라가더니 색깔이 온통 붉게 변했다. 위의 머리 쪽은 뾰족하고 아래 뿌리 쪽은 자른 듯 보였으며, 하늘 한가운데서 약간 북쪽으로 올라가더니 흰 구름으로 변하여 선명하고 보기 좋았다고 이형욱은 적었다.

곧이어 하늘에 붙은 것처럼 ‘둥글고 빛나는 세숫대야'는 날아 움직여 하늘에 부딪힐 듯 끼어들면서 기운을 토해내는 듯했다. 그러다 갑자기 가운데가 끊겨져 두 조각이 되더니, 한 조각은 동남쪽을 향해 1장 정도 가다가 연기처럼 사라졌고, 다른 한 조각은 본래의 곳에 떠 있었는데 형체가 마치 베로 만든 방석과 같았다고 한다.

조금 뒤에 천둥소리가 몇 번 나더니, 끝내는 돌이 구르고 북을 치는 것 같은 소리가 그 속에서 나다가 한참 만에 그쳤다. 그때 하늘은 맑았으며 사방에 한 점의 구름도 없었다는 것이 이형욱이 광해군에게 올린 보고서의 끝이었다.

이상이 강원도 양양에 나타났다가 사라진, 하늘을 나는 둥글고 빛나는 세숫대야 같은 비행물체에 관한 목격담이다. 이 내용을 조금만 고친다면 21세기에 나타난 UFO라고 해도 이상하지 않을 정도다.

조선뿐 아니라 중국의 역사서에도 미확인 비행물체에 관한 기록이 종종 보인다. 우선 중국 쪽 문헌인 《상해송강부속지(上海松江府續志)》의 내용을 발췌하여 소개한다.

청나라 가경 황제가 다스린 지 23년이 되던 해(1818)의 7월 23일, 상해 지역 하늘에 갑자기 검게 윤이 나는 빛이 나타나서 스스로 동남쪽에서 서남쪽으로 움직였다. 그것은 마치 번개와도 같은 소리를 냈는데, 날아다니는 자리에서마다 큰바람이 불고 비가 내리고, 기왓장이 날아다녔고, 나무들이 뽑혔으며, 많은 성곽이 무너졌다고 한다. 검게 윤이 나는 빛을 휘감은 그 괴이한 물체를 수십 가구의 사람이 보았는데, 그 모습은 밝은 수레바퀴

같이 생긴 큰 대야 같았고, 스스로 돌아가면서 하늘을 날아다녔으며, 몸체에 온통 비늘 갑옷이 둘려 있어서 어디가 머리이고 꼬리인지를 분별할 수 없었다고 한다.

무릇 빛이란 밝은색을 띠기 마련인데, 검은빛을 띤다는 것도 이상하고 밝은 수레바퀴같이 생긴 큰 대야가 스스로의 힘으로 하늘을 날고, 몸체가 비늘 갑옷으로 둘려 있었다고 하니, 그렇다면 누군가가 만들어낸 비행체라는 말일까?

중화민국 시대의 사람이자 민서대학(閩西大學)의 교수를 지낸 장서초(張瑞初)가 쓴 《서신유사(西神遺事)》에도 비슷한 이야기가 보인다. 1944년 복건성(福建省)의 어느 날 밤하늘에 빛이 가득 찼는데, 달이 뜨지 않은 어두운 날이었다. 사람들은 놀라 영문을 몰랐는데, 공중에 갑자기 나타난 하나의 둥근 빛을 보았다고 한다. 그 빛은 둥근 빛 가운데 하나의 자주색과 하얀 두 개의 무거운 색을 지녔는데, 그것을 보는 사람들은 우왕좌왕하며 눈이 침침해졌다. 둥근 빛의 모습은 다섯 개의 종에 다리가 달린 것 같았는데, 그 빛이 너무나 눈이 부셔서 똑바로 보기가 어려웠다.

둥근 빛은 점점 오그라들고 작아졌는데 처음에는 그 크기가 바구니 같았고, 1말(용량) 정도 크기에서 그릇, 주먹, 손가락 정도 크기로 움츠러들다가 갑자기 사라져버렸다. 이 광경을 사람들이 가만히 앉아서 넋을 잃고 쳐다보았다. 관광객 중 이를 본 사람들은 매우 놀라 신기해하며 논란이 분분했으나 그것의 정체를 끝내 알아내지는 못했다고 한다.

조선과 중국의 하늘에 나타났던 둥글고 빛나는 물체는 대체 무엇이었을까? 시간과 공간을 초월하여 정말로 외계나 다른 차원의 비행물체인 UFO가 지구를 방문한 흔적을 옛사람들이 기록으로 남긴 것은 아니었을까?

119 하늘에서 내려온
3명의 남자들

　조선의 국가 공식 기록인 《선조실록》 1604년 12월 1일자 기사를 보면, 괴이한 탄생을 한 사람들의 이야기가 실려 있다. 평안도 관찰사 김신원(金信元)이 선조 임금한테 이런 내용의 보고서를 올렸던 것이다.

　지금의 평안북도 선천군(宣川郡)에 사는 강가시(康加屎)라는 사람과 그의 아내인 향태(香台) 사이에서 기이한 아들 3명이 태어났는데, 아버지인 강가시는 그들이 하늘에서 내려온 아이들이라고 믿었다. 왜 그런가 하니, 그들은 태어난 지 1년도 안 되어 어른이 되었으며, 장남을 제외한 두 아들은 향태의 옆구리에서 태어났다는 것이다.

　또한 삼형제 중 장남은 수염이 한 자(약 30센티미터)에 큰 눈과 쟁반 같은 얼굴에 앉은 체구가 컸고, 둘째 아들은 수염이 다섯 치(약 15센티미터)에 얼굴이 크고 잘 생긴데다 앉은 체구 역시 컸으며, 셋째 아들은 수염이 네 치(약 12센티미터)에 얼굴이 크고 앉은 체구 역시 컸다. 그들은 모두 검은색 관을 썼는데 삼남은 누른 관을 썼으며, 검은 옷을 입었는데 검붉은 색깔처럼 보였다.

　삼 형제는 목소리가 낮고, 곁에서 풍기는 분위기가 엄숙해서 다른 사람들이 그들을 한번 본 뒤로는 두려워서 감히 다시는 보지 못했다고 한다. 게

다가 그들은 처음 본 사람의 이름을 귀신처럼 정확하게 알아맞히는 능력이 있었다. 그들을 낳은 어머니인 향태도 "내 아들들은 주위로부터 성인(聖人)이나 신인(神人), 혹은 생불(生佛)이라고 불린다"라고 말하며 신기하게 여겼을 정도였다.

셋째 아들은 결혼하여 아리따운 아내를 거느리고 아이까지 낳았다. 태어난 지 불과 1년 만에 어른이 되어 결혼해서 아이까지 두었다니 아무리 보아도 정상적인 사람의 모습은 아니다.

강가시의 불가사의한 세 아들에 관한 내용은 열흘 후인 1604년 12월 11일자 《선조실록》 기사에서 다시 언급된다. 오늘날 외교부와 교육부 격인 예조(禮曹)는 선조 임금한테 강가시가 하늘에서 내려왔다고 말한 세 아들의 이야기에 대해 "만약 몇 개월 사이에 잇따라 아들을 낳았는데, 왼편 옆구리로 낳기도 했고 오른편 옆구리로 낳기도 했다면 그들의 어머니이자 강가시 아내의 옆구리에는 출산한 흔적이 있었을 것이고, 또 출산하던 날 곧장 간 곳을 알지 못했다고 했는데, 세 아들이 모두 그랬다면 이는 인가에서 영아를 잃은 것으로 보통일이 아닌 만큼, 이웃 마을에 필시 떠들썩하게 소문이 나서 서로 아는 사실일 테니 이것도 물어볼 수 있었을 것입니다"라고 의문을 제기했다.

예조의 말을 들은 선조 임금도 "어찌 하늘에서 세 아들이 내려오는 일이 있을 수 있겠는가? 이는 분명히 교활한 백성이 요사스러운 헛소문을 만들어내어 어리석은 백성을 현혹한 것이다. 따라서 관아에서 그들을 잡아다가 처벌을 했어야 하는데, 명색이 지방 관리라는 자가 그런 말에 현혹되었으니 참으로 어리석다"라고 의견을 밝혔다.

이날의 실록 기사를 쓴 사관도 "강가시가 퍼뜨린 요사스럽고 허황된 말은 애당초 믿지도 말았어야 할 것인데, 감사와 수령이 다 같이 놀라고 현혹됨을 면치 못한 채 경솔히 치계하였으니, 잘못이라고 하겠다"라며 부정적인 의견을 적어넣었다. 상식적이고 현실적인 세계에서 살던 사람들이 하늘에서 내려온 불가사의한 세 아들에 관한 이야기를 긍정적으로 받아들이기는 힘들었으리라.

그런데 여기서 한 가지 생각해볼 점이 있다. 세 형제가 사는 터전이 평안북도 선천군이라고 했는데, 그로부터 5년 후인 1609년 8월 25일 《광해군일기》 기사에서 오시(吾時, 오전 11~오후 1시) 무렵 선천군에서 맑은 날씨인데 동쪽 하늘에서 갑자기 대포 소리와 비슷하게 웬 불덩어리 하나가 떨어져 순식간에 사라졌다는 내용이 보인다.

만약 그 불덩어리가 UFO였다면 어떨까? 선천군에서 태어난 기이한 삼형제는 UFO를 타고 지구에 온 외계인이 인간의 몸을 빌려 태어나게 한 또다른 외계인은 아니었을까? 조선 시대를 살다가 불덩어리처럼 생긴 UFO를 타고 지구를 떠나는 모습이 《광해군일기》에 기록된 것인지도 모를 일이다.

120 외계인의 아이를 낳은 사람들?

UFO나 외계인을 보았다는 이야기 중에는 자신의 의지와 상관없이 외계인과 성적인 접촉을 갖거나 혹은 강제로 외계인의 에너지에 노출되어 외계인과의 혼혈인 이상한 아기를 낳았다는 식의 내용들이 언급된다.

첫 번째 예로 조선의 선조 임금 무렵 뛰어난 이름을 남긴 학자인 이덕형이 지은 책인 《송도기이》의 내용 중에 이런 이야기가 있다. 송도, 즉 개성에는 진이(眞伊)이란 이름을 가진 유명한 기생이 있었다. 그녀의 어머니는 현금(玄琴)이란 아름다운 여인이었고, 아버지는 이름을 알 수 없었는데 사람들은 그를 신선으로 여겼다. 진이가 태어나게 된 배경은 대략 이렇다.

현금이 18세 시절, 개성의 다리인 병부교(兵部橋) 밑에서 빨래를 하는데 다리 위에 얼굴이 잘생기고 옷차림이 화려한 남자 한 명이 나타나더니 현금을 눈여겨보면서 계속 웃기에 현금도 그를 보고 좋아하는 마음이 생겼다.

그러다 그 남자가 갑자기 보이지 않더니 저녁때가 되어 빨래하던 여자들이 모두 흩어지자 다시 다리 위로 와서는 기둥을 의지하고 길게 노래를 불렀다. 노래가 끝낸 그 남자는 현금에게 "마실 물을 주시오"라고 요구했다. 이에 현금은 표주박에 물을 가득 떠서 주었다. 그는 반쯤 마시더니 웃고 돌려주면서 "그대도 한번 마셔보시오"라고 말했다. 현금이 마시고 보니 물이 아니라 술이었다.

놀란 현금은 이 남자가 사람이 아니라 도술을 부려 물을 술로 바꾼 신선이라고 여겨 그와 잠자리를 같이한 끝에 진이를 낳았다. 진이는 용모와 재주는 물론 노래마저 뛰어났다. 사람들은 그녀를 신선의 딸로 생각해 선녀(仙女)라고 불렀다.

물을 술로 바꾸고 현금과 잠자리를 하여 진이를 낳게 한 남자의 정체를 신선이라고 확정할 수는 없다. 사람들이 그렇게 여겼다는 내용이기 때문이다. 하지만 상상력을 조금 발휘해 본다면 그 남자의 정체를 외계인으로 볼 수 있다. 그렇다면 지구보다 뛰어난 과학기술의 힘으로 물을 술로 바꿨던 것은 아니었을까? 상식을 벗어난 과학기술의 힘을 당시 사람들은 도술(마법)이라고 믿었을 법하다.

그런가 하면 중국의 문헌인 《수신기》에도 기이한 방법으로 임신한 여자의 이야기가 전해진다. 놀랍게도 그 사건의 배경은 한국의 고대 왕조인 부여와 관련이 있다. 지금의 중국 동북 지역 송화강 하얼빈 부근에 있었던 것으로 추정되는 나라인 고리국(棗離國) 왕을 섬기던 시녀들 중의 한 명이 결혼도 하지 않았는데 갑자기 임신했다. 옛날 동양에서 미혼의 여자가 혼전 임신을 하는 것은 부도덕한 일로 여겨졌기 때문에 왕은 그 시녀를 처형하려 했다. 그러자 시녀는 자신의 임신은 결코 잘못된 일이 아니며 자신이 어찌할 수 없는 상황에서 벌어진 일이라며 이렇게 설명했다.

"어느 날 하늘에서 웬 알처럼 생긴 기운이 저한테 내려왔습니다. 처음에는 무슨 일인지 몰랐는데, 시간이 지나자 점차 배가 불러오고 몸이 무거워졌습니다. 그래서 나중에 생각해 보니, 그때 하늘에서 내려온 기운이 저를 임신시켰다는 사실을 깨달았습니다. 그러니 제 뱃속에 든 아이는 사람의 아이가 아니라 하늘에서 내려온 아이임이 분명합니다."

왕은 시녀의 해명을 온전히 믿지는 않았지만, 일단 그녀가 아기를 낳을 때까지 지켜보기로 했다. 시간이 흘러 10달이 지나자 시녀는 아들을 낳았다. 그러자 왕은 "아버지가 없이 생긴 불길한 아기이니 갖다 버려라." 하고 아기를 돼지우리 속에 내다 버려 돼지들이 잡아먹도록 유도했다.

그런데 돼지들은 왕의 기대를 저버리고 아기를 지켜주면서 해치지 않았다. 놀란 왕이 아기를 다시 마구간에 버리자 말들도 아기를 지켜주면서 해치지 않았다. 이 광경을 본 왕은 아기가 정말로 하늘에서 내려온 아이라고 믿고 시녀한테 돌려주어 키우도록 허락했다. 시녀는 아들의 이름을 동명(東明)이라고 지어주었다.

동명은 고리국 왕의 궁정에서 말을 키우는 일을 맡았고, 자라면서 점차 뛰어난 활솜씨를 지닌 용사로 커갔다. 이에 왕은 동명이 자신을 죽이고 왕위를 빼앗을지도 모른다고 무서워하여 동명을 죽이려 했는데, 동명은 눈치를 채고 남쪽으로 달아났다.

그러나 왕이 보낸 추격대가 동명을 바싹 쫓아왔다. 위기에 몰린 동명은 활로 시엄수(施掩水)라는 강의 물을 내리쳤다. 그러자 물고기와 자라 떼가 물 위로 떠 올라서 다리처럼 굳게 뭉쳐서 동명은 그것을 밟고 강을 건넜다. 그런 후에 물고기와 자라 떼는 곧바로 흩어져서 고리국 왕의 추격대는 동명을 놓치고 말았다. 무사히 달아난 동명은 부여(夫餘)의 왕이 되었다고 한다.

한국의 고대 왕조인 고구려를 세운 주몽의 설화와 흡사한 이 동명 설화에서 시녀를 임신시킨 하늘에서 내려왔다는 기운의 정체는 무엇이었을까? 혹시 그것은 외계인들이 지구인들을 상대로 벌인 유전자 실험의 흔적은 아니었을까?

13

신선과 도사
그리고 이인(異人)

121 도술을 부려 공간을 이동한 거지

　때는 헌종 임금이 즉위한 지 2년이 되는 1836년, 지금의 평안남도 상원에서 있었던 일이다. 진사를 뽑는 과거 시험에 합격한 것을 기념하고자 4명의 유생이 기생집에 모여서 술을 마시고 노래를 부르며 잔치를 벌이고 있었다.

　그런데 갑자기 웬 지저분한 차림의 거지 한 명이 무턱대고 들어와서는 "쇤네도 돈이 있으니, 술과 안주를 사서 이 잔치에 끼고 싶습니다"라고 말했다. 다른 사람들은 그의 초라한 모습을 보고 처음엔 비웃었으나, 곧바로 거지가 옷 속에서 돈을 계속 꺼내자 모두 놀라서 할 말을 잃었다. 돈 자랑을 하며 우쭐해진 거지는 기생을 시켜 술과 고기를 사서 잔칫상에 올리게 했고, 그런 거지를 신기하게 본 기생 한 명이 나서서 물어보았다.

　"술과 고기를 살 돈이 있다면, 혹시 중국의 악양루(岳陽樓)를 구경시켜 줄 수 있나요?"

　그러자 놀랍게도 거지는 수긍했다.

　"그럼요, 여기 계신 분들이 보고 싶으시다면 그까짓 악양루 구경쯤이야 얼마든지 시켜드릴 수 있지요."

　그러고는 거지는 항아리에 물을 가득 채워 방 안으로 가져오도록 했다.

물이 채워진 항아리가 도착하자, 방 안의 사람들을 모아놓고는 "모두 물이 담긴 이 항아리를 쳐다보십시오." 하고 말했다. 사람들이 그 말에 따라 항아리를 보니, 갑자기 기생집이 사라지더니 주위를 온통 큰 바다가 차지하고 그들은 작은 나룻배 위에 앉아 있는 상태였다.

도대체 어찌 된 영문인지 알 수가 없어 다들 당황해하는 와중에 배는 두 명의 어린 뱃사공이 노를 젓고 피리를 불면서 물 위를 1000리나 미끄러지듯이 달린 끝에 여러 층의 누각이 세워진 푸른 벽 아래에 멈춰 섰다. 거지는 사람들을 돌아보면서 "여기가 바로 여러분이 가고자 했던 악양루입니다." 하고 가르쳐주었다. 기생과 유생 일행은 자신들의 눈을 믿지 못하면서도 연신 주위를 두리번거리며 난생처음 보는 풍경에 신기해했다.

악양루에 올라온 일행을 상대로 거지는 그곳의 지명들을 소개해주었다.

"저 누각 밖에 보이는 하늘에 닿을 정도로 치솟는 거센 물결은 바로 동정호이고, 허공을 찌를 듯이 올라온 봉우리는 군산이고, 아름다운 대나무가 강기슭에 늘어서 있는 것은 소상강이고, 구름 속에 엉킨 전각은 황능묘입니다."

거지가 알려주는 유명한 장소를 볼 때마다 일행은 즐거워했다. 그리고 아름다운 여자 5명이 온갖 음식과 술이 담긴 잔칫상을 들고 누각 위로 올라와 일행 앞에 내려놓았다. 사람들이 그것을 보니, 생전 듣지도 보지도 못한 진귀한 산해진미라서 마치 신선들이 먹는 하늘나라의 음식 같았다. 거지는 그중에서 노란 귤을 쥐더니 "이것이 중국 남쪽의 동정호(洞庭湖)에서 나는 귤인데, 매우 달고 맛있답니다." 하고 말했다. 귤을 본 기생은 3개 정도를 집어서 치마폭에 넣고는 거지한테 물어보았다.

"이곳에서 조선까지는 거리가 얼마나 됩니까?"

그러자 거지는 "1만 리가 넘습니다"라고 말했고, 이에 놀란 기생은 "그러면 어떻게 조선으로 돌아갑니까?"라고 물었다. 그러자 믿어지지 않게도 기생들과 거지가 순식간에 사라져버렸다.

자신들을 악양루로 데려다준 거지가 감쪽같이 없어지자, 유생들은 "이제 우리는 어떻게 되는가? 이 먼 곳에서 고향으로 돌아가지 못하고 죽어야 하는가?" 하고 울부짖으며 슬퍼했다.

한데 한참 동안 통곡하던 그들에게 "대체 무슨 일이오? 정신들 차리시오!"라는 목소리가 들려서 보니, 악양루는 온데간데없고 그들은 원래 있던 기생집 방에서 큰 궤짝 위에 기생들과 함께 앉아서 서로 울고 있는 게 아닌가?

뒤늦게 한약을 먹는다며 온갖 난리를 떤 끝에야 그들은 제정신을 차렸는데, 그들을 악양루로 데려다주었던 거지는 어디론가 사라져 찾을 수가 없었다. 다만 기생 한 명이 가지고 왔던 동정호의 귤 3개는 그 기생의 치마폭에 그대로 있었다.

1873년 조선의 학자인 서유영이 쓴 야담집인 《금계필담》에 언급된 이 신비한 이야기는 여러 가지를 알려준다. 우선 거지는 순식간에 조선과 중국 동정호를 오갈 수 있는 도술을 부리는 일종의 도사였다. 요즘 말로 표현하면 '공간이동'이라고 해야겠는데, 그저 항아리에 담긴 물을 쳐다만 보는 것으로 1만 리나 되는 공간을 단숨에 뛰어넘은 것이니 대단히 영험한 도사인 셈이다.

한편 거지한테 어떻게 조선으로 돌아가느냐고 기생이 질문했을 땐 기생들만 거지를 따라 사라졌다는 부분을 보면 거지는 자신이 선택한 사람들만 따로 공간이동을 시킬 능력도 있었던 것 같다.

그리고 거지를 따라 악양루에 온 일행을 맞이한 뱃사공과 여자들은 거지가 만들어낸 하인이거나 아니면 신선 세계에서 불러온 도인들이었을 것 같다.

400

122 조선의 트릭스터, 전우치

2009년 12월 23일에 개봉하여 600만 명의 관객을 모았을 만큼 인기를 끈 한국 영화 〈전우치〉는 조선 시대의 고전 소설인 《전우치전(田禹治傳)》을 원작으로 한 작품이다. 고전 소설들이 대개 그렇듯 《전우치전》도 저자를 알 수 없다. 저작권법이 없던 시절이라 전우치전은 무수히 많은 사람의 손에 의해 각기 다른 내용으로 뒤바뀐 필사본이 넘쳐났다. 오늘날 시중에 유통되는 《전우치전》은 여러 필사본의 내용을 거르고 합쳐서 만든 것들이다.

대체로 전우치전은 이렇게 시작된다. 조선 개성에 전우치라는 선비가 살았는데, 그는 어렸을 때부터 신선술을 배워 신선이나 다름없었으며, 특히 모습을 자유자재로 변모시키는 둔갑술에 능숙했다. 이와 관련해 한 가지 재미있는 일화가 전해진다. 전우치가 미녀로 둔갑한 구미호가 가진 도술을 부리는 방법이 적힌 '하늘의 책(天書)'을 빼앗아서 그 책을 공부하여 신선이 되었다는 내용이다.

당시 나라 안에는 심한 기근이 들어 수많은 백성이 굶주리고 있었지만, 조정의 대신들은 백성을 구할 생각은 하지 않고 자기들끼리 호화로운 생활을 누리는 것에만 정신이 팔려 있었다. 이에 분노한 전우치는 탐욕스러운 조정 대신들을 응징하고 굶주린 백성을 돕기 위해 고민하다 한 가지 묘안을 짜냈다. 둔갑술을 부려 신선처럼 변한 전우치는 궁궐에 나타나 이렇게 말했다.

"나는 하늘나라에서 온 신선이다. 하늘나라의 궁궐을 짓는데, 마침 황금으로 만든 대들보가 없어서 짓지 못하고 있다. 그러니 너희가 가진 황금을 모두 털어서 오는 3월 보름날까지 바쳐야 한다."

이후 전우치는 구름을 타고 하늘로 사라졌다. 왕과 대신들 모두가 지켜보는 가운데 벌어진 일이라 아무도 의심할 도리가 없었다. 그래서 왕과 대신들은 자신들이 가진 황금을 모조리 털어서 모았다. 약속대로 3월 보름날이 오자 신선으로 둔갑한 전우치가 다시 나타났다. 왕과 대신들이 엎드려 절하는 상황에서 "하늘을 따르는 자들은 모두 흥하고 거역하는 자는 망한다. 이제 앞으로 너희는 하늘의 축복을 받아 무궁한 부귀영화를 누릴 것이니라"라고 말하고는 황금을 모두 가져갔다.

전우치는 황금을 먼 서쪽으로 가져가 팔아 쌀 10만 석을 산 다음, 그 쌀을 가지고 조선으로 돌아와 굶주린 백성에게 모조리 나눠주었다. 전우치 덕분에 살아난 백성은 그를 칭송했다. 이때 전우치는 전국에 "왕과 대신들이 백성을 돌보지 않으니, 내가 신선을 사칭하여 황금을 빼앗아 쌀로 바꿔 백성에게 나눠주었다. 나는 전우치다"라는 내용의 방을 붙여 자기가 사기를 쳤음을 알렸다.

전우치한테 사기를 당했다는 사실을 알고서 분노한 왕은 전우치를 잡아들여 모진 고문을 가했으나, 신선술을 배워 인간을 초월한 경지에 오른 전우치에게 그깟 고문이 통할 리 없었다. 오히려 전우치는 "내가 가난해서 추위에 떨고 살았는데, 이렇게 뜨거운 기름 가마에 넣어주시니 감사합니다. 이런 쓸데없는 짓이나 할 시간에 굶주린 백성이나 보살피시오." 하고 왕과 대신들을 비웃다가 도술을 부려 사라져버렸다.

그 뒤로도 전우치의 모험담은 계속된다. 양반들의 잔치에 갔다가 그들이 자신을 우습게 여기자 도술을 부려 양반들의 성기를 없애버렸다가 그들이 슬피 울며 잘못을 빌자 도술로 다시 성기를 붙여주었는가 하면, 하늘에 올라가 3000년마다 하나씩 열린다는 신비한 복숭아인 선도를 따오거나, 함경도 가달산에서 활개 치는 도적인 엄준을 상대로 무술 대결을 벌여 이기고, 이조판서로 둔갑하여 들어가 가짜 이조판서 행세를 하며 식구들을 골탕 먹이다가 달아나는 등 온 나라를 떠돌아다니며 신나는 모험을 즐겼다.

이러한 전우치의 행적은 북유럽 신화에서 트릭스터로 등장하는 신인 로키를 떠올리게 한다. 로키는 도덕보다 자신의 쾌락을 더 중요시하는데, 전우치 역시 조선 시대의 성리학적 질서보다 자신의 즐거움을 우선시하는 인물로 그려진다.

시대의 풍운아였던 전우치는 개성의 유명한 학자이자 도사인 서화담과의 대결에서 패배한 이후 서화담의 가르침대로 다시는 세상을 어지럽히지 않으리라는 다짐을 하고서 사라졌다고 한다. 이런 내용은 전우치의 행적을 못마땅하게 여기던 유학자가 일부러 집어넣은 것이 아닌가 싶다.

소설《전우치전》이외에도 조선 광해군 시절에 유몽인이 쓴 야담집인《어우야담》역시, 전우치에 관한 이야기를 싣고 있다. 그중 하나는 전우치가 송기수(宋麒壽)라는 사람과 만나자 그를 즐겁게 하려고 씹던 밥알을 뱉어 수많은 하얀 나비를 만들어냈다는 내용을 담고 있다.

율도국의 왕이 된 홍길동과 비교해도 전우치의 모험 이야기는 내용이나 재미 면에서 결코 뒤떨어지지 않는다. 2009년 영화로도 만들어졌듯이 전우치를 소재로 한 새로운 창작 작품이 나오기를 기대해본다.

123 귀신을 부리며 신선이 된
장산인(張山人)

　조선 중기의 학자인 허균(許筠, 1569~1618)이 쓴 문집인 《성소부부고(惺所覆瓿藁)》를 보면, 〈장산인전(張山人傳)〉이라는 짤막한 소설 한 편이 실려 있다. 이 소설은 신선이 된 장산인(張山人)이라는 인물의 일대기를 다룬 이야기로 그 내용은 대략 이렇다.

　장산인의 원래 이름은 한웅(漢雄)이었고, 할아버지 때부터 3대에 걸쳐 의원 집안으로 살아왔다. 장산인의 아버지는 한약의 일종인 상륙(商陸)을 먹고 나서 귀신을 보거나 부릴 수 있는 능력을 얻었는데 98세가 되어서도 40세로 보일 정도로 젊음을 유지했다. 그는 나중에 도를 닦기 위해 집을 떠났다. 그 직전에 《옥추경(玉樞經)》과 《운화현추(運化玄樞)》라는 신선술에 관련된 책 2권을 장산인에게 주었다.

　장산인은 아버지가 준 2권의 책을 만 번 이상 읽고서 아버지처럼 귀신을 부리는 능력을 갖추게 되었고, 더 나아가 그동안 앓고 있던 병인 학질(瘧疾)도 깨끗이 나았다. 이에 장산인은 신선술에 대한 흥미가 생겨 하던 일을 그만두고는 40세가 되던 때 지리산(智異山)으로 들어갔다. 거기서 장산인은 신비한 능력을 가진 이인(異人, 도사)을 만나 가르침을 받았고, 도교에 관한 10권의 책을 읽으며 수행했다.

하루는 장산인이 계곡을 지나는데 두 사람의 승려가 그를 따랐다. 우거진 숲 사이에 이르자 두 마리의 호랑이가 나타나 장산인 앞에 엎드렸다. 장산인이 두 호랑이를 꾸짖으니 호랑이들은 귀를 내리고 꼬리를 흔들며 살려달라고 애걸하는 태도를 보였다. 장산인은 한 호랑이에 올라탄 다음 뒤따르던 두 승려로 하여금 함께 다른 호랑이에 타게 했다. 절의 문 앞에 도착하자 호랑이들은 사람들을 내려놓고 물러갔다.

그렇게 지리산에서 18년 동안 도를 닦은 장산인은 한양으로 돌아와 흥인문(興仁門) 밖에서 살았다. 이때 60세였으나 용모는 그보다 훨씬 젊고 건강해보였다. 그의 이웃에 빈집 한 채가 있었는데, 그 집에 귀신이 들끓어집 주인이 장산인을 찾아와서 귀신을 물리쳐달라고 부탁했다. 장산인이 밤에 그 집을 찾아가니 두 귀신이 그의 앞에 무릎을 꿇고서 "우리는 이 집의문과 부엌을 지키는 수호신입니다. 사악한 뱀이 이 집을 차지하고서 못된짓을 하고 있으니 제발 그것을 죽여주십시오." 하고 빌면서 뜰 가운데 있는 큰 홰나무 밑동을 가리켰다.

장산인이 주술을 외며 홰나무 밑동을 향해 물을 뿜어내자, 조금 뒤 사람모습을 한 큰 뱀이 번쩍거리는 눈빛으로 꿈틀거리며 나오다가 죽어버렸다. 뱀의 시체를 태워버리자 집에는 더 이상 귀신이 나타나지 않고 조용해졌다.

한번은 장산인이 사람들과 어울려 놀면서 화살을 꽂아 물고기를 잡을 때가 있었다. 그러면 장산인은 죽은 물고기들을 물동이에 넣고는 숟가락으로약을 떠 넣어서 다시 살려내기도 했다. 이를 보고 이상하게 여긴 사람들이죽은 꿩으로 시험해보라고 했다. 장산인이 숟가락에 약을 묻혀 꿩의 입 속으로 넣으면 죽은 꿩이 날개를 치며 살아나곤 했다.

그런가 하면 이화(李和)라는 점쟁이는 자신이 점을 보다 틀리면 장산인이 가르쳐주어서 맞게 하는 것을 보고, "산인(山人)의 좌우에는 항상 300위의 귀신들이 호위하고 있으니 참으로 이인(異人)이로다." 하고 감탄했다.

1592년 임진왜란이 일어났을 때 장산인은 74세였다. 그는 집안의 재산을 정리하여 조카들에게 나누어주고는 승복(僧服)을 입고 지팡이를 짚고서는 5월에 소요산(逍遙山)으로 들어갔다. 그러고는 소요산의 승려한테, "금년은 나의 수명이 다하는 해이니 반드시 화장해주시오." 하고 부탁했다. 얼마 후 일본군이 소요산으로 쳐들어와 가만히 앉아 있는 장산인을 발견하고는 칼로 찔렀다. 이때 장산인의 몸에서 하얀 기름 같은 피가 흘러내리고 몸을 꿈쩍도 하지 않았다. 곧 천둥 번개가 치면서 비가 내리자 일본군은 겁이 나서 가버렸다.

장산인의 말대로 소요산의 승려가 죽은 장산인의 장례를 치러주기 위해 화장을 하자, 밤과 낮을 가리지 않고 은은한 빛이 하늘에 사흘 동안이나 떠 있었다. 또한 장산인의 시신을 불태우자 사리가 72개나 나왔다. 그중에서 가장 큰 것은 나무 열매 같았는데, 짙은 파란색을 띠었다. 승려는 그 사리들을 모두 탑 속에 묻어두었다.

그런데 놀랍게도 죽었던 장산인이 다시 살아나 사람들 앞에 모습을 드러냈다. 그는 죽은 해인 1592년 9월 강화도에 사는 친구인 정붕(鄭鵬)의 집에도 왔다. 정붕은 장산인의 죽음을 알지 못했는데, 나중에 다른 사람들을 만나서 "장산인은 우리 집에서 사흘을 머물다가 금강산으로 간다고 했지요." 하고 전했다. 정붕은 1593년에야 비로소 장산인이 죽었던 사실을 알게 됐다. 이런 일을 두고서 사람들은 "장산인은 진짜로 죽은 것이 아니다. 그는 이미 신선이 되었기 때문에, 삶과 죽음을 초월한 몸이 되었다." 하고 입을 모았다.

124 늙지 않는 책 장사꾼, 조신선

조선의 영조 임금 무렵, 조신선(曺神仙)이라 불리는 사람이 살았다. 그는 책 장사꾼이었는데, 진짜 이름은 아무도 모르고 그저 성이 조씨라는 것만 알아서 다들 조신선이라고 부를 뿐이었다.

조신선은 1년 내내 책 장사를 했다. 그의 얼굴은 언제나 똑같았다. 마치 나이를 전혀 먹지 않는 사람처럼 보였다. 사람들은 그의 나이가 정확히 몇 살인지도 몰랐다. 이런 조신선을 두고 정체를 알 수 없는 이상한 사람이라는 평이 돌았으나 그래도 조신선은 사람들 사이에서 인기가 좋았다. 지체 높은 재상 같은 관리부터 평범한 유생에 이르기까지 모두 조신선이 나타나면 반갑게 맞았고, 조신선은 모두를 귀한 친구로 여겨 허물없이 대했다. 엄격한 신분제 사회였던 조선에서 이는 매우 특이한 일이었다.

그러던 어느 날 영조 임금 말년이 되자, 조신선은 갑자기 평소에 알고 지내던 사람들한테 이런 말을 전하고 다녔다.

"여러분, 소인이 급한 일이 있어서 경상도로 가서 몇 년 후에야 한양으로 돌아오겠습니다. 그러니 제가 사라졌다고 너무 놀라지 마시기 바랍니다."

그 말을 듣고 사람들이 "도대체 무슨 일인데 몇 년 동안이나 지방으로 떠나 있겠다는 건가?" 하고 물어보아도 조신선은 대답 없이 미소만 지을 뿐이어서 더욱 이상하게 여겼다.

얼마 후 나라에 예기치 못한 참변이 일어났다. 청나라의 주린(朱璘)이 쓴 역사서인 《명기집략(明紀輯略)》과 《봉주강감(鳳洲綱鑑)》에서 태조 이성계가 권신 이인임의 아들인데 아버지를 죽이고 왕이 되었다고 왜곡했으며, 인조가 광해군을 죽이고 왕이 되었다고 왜곡했다는 이유로 영조 임금이 크게 분노한 것이다.

조상을 숭배하고 충성과 효도를 으뜸가는 미덕으로 여기던 조선 시대에, 더구나 다른 사람도 아니고 국왕의 조상을 불효자와 살인자와 불충한 역적으로 매도한 《명기집략》과 《봉주강감》의 기록은 도저히 용서할 수 없는 패륜적인 죄악이었다.

참고로 조선 조정은 '종계변무(宗系辨誣)'라고 하여 명나라의 국가 공식 기록인 《대명회전》에 태조 이성계가 이인임의 아들이라고 잘못 기록된 내용을 가지고 "이건 우리 왕실의 조상을 모욕하는 일이다! 제발 고쳐 달라!"고 끈질기게 항의하기도 했다. 종계변무는 1588년에야 비로소 명나라에서 조선 측의 항의를 받아들여 수정했는데, 그때까지 걸린 시간이 무려 194년이나 되었다. 즉 194년간 초강대국인 명나라를 상대로 꾸준히 항의할 정도로 조선은 역사 왜곡에 민감하게 반응한 것이다.

이렇듯 역사를 왜곡한 청나라의 책들이 시중에 돌아다니고, 선비들이 그 책을 즐겨 읽는다는 사실 때문에 영조 임금은 몹시 화를 내며 시중에 나도는 《명기집략》과 《봉주강감》을 몰수하여 불태웠고, 그 책들을 재미있게 읽고 서로 이야기를 나누었다는 선비 몇 명도 붙잡아 처형했다. 아울러 이런 책을 사고판 책 장사꾼들도 죄다 포도청에 붙잡혀 들어가 "너희는 무슨 역적질을 했느냐? 사실대로 말하라!"라는 혹독한 심문을 받는 등 큰 고통을 겪었다.

이때 조신선은 경상도로 내려간 덕분에 아무런 피해도 보지 않았고, 이

《명기집략》 사건이 잠잠해지자 시중에 모습을 드러냈다. 이 때문에 주위 사람들은 조신선이 앞날을 내다볼 줄 안다면서 신기하게 여겼다.

영조 임금이 죽고 그 뒤를 이은 정조와 순조와 헌종 시절까지 조신선은 계속 살아서 책을 파는 장사꾼으로 활동했다. 고종 임금 시절인 1864년 이조판서를 지낸 윤치정(尹致定, 1800~?)도 조신선을 만나 알고 지내는 사이였다. 윤치정은 조신선에 대해 이렇게 평가한 바 있다.

"내가 어린 시절에 조신선을 본 적이 있었다. 그래서 장난삼아서 그의 짚신 아래에다가 '조신선'이라는 글자를 쓴 종잇조각을 넣었지. 한데 몇 년 후에 보니 그의 신발 속에 그 종이가 계속 있더란 말일세. 조신선은 도무지 나이를 먹지 않는 사람이라서 다들 그의 나이를 몰랐지. 그저 대략 40세 정도 되어 보인다고만 말했네. 어떤 사람은 조신선이 수백 년이 넘는 세월을 살아온 진짜 신선이라고 말하기도 했지. 하지만 어떻게 된 일인지 헌종 임금 정유년(1837)이 되자 조신선은 더 이상 보이지 않았어. 그가 어디로 갔는지는 아무도 모른다네."

1873년 조선의 학자인 서유영이 쓴 야담집인 《금계필담》에 언급된 신비한 책 장사꾼 조신선의 이야기는 이렇게 신기하게 끝이 난다. 나이를 먹지 않고 어디론가 사라졌다가 다시 나타나는 기이한 인물인 조신선은 혹시 어떤 경로를 통해 불로장생의 능력을 얻은 진짜 신선이 아니었을까?

125 당나라의 귀빈이 된 신라인 신선, 김가기

　한나라, 위나라, 당나라 때에 전쟁을 벌이기도 했지만 전통적으로 한국의 역대 왕조는 대체로 중국과 두터운 우호 관계를 맺고 지냈다. 신라는 나당전쟁(670~676) 시기를 제외하면 나라가 망할 때까지 당나라와 우호적인 관계를 유지하면서 활발한 교류를 벌였다.

　오늘날 미국에 수십만 명의 한국인이 건너가 사는 것처럼, 당나라에도 수만 명의 신라인이 건너가 '신라방'이라는 마을을 이루고 살았다. 또한 신라인들은 당나라에서 외국인을 대상으로 치르는 과거 시험인 빈공과(賓貢科)에 합격하여 당나라의 벼슬을 얻고 사는 것을 큰 영광으로 알았다.

　이렇듯 신라와의 접촉이 잦았던 당나라 시기, 중국은 신라와 관련된 내용을 기록해두었다. 당나라로 건너가 신선이 되었던 김가기(金可記, ?~859)라는 신라인에 대한 기록을 살펴보기로 하자.

　중국 북송 시대에 편찬된 문헌인《태평광기(太平廣記)》에 실린〈속선전(續仙傳)〉에 의하면, 신라인 김가기는 당나라로 건너와 빈공과에 급제하여 진사의 칭호를 얻었다고 한다. 하지만 김가기는 신선이 되는 일에 더 관심이 많았다. 그는 도교(道敎)의 도술인 복기술(服氣術)과 연형술(鍊形術)을 수련하는 일에 힘을 쏟았다. 복기술과 연형술은 오랜 세월 동안 건강하게 살면서 늙지 않고 언제나 젊은 상태로 지내는 수련법을 뜻한다.

신선술 연마에 빠진 김가기는 현재 중국 산시성(山西省)에 있는 종남산(終南山)의 자오곡(子吾谷)이란 골짜기에서 초가집을 짓고 홀로 살았다. 초가집 주변에는 그가 직접 기른 이상하게 생긴 꽃과 열매가 무척 많았다고 한다. 신비한 자리에서 김가기는 언제나 향불을 피우고 조용하게 앉아서 참선을 하거나, 도교의 경전인 《도덕경(道德經)》 같은 책을 읽고 또 읽으며 그 뜻을 완전히 알아내려 노력했다.

3년의 세월이 흐른 뒤에 김가기는 신라로 돌아갔다가 도사의 옷을 입고 종남산으로 들어갔다. 종남산에서 살면서 김가기는 다른 사람들의 부탁을 모두 들어주었고, 그로 인해 칭송을 들었다.

그러던 와중인 당나라 대중(大中) 11년(857) 12월, 김가기는 당나라 선종 황제한테 "제가 옥황상제의 명령으로 영문대시랑(英文臺侍郎)이라는 하늘의 벼슬자리를 맡게 되었습니다. 그리하여 내년 2월 25일에 하늘로 오를 것입니다"라고 알렸다. 이 말에 선종은 김가기가 장차 신선이 된다고 여겨서 4명의 궁녀와 2명의 중사(中使, 임금이 부리는 하인)를 보내 시중을 들게 하는 한편 황금과 비단과 향불 등의 비싼 선물을 주었다.

하지만 김가기는 혼자 방에서 조용히 지내면서 궁녀와 중사들을 좀처럼 방 안으로 들이지 않았다. 궁녀와 중사들은 김가기가 방 안에서 무엇을 하는지 알 수 없었는데, 하루는 중사 한 명이 김가기가 머무는 방을 몰래 엿보니, 그 안에서 신선과 선녀들이 용과 봉황을 타고서 김가기와 즐겁게 이야기를 나누고 있었다. 이 사실이 다른 중사와 궁녀들에게 알려지자 그들은 매우 놀라 함부로 움직이지 못했다.

그러다 김가기가 예언한 대로 2월 25일이 되자 장안성 시내에 황홀한 오색(하얀색, 파란색, 붉은색, 노란색, 녹색) 구름이 가득 피어올랐으며, 학이 울고 백조가 날아들며 피리와 종 같은 악기의 소리가 울려 퍼졌다. 장안 사람들은 도대체 영문을 알 수 없어 모두 거리로 뛰쳐나와 구경을 하고 있었다.

그때 깃털로 장식한 덮개와 옥으로 장식한 바퀴가 달린 수레와 깃발이 하늘 위에 잔뜩 떠다녔다. 그것은 모두 하늘의 신선들이 타고 온 도구였다. 그들의 가운데로 김가기가 하늘로 올라가 다른 신선들의 환영을 받으며 하늘나라로 올라가 완전히 사라져버렸다.

당나라 조정의 대신과 민간의 선비와 백성은 김가기의 승천을 지켜보느라 산과 골짜기를 가득 메울 정도였다. 또한 김가기를 올려다보며 그에게 절하며 감탄하지 않는 사람이 없었다고 전한다.

고대로부터 신선은 많았지만, 중국인이 아닌 신라인의 몸으로 당나라에 가서 수많은 사람이 지켜보는 가운데 승천하며 열렬한 환대와 배웅을 받은 사람은 아마 김가기가 유일할 것이다. 어쩌면 중국에서 인기를 끄는 한류의 원조라고 할 수도 있지 않을지.

126 볏짚으로 만든 복제인간

　작가와 연대를 알 수 없는 고전 소설인 〈옹고집전〉을 보면 흥미로운 설정이 나온다. 주인공인 옹고집과 똑같이 생기고, 게다가 과거의 일까지 다 알고 있는 복제인간이 등장하는 것이다. 이 복제인간은 사실 볏짚으로 만든 허수아비인데, 어떻게 옹고집의 모습을 하게 되었는지에 대해 알려면 일단 〈옹고집전〉의 대략적인 줄거리를 파악해야 한다.

　〈옹고집전〉은 조선 시대의 고전 소설들이 그렇듯이 판본이 워낙 많아 원본의 내용을 온전히 파악하기가 어렵다. 여러 종류의 판본을 비교하여 종합해볼 때 기둥이 되는 줄거리는 이렇게 진행된다.

　조선의 어느 지역(판본에 따라 황해도나 경상도로 달라지기도 한다)에 옹고집이라는 사람이 살고 있었다. 그는 재산이 아주 많은 부자였지만, 성질이 매우 인색하고 탐욕스러운 데다가, 남의 처지를 전혀 배려하지 않는 이기적인 인물이라 주변 사람들로부터 그다지 좋은 말을 듣지 못했다.

　그러던 어느 날, 승려 한 명이 옹고집의 집을 찾아와서 "절에 시주를 하고 부처님의 은총을 사서 죽은 다음에 극락으로 가십시오." 하고 돈을 요구하는 일이 벌어졌다. 그 말을 듣고 옹고집의 가족이나 하인들은 얼굴이 창백해지며 승려에게 말했다.

"스님, 우리 대감은 창고에서 쌀이 썩어도 남한테 쌀 한 톨 주는 법이 없는 구두쇠입니다. 스님께서 여기서 그런 말을 하셨다가 자칫 대감이 들었다가는 크게 봉변을 당할 테니 어서 떠나십시오."

하지만 승려가 계속 시주를 하라고 요구하자, 마침내 옹고집도 그 말을 듣게 되었다. 주변 사람들의 예측대로 무척 화가 난 옹고집은 승려를 상대로 욕설을 퍼부었다.

"이 빌어먹을 중놈아, 네가 나한테 돈을 맡겨놓은 것도 아닌데, 왜 와서 돈을 달라고 생떼를 쓰느냐? 너희같이 정신이 썩어빠진 중놈들한테는 매가 약이다."

그러더니 옹고집은 하인들을 시켜서 승려를 몽둥이로 마구 때리게 하고서 쫓아버렸다. 옹고집한테 모욕을 받고 절로 돌아온 승려는 남한테 베풀 줄 모르는 못된 옹고집을 벌하고자 볏짚으로 허수아비를 만들고는 도술을 부려서 영락없이 옹고집과 똑같은 사람으로 만들었다. 승려는 허수아비인 가짜 옹고집더러 "너는 지금 즉시 옹고집의 집으로 가서 그의 행세를 하거라." 하고 지시했다.

승려의 지시대로 가짜 옹고집은 진짜 옹고집의 집으로 달려갔다. 가짜 옹고집을 본 가족과 하인들은 진짜 옹고집과 너무나 똑같아서 구분하지 못하고 그의 지시대로 따랐다. 마침 집을 떠나 있던 진짜 옹고집이 집으로 돌아왔는데, 자신을 꼭 닮은 가짜 옹고집을 보자 너무나 놀라면서도 화가 나서 가짜 옹고집과 "너는 가짜고, 내가 진짜다!"라고 입씨름을 벌였다.

결국 둘은 관아로 가서 사또한테 누가 진짜이고 가짜인지를 가려달라고 부탁했다. 이에 사또는 "너희 가운데 진짜가 있다면, 옹고집에 관련된 일들을 털어놓으라." 하고 말했다.

그런데 가짜 옹고집은 진짜 옹고집 자신조차 잘 모르는 집안의 옛일이나 옹고집 본인의 비밀스러운 일들까지 막힘없이 줄줄 말했다. 반면 진짜 옹고집은 그런 일들이 잘 기억나지 않아 말을 어물거려서 의심을 샀다. 이에 사또는 가짜 옹고집을 진짜로 판정하고, 진짜 옹고집에게는 남을 사칭한 죄를 물어 곤장을 치도록 했다. 사또가 판결을 내렸으니, 가족과 하인들도 가짜 옹고집을 진짜로 믿고 따르고 진짜는 외면해서 쫓아냈다.

매를 맞고 가족과 하인들로부터 외면을 받은 옹고집은 순식간에 거지로 전락해서 전국 방방 곳곳을 추위와 굶주림에 떨며 떠돌아다녔다. 그러기를 한 7년쯤 지나자 허수아비를 만든 승려가 나타나 옹고집한테 나타나 "이건 네가 탐욕스럽고 인색해서 받은 벌이다. 그만하면 되었으니 너의 집으로 돌아가라." 하고 말했다.

승려의 말을 따라 옹고집이 집으로 돌아가자 허수아비는 옹고집의 아내 사이에서 낳은 아들 7명과 함께 볏짚으로 만든 허수아비로 변해버렸다. 그 모습에 옹고집의 가족과 하인들은 크게 놀랐고, 거지 차림으로 돌아온 옹고집을 비로소 진짜라고 받아들였다.

그 뒤로 옹고집은 인색했던 성품에서 벗어나 가난한 사람들을 보아도 모욕하지 않고, 친절하게 도와주었다는 것이 〈옹고집전〉의 대략적인 줄거리다.

이 〈옹고집전〉에 나온 볏짚으로 만든 허수아비는 서양식 판타지에서 비슷한 경우를 찾자면, 마법사가 마법을 부려서 인공적으로 만든 일종의 로봇인 골렘(Golem)과 같다. 옹고집을 닮은 볏짚 허수아비는 사람의 모든 점을 똑같이 닮았다는 점에서 오늘날 복제인간의 시초라고 보면 될 듯하다.

14

세상의 시작과 끝

127 천지개벽

성경이나 에다(북유럽 신화의 원전) 같은 서양의 신화들에서는 어느 신이 세상 전체를 만들었다는 '천지창조(天地創造)'로 이야기가 시작된다. 그러나 한국 같은 동아시아 나라에서는 전통적으로 천지창조보다는 '천지개벽(天地開闢)'이 더 널리 퍼져 있었다. 천지개벽은 세상이 하늘과 땅 구분 없이 복잡하게 뒤엉켜 있다가, 어느 신이 나타나서 그것들을 따로 떨어뜨리고 세상을 구분 지었다는 개념을 가리킨다.

한국의 신화나 전설에서 천지개벽은 그다지 잘 알려져 있지 않았다. 전통 신화를 미신으로 여긴 조선왕조의 탄압과 일제강점기와 한국전쟁 같은 정치적인 격변을 거치는 사이 한국인들은 천지개벽 같은 설화를 비과학적인 옛이야기 정도로 여기고 멀리하느라 대부분 잊고 만 것이다. 그나마 한국의 변방이라고 할 수 있는 제주도 지역에는 다행히도 천지개벽 같은 전통 신화가 그 원형을 대부분 간직하며 전해지고 있다.

제주도에서 무당들이 굿을 하며 부르던 노래, 즉 무가(巫歌) 중 하나인 〈베포도업침〉에는 천지개벽을 이룩한 신으로 '도수문장'이 언급된다. 〈베포도업침〉에 전하는 천지개벽 신화는 이렇다. 태초에 하늘과 땅은 마치 늘어진 떡같이 서로 단단히 붙어 있었는데, 갑자기 도수문장이라는 신이 나타났다. 도수문장은 덩치가 아주 커서, 한 손으로 하늘을 들어 올리고 다른 한 손으로는 땅을 짓누르면서 꽉 붙어 있던 하늘과 땅을 스스로의 힘으로 분리시켜 천지개벽을 이루어냈다고 전해진다. 도수문장이 하늘과 땅을 떼 어내자, 그 사이에서 산과 물이 생겨나고 동물과 식물 같은 생명체들이 탄 생하여 오늘날의 세상이 완성되었다는 것이 〈베포도업침〉에 나오는 천지 개벽 설화의 핵심 줄거리다.

천지개벽이 끝나자 도수문장은 하늘로 올라가서 하늘의 문을 지키는 수 문장(守門將)이 되었다고 한다. 천지개벽을 이룬 창세신이지만, 도수문장은 세상을 지배하지 않고 하늘로 올라가 사실상 사람들이 사는 곳인 지상과 작별했는데, 이는 신화에서 말하는 '게으른 창조주'에 해당한다. 그리스 신 화의 창세신에 해당하는 대지의 여신 가이아나 하늘의 신 우라노스와도 비 슷한데, 이는 도수문장이 그 유래가 굉장히 오래된 신이라는 점을 드러낸 다. 제주도 신화에서 신들과 사람들을 비롯하여 세상을 다스리는 최고신은 도수문장이 아니라 창세를 마친 다음에 등장한 천지왕이다. 이런 내용 역 시, 그리스 신화에서 창세신이 아니라 나중에 탄생한 제우스가 모든 신들 과 사람들을 지배하는 최고신이 되었다는 구조와 비슷하다.

〈베포도업침〉이 아닌 다른 제주도 무가(巫歌)들에서는 도수문장이 중국 도교의 최고신인 옥황상제와 동일시되기도 한다. 그런데 제주도 신화의 최 고신인 천지왕이 옥황상제와 동일시되는 내용도 전해지는 것으로 볼 때, 아마도 그런 무가들은 훗날 중국에서 옥황상제 신앙이 유입되어 기존의 제 주도 신화와 섞이면서 일어난 혼동 현상인 듯하다.

한편 한반도 본토의 함경도 지역에서 무당들이 부르던 노래에는 도수문 장이 아니라 미륵(彌勒)이 천지개벽을 이룩한 창세신으로 언급된다. 함경도 무가에 의하면 먼 옛날 하늘과 땅은 서로 단단히 달라붙어 있었는데, 미륵 이라는 신이 나타나서 하늘과 땅을 떨어뜨린 다음 땅의 동서남북 끝에다가 각각 커다란 구리로 만든 기둥을 하나씩 세워 그걸로 하늘을 떠받치면서 천지개벽이 이루어졌다고 한다.

미륵은 불교를 통해 들어온 신이지만, 원래 불교와는 상관이 없는 페르시아 신화의 태양신 '미트라'에서 유래하여 동서교역로를 통해 중국에 전해지고 나서 '미륵'이라는 이름으로 불교 신앙에 뒤섞여버렸다. 그러니까 미륵이라는 이름을 가진 창세신은 다분히 불교의 영향을 받아 탄생한 것이라고 추측할 수 있다. 일설에 의하면 원래 천지개벽을 이룩한 창세신의 이름은 미륵이 아닌 다른 신이지만, 미륵 신앙을 가진 불교의 영향으로 인해 미륵이라는 이름이 붙었다고도 한다.

이 밖에 '마고할미'라는 여신이 창세신으로 등장하는 설화도 있다. 마고할미는 글자 그대로 마고라는 이름을 가진 할머니란 뜻이니, 원래 이름은 '마고'가 맞을 것이다. 이 마고는 온 세상이 암흑으로 뒤덮여 있던 시절에 잠을 자고 있다가 깨어나서는 서로 달라붙어 있던 하늘과 땅을 두 손으로 떼어 떨어뜨리고는 대변과 소변을 누어서 산과 바다와 강을 만들어 세상을 완성한 뒤 사라졌다고 한다. 마고할미는 한반도 곳곳에서 천지개벽을 이룩한 창세의 여신으로 숭배되었다. 황해도 구월산 지역의 '노고당(老姑堂)'과 서울의 '할미당'이라는 사당이 바로 마고할미를 섬긴 곳이었다.

128 사람의 탄생

　신화에서 천지창조나 천지개벽같이 하늘과 땅 등의 세상이 대략적인 형태를 갖추고 나면, 무릇 세상의 주인공인 사람이 등장하는 법이다. 한국 신화에도 그런 과정을 따라 천지개벽이 이루어진 다음에 사람이 탄생하는 설화가 다양하게 전해온다.

　먼저 1923년 함경도 함흥의 무당인 김쌍석이(金雙石伊)가 읊은 무가인 〈창세가〉를 살펴보면, 한국 신화에서 사람의 탄생에 대해 어떤 인식을 하고 있었는지를 알 수 있다. 이 무가는 1930년에 출간된 《조선신가유편(朝鮮神歌遺編)》에 실려 있는데, 이렇게 내용이 전개된다.

　　"아주 먼 옛날, 하늘의 신인 미륵이 두 손에 각각 황금과 은으로 만든 쟁반을 들었는데, 그 쟁반 위에는 황금 벌레와 은 벌레가 5마리씩 있었다. 그 벌레들은 어느 날 하늘에서 땅으로 떨어졌다. 황금 벌레들은 남자로, 은 벌레들은 여자로 변했으며, 서로 한 쌍씩 부부가 되어 자손들을 낳았고, 그들의 후손이 바로 지금의 인류를 이루었다…"

　〈창세가〉의 내용은, 사람은 원래 지상이 아닌 다른 세상에서 살던 생명체(벌레)였는데 하늘로부터 지상으로 떨어진 뒤 변화를 일으켜 인간으로 탈바꿈했고, 그런 인간들끼리 짝을 지어 낳은 후손들이 현재의 인류라는 것이다.

이 신화를 현대적인 관점에서 해석한다면, '인류는 다른 세상에서 지구로 온 생명체가 진화와 돌연변이를 거듭한 끝에 탄생했다'는 내용으로 볼 수 있지 않을까? 이런 추론에 대해 SF 영화 같은 허무맹랑한 발상이라고 비웃을 사람도 물론 있을 것이다.

그러나 DNA의 이중 나선 구조를 발견한 영국의 과학자 프랜시스 크릭(Francis Harry Compton Crick, 1916~2004)은 고도로 발달한 문명을 가진 외계에서 지구를 방문한 UFO가 작은 미생물을 지구에 떨어뜨렸고, 그 미생물로부터 현재 지구에 사는 생명체들이 탄생했다는 주장을 한 적이 있다. 세계적 석학의 생각인 만큼 이런 발상이 우스꽝스럽기만 한 망상은 아니라는 얘기다.

미국의 소설가인 라파예트 로널드 허버드(Lafayette Ronald Hubbard, 1911~1986)가 1954년에 창시한 종교인 사이언톨로지(Scientology)는 인류가 원래 먼 은하계에 살았다가 제누(XENU)라는 외계 폭군에 의해 지구로 쫓겨난 영혼들로부터 탄생한 존재라고 가르친다.

프랜시스 크릭과 사이언톨로지 같은 사례는 현대 문명의 시대에 인류의 기원을 지구가 아닌 외계에서 찾는 사람들이 있다는 사실을 보여준다. 그렇다면 우리 전통 속 인간 탄생 설화도 새롭게 해석해서 받아들일 수 있지 않을까?

벌레에서 인류와 비슷한 생명체가 탄생했다는 이야기는 북유럽 신화에도 존재한다. 북유럽 신화를 기록한 원전인 에다(Edda)에 의하면, 태초에 존재한 어마어마한 거인 이미르(Yimir)는 전쟁의 신 오딘(Odin)과의 싸움에 패배해 죽임을 당했다. 오딘은 이미르의 시체로 하늘과 땅과 바다로 이루어진 세계를 창조했다. 그런데 이미르의 살이 변해서 만들어진 땅에서 시간이 지나자 꿈틀거리는 벌레들이 생겼다. 이 벌레들이 변화를 거듭하여 인간보다 작지만 손재주가 뛰어나 온갖 훌륭한 발명품을 만드는 천재 기술자 종족인 드워프(Dwarf)가 되었다고 전한다.

한국 신화에는 〈창세가〉 이외에도 인간의 탄생을 알리는 설화가 또 하나 있다. 1980년 《구비문학》에 실린 서대석의 〈창세 시조 신화의 의미와 변이〉라는 글에 따르면, 1965년 함경도 함흥에서 남한으로 넘어온 강춘옥(姜春玉)이라는 사람이 "원래 사람은 옛날, 백두산 천지의 흙인 황토(黃土)로 만들어졌다. 지금의 남자와 여자 모두 그 황토로 빚어졌다"라는 인류 탄생 설화를 언급했다고 한다. 그러나 구체적으로 인류를 흙으로 빚어서 만든 존재가 누구인지 드러나지 않는다는 점에서 일반적인 인식은 아닌 듯하다.

하늘에서 떨어진 벌레가 탈바꿈하여 사람이 되었다는 한국의 인류 탄생 설화는 작고 하찮은 벌레가 스스로의 노력으로 고등 생명체인 인간이 되었다는 일종의 진화론적 시각으로 볼 수도 있을 것이다. 어쩌면 이런 인류 탄생 설화가 인간의 노력과 존귀함을 더 잘 드러내고 있는지도 모른다.

129 대홍수

먼 옛날, 세상이 온통 물로 뒤덮여 거의 모든 사람과 동물이 물에 빠져 죽었으나 극히 소수의 사람들이 살아남아 새로운 세상의 주인이 되었고, 그들을 통해 지금의 인류가 존속했다는 내용의 대홍수 신화는 세계 각 지역에서 전해지고 있다. 한국에도 그런 대홍수 설화가 전해온다.

1947년 을유문화사에서 출간된 손진태의 책인 《한국민족설화의 연구》에 언급된 '목도령(木道令)' 전설은 한국 신화에서 가장 잘 정리된 홍수 설화다. 그 내용은 이렇다.

하늘에서 내려온 선녀(仙女)가 계수나무의 기운을 받아 남자아이 한 명을 낳고 그 이름을 목도령이라고 불렀다. 선녀는 목도령을 7살까지 키우다가 하늘로 돌아갔고, 목도령은 아버지인 계수나무의 보호를 받으며 자랐다.

어느 날 계수나무는 "나는 이제 심한 바람 때문에 쓰러질 것이다. 그때 너는 내 몸 위에 타야 한다. 그래야 앞으로 다가올 재앙을 견뎌내고 살아남을 수 있으리라." 하고 말했다. 미래를 내다보았던 것인지 얼마 후 정말로 계수나무는 거센 바람에 의해 쓰러져버렸다. 하늘에서 갑자기 비가 퍼붓기 시작하더니 순식간에 온 세상이 물로 뒤덮이는 대홍수가 일어났다. 목도령은 다행히 계수나무 위에 올라탄 덕분에 대홍수에 휩쓸리지 않고 물에 둥둥 떠다니며 목숨을 건질 수 있었다.

한참을 계수나무 위에 올라탄 채 끝이 보이지 않는 물 위를 떠다니던 목도령은 물에 빠져 허우적거리는 온갖 동물을 보고 불쌍히 여겨 하나씩 건져 계수나무 위에 올라타게 해주었다. 그런데 소년 하나가 물에 빠진 채로 목도령과 계수나무를 보고는 자신을 구해달라고 외치는 일이 있었다. 목도령은 소년이 불쌍해 건져주려 했으나, 아버지인 계수나무가 "저 아이는 나쁜 성질을 가지고 있어서 너를 괴롭힐 것이다." 하고 거부했다. 하지만 목도령은 "저 소년이 불쌍하니, 살려주고 싶습니다." 하고 간곡히 호소하여 계수나무의 허락을 받아낸 다음 소년을 구해주었다.

목도령과 소년, 그리고 동물들이 탄 계수나무는 한참 동안 물 위를 방황하다가 어느 크고 높은 산(일설에 의하면 백두산)에서 멈추었다. 미친 듯이 퍼붓던 비도 그치고 더 이상 물이 불어나지 않자 소년과 동물들과 함께 목도령은 계수나무에서 내려왔다. 동물들은 목도령에게 감사의 인사를 한 다음 살 곳을 찾아 이곳저곳으로 흩어졌다.

목도령과 소년은 산의 여기저기를 돌아다니다 어느 할머니가 딸과 하녀와 함께 사는 집을 발견하고는 그곳으로 들어갔다. 목도령이 겪은 일들을 할머니한테 말하자 할머니는 "그러면 너희와 내 가족이 지금 세상에서 유일하게 살아남은 사람들인가 보구나! 너희가 내 딸과 하녀와 결혼해서 새로운 사람들을 만들어야겠다!" 하고 말했다.

이때 소년은 할머니의 딸과 결혼하려고 목도령에 대해 나쁘게 말했다. 그 말을 들은 할머니는 목도령에게 온갖 힘든 일을 하도록 시켰으나 그때마다 목도령이 구해준 동물들이 해결책을 가르쳐주었다. 결국 목도령은 할머니의 믿음을 얻어 아름다운 딸과 결혼했다. 반면 소년은 자신처럼 나쁜 마음을 가진 하녀와 결혼했다. 계수나무의 예언은 틀리지 않아 소년과 하녀 사이에서 태어난 아이들은 부모처럼 나쁜 마음을 지녀서 목도령과 할머니의 딸 사이에서 태어난 착한 아이들을 괴롭혔다.

여하튼 목도령과 소년이 할머니의 딸과 하녀와 각각 결혼하여 낳은 자손이 지금 세상에 사는 사람들의 조상을 이뤘다는 것이 목도령 설화의 내용이다.

그런가 하면 조선의 학자인 임방이 지은 소설인《천예록》에도 대홍수 관련 설화가 전해온다. 그런데 그 무대가 천지개벽 직후의 태초가 아니라 세상이 한참 완성되고 난 뒤의 시간대라는 점이 다르다.

《천예록》에 실린 대홍수 설화는 예언서인《토정비결(土亭秘訣)》의 저자로 유명한 도사 이지함과 관련된 것이다. 이지함이 동해의 한 어촌에서 머물 때 일이다. 어느 거사 한 명이 하늘이 맑고 바다가 조용한 모습을 보고는 "이제 얼마 후면 바닷물이 넘쳐서 어촌이 몽땅 물에 잠기고 사람들도 빠져 죽게 될 테니, 서둘러 뒷산으로 사람들을 데리고 도망쳐야 하오!" 하고 말했다.

이지함은 그 말이 믿기지 않았으나, 그래도 걱정이 되어서 머물던 집의 식구들을 데리고 산으로 달아났다. 새벽이 되자 바닷물이 하늘을 뒤덮을 정도로 높이 넘쳐 올라서 마을 전체를 덮쳤고, 순식간에 마을은 바닷물에 잠겨 사라져버렸다. 아침 해가 떠오르고 나서야 홍수가 멈추었다. 그제야 이지함은 거사가 미래를 예언했음을 깨닫고는 그에게 다가가 "제게도 앞 일을 내다볼 수 있도록 능력을 주십시오." 하고 부탁했으나 거사는 "나는 우연히 알았을 뿐일세." 하고 거부하며 어디론가 떠나버렸다고 한다.

130 종말

    무릇 모든 일에 시작이 있으면 끝이 있는 법이다. 유대교, 기독교, 이슬람교의 경전인 성경에 세상의 종말이 언급되어 있는 것처럼 우리 조상들도 지금 세상은 언젠가 끝나고 대신 더 좋은 새로운 세상이 오리라고 믿었다. 그런 믿음은 조선 시대에 유행했던 예언서인 《정감록》에 담겨서 지금까지 전해오고 있다.

    《정감록》은 《감결(鑑訣)》과 《삼한산림비기(三韓山林秘記)》, 《오백론사(伍百論史)》와 《오백론사비기(伍百論史秘記)》, 《도선비결(道詵秘訣)》과 《무학비결(無學秘訣)》, 《남사고비결(南師古秘訣)》, 《토정가장비결(土亭家藏秘訣)》, 《서계 이 선생가장결(西溪 李先生家藏訣)》 등 여러 권의 예언서를 하나로 묶은 책이다. 이러한 예언서들은 조선 초기, 태종 임금이 "시중에 나도는 참서(예언서)들을 모두 나라에서 수거하라." 하고 명령했을 만큼, 그 기원이 오래되었다. 이 책들은 모두 조선 왕조의 멸망을 분명히 언급하고 있다.

    먼저 《감결》의 내용을 살펴보면, 심이라는 가상 인물의 입을 빌려 "신년(申年) 봄 3월에 인천과 부천 사이에 밤을 틈타 1000척의 배가 들어오고, 안성과 죽산 사이에 시체가 산처럼 쌓이고, 여주와 광주 사이에 사람의 오고 가는 흔적이 사라지고, 수성과 당성 사이에는 피가 개울처럼 흘러내리며,

한강의 남쪽 100리에는 사람의 발자취가 영원히 없어진다"라고 언급한다.

그 뒤에 심은 "금강산 서쪽과 오대산 북쪽은 12년 동안 도적떼가 들끓으며, 9년 동안 홍수가 나고 12년 동안 전쟁이 계속된다." "황해도와 평안도는 3년 동안 천리를 가도 사람이 사는 집이 보이지 않으리라." 하는 내용도 덧붙였다.

정이라는 가상 인물도 심의 말을 받아서 "이것이 말세의 모습이다. 9년 동안 큰 흉년이 들어서 사람들은 먹을 것을 구하러 나무의 껍질을 벗겨 먹고 살며, 그렇게 껍질이 벗겨져 하얗게 변한 소나무들이 1000리에 죽 늘어서 있으리라. 4년 동안 전염병이 돌아 사람들의 수가 절반으로 줄어든다." 하고 말했다. 그리고 뒤에 가서 "백두산 북쪽에서 중국의 말이 울면, 평안도와 황해도에 억울한 죽임을 당한 사람들의 피가 하늘에 닿을 만큼 넘쳐날 것이고, 한강 남쪽 100리 부근은 사람들이 살지 못할 것이다"라는 말도 했다.

《감결》에 묘사된 종말의 광경은 여기서 끝나고, 다음 부분인 《삼한산림비기》가 이와 비슷하면서도 다른 종말의 모습을 전하고 있다. 북한산의 돌이 높게 솟아오르고 앞쪽의 물이 얕게 흐르면, 10년 동안 흉년이 들고 30년 동안 나라가 평화롭지 못하며, 나라의 일을 망치는 어리석은 재상들이 들어서서 정치도 무척이나 혼란스러워지고, 백성들이 농사를 지을 마음이 없어진다고 불길한 예언을 실었다.

또한 금산(金山)의 장육불(丈六佛, 불상)에 땀이 흐르다가 곧 피로 변하고, 황룡사(皇龍寺)의 불상(佛像)이 땅에 쓰러져서 그 얼굴이 움직이면, 나라에 큰 전쟁이 일어나 60년 동안이나 수성과 당성 사이가 가장 큰 피해를 입는다는 예언도 실었다.

《서계 이선생가장결》을 보면, "80년 동안 난리가 일어나고 그중 20년 동안 전쟁이 계속된다. 흉년이 9년 동안 들고 홍수가 7년 동안 벌어지며, 전염병이 3년 동안 돌아서 10개의 집 중에서 1개의 집만 살아남을 것이다. 추위와 홍수, 흉년과 질병이 세상을 휩쓸리라." 하는 예언을 담았다.

이상의 예언서들에서 언급된 종말은 전쟁과 흉년과 홍수와 전염병 등의 재앙으로 가득 차 있을 뿐 아니라 내용이 무척이나 어둡고 우울하여 보는 사람으로 하여금 "앞으로 우리가 어떻게 살아남을까?" 하는 절망에 빠지게 할 수도 있다.

그러나 《정감록》은 읽는 사람들에게 끝없는 좌절감을 심어주려고 쓴 책이 아니었다. 《정감록》은 위에서 언급한 재앙들이 닥치더라도 사람들이 지혜와 용기를 갖고 대처하면, 얼마든지 살아남아 새로운 세상에서 행복하게 살 수 있다는 희망을 전하고 있다. 그 증거로 《정감록》에는 어떤 재앙이 벌어져도 피신하면 안전하게 보호를 받고 살아남을 수 있는 10개의 장소인 이른바 십승지(十勝地)에 대해 언급하고 있다. 《감결》과 《남사고비결》에 의하면 십승지는 현재 소백산 인근인 풍기의 차암 금계촌, 안동 화산의 소령, 보은 속리산의 사증항, 운봉의 행촌, 예천의 금당실, 공주 계룡산, 영월 정동의 상류, 무주의 무봉산, 부안 호남, 합천 가야산의 만수동이다. 실제로 이런 《정감록》의 예언을 믿고 한국전쟁이 일어났을 때 많은 사람들이 십승지를 찾아 피난을 떠나기도 했는데, 그중 일부는 영험한 덕분인지 전쟁의 피해를 전혀 입지 않고 무사히 살아남을 수 있었다고도 전한다.

한편 《정감록》에는 정씨 성을 가진 정도령이라는 구세주가 말세에 등장하여, 계룡산에 도읍을 정하고 800년 동안 나라를 평화롭게 다스리며, 그때가 우리 역사에서 가장 행복한 세월이 될 것이라는 희망도 전하고 있다.

책을 닫으며

　이 책은 제목 그대로 한국의 판타지를 모은 백과사전이다. 그러나 한국의 판타지적인 내용을 담은 신화나 전설과 민담을 전부 소개한 것은 아니다. 분량이 한정되어 있기 때문에 한 권으로는 도저히 그렇게 정리할 수 없다. 이 책은 한국의 판타지 중에서 문화 콘텐츠를 창작하려는 독자들에게 의미 있게 소개하려고 가려 뽑은 내용들로 이루어졌다. 그러니 자신이 아는 고전 문학 작품이 소개되지 않았다고 하여 기분 나쁘게 여기는 분이 없길 바란다.

　이 책을 쓰면서 나름대로 지키려 했던 원칙이 있다. 지나치게 잘 알려진 이야기는 가급적 안 쓰려고 했고, 신기하고 재미있는 이야기 가운데 사람들이 잘 모르거나 잘 알려지지 않은 내용을 우선하여 소개하려고 했다. 내용을 다 정리하고 나니 어느 정도 초기의 원칙을 잘 지킨 듯해서 흐뭇하다.

　《한국의 판타지 백과사전》이 처음 나온 2017년으로부터 4년이 지났다. 그동안 판타지 백과사전 시리즈의 후속작에 해당하는 중국 편, 중동 편, 유럽 편을 출간했다. 그다음에는 인도, 일본, 제3세계(시베리아와 몽골 및 내륙 아시아와 태평양, 미주 대륙과 오세아니아 등) 편을 출간하여 총 7권으로 판타지 백과사전 시리즈를 끝낼 예정이다.

　독자 여러분의 성원에 부응하기 위해 《한국의 판타지 백과사전》 완전판

작업을 하는 사이에 놀라운 경험을 했다. 전 세계적으로 인기를 얻고 있는 한국의 아이돌 그룹인 방탄소년단의 영국 콘서트 현장에서 영국인 팬들이 방탄소년단의 노래를 한국어로 따라 부르는 모습을 유튜브 동영상으로 확인한 것이다. 실로 소름 끼치면서도 감동적인 장면이었다. 50년 전만 해도 한국에 대해 아무런 관심이 없었던 영국인들이 이제는 생소한 언어인 한국어로 대한민국 가수들의 노래를 따라 부르게 된 현실은 참으로 많은 것을 느끼게 한다. 우리의 문화를 잘만 다듬으면 얼마든지 외국에서 통할 수 있다는 사실이 증명되었다. 서양인들이 한국의 언어를 스스로 배우면서 한국의 노래를 따라 부른다면, 그들이 한국의 신화와 전설에도 얼마든지 친숙해지고 재미를 느낄 수 있다는 얘기가 된다.

그런 의미에서 우리 고유의 문화와 전통이 담긴 한국 신화와 전설을 바탕으로 삼아 세계인이 함께 즐길 수 있는 다양한 문화 콘텐츠가 많이 창작되길 희망한다. 한국의 신화적 세계관을 정립하기 위해 지금도 힘을 쏟고 있는 이 땅의 작가, 학자, 관련 분야 종사자들을 진심으로 응원하는 바이다. 아울러 한국의 판타지 세계를 즐기려는 독자 여러분께도 이 책이 도움이 되길 바란다.

참고 자료

도서 자료

간보 지음, 임동석 옮김, 《수신기 상~하》, 동문선, 1998.

곤명면지편찬위원회 지음, 《곤명면지(昆明面誌)》, 곤명면지편찬위원회, 1987.

구인환 엮음, 《심청전·흥부전》, 신원문화사, 2002.

김기동 외 엮음, 《박씨부인전·옥낭자전·유문성전》, 서문당, 1994.

_____, 《상설기·오선기봉·김원전》, 서문당, 1984.

김기설 지음, 《강릉에만 있는 얘기》, 민속원, 2000.

김부식 지음, 최호 옮김, 《삼국사기 1, 2》, 홍신문화사, 1998.

김소행 지음, 조혜란 옮김, 《한국고전문학전집 36: 삼한습유》, 고려대학교민족
문화연구원, 2005.

김진영 외 엮음, 《숙향전 전집 1》, 박이정, 1999.

김탁 지음, 《조선의 예언사상-상》, 북코리아, 2016

남민 지음, 《정감록이 예언한 십승지마을을 찾아 떠나다》, 소울메이트, 2014.

도현신 지음, 《조선야화》, 매일경제신문사, 2015.

_____, 《지도에서 사라진 사람들》, 서해문집, 2016.

리천록·최룡관 엮음, 《천지 속의 용궁》, 창작과비평사, 1991.

리천록·최룡관 외 엮음, 《민초들의 삶속에 투영된 백두산 이야기 73》, 신세림,
2004.

박종섭 지음, 《서부 경남의 전설 1: 거창편》, 문찬사, 2013.

박희병·정길수 엮음, 《기인과 협객》, 돌베개, 2010.

_____, 《노힐부득과 달달박박》, 돌베개, 2013.

_____, 《세상을 흘겨보며 한번 웃다》, 돌베개, 2010.

_____, 《이상한 나라의 꿈》, 돌베개, 2013.

_____, 《전란의 소용돌이 속에서》, 돌베개, 2007.

_____, 《조선의 야담 1》, 돌베개, 2013.

범우사 편집부 엮음, 《정감록 비결》, 범우사, 1997.

사천시사편찬위원회 지음, 《사천시사(泗川市史)》, 사천시사편찬위원회, 2003.

서거정 지음, 이래종 옮김, 《태평한화골계전》, 태학사, 1998.

송정민 엮음, 《금계필담》, 명문당, 2001.

신돈복 지음, 김동욱 엮음, 《국역 학산한언 1~2》, 보고사, 2006, 2007.

신동흔 지음, 《살아있는 한국 신화》, 한겨레출판, 2014.

유몽인 지음, 신익철·이형대·조융희·노영미 옮김, 《어우야담》, 돌베개, 2006.

이방 외 엮음, 김장환 외 옮김, 《태평광기 15》, 학고방, 2001.

_____, 《태평광기 20》, 학고방, 2001.

_____, 《태평광기 3》, 학고방, 2001.

이이화, 《이이화의 한국사 이야기 13》, 한길사, 2015.

이종은 역주, 《해동전도록 청학집》, 보성문화사, 1986.

일연 지음, 최호 옮김, 《삼국유사》, 홍신문화사, 1991.

임방 지음, 정환국 옮김, 《교감역주 천예록》, 성균관대학교출판부, 2005.

임석재 지음, 《한국구전설화: 경상남도편 1, 2》, 평민사, 1993.

_____, 《한국구전설화: 경상북도편》, 평민사, 1993.

장화 지음, 김영식 옮김, 《박물지》, 홍익출판사, 1998.

저자 미상, 김영환·김동건 옮김, 《파수록》, 문사철, 2014.

전남문화유산해설사회 엮음, 《남도전설》, 전남대학교출판부, 2005.

최운식 엮음, 《한국의 민담 1, 2》, 시인사, 1999.

최웅 엮음, 《주해 청구야담 1~3》, 국학자료원, 1996.

통영시사편찬위원회 지음, 《통영시지(統營市誌)》, 통영시사편찬위원회, 1999.

편집부 엮음, 《전설따라 삼천리》, 태을출판사, 2001.

포송령 지음, 김혜경 옮김, 《요재지이 4》, 민음사, 2002.

표성흠 지음, 《우리고장 유래와 전설 4》, 삼성당아이, 1998.

허균 지음, 장정룡 해설 옮김, 《원전해설 홍길동전》, 동녘출판기획, 2005.

허균 지음, 전규태 옮김, 《홍길동전·전우치전·임진록》, 범우사, 2001.

홍만종 지음, 구인환 엮음, 《순오지》, 신원문화사, 2003.

황중윤 지음, 김인경·조지형 옮김, 《황중윤 한문소설》, 새문사, 2014.

고전 자료

《기옹만필(畸翁漫筆)》

《기재잡기(寄齋雜記)》

《내빈현지(來賓縣志) 물이지(物異志)》

《동각잡기(東閣雜記)》

《동의보감(東醫寶鑑)》

《삼국지 위지 동이전(三國志 魏志 東夷傳)》

《상해송강부속지(上海松江府續志)》

《송도기이(松都記異)》

《송와잡설(松窩雜說)》

《신증동국여지승람(新增東國輿地勝覽)》

《연려실기술(燃藜室記述)》

《오음잡설(梧陰雜說)》

《의림촬요(醫林撮要)》

《용재총화(慵齋叢話)》

《용천담적기(龍泉談寂記)》

《의씨현지(椅氏縣志) 잡지(雜誌)》

《자해필담(紫海筆談)》

《죽창한화(竹窓閑話)》

《청파극담(靑坡劇談)》

《패관잡기(稗官雜記)》

《필원잡기(筆苑雜記)》

《해동야언(海東野言)》

《해동잡록(海東雜錄)》

인터넷 사이트 자료

국역 조선왕조실록, http://sillok.history.go.kr/main/main.jsp
한국고전종합DB, http://db.itkc.or.kr/index.jsp?bizName=MK
한국민속대백과사전, http://folkency.nfm.go.kr/kr/main
한국민족문화대백과사전, http://encykorea.aks.ac.kr/Contents/Item/E0011344

한국의 판타지 백과사전[완전판]

초판 1쇄 발행 | 2017년 9월 1일
초판 2쇄 발행 | 2017년 10월 25일
초판 3쇄 발행 | 2018년 1월 2일
초판 4쇄 발행 | 2018년 6월 13일
완전판 1쇄 발행 | 2019년 7월 1일
완전판 2쇄 발행 | 2019년 12월 10일
완전판 3쇄 발행 | 2020년 7월 22일
완전판 4쇄 발행 | 2021년 1월 25일
완전판 5쇄 발행 | 2021년 7월 17일
완전판 6쇄 발행 | 2022년 2월 25일

지은이 도현신
책임편집 손성실
편집 조성우
디자인 권월화
일러스트 신병근
펴낸곳 생각비행
등록일 2010년 3월 29일 | 등록번호 제2010-000092호
주소 서울시 마포구 월드컵북로 132, 402호
전화 02) 3141-0485
팩스 02) 3141-0486
이메일 ideas0419@hanmail.net
블로그 www.ideas0419.com

ⓒ 도현신, 2019
ISBN 979-11-89576-31-8 03380

책값은 뒤표지에 적혀 있습니다.
잘못된 책은 구입하신 서점에서 바꾸어드립니다.

이 책 내용의 전부 또는 일부를 재사용하려면
반드시 지은이와 출판사 양쪽의 동의를 받아야 합니다.